Stulli (Stulić) Luca (Luko), Mediziner und Schriftsteller. Geb. Šumet (?), Republik Ragusa (HR), 22. 9. 1772; gest. Ragusa, Dalmatien (Dubrovnik, HR), 17. 9. 1828; röm.-kath. – Sohn eines Hafenkapitäns, möglicherweise Neffe von →Gioachino S. – Nach Privatunterricht besuchte S. das Piaristenkollegium in Ragusa, in dessen Jbb. er 1791–92 erste Aufsätze über das Verhältnis zwischen Sinnesorganen und Reizen sowie über die Lungenfunktion publ. Ab 1792 stud. er Med. und Phil. an der Univ. Bologna und bildete sich außerdem in Chemie, Pharmazie und Botanik weiter; 1796 Dr. med. S. vervollkommnete seine Ausbildung in Florenz, Rom und Neapel. Dort wurde er Zeuge der polit. Umwälzungen infolge der Siege Napoleons in Oberitalien und begeisterte sich für die jakobin. Ideen. 1799 erhielt er eine Stelle im Gmd.spital in Ragusa, 1808 Primararzt, 1812 Stadtphysikus. Als Mitgl. der Gesundheitsdeputation führte er die Pockenimpfung in Ragusa ein. Weiters befasste er sich mit Epidemien, darunter Milzbrand, Pest und Scharlach. S., der als einer der ersten Med.-Wiss. gilt, die epidemiolog. Stud. über erbl. Hautkrankheiten durchführten, entdeckte die „Mal de Meleda", deren Ursachen und Symptome er in der Abh. „Di una varietà cutanea", 1826, beschrieb. 1827 verf. er zwei Abhh. über das Stottern, als dessen Ursache er psychoneurot. Störungen ansah. Naturwiss. interessiert, erforschte er 1822–24 Detonationen auf der Insel Meleda (Mljet), die später auch von einer Wr. Komm. unter →Paul Maria Partsch untersucht wurden. S. versuchte 1823–27 in mehreren Abhh. zu beweisen, dass es sich dabei um vulkan. Phänomene handelte. Er publ. Biographien, zahlreiche Gelegenheitsged. in latein., kroat. und italien. Sprache sowie Dramen und übers. kroat. Literatur ins Italien. S. nahm für seine literar. Tätigkeit die Latinisten von Ragusa und die Poeten der röm. Accad. degli Arcadi, deren Mitgl. er in den frühen 1820er-Jahren wurde, zum Vorbild und übte, tief verwurzelt in klassizist. Tradition und Ästhetik, Kritik am Kroat., das er als Literatursprache für ungeeignet hielt. Polit. war er frankophil, unterstützte die französ. Herrschaft in Ragusa und beteiligte sich an der neuen Verwaltung. Nach dem Scheitern der vom französ. Regime durchgeführten bürgerl. Reformen und Napoleons endgültigem Sturz wurde S. jedoch zum Anhänger der österr. Machthaber, blieb aber immer ein wichtiger Fürsprecher für die Erhaltung der Sonderidentität von Ragusa. S. war Mitgl. der Accad. dei Concordi und erhielt 1795 die Ehrenmedaille der Univ. Bologna.

Weitere W.: s. Wurzbach; Ferrucci.

L.: Enc. Jug. (s. u. Bernard S.); Hirsch; Wurzbach (m. W.); C. F. Ferrucci, A perpetua onoranza del dr. L. S. di Ragusi. Prose e versi, 1829 (m. B. u. W.); V. Bazala, in: Republika 7–8, 1953, S. 703ff.; S. Fatović-Ferenčić – K. Holubar, in: Dermatology 203, 2001, S. 7ff.; dies., in: Journal of Investigative Dermatology 116, 2001, S. 198f. (m. B.); S. Ćosić, in: Anali Zavoda za povijesne znanosti Hrvatske akademije znanosti i umjetnosti u Dubrovniku 41, 2003, S. 259ff.; A. Borovečki – C. Pavlović, in: Croatian Medical Journal 45, 2004, S. 655ff. (m. B. u. L.).

(H. Gračanin)

Stummer von Tavarnok Alexander Frh., Großindustrieller und Großgrundbesitzer. Geb. Brünn, Mähren (Brno, CZ), 23. 7. 1831; gest. Monte Carlo (MC), 25. 3. 1914; röm.-kath. – Sohn des Spezereiwarenhändlers Carl Stummer und der Schriftstellerin Crescentia Stummer, geb. Dietmann, Bruder von Karl Stummer (s. u.) und →August Wilhelm Frh. S. v. T., Vater des Husarenoblt. Karl S. v. T. sowie von Marie S. v. T., Ehefrau des dt. Botschafters in Wien Heinrich v. Tschirschky-Bögendorff, und von Alexandra S. v. T., Ehefrau des Min.beamten Anton Frh. Pretis-Cagnodo. – S. besuchte das Brünner Staatsobergymn., wurde danach mit seinen beiden älteren Brüdern Ges. der Fa. Carl Stummer in Brünn und zeichnete für deren Aufschwung mitverantwortl., u. a. durch Salzhandel, Bankgeschäfte und v. a. Beteiligungen an der Rübenzuckerind. Österr.-Ungarns sowie am Kreditwesen. Später widmete er sich der Bewirtschaftung seiner ung. Güter, die etwa 3.000 ha umfassten. Dazu gehörten seit 1871 die Herrschaften Ludány (Ludanice) mit den Gütern Chrábor (Chrabany), Ürmincz (Urmince), Szerbőcz (Svrbice) sowie Lipovnok (Lipovník) und seit 1876 die Herrschaft Nagybodok (Horné Obdokovce) mit einer Zuckerfabrik sowie den Gütern Paczolaj (Obsolovce) und Csitár (Horné Štitáre). Daneben besaß er ein Palais in Wien, wo er sich meist aufhielt. In der Wr. Ges. galt S. als Kunstfreund und Wohltäter. Er finanzierte u. a. 1884 die Ausgrabungen der prähist. Komm. der k. Akad. der Wiss. in Wien bei Ludány. 1871 ung. Adel, 1884 Ritter des Ordens der Eisernen Krone II. Kl. sowie österr. Frh. S.s ältester Bruder **Karl Stummer** (geb. Brünn, 1825; gest. Wien, 25. 11. 1874) übernahm 1857 die Leitung der Brünner Filiale der Oesterr. Credit-Anstalt für Handel und Gewerbe und wurde i. d. F. in den Verw.R. dieses Inst. berufen. Außerdem [illegible]

Austro-Egypt. Bank, der Österr. Nordwestbahn und der Ersten Ung.-Galiz. Eisenbahn an. Nach seinem Tod hinterließ er seinen Drittelanteil an der Fa. seinen beiden Brüdern, wozu u. a. Häuser in Brünn, eines in Wieliczka, Zuckerfabriken in Mähren und Ungarn sowie die Raffinerie in Doudleb (Doudleby) gehörten.

L.: NFP, RP, WZ, 26. 3. 1914; Preßburger Ztg., 27. 3. 1914; Almanach Wien 35, 1885, S. 172; Heller 4; G. Trautenberger, Die Chronik der Landeshauptstadt Brünn 5, 1897, S. 68; Der österr.-k. Orden der Eisernen Krone und seine Mitgl., 1912, S. VI; J. Siebmacher, Die Wappen des mähr. Adels, 1979, S. 245; AVA, Wien. – Karl S.: NFP, 26. 11. 1874, 1. 12. 1874; Wurzbach; Ein Jh. Creditanstalt-Bankver., 1957, S. 52, 68; E. März, Österr. Ind.- und Bankpolitik in der Zeit Franz Joseph I., 1968, S. 116, 211; WStLA, Wien.

(J. Mentschl)

Stummer von Tavarnok August Wilhelm Frh., Großgrundbesitzer und Großindustrieller. Geb. Brünn, Mähren (Brno, CZ), 31. 10. 1827; gest. Wien, 26. 4. 1909; röm.-kath. – Bruder von →Alexander Frh. S. v. T. und Karl Stummer (s. u. →Alexander Frh. S. v. T.), Vater der Schriftstellerin Amalie S. v. T., Ehefrau von Albert Frh. Hardt-S. v. T., sowie von Auguste Freiin S. v. T., Ehefrau von Leopold Frh. Haupt-S. v. T. und Buchenrode, die eine bedeutende Gemäldesmlg. besaß. – Nach seiner schul. Ausbildung war S. kaufmänn. tätig, diente 1849 beim freiwilligen Jägerkorps als Off. und übernahm im selben Jahr mit seinen beiden Brüdern die 1821 vom Vater gegr. Spezereiwarenhandlung Carl Stummer in Brünn, bei deren Erweiterung S. eine maßgebl. Rolle spielte. Die Fa. beteiligte sich unter seiner Leitung am Salzhandel, an der Gründung einer Leinen-, Spinn- und Webfabrik in Brünn, die u. a. Segeltücher für die österr. Marine erzeugte, sowie an der Zuckerfabrik in Oslawan (Oslavany). 1859 übersiedelte die Fa. nach Wien. Die Brüder widmeten sich dort so erfolgreich Bankgeschäften, dass sie sich an Zuckerfabriken in Göding (Hodonín), Nagytapoltscány (Topoľčany), in Mezöhegyes und Tyrnau (Trnava) sowie an einer Raffinerie in Doudleb (Doudleby) beteiligen konnten. I. d. F. baute S. seine Stellung im Kreditwesen und in der Ind. weiter aus. Nach dem Tod von Karl Stummer 1874 folgte er diesem als Verw.R. der Oesterr. Credit-Anstalt für Handel und Gewerbe nach und wurde deren Vizepräs. Diese Bankverbindung kam ihm bei seinen Aktivitäten in der Ind. sehr zugute. Er war auch Verw.R. des Giro- und Kassenver. (Wien) und der böhm. Westbahnges., Präs. der Chropiner Zuckerfabriks AG (Wien), der Nestomitzer und der Pečeker Zuckerraffinerie (beide Prag), Vizepräs. der AG für landwirtschaftl. Ind. (Budapest) sowie Börsenrat. 1905 gründete er unter Einbeziehung der Fabriken in Nagytapoltscány und Tyrnau mit 6,5 Mio. Kronen die Karl-Stummer-Zuckerfabrik AG, Wien, der er als Präs. vorstand. Ab 1892 Präs. des Zentralver. für Rübenzucker-Ind. in der Österr.-Ung. Monarchie, steigerte er gem. mit →August v. Skene die Bedeutung des Ver., indem er Gegensätze zu Regionalorganisationen, insbes. zum Ver. der Zuckerindustriellen in Böhmen, auszugleichen verstand. S. erwarb die Herrschaft Tavarnok und das Gut Misslitz (Miroslav) in Mähren. 1861–65 Mitgl. des mähr. LT und des österr. Abg.hauses. 1871 ung. Adel, 1883 Orden der Eisernen Krone II. Kl. und 1884 österr. Frh., 1887 ung. Frh.; Geh. Rat; 1905 KR.

L.: NFP, 26. 10. 1907; NFP, WZ, 27. 4. 1909; Biograph. Jb. 14, 1909, S. 94; Großind. Österr. I; Heller 4; Wer ist's?, 1906, 1908, 1912; Der Centralver. für Rübenzucker-Ind. in der Österr.-Ung. Monarchie 1854–1904, 1904, S. 29, 47, 227f. (m. B.); Österr.-Ung. Z. für Zuckerind. und Landwirtschaft 38, 1909, S. 308ff.; Ein Jh. Creditanstalt-Bankver., 1957, S. 68, 113; E. März, Österr. Ind.- und Bankpolitik in der Zeit Franz Joseph I., 1968, S. 116, 211, 236, 323; Olmützer Bll. 4, 1975, S. 63; B. Michel, Banques & banquiers en Autriche au début du 20ᵉ siècle, 1976, s. Reg.; G. Sturmayr, Industrielle Interessenpolitik in der Donaumonarchie, 1996, S. 40; AVA, WStLA, beide Wien.

(J. Mentschl)

Stummer von Traunfels Josef Mauritius Ritter, Eisenbahnfachmann, Bautechniker und Architekt. Geb. Korneuburg (NÖ), 18. 3. 1808; gest. Wien, 12. 2. 1891; röm.-kath. – Sohn eines Maurermeisters, Schwiegersohn →Johann Josef v. Prechtls, Vater des bei der K. Ferdinands-Nordbahn tätigen Josef S. v. T. (geb. Wien, 27. 12. 1839; gest. 18. 1. 1893) sowie von Rudolf S. v. T., Großvater von Robert S. v. T. (beide s. u.) und dem Zoologen Rudolf S. v. T. (1866–1961). – Nach Besuch des Wr. Schottengymn. stud. S. 1823–27 am polytechn. Inst. in Wien. Daneben arbeitete er im väterl. Betrieb und erwarb 1826 den Steinmetzbrief. Als Schüler →Peter Nobiles stud. S. 1827–31 auch Architektur an der Wr. ABK. 1831 wurde er Ass. →Johann v. Kudriaffskys, 1833 Supplent und 1836 Prof. für Land- und Wasserbaukunst am Wr. Polytechnikum, das 1836–39 nach seinen Plänen und unter Einsatz zahlreicher techn. Neuerungen wesentl. erweitert wurde, um Raum für Ausst. zu gewinnen. 1842 erwirkte er die Fächertrennung von Land- und Wasserbau und legte damit den Grundstein für den noch heute bestehenden Architekturunterricht an der TU Wien. Anfang der 1850er-Jahre setzte sich S. für die in die Hochverratsaffäre um den Ass. Cäsar v. Bézard involvierten Studenten ein. Zu seinen Schülern zählten u. a. →August Sicard v. Sicardsburg, →Eduard van der Nüll, →Johann Georg v. Schoen, →Adolf v. Gabriely, →Emanuel v. Ringhoffer und Otto Wagner. Neben seiner Lehrtätigkeit (1867 i. R.) war S., der ab 1838 der St.-Stephansturm-Baukomm. und ab 1843 dem Hofkammer-Bau-Komitee angehörte, mit der Planung und Ausführung von Wohn- und Ind.bauten, Verwaltungsgebäuden, insbes. aber von Eisenbahnhochbauten betraut und war auch als Gutachter tätig. 1843 wurde er Dion.-mitgl., 1844 techn. Dir. und 1849 Dion.-präs. der K. Ferdinands-Nordbahn (bis 1882), um deren Ausbau und Verbindung zur Südbahn er sich ebenso verdient machte wie um die Neugestaltung des Nordbahnhofs. In den 1850er-Jahren war S. beim Ausbau der Semmeringbahn und der Kärntner Bahn beschäftigt. Er gehörte ferner dem Verw.R. der galiz. Carl-Ludwig-Bahn (Vizepräs.) und jenem der Theißbahn an und war Vors. des Techn. Ausschusses des Ver. dt. Eisenbahnverwaltungen (1881 Ehrenpräs.). Mit seiner bildl. Darstellung der Geschichte der K. Ferdinands-Nordbahn erzielte er auf den Weltausst. von Paris (1855) und London (1862) einen ersten Preis. 1859 veröff. er eine Routenkarte der wichtigsten europ. Eisenbahnlinien. S. red. 1875–78 „Fromme's Oesterreichischen Ingenieur-Kalender“ und gab 1874–77 die Z. „Stummer's Ingenieur“ heraus. Er war zudem Vizepräs. des Österr. Kunstver. und der Credit-Anstalt für Handel und Gewerbe. Ausgez. wurde S. u. a. mit der Goldenen Medaille für Kunst und Wiss. (1855) sowie dem Orden der Eisernen Krone III. Kl. (1865); 1866 Erhebung in den Ritterstand, 1867 Reg.Rat, 1878 HR. Sein Sohn **Rudolf S. v. T.** (geb. Wien, 23. 1. 1848; gest. Salzburg, Sbg., 15. 1. 1928; beerdigt: Zell am See, Sbg.; röm.-kath.) stud. 1865/66 am Wr. und 1866–70 am Zürcher Polytechnikum. Er war beim Bau der Bahn Feldkirch–Bregenz tätig, initiierte später den Bau der Mori-Arco-Riva-Bahn (1891 eröffnet), erbaute die Valsugana-Bahn im Trentino (1896 eröffnet) sowie die Pinzgauer Lokalbahn (1898 eröffnet) und war Gen.-insp. der böhm. Kommerzialbahnen. Baurat Rudolf S. gehörte 1891–95 dem Wr. Gmd.-rat an. S.s Enkel **Robert S. v. T.** (geb. Perchtoldsdorf, NÖ, 29. 8. 1868; gest. Steyr, OÖ, 20. 9. 1946; röm.-kath.) trat 1888 in die Armee ein (1917 Obst., 1922 GM), wurde 1913 in die 7. Abt. des Kriegsmin. versetzt (1920 i. R.) und war 1920–22 noch im Militärliquidierungsamt tätig. Er hatte 1889/90 an der TH Wien stud. und konstruierte ein Versuchsgewehr, das um 1910 von der Österr. Waffenfabriks-Ges. in Steyr gefertigt wurde. Die dazugehörige, ebenfalls von Robert S. entwickelte 8 x 57 mm Spitzpatrone wurde von der Hirtenberger Patronenfabrik und der Fa. Manfred Weiss erzeugt.

Weitere W.: Erweiterung des Alten AKH, 1833–34, großes Bankogebäude Singerstraße, 1843, Zentralpostgebäude (alle Wien); Tabakfabrik, 1840 (Schwaz); Oderbrücke, 1850 (bei Oderberg); etc. – Publ.: Graph. Darstellung der Gliederung der österr. Lehranstalten, 1862.

L.: Die Presse, NFP (beide m. Parte), WZ, 13. 2. 1891; Czeike; Wurzbach; Beschreibender Kat. des k. k. hist. Mus. der österr. Eisenbahnen, 1902, S. 312f.; H. Gollob, in: Heraklith Rundschau 11, 1951, S. 20ff. (m. B.); dies., in: Wr. Geschichtsbll. 7, 1952, S. 65ff.; dies., in: Bll. für Technikgeschichte 14, 1952, S. 64ff. (m. B.); dies., in: FS zum hundertjährigen Bestand des Ver. für Landeskde. von NÖ und Wien 2, 1964, S. 711ff.; dies., in: Wr. Geschichtsbll. 20, 1965, S. 426ff.; 150 Jahre TH in Wien 1815–1965, 1–2, ed. H. Sequenz, 1965, s. Reg. (m. B.); E. Krofian, in: Kulturnachrichten der Marktgmd. Dt.-Wagram 9, 1968, S. 63ff.; Ch. Hantschk, J. J. Prechtl und das Wr. Polytechn. Inst., 1988, s. Reg. (m. B.); B. Neuner, Bibliographie der österr. Eisenbahnliteratur ... 3, 2002, S. 1365, 1426 (m. B.); ABK, AVA, TU, alle Wien. – Rudolf S. v. T.: Sbg. Volksbl., 16. 1. 1928 (Parte); NFP, 24. 1. 1928; E. Baumgartner, Eisenbahnlandschaft Alt-Tirol, 1990, s. Reg.; Erzdiözese Salzburg, Salzburg; TU, Wien; ETH Zürich, CH. – Robert S. v. T.: NWT, 26. 8. 1943; J. Mötz, Österr. Militärpatronen 1, 1996, S. 175 (CD-ROM); J. Mikoletzky, „... um der Rettung der Freiheit willen!“ Das Jahr 1848 und die Folgen am k. k. polytechn. Inst. in Wien, 1998, S. 39f.; KA, TU, beide Wien; Mitt. Heinz Placz, Wien.

(R. Kurdiovsky – E. Offenthaler)

Stumpf Franz, Politiker. Geb. Sablat, Böhmen (Záblatí, CZ), 30. 3. 1876; gest. Innsbruck (Tirol), 28. 2. 1935; röm.-kath. – Sohn eines Armeewundarztes. – Nach Besuch des Gymn. in Salzburg und Hall (Hall in Tirol) stud. S. ab 1894 an der Univ. Innsbruck Physik und Chemie; 1899 Lehramtsprüfung und Dr. phil. Danach absolv. er das Praktikum am Gymn. in Bozen (Bolzano) und wurde 1900 Lehrer am Landesgymn. in Mödling. 1904–05 stud. S. an der TH in Wien und war 1905–18 Prof. am nö. Landeslehrerseminar. Bereits damals mit der christl.sozialen Idee in Berührung gekommen, verzichtete er auf eine wiss. Karriere, wandte sich der Politik zu und gehörte ab 1907 dem Abg.haus und ab 1908 dem Tiroler LT an. 1914 in den Tiroler Landesausschuss berufen, erwarb er sich während des 1. Weltkriegs große Verdienste um die Lebensmittelversorgung der Bevölkerung und um die Durchführung notwendiger Straßenbauten. Nach dem Krieg war S. 1918 Mitgl. des Tiroler Nationalrats und Vollzugsausschusses, 1918/19 Mitgl. der Provisor. und der Konstituierenden Nationalversmlg. Im Februar 1919 legte S. sein Nationalratsmandat nieder und wurde im Juni LHptm.stellv. von Tirol. In dieser Funktion gelang es ihm, seine polit. Stellung durch großes Engagement in der Ernährungspolitik, aber auch für die Kriegsopfer auszubauen. Nach seiner Wahl zum LHptm. im Juni 1921 trat S. für den Anschluss an Dtld. ein und wurde zum Initiator der Abstimmung vom April 1921, bei der 98,8% für die Vereinigung mit dem Dt. Reich votierten. In den 1920er-Jahren kritisierte S. immer wieder die faschist. Entnationalisierungspolitik in Südtirol, allerdings blieben ihm später aufgrund des Nahverhältnisses der Heimatwehr zum italien. Faschismus und der Annäherung des Ständestaats an Mussolini die Hände gebunden. Einen wesentl. Aspekt seiner Politik stellte S.s Verhältnis zur Heimatwehr dar, die er in den 1920er-Jahren vorbehaltlos unterstützte. So hatte er bereits 1923 Vorbereitungen der Heimatwehr für die Niederschlagung von Unruhen angeordnet, die anlässl. der Brechung des Verkehrsstreiks 1927 umgesetzt wurden. Lange erkannte er nicht, dass die Heimatwehr sich als eigenständige polit. Kraft an das faschist. Italien anlehnte. Erst nach den antidemokrat. Korneuburger Eiden (1930) ging S. auf Distanz und verhinderte 1934 einen Putschversuch der Tiroler Heimatwehr. Bei der Regierungsbildung 1934 gelang es S., deren Einfluss in Regierung und LT zu reduzieren. Dem autoritären Ständestaat begegnete er zurückhaltend und war nicht bereit, die Führung der Vaterländ. Front in Tirol zu übernehmen. Die polit. Kämpfe hatten die Gesundheit S.s jedoch zerrüttet, sodass er sich von einer Herzerkrankung 1932 nie mehr gänzl. erholte. Als realitätsbezogener Politiker, den wirtschaftl. und soziale Probleme stärker interessierten als ideolog. Fragen, unterschätzte auch er die Bedrohung durch den Nationalsozialismus, wie er andererseits die von der Sozialdemokratie ausgehende Gefahr überschätzte. Trotzdem anerkannte er den moderaten Stil der Tiroler Sozialdemokraten, weshalb er ihnen 1934 ein Mandat im ständestaatl. Tiroler LT überließ. S.s Nachlass befindet sich im Tiroler LA.

L.: Tiroler Anzeiger, 28. 2. 1935 (m. B.), 1., 2. 3. 1935; Innsbrucker Ztg., 1., 2. 3. 1935; Volksztg., 1. 3. 1935; R. Schober, Geschichte des Tiroler LT im 19. und 20. Jh., 1984, S. 535 (m. B.); ders., in: H. Bachmann, Kundl, (1986), S. 686ff. (m. B.); H. Winkler, in: Kundl Life, 1996, F. 3, S. 6 (m. B.); G. Messner, LHptm. Dr. F. S. und die Tiroler Heimatwehr, phil. DA Innsbruck, 2007; Tiroler LA, Innsbruck, Tirol.

(R. Schober)

Stumpf-Brentano Karl Friedrich, Historiker. Geb. Wien, 13. 8. 1829; gest. Innsbruck (Tirol), 12. 1. 1882. – Von kleinadeliger Herkunft, früh verwaist; ab 1862 verehel. mit Maria Magdalena, geb. Brentano, deren Familiennamen er ab 1873 seinem Namen beifügen durfte. – Nach Besuch des Piaristengymn. in Totis (Tata) stud. S. Jus an den Univ. Olmütz und Wien (1850/51), wo er zum Stud. der Geschichte wechselte. Nach Urkundenstud. in Berlin ging er zu Johann Friedrich Böhmer nach Frankfurt am Main, wo er sich bes. mit der Geschichte städt. Privilegien befasste. 1856–59 war er ao. Prof. für österr. Geschichte an der Rechtsakad. in Preßburg und wurde dann unter Belassung des Prof.titels für wiss. Arbeiten beurlaubt. 1861 erhielt S., der materiell abgesichert war, auf eigenen Wunsch und Empfehlung →Albert Jägers ein unbesoldetes Ordinariat für allg. Geschichte und hist. Hilfswiss. an der Univ. Innsbruck. 1866 k. M. der kgl. bayer. Akad. der Wiss. in München und 1872 der k. Akad. der Wiss. in Wien, gehörte S. der Zentraldion. der Monumenta Germaniae Historica als Mitgl. an. In Innsbruck vertieften sich die wiss. Differenzen des exzellenten Paläographen S. zu der von →Theodor v. Sickel gegr. Wr. Schule der Diplomatik. Gem. mit →Julius v. Ficker, →Josef Durig und →Alfons Huber ergriff S. 1866 die Initiative zur Institutionalisierung des tirol. LA. Sein dreibändiges, mit Unterstützung Böhmers schon in Frankfurt begonnenes Hauptwerk über die Reichskanzler umfasst Einleitungen, Regesten und über 500 bis dahin meist unedierte K.urkunden und Reichsakten des 10.–12. Jh. Begleitet wird dieses Lebenswerk von Spezialstud. über das Urkundenwesen der Mainzer Erzbischöfe oder über die Würzburger Immunitäts-Urkunden des Hochmittelalters. S. wurde 1874 mit dem Orden der Eisernen Krone III. Kl. ausgez.

W.: Acta Maguntina seculi XII. Urkunden zur Geschichte des Erzbisthums Mainz im XII. Jh., 1863; Die Reichskanzler vornehml. des X., XI. und XII. Jh.: nebst einem Beitr. zu den Regesten und zur Kritik der K.urkunden dieser Zeit, 3 Bde., 1865–81 (Neudruck, 1964); Die Wirzburger Immunität-Urkunden des X. und XI. Jh., 2 Bde., 1874–76; etc.

L.: ADB; Almanach Wien 32, 1882, S. 169ff.; Wurzbach; Sbb. der phil.-philolog. und hist. Cl. der k. b. Akad. der Wiss. zu München, 1882, S. 417ff.; R. Rosenmund, Die

Fortschritte der Diplomatik seit Mabillon vornehml. in Dtld.-Österr., 1897, S. 48ff. (m. L.); J. Jung, J. Ficker, 1907, S. 284; K. Fischnaler, Innsbrucker Chronik 3, 1930, S. 92, 113f.; G. Oberkofler, Die geschichtl. Fächer an der Phil. Fak. der Univ. Innsbruck 1850–1945, 1969, s. Reg.; ders. – P. Goller, A. Huber, Briefe (1859–98), 1995, bes. S. 35ff.; UA, Innsbruck, Tirol.

(G. Oberkofler)

Stundl Theodor, Bildhauer. Geb. Brunndorf, Stmk. (Maribor, SLO), 28. 6. 1875; gest. Hohenberg (NÖ), 12. 8. 1934 (begraben: Grinzinger Friedhof, Wien); röm.-kath. – Sohn eines Maschinenschlossers bei der Südbahn-Ges. in Marburg (Maribor), Vater von Karl S. (1911–1981), o. Prof. für Mikrobiol., Wasser- und Abfalltechnol. an der TU Graz. – S. besuchte die Schule in Marburg und 1890–94 die Staats-Gewerbeschule in Graz. 1894 frequentierte er als Gast die Wr. ABK, 1895–98 stud. er dort Bildhauerei bei →Edmund v. Hellmer, 1898–1901 bei Caspar v. Zumbusch und erhielt mehrere Ausz. 1901–02 hielt er sich – finanziert durch ein Reisestipendium – in Italien (Rom, Venedig, Florenz etc.), 1903 in Bukarest, Konstantinopel (İstanbul) und Athen auf. Anschließend ließ er sich in Wien nieder und schuf bis zum 1. Weltkrieg zahlreiche Denkmäler, Reliefs und Kleinkunstwerke, wie z. B. Plaketten. 1906–10 war er an der plast. Ausgestaltung der neuen Gruftkirche von Schloss Neudau beteiligt; für den Neubau der Export-Akad. in Wien 19 (1915–16) fertigte er 20 ornamentale Köpfe, die die Kontinente und zahlreiche Völker sinnbildl. darstellen sollen. In den 1920er-Jahren wandte sich S. vermehrt der Friedhofsplastik zu. Seinen künstler. Höhepunkt markierte die Figur „Die Lauschende" für den Schubert-Brunnen in Wien 9 (1927–28), als Folgeauftrag schuf er die „Weiblichen Karyatiden" für den Wiederaufbau des Justizpalasts (1928–31). Mit seinen Arbeiten war er u. a. 1904 auf der Weltausst. in St. Louis, 1908 auf der Internationalen kunstgewerbl. Ausst. in St. Petersburg und 1911 auf der Internationalen Kunstausst. in Rom vertreten. S. war 1903–06 Mitgl. des Hagenbunds, Mitgl. der Genossenschaft Bildender Künstler Stmk., ab 1908 Mitgl. der Genossenschaft der bildenden Künstler Wiens (Künstlerhaus), deren Ausst. er i. d. F. regelmäßig beschickte (1909 Kaiserpreis), und ab 1925 Präs. des Künstlerverbands österr. Bildhauer; 1933 Tit.-Prof.

Weitere W.: s. Winkler.

L.: Wr. Neueste Nachrichten, 17. 8. 1934; Thieme–Becker; R. Schmidt, Das Wr. Künstlerhaus, 1951, S. 180, 269; Der Hagenbund, Wien 1975, S. 35 (Kat.); R. List, Kunst und Künstler in der Stmk., 1982; Kunst des 20. Jh., bearb. M. Pappernigg, 2001; E. Winkler, Th. S. 1875–1934, phil. DA Wien, 2001 (m. W. u. L.); W. Aichelburg, Das Wr. Künstlerhaus 1861–2001, 2003, s. Reg.

(Ch. Gruber)

Stuparich Carlo, Schriftsteller. Geb. Triest, Freie Stadt (Trieste, I), 3. 8. 1894; gest. auf dem Monte Cengio bei Asiago (I), 30. 5. 1916 (Selbstmord); röm.-kath. – Sohn eines Handlungsagenten, Bruder des Schriftstellers Giani S. (geb. Triest, 4. 4. 1891; gest. Rom/Roma, I, 7. 4. 1961). – In bürgerl. Milieu aufgewachsen, begab sich S. 1913 wie zahlreiche andere bedeutende Intellektuelle aus dem österr.-italien. Grenzgebiet, darunter sein Bruder und →Scipio Slataper, zum Literaturstud. und zur Festigung seiner kulturellen Identität nach Florenz. Dort zählte er bald zum Mitarb.kreis der Z. „La Voce", des damals wichtigsten Organs der italien. Intellektuellen. Von Giovanni Gentiles pädagog. Neoidealismus beeindruckt, plante S. für kurze Zeit, Volksschullehrer zu werden. In mazzinian. freiheitl. Geist aufgewachsen, war S. bei Ausbruch des 1. Weltkriegs von der eth. Funktion dieses „letzten Kriegs des Risorgimento" im Sinne eines demokrat. Interventionismus, der eine moral. Reinigung, eine Palingenese Italiens bringen sollte, überzeugt. 1915 meldete er sich gem. mit seinem Bruder und Slataper, dem „Schulhaupt" der triestin. „Vocianer", als Freiwilliger auf Seiten Italiens an die Isonzofront. Im Mai 1916 geriet S. bei Kampfhandlungen auf der Hochebene von Asiago in aussichtslose Isolation und beging Selbstmord, um nicht den Österreichern in die Hände zu fallen. S., posthum mit der höchsten italien. militär. Ausz., der Medaglia d'oro al valor militare, geehrt, war ein vielversprechender Schriftsteller. Die Ged. und Beitrr. für „La Voce" verraten Originalität und Ironie. Seine nachgelassenen Texte wurden 1919 von seinem Bruder Giani unter dem Titel „Cose e ombre di uno" erstmals veröff. Im selben Jahr erschienen Heinrich v. Kleists Briefe in der gem. Übers. („Epistolario") unter dem zusammengezogenen Namen Giancarlo S.

L.: Enc. It.; G. S., Guerra del'15, 1931; A. Gargiulo, Letteratura italiana del Novecento, 1958, S. 364ff.; A. Spaini, Autoritratto triestino, 1963, S. 222ff.; P. Gobetti, Opere complete 2, 1969, S. 469ff.; Enc. monografica del Friuli Venezia Giulia, 1979, S. 1182; R. Bertacchini, in: Otto/Novecento 14, 1990, Nr. 3–4, S. 81ff.; V. Frosini, La famiglia S., 1991; F. Todero, C. e Giani S., 1997 (m. B.); R. Lunzer, Triest. Eine italien.-österr. Dialektik, 2002, s. Reg.

(R. Lunzer)

Stupecký Josef, Rechtswissenschaftler. Geb. Prag, Böhmen (Praha, CZ), 11. 11. 1848; gest. Chumo, Böhmen (Chlum, CZ), 24. 8. 1907. – Sohn eines Schuhmachers. – Nach Besuch des dt. und des tschech. Gymn. in Prag stud. S. 1868–73 an der Univ. Prag Jus (1873 Dr. jur.), setzte seine Stud. in Göttingen und Leipzig fort und absolv. die Advokaturspraxis. 1876 habil. er sich für österr. Privatrecht an der Univ. Prag und war ab 1882 an der tschech. Univ. als ao. Prof., ab 1889 als o. Prof. für röm. Recht, österr. Privatrecht und Bergrecht sowie 1889/90 und 1898/99 als Dekan der jurist. Fak. tätig; 1900/01 Rektor. 1875–1901 war S. Mitred. der jurid. Z. „Právník". Auslandsreisen führten ihn nach England, Frankreich, Italien, Skandinavien, Russland, in die Türkei etc. S. war ein hervorragender Univ.lehrer, der Generationen tschech. Juristen ausbildete. Große Verdienste erwarb er sich bei der Kodifizierung der tschech. jurist. Terminol., bes. als Übers. des ABGB. Als Kenner der bildenden Künste war er Mitgl. des Kuratoriums der Modernen Galerie des Kg.reichs Böhmen, des österr. Mus. für Kunst und Gewerbe und Vorstand des Ver. Svatobor. Ab 1874 gehörte S. der Vereinigung der böhm. und mähr. Vorschusskassen an, ab 1884 war er deren Präs.

W. (s. auch Skřejpková – Soukup): Legitimace dětí nemanželských podle práva rakouského, 1897; Odkazy dle rakouského práva občanského, 1898; Rakouské právo knihovní, 1900; Práva věcná, 1901; Rakouské právo rodinné, 1905; Rakouského práva občanského právo obligační, 1907; etc.

L.: *Politik (Prag), 25. 8. 1907; Národní Listy, 8. 9. 1907; Masaryk; Otto; M. Navrátil, Almanach českých právníků, 1904 (m. B.); M. Stieber, Dr. J. S., (1907); E. Tilsch, in: Právník 46, 1907, S. 557ff., 729ff.; ders., in: Čech. Revue 2, (1908), S. 9ff.; J. Krčmář u. a., J. S., 1928; M. Navrátil, Almanach československých právníků, 1930; Antol. české právní vědy, ed. P. Skřejpková – L. Soukup, 1993, S. 119ff. (m. W.); Dějiny Univ. Karlovy 3, red. F. Kavka – J. Petráň, 1997, s. Reg. (m. B.).*

(J. Kořalka)

Stupka Walt(h)er, Mediziner. Geb. Wien, 21. 2. 1885; gest. Wr. Neustadt (NÖ), 14. 2. 1950. – Nach Besuch des Gymn. stud. S. ab 1903 Med. an der Univ. Wien; 1909 Dr. med. 1910–13 im Landeskrankenhaus Graz tätig, ging er knapp vor Ausbruch des 1. Weltkriegs an die Univ.klinik in Göttingen, um sich in der Histol. des Ohrs fortzubilden. Im 1. Weltkrieg zunächst an der Front, wurde er im Verlauf des Kriegs Leiter mehrerer militärmed. Anstalten. 1917 übernahm er eine Ass.stelle an der Innsbrucker Hals-Nasen-Ohren-Klinik, wo er sich 1924 mit experimentellen Beitrr. zur Kenntnis der Atembewegungen des Hundekehlkopfs für Ohren-, Nasen- und Halsheilkde. habil. Ende 1924 wechselte er als Primararzt an die neu errichtete Oto-Laryngolog. Abt. des Krankenhauses Wr. Neustadt. Wiss. vielseitig tätig, befasste sich S. u. a. mit Untersuchungen zur nervösen Versorgung des Kehlkopfs, mit Verwachsungen des Nasen- und des Rachenraums, mit Nasentuberkulose sowie mit Operationen und plast. Chirurgie der Stirnhöhle. Als Standardwerk gilt „Die Mißbildungen und Anomalien der Nase und des Nasenrachenraumes", 1938. 1943 tit. ao. Prof., war S. u. a. Mitgl. des Naturwiss.-med. Ver. in Innsbruck und Vizepräs. der Österr. Ges. für Hals-, Nasen- und Ohrenheilkde.

Weitere W.: Die Therapie der Nasentuberkulose, in: Z. für Laryngol., Rhinol. und ihre Grenzgebiete 10, 1922; Alloplastik (Zelluloidprothese) zur kosmet. Verbesserung der Stirngegend nach entstellenden äußeren Stirnhöhlenoperationen, in: European Archives of Oto-Rhino-Laryngology 138, 1934; Über die Fehlbildungsnatur der spontan entstandenen Pneumatocele supramastoidea, in: Acta Oto-laryngologica 25, 1937; etc.

L.: *Kürschner, Gel.Kal., 1940/41; O. Novotny, in: MS für Ohrenheilkde. und Laryngo-Rhinol. 84, 1950, S. 81f. (m. B.); Österreicher der Gegenwart, bearb. R. Teichl, 1951; Hundert Jahre Med. Fak. Innsbruck 1869–1969, ed. F. Huter, 2, 1969, S. 400, 402; Nö. Ärztechronik ..., bearb. B. Weinrich, 1991; W. Edelbauer, Das A. ö. Krankenhaus Wr. Neustadt im Spiegel der Zeit 1321–2000, 2000, S. 45, 114, 197; UA, Wien; Stadtarchiv, Wr. Neustadt, NÖ.*

(D. Angetter)

Stupper Carl, Mediziner und Apotheker. Geb. Wr. Neustadt (NÖ), 30. 6. 1808; gest. Wien, 11. 8. 1874; röm.-kath. – Sohn eines Rauchfangkehrers. – Nach Abschluss des Gymn. 1826 und der phil. Jgg. an der Univ. Wien 1828 absolv. S. eine Apothekerausbildung in Baden und war danach in mehreren in- und ausländ. Apotheken tätig; 1834 Mag. pharm. in Wien, vervollkommnete er seine wiss. Ausbildung in Dtld. Ab 1835 stud. S. Med. an der Univ. Wien; 1842 Dr. med., Mag. obstet. Als Ass. an der Univ. Wien unterrichtete er Physik, Chemie sowie Botanik. Daneben war er als Bez.armenarzt in der Rossau (Wien 9) tätig und praktizierte ab 1850 in der Inneren Stadt (Wien 1). In seiner Diss. „Die Metallvergiftungen", 1842, befasste er sich mit Vergiftungen durch Arsenik, Quecksilber, Kupfer, Blei, Spießglanz, Silber, Zink, Zinn, Chrom, Wismuth, Gold und Eisen und beschrieb deren Wirkungen, Symptome sowie Behandlungsmöglichkeiten. Sein umfangreiches Werk „Medicinisch-pharmaceutische Botanik ... vom Jahre 1836 aufgeführten Arzneipflanzen", 2 Bde., 1841–43, konnte seine Kritiker aber nicht überzeugen. Polit. engagiert, gehörte S. während der Revolution 1848 dem Verw.R. der Nationalgarde an. 1861 Wr. Gmd.rat, regte er als Erster den Bau der Hochquellenwasserleitung für die Trinkwasserversorgung der Stadt Wien an, die ab 1873 unter maßgebl. Einfluss von →Eduard Sueß realisiert wurde, sowie die Revidierung des Gasvertrags mit der Imperial Continental Gas-Association.

L.: NFP, 13. 8. 1874; Dt. Apotheker-Biographie; Hirsch; Stafleu; Wurzbach; Archiv der Pharmacie 81, 1842, H. 3, S. 338f., 84, 1843, H. 2, S. 202ff.; W.-G. Dunder, Denkschrift über die Wr. October-Revolution ..., 1849, S. 56; M. Bermann – F. Evenbach, Die neuen Väter der Großkommune Wien ..., 1861, S. 60; G. M. Hahnkamper, Der Wr. Gmd.rat zwischen 1861 und 1864, phil. Diss. Wien, 1973; UA, WStLA, beide Wien.

(M. Schneider)

Stur (Štúr) Dionys (Dionýz), Geologe und Paläontologe. Geb. Beczkó, Ungarn (Beckov, SK), 5. 4. 1827; gest. Wien, 9. 10. 1893. – Lehrersohn. – Nach Besuch des Gymn. in Modern (Modra) und des evang. Lyzeums in Preßburg hörte S. ab 1844 am polytechn. Inst. in Wien mathemat. und naturwiss. Vorlesungen. 1847 stud. er Mineral. und Geognosie am Montanist. Mus. in Wien bei →Wilhelm v. Haidinger und →Franz v. Hauer. Im Herbst 1847 vollendete er seine Stud. in Schemnitz (Banská Štiavnica). 1848 erschien seine erste Publ., „Geognostische Untersuchungen in der Gegend von Pressburg und Modern", im 3. Bd. von Haidingers „Berichten über die Mittheilungen von Freunden der Naturwissenschaften in Wien". 1850 von Haidinger an die Geolog. Reichsanstalt berufen, wurde er zunächst Hilfsgeologe, 1867 Bergrat und Geologe, 1873 Bergrat und Chefgeologe, 1877 Vizedir. und 1885 Dir.; 1892 i. R. Als kartierender Aufnahmsgeologe bereiste er weite Tle. der Monarchie, u. a. gem. mit →Johann Bapt. Czizek 1851 die nö. Kalkvoralpen. I. d. F. machte S. geolog. Übersichtsaufnahmen in der Oberstmk., in Sbg. und Ktn., ab 1857 in Böhmen, Ostgalizien, Siebenbürgen und Kroatien. Seine detaillierten Spezialaufnahmen der Stmk. publ. er 1865 als „Geologische Übersichtskarte des Herzogthumes Steiermark", für die er auf der Pariser Weltausst. 1867 eine Silbermedaille erhielt. 1871 folgten die Erläuterungen „Geologie der Steiermark ...". Bis 1872 machte S. geolog. Spezialaufnahmen in Galizien, in der Bukowina, in Kroatien und Ungarn; dabei arbeitete er bes. zur Gliederung der Trias. Daneben widmete er sich der Botanik, wobei er zunächst über den Einfluss des Bodens auf das Wachstum der Pflanzen und über die Nutzpflanzen in Österr. forschte, ehe er sich gänzl. der Paläobotanik zuwandte. Hier sind v. a. seine Arbeiten über die paläozo. Floren des außeralpinen Raums zu nennen. Daneben arbeitete S. über Erdbeben, Hangrutschungen, Hydrogeol. und an einer Expertise über den Untergrund des geplanten Wr. Zentralfriedhofs (1869). Als Paläontologe bearb. er neben Pflanzen auch Wirbeltierreste, v. a. aus dem Pleistozän. Als Dir. der Geolog. Reichsanstalt veranlasste er die Drucklegung der geolog. Karte 1:75.000 der österr.-ung. Monarchie in Farbe, ebenso wie die von ihm revidierte „Geologische Specialkarte der Umgebung von Wien 1:75.000" in sechs Bll. (1891). Seine Publ. wurden fast ausschließl. von der Geolog. Reichsanstalt bzw. der k. Akad. der Wiss. in Wien hrsg. HR S. erhielt u. a. 1890 die Cothenius-Medaille, 1892 das Ritterkreuz des Leopold-Ordens und das Ritterkreuz I. Kl. des kgl. Sächs. Albrechtsordens. Er war k. M. der k. Akad. der Wiss. in Wien (1880), der Südslaw. Akad. der Wiss. und Künste in Agram, der Senckenberg. naturforschenden Ges. (1892), der physikal.-med. Ges. in Würzburg, der Geological Society of London, des naturwiss. Ver. für Stmk. in Graz, w. M. der k. Ges. der Naturforscher zu Moskau, Mitgl. der naturforschenden Ges. Isis in Dresden, Membre associé de l'Acad. royale des Sciences, des Lettres et des Beaux-Arts de Belgique sowie Ehrenmitgl. der Ung. Geolog. Ges.

Weitere W.: s. Eisenberg; Poggendorff; Rizner; Stafleu; Wurzbach; Slovenský biografický slovník.

L.: NFP, 10. 10. 1893 (A.); Almanach Wien 44, 1894, S. 256ff.; Eisenberg 2 (m. W.); Enc. Slovenska (m. B.); Poggendorff 3 (m. W.); Rizner (m. W.); SBL; Stafleu (m. W. u. L.); Szinnyei (s. Dénes S.); Wurzbach (m. W.); M. Vacek, in: Jb. der k. k. geolog. Reichsanstalt 44, 1895, S. 1ff.; Ľ. Ivan – J. M. Nový, D. Š. Život a dielo, 1954 (m. B.); H. Zapfe, Index Palaeontologicorum Austriae (= Cat. Fossilium Austriae 15), 1971; J. Bober, Malá enc. bádateľov a vynálezcov, 1973 (m. B.); Ľ. Ivan – J. M. Nový, D. Š. bohatier vedy, 1976 (m. B.); Enc. Zeme, red. J. Činčura, 1983; J. Tibenský u. a., Priekopníci vedy a techniky na Slovensku 2, 1988 (m. B. u. L.); Slovenský biografický slovník 5, 1992 (m. B., W. u. L.); W. R. Janoschek, in: D. Š., geológ, paleontológ, botanik, slovenský národovec ..., ed. O. Miko – O. Samuel, 1994, S. 27ff.; Die Geolog. Bundesanstalt in Wien ..., red. Ch. Bachl-Hofmann u. a., 1999, S. 69, 71f., 103, 106, 110ff. (m. B.); E. Jungwirth, in: GPZ Bulletin 12, 2008, S. 5f. (m. B.); Materialiensmlg. ÖBL, Wien.

(Th. Hofmann)

Stur Jan, Schriftsteller und Lehrer. Geb. Radautz, Bukowina (Rădăuţi, RO), 22. 12. 1895; gest. Lwów, Polen (L'viv, UA), 20. 7. 1923; mos., ab ca. 1918 röm.-kath. – Hieß eigentl. Hersz Feingold. Sohn eines assimilierten jüd. Rechtsanwalts. – Nach dem frühen Tod des Vaters besuchte S. bis 1912 das Gymn. in Lemberg (L'viv). Dort freundete er sich mit Józef Wittlin an und veröff. ab 1912 erste dichter. Versuche. Sein 1914 begonnenes Jusstud. an der Univ. Wien musste er wegen seiner Einberufung zum Militär unterbrechen, wurde wegen einer Tuberkuloseerkrankung jedoch nicht an die Front geschickt. Vermutl. ab 1919 unterrichtete er am poln. Gymn. in Lwów und gab Texte von →Aleksander Gf. Fredro, Adam Mickiewicz, Julian Niemcewicz und Juliusz Słowacki mit Erläuterungen heraus. Sein publizist. Debüt erfolgte im selben Jahr mit der Abh. „Ekspresjonizm" in der „Gazeta Poranna i Wieczorna". Hier definierte er den Expressionismus als ein überzeitl. Phänomen, eine geistig-metaphys. Strömung, die eth.-individualist. auf einen Bewusstseinswandel abzielt. Er kritisierte die formal konventionelle, traditionelle Dichtung der Literatengruppe Skamander und forderte neue, radikale Ausdrucksmittel. Gem. mit seinen Posener Schriftstellerfreunden Witold Hulewicz und Jerzy Hulewicz publ. er 1919–22 in der Zweiwochenschrift „Zdrój", wurde selbst zu deren wichtigstem Theoretiker und somit des poln. Expressionismus; 1920–21 war er Red. dieser Z. S. arbeitete für verschiedene Ztg. und Z. wie „Wiek Nowy" (1919), „Trybuna" (1920), „Gospoda Poetów" (1921) sowie „Kurjer Lwowski" (1921). Bereits in seiner ersten Lyriksmlg. „Anima nostra" (1920) mit Ged. in Poln., Dt. und Französ., tw. mit latein. Titeln, klingt das Motiv der Ausgeschlossenheit des Fremden an. In seinem letzten, als Trilogie geplanten Zyklus „Człek wędrowny" (1921), für den er die Struktur der „Göttlichen Komödie" Dantes zum Vorbild nahm, wechselt er zwischen einer individuellen autobiograph. Perspektive, beeinflusst von den traumat. Erlebnissen seiner Kindheit, und einer ideengeschichtl. Reflexion, z. B. der Idee der ewigen Wiederkehr (Nietzsche) und des pantheist. Glaubens an die Einheit der ganzen Welt. S.s Werk ist heute ledigl. von hist. Bedeutung.

Weitere W. (s. auch PSB; Słownik współczesnych pisarzy polskich; Współcześni polscy pisarze i badacze literatury): Triumfy, 1920; Z ksiąg prawdy, 1921; Pisma, 1924; Der Expressionismus, in: Die literar. Avantgarde in Polen, ed. J. Lam, 1990; Was wir wollen, ebd.

L.: PSB (m. W. u. L.); Słownik współczesnych pisarzy polskich 1/3, ed. E. Korzeniowska, 1964 (m. W.); J. Ratajczak, in: Przegląd Humanistyczny 1, 1967, S. 83ff.; Literatura polska, ed. J. Krzyżanowski u. a., 2, 1985; M. Kłańska, in: Expressionismus in Österr., ed. K. Amann – A. Wallas, 1994, S. 353ff.; dies., in: H. Kircher u. a., Avantgarden in Ost und West ..., 2002, S. 177ff.; Współcześni polscy pisarze i badacze literatury 8, ed. J. Czachowskiej u. a., 2003 (m. W.).

(M. Kłańska)

Stur Karl Edler von, Maler und Zeichner. Geb. Wolfsberg (Ktn.), 10. 2. 1840; gest. Wien, 3. 6. 1905. – Sohn des aus Pest (Budapest) stammenden Arztes Karl v. S., der als Bez.physikus in Wolfsberg und 1850–54 in Judenburg wirkte. – S. absolv. die Realschule in Klagenfurt und Judenburg und übersiedelte mit der Familie 1855 nach Wien, wo er eine Apothekerausbildung begann, die er aber bald abbrach, um auf Empfehlung von →Christian Ruben 1856–59 (mit Unterbrechung) an der Wr. ABK zu stud. Nach Unterricht bei →Josef Lewinsky wechselte S. 1858–59 kurzzeitig ins Schauspielfach und spielte zuletzt in Neutitschein (Nový Jičín). Aufgrund einer schweren Erkrankung seines Vaters kehrte er bereits 1860 nach Wien zurück und war seitdem ausschließl. als Zeichner und Maler tätig. Durch seine Freundschaft mit →Ottokar Franz Ebersberg wurde S. Illustrator für die 1861 gegr. satir. Z. „Kikeriki" und zeichnete – mit Ausnahme einer halbjährigen Unterbrechung, die ihn 1864 als Soldat nach Laibach und Triest führte – bis 1872 für dieses Bl. S., der als Zeichner und Karikaturist den Zeitgeist einzufangen wusste, wurde zum viel gefragten Illustrator und wechselte 1872 zu der Z. „Die Bombe" und 1873 zu „Der Floh". Letzterem blieb er mit Ausnahme seiner Tätigkeit für die „Wiener Luft" (1876–80) und für die Berliner „Lustigen Blätter" (1887–88) treu. Daneben fertigte S. Zeichnungen und Illustrationen für die Leipziger „Illustrirte Zeitung", für die von Friedrich Wilhelm v. Hackländer hrsg. Z. „Über Land und Meer" und für den New Yorker „Puck". Mit sicherem Strich hielt er v. a. großstädt. Szenen sowie die Wr. Ges. in zahlreichen Porträts fest, wobei insbes. der Welt des Theaters auch motiv. sein großes Interesse galt. Darüber hinaus trat er in den 1880er-Jahren als Buchillustrator hervor, z. B. für das 1886 von Carl Sigmund Grünfeld hrsg. Werk „Berühmte Männer und Frauen". Eines seiner wenigen Ölgemälde ist die großformatige allegor. Darstellung „Die alte und die neue Gasbeleuchtung" (heute im Wien Mus.), die um 1900 in städt. Auftrag entstand. Zahlreiche Zeichnungen und Druckgraphiken S.s werden in der Österr. Nationalbibl., der Albertina und im Wien Mus. aufbewahrt.

Weitere W.: s. Wurzbach.

L.: *Czeike; Eisenberg 1; Fuchs, 19. Jh.; Kosel 1; Nagl–Zeidler–Castle 3, s. Reg.; Thieme–Becker; Wurzbach (m. W.); Das große Buch der Österreicher, zusammengestellt W. Kleindel, 1987; A. Kreuzer, Kärntner – Biograph. Skizzen 11, 2003, S. 45f.; ABK, Wien.*

(R. Gleis)

Štúr Karol, Ps. Drahotín Štúr, Drahotím spod Rokoše, Schriftsteller, Pfarrer und Lehrer. Geb. Trentschin, Ungarn (Trenčín, SK), 25. 3. 1811; gest. Modern, Ungarn (Modra, SK), 13. 1. 1851; evang. AB. – Sohn von Samuel Š. (s. u.) und Bruder von →Ľudovít Š. – Nach dem Besuch des Gymn. in Raab (Győr) 1823–25 sowie Ödenburg (Sopron) 1825–27 und des evang. Lyzeums in Preßburg 1827–33 arbeitete Š. 1833–35 als Erzieher bei adeligen Familien und stud. 1835–36 Theol. an der Univ. Berlin. 1838 Kaplan in Verbó (Vrbové), war er 1839–46 Prof. und Dir. des evang. Gymn. in Modern und wirkte danach als Pfarrer. Bereits 1829 hatte er mit →Daniel Lichard und Samuel Godra am Lyzeum in Preßburg die Tschecho-slaw. Ges. (Spoločnosť česko-slovanská) gegr., die großen Einfluss auf das slowak. Nationalbewusstsein hatte. Er gründete für slowak. und serb. Studenten nationale Literaturver. und kämpfte gegen die Magyarisierung in den Schulen und der evang. Kirche. 1849 war er Mitgl. jener Delegation, die dem K. Forderungen der Slowaken überreichte; danach Mitgl. des Stadtrats in Modern. Š., der für die panslaw. Ideen →Ján Kollárs eintrat, übers. Platon und Aristophanes und schrieb, von ihnen beeinflusst, Poesie in tschech. Sprache, i. d. F. auch Sagen sowie Volkspoesie in der Tradition der Romantik (→Karel Hynek Mácha, Adam Mickiewicz) und veröff. sie u. a. in den Z. „Hronka", „Květy", „Nitra", „Plody" sowie „Tatranka". Š. übernahm später die von seinem Bruder und Jozef Miloslav Hurban eingeführte slowak. Schriftsprache. Sein Vater **Samuel Š.** (geb. Lubina, Ungarn/SK, 15. 3. 1789; gest. Zayugrócz, Ungarn / Uhrovec, SK, 27. 7. 1851; evang. AB) war Lehrer, Kantor und Schriftsteller. Aus einer evang. Toleranzgmd. stammend, wirkte Samuel Š. nach seiner Gymn.-zeit in Trentschin und Modern ab 1809 als Lehrer an der evang. Kirchenschule und als Organist in Trentschin. Er beherbergte bis 1812 seinen Schüler →František Palacký als Kostkind, den er im Orgelspiel unterrichtete, in seiner religiösen Tradition (beruhend auf dem Gesangbuch des Tranoscius) bestärkte und in ihm das Bewusstsein der tschecho-slowak. Zusammengehörigkeit weckte. 1813 wechselte er an die slowak.-ung. Schule in Zayugrócz. Samuel Š. verf. Petitionen und half der unterprivilegierten Bevölkerung im Verkehr mit Ämtern und Behörden, schrieb in der alttschech. Bibel- (bibličtina) und Gottesdienstsprache Fabeln, Ged. und Schulbücher.

W. (s. auch Rizner; Slovenský biografický slovník): Ozwěna Tatry. Zpěvy a powěsti, 1844; etc.

L. *(tw. auch für Samuel Š.): Masaryk; Otto; Rieger; Rizner (m. W.); Wurzbach; M. J. Hurban, K. Š. Nástin ducha a života jeho, 1851; Slovenské pohľady 1/3, 1851, S. 111ff.; Slovenské noviny 13, 1851, H. 7, S. 29, H. 8, S. 34; Slovenský náučný slovník 3, 1932; J. Vlček, Dejiny literatúry slovenskej, 1953, s. Reg.; E. Gombala, in: Slovenská literatúra 24, 1977, S. 578ff.; Enc. slovenských spisovateľov 2, 1984; Pedagogická enc. Slovenska 2, 1985; Dejiny Slovenska 2, 1987, s. Reg., 4, 1986, S. 280; Malá československá enc. 6, 1987; P. Horváth, Rodokmeň a osudy rodiny Štúrovcov, 1988; Slovenský biografický slovník 5, 1992 (m. W. u. L.); K. Rosenbaum, K. Š. (Náčrt tvorby a života), 2000. – Samuel Š.: L. v. Gogolák, Beitrr. zur Geschichte des slowak. Volkes 2, 1969, S. 7; I. Kiš̌š, in: Evanjelický posol spod Tatier 95, 2005, Nr. 53, S. 1.*

(I. Chalupecký – K. W. Schwarz)

Štúr Ľudovít (Ljudevit, Ludevit), Ps. Bedlivý Luborod, Luboslav Povážsky etc., Slawist, Politiker und Schriftsteller. Geb. Zayugrócz, Ungarn (Uhrovec, SK), 28. oder 29. 10. 1815; gest. Modern, Ungarn (Modra, SK), 12. 1. 1856; evang. AB. – Sohn von Samuel Š. (s. u. →Karol Š.), Bruder von →Karol Š. – Nach dem Besuch des Gymn. in Raab (Győr) 1827–29 und des evang. Lyzeums in Preßburg 1829–34 stud. Š. bis 1837 Theol., Phil., Geschichte und Linguistik in Preßburg und 1838–40 an der Univ. Halle. Bereits 1837–38 Stellv. von →Jiří Palkovič am Lehrstuhl für slaw. Sprachen und Literatur am Preßburger Lyzeum, unterrichtete er 1840–43 neuerl. dort. Durch seine Vorträge übte er großen Einfluss auf seine Studenten, die „Štúrovci" (Štúrs Anhänger), aus. Als er wegen seines Antimagyarismus 1843 abgesetzt wurde, verließen zahlreiche Studenten aus Protest Preßburg. 1845 veröff. er seine dt.sprachige Rechtfertigungsschrift „Das neunzehnte Jahrhundert nach der Magyarisierung". 1845–48 war er Hrsg. und Red. der ersten modernen slowak. polit. Z. „Slovenskje Národňje Novini" mit der Literaturbeilage „Orol Tatránski". 1847–48 Abg. zum ung. LT, setzte er sich für Slowak. in den Volksschulen ein und war an der Ausarbeitung mehrerer Bittschriften der Slowaken um Autonomie und deren Überreichung an den K. beteiligt. Auf dem Slawenkongress in Prag 1848 kritisierte er die Habsburgermonarchie sowie den Austroslawismus und kämpfte in der Revolution 1848/49 als prominenter Kommandeur der Slowaken gegen die Ungarn. Unter dem Einfluss von →Ján Kollár, →Pavel Josef Šafařík und →Josef Dobrovský propagierte er den Panslawismus. Durch die Phil. Georg Wilhelm Friedrich Hegels und Johann Gottfried Herders gelangte er zur Überzeugung, dass die Zukunft Europas den Slawen unter der Führung Russlands und der Orthodoxie gehöre. Nach 1849 widmete er sich seiner wiss. und literar. Arbeit, schrieb Lyrik („Spevy a piesne", 1853, 2. Aufl. 1929) sowie eine Abh. über die slaw. Volkslieder und Sagen („O národních písních a pověstech plemen slovanských", 1853, 2. Aufl. 1932). Š. publ. in zahlreichen Z., u. a. „Slovenská Čítanka", „Hronka", „Květy", „Nitra", „Slovenskje Národňje Novini", „Orol Tatránski", „Plody" und „Tatranka". Seine größte Bedeutung liegt in der Kodifizierung der slowak. Schriftsprache auf Grundlage des mittelslowak. Dialekts, die er 1843 gem. mit Michal Miloslav Hodža und Jozef Miloslav Hurban einführte. 1846 veröff. er ein Lehrbuch der slowak. Sprache („Nauka reči slovenskej"). Sein Werk „Das Slawenthum und die Welt der Zukunft" erschien posthum 1867 auf Russ. (2. Aufl. 1909, dt. 1931, slowak. 1944). Š., der an den Folgen eines Jagdunfalls starb, gehört – tw. mystifiziert – zu den bedeutendsten Persönlichkeiten der slowak. Geschichte. Die Stadt Štúrovo ist nach ihm benannt.

Weitere W. (s. auch Wurzbach; Ormis; Slovenský biografický slovník): Die Beschwerden und Klagen der Slaven in Ungarn über die gesetzwidrigen Uebergriffe der Magyaren, 1843; Nárečja slovenskuo alebo potreba písaňja v tomto nárečí, 1846, 2. Aufl. 1943; Listy Ľ. Š., 3 Bde., ed. J. Ambruš, 1954–60, Bd. 4, ed. V. Matula, 1999; Dielo, 2 Bde., 2003; Dielo, 2007 (m. B.); etc.

L.: WZ, 16. 2. 1956; Enc. Slovenska; Masaryk; Otto; Otto, Erg.Bd.; Pallas; Révai; Rieger; Rizner; Szinnyei; Új M. Lex.; Wurzbach (m. W.); A. Pražák, Dějiny spisovné slovenštiny po dobu Š., 1922; J. M. Hurban, Ľ. Š., 4 Bde., 1928–44; A. Mráz, Ľ. Š., 1948; K. Goláň, Ľ. Š. (1856–1956), 1956; V. Matula, Ľ. Š., 1956; J. V. Ormis, Bibliografia Ľ. Š., 1958 (m. W.); P. Vongrej, Ľ. Š. (1815–56), 1963; Ľ. Š. und die slaw. Wechselseitigkeit, ed. Ľ. Holotík, 1969; J. Hučko, Život a dielo Ľ. Š., 1984; Enc. slovenských spisovateľov 2, 1984 (m. B.); Pedagogická enc. Slovenska 2, 1985; Dejiny Slovenska 2–6, 1985–88, s. Reg.; Malá československá enc. 6, 1987 (m. B.); P. Horváth, Rodokmeň a osudy rodiny Š., 1988; Slovenský biografický slovník 5, 1992 (m. W. u. L.); Z. Sojková, Svitne ešte život, 2006 (m. B.); Slovensko A–Ž: Ottova enc., 2006.

(I. Chalupecký)

Sturany Johann, Baumeister. Geb. Hütteldorf, NÖ (Wien), 13. 5. 1831; gest. Wien, 17. 3. 1912; röm.-kath. – Sohn des aus Böhmen zugewanderten Stadtbaumeisters Josef S. d. Ä. (geb. 1804; gest. Wien, 5. 5. 1886), Vater von Josef S. d. J., Moritz S. (beide s. u.) und →Rudolf S.; ab 1859 mit der vermögenden Seidenfabrikantentochter Barbara (Betty) Spiering (geb. 1837; gest. Wien, 9. 12. 1914; röm.-kath.) verehel. – S. stud. 1849–52 am Wr. polytechn. Inst. und absolv. auch eine prakt. Ausbildung zum Baumeister; 1858 Erwerb der Baumeisterkonzession, ab 1879 Inhaber der Fa. J. S. In der Ringstraßenära avancierte er zu einem der bedeutendsten Baumeister Wiens (1877 Hofbaumeister), errichtete in Zusammenarbeit mit namhaften Architekten zahlreiche Mietshäuser und andere wichtige Bauten (Pfarrkirche Hütteldorf, 1880–82, Wien 14; Villa Hohenfels, 1890–91, Wien 13; Raimundtheater, 1893–95, Wien 6) und gelangte als Bauunternehmer und Realitätenbesitzer zu großem Reichtum. Neben einer Sommervilla in Hütteldorf erbaute er sich 1874–81 unter Mitarb. bedeutender zeitgenöss. Künstler wie →Karl Kundmann und →Gustav Klimt ein von →Ferdinand Fellner d. J. und →Hermann Helmer entworfenes kostspieliges Stadtpalais in Wien 1. 1858 Mitbegründer des Ver. der Baumeister NÖ, ab 1881 Mitgl. des Nö. Gewerbever., zog sich S. 1892 ins Privatleben zurück und übertrug die Fa. seinen Söhnen Moritz und Josef (Fa. Moritz und Josef S.), die diese bis 1907 weiterführten. **Moritz S.** (geb. Wien, 12. 6. 1862; gest. ebd., 13. 11. 1907, Selbstmord; röm.-kath.), verehel. mit Laura S., geb. Reichert, absolv. 1881 die Staatsgewerbeschule und stud. bis 1884 Architektur an der ABK bei →Theophil Frh. v. Hansen. Ab ca. 1889 wirkte er als Baumeister und Architekt und war – tw. in Zusammenarbeit mit →Karl König und →Carl Stephann – insbes. mit der Ausführung vieler Wr. Mietshäuser befasst; für seine Mitarb. an der russ.-orthodoxen Kirche (Wien 3) erhielt er 1899 den St. Annen-Orden. Moritz S. war ab 1885 Mitgl. des Österr. Ing.- und Architekten-Ver., ab 1893 des Nö. Gewerbever. und ab 1897 des Ver. der Baumeister NÖ. Als leidenschaftl. Kunstsammler geriet er in finanzielle Schwierigkeiten, die zu seinem Selbstmord führten. Sein Bruder **Josef S. d. J.** (geb. Hütteldorf, 18. 11. 1865; gest. Wien, 13. 7. 1937; röm.-kath.) absolv. 1884 die Staatsgewerbeschule, stud. 1884/85 am Wr. polytechn. Inst. und 1885–87 an der TH Berlin-Charlottenburg. Ab 1892 fungierte er gem. mit Moritz als Ges. der Baufa. Moritz und Josef S., die er bis zu seinem Tod leitete. In Zusammenarbeit mit prominenten Architekten (u. a. Fellner, Helmer und →Adolf Loos) zeichnete er für die Ausführung zahlreicher Bauten in Wien verantwortl. (u. a. Hotel Meissl und Schaden, 1894, Wien 1). Josef S. war Mitgl. mehrerer Interessenvertretungen, so ab 1891 des Österr. Ing.- und Architekten-Ver., ab 1897 des Ver. der Baumeister NÖ (ab 1906 in dessen Vorstand), wurde 1935 KR und trat daneben als Kunstsammler und Philatelist hervor.

Weitere W. (s. auch Architektenlex.): Kn. Elisabeth-Spital, 1883–90 (Wien 15); etc. – Moritz und Josef S. d. J.: Warenhaus Gerngross, 1903 (Wien 7); etc.

L. (tw. auch für Moritz und Josef S. d. J.): NFP, 12., 14., Neues Wr. Journal, 14. 11. 1907 (für Moritz S.); NWT, 19. 3. 1912; Die Wr. Ringstraße 1, 4; Wr. Fassaden des 19. Jh., 1976, s. Reg.; Die Kunstdenkmäler Wiens. Die Profanbauten des 3., 4. und 5. Bez., bearb. G. Hajós – E. Vancsa (= Österr. Kunsttopographie 44), 1980, s. Reg.; F. Achleitner, Österr. Architektur im 20. Jh. 3/1, 1990, s. Reg.; Architektenlex. Wien 1880–1945 (m. W. u. L., nur online, Zugriff 20. 1. 2010); ABK, TU, WStLA, alle Wien; TU, Berlin, D.

(U. Prokop)

Sturany Rudolf, Zoologe. Geb. Wien, 13. 4. 1867; gest. ebd., 28. 2. 1935. – Sohn von →Johann S., Bruder von Moritz S. und Josef S. d. J. (beide s. u. Johann S.). – Nach Besuch des Gymn. in Kremsmünster und des Schottengymn. in Wien, wo er maturierte, stud. S. ab 1886 Zool. und Naturwiss. u. a. bei →Karl Friedrich Claus, →Karl Grobben und →Friedrich Moritz Brauer an der Univ. Wien, 1888–89 an der Univ. Leipzig und ab 1889/90 wieder an der Univ. Wien; 1891 Dr. phil. Bereits ab 1889 als Volontär in der Molluskensmlg. des Naturhist. Hofmus. tätig, wurde er 1890 wiss. Hilfskraft, 1897 Ass., 1901 Kustos-Adjunkt, 1907 Kustos II. Kl. und schließl. 1915 Kustos I. Kl. 1922 i. R., war er weiterhin in der Weichtiersmlg. tätig, ehe ein Augenleiden ab 1924 weitere Forschungen verhinderte. S. gilt als einer der bedeutendsten Malakologen: Unter seiner Ägide erhielt die Molluskensmlg. des Naturhist. Mus. in Wien bedeutenden Zuwachs, da mehrere größere Smlgg. akquiriert wurden. Darüber hinaus unternahm er ausgedehnte Forschungs- und Sammelreisen: 1891 durch die osman. Balkangebiete gem. mit →Franz Steindachner, 1895 zu den Plitvicer Seen in Kroatien, nach Bosnien und in die Herzegowina, 1902 auf die Insel Kreta, 1903 nach Montenegro und Nordalbanien. 1899 besuchte S. Mus. in Berlin, Hamburg und Budapest. 1895 bearb. er das Molluskenmaterial der Taurus-Expedition in das Marmarameer, 1896 die Mollusken- und Brachiopoden-Aufsmlgg. der Pola-Tiefsee-Expeditionen in das östl. Mittelmeer und die Adria (1890–94), 1899 Vladimir Afanas'evič Obručevs Molluskensmlg. aus Hochasien sowie 1903 jene der Pola-Expedition in das Rote Meer. Auf seinen Reisen sammelte er neben Mollusken v. a. Käfer und Schmetterlinge. Zahlreiche Arten entdeckte er neu, einige sind nach ihm benannt. HR S. war Mitgl. mehrerer in- und ausländ. Vereinigungen wie der Dt. Malakolog. Ges., der Dt. Zoolog. Ges., ab 1886 der Zoolog.-Botan. Ges. in Wien (1896–1913 in deren Ausschussrat), des Ver. zur Verbreitung naturwiss. Kenntnisse und der Geograph. Ges. in Wien. 1912 Ritter des Franz Joseph-Ordens.

Weitere W.: s. Adensamer, 1935.

L.: Eisenberg 2; W. Adensamer, in: Archiv für Molluskenkde. 67, 1935, S. 113ff. (m. W.); ders., in: Verhh. der Zoolog.-Botan. Ges. in Wien 84, 1935, S. 145ff. (m. W.); ders., in: Annalen des Naturhist. Mus. in Wien 47, 1936, S. 59f.; G. Nonveiller, The pioneers of the research on the insects of Dalmatia, 1999, S. 262f.; UA, Wien; UA, Leipzig, D.

(V. Stagl)

Sturm Albert, Journalist, Schriftsteller und Übersetzer. Geb. Liptószentmiklós, Ungarn (Liptovský Mikuláš, SK), 12. 2. 1851; gest. Budapest (H), 14. 2. 1909; mos. – Aus ärml. Verhältnissen stammend. – S. stud. ab 1867 Jus und Philol. an der Univ. Pest; 1875 Dr. jur. Seine journalist. Laufbahn begann in Wien, wo er ab 1872 Mitred. der „Tagespresse" war, die er jedoch 1874 wegen ihrer ungarnfeindl. Einstellung verließ. Danach kurze Zeit Mitarb. der „Neuen Freien Presse"; 1874 kehrte er nach Budapest zurück und wurde Feuilletonist und Gerichtsberichterstatter des „Neuen Pester Journals". 1875–80 zusätzl. als Gymn.-lehrer tätig, übers. er daneben auch z. B. →Johann Aranys „Buda halála. Hún rege" 1879 ins Dt. („König Buda's Tod"). 1881–95 arbeitete S. als Parlamentsberichterstatter beim „Pester Lloyd", wo er eine krit.-referierende Berichterstattung einführte. Ab 1895 war er Red. und Inhaber der halboffiziellen „Budapester Correspondenz" sowie offizieller Manöverberichterstatter für die ung. Presse. Neben seinem Wirken in verschiedenen journalist. Vereinigungen engagierte sich S. bes. im sozialen Bereich und propagierte z. B. die Kinder-Ferienkolonien in Ungarn. 1880 wurde er zum k. M. der Kisfaludy-Ges. gewählt, 1903 Off. des Franz Joseph-Ordens.

Weitere W.: Culturbilder aus Budapest, 1875, 2. Aufl. 1876; A Nibelungok Buda halálában, in: A Kisfaludy-Társaság Évlapjai, NF 17, 1882; Dux Adolf emlékezete, ebd., NF 18, 1883; Die ung. Literatur in den letzten fünfzig Jahren, in: Ung. Revue 7, 1887; J. Arany's Nachlass, ebd. 8, 1888; Sub auspiciis imperatoris et regis. Die heurigen Kav.- und Korpsmanöver stattgehabt unter den unmittelbaren Befehlen Sr. Majestät, 1896; Im Manöver-Kaiserzelt, 1899; etc. – Ed. und Red.: Új Országgyűlési Almanach, 1887ff.

L.: NFP, Pester Lloyd, 15. 2. 1909; Das geistige Ungarn; M. Életr. Lex.; M. Zsidó Lex.; Pallas; Révai; Szinnyei; Wer ist's?, 1908; A Kisfaludy-Társaság Évlapjai, NF 43, 1909, S. 261; R. Rudolf – E. Ulreich, Karpatendt. biograph. Lex., 1988; P. Don, Magyar zsidó históriák, 1997, S. 311; B. Kempelen, Magyarországi zsidó és zsidó eredetű családok 1, 1999, S. 38; Új magyar életrajzi lex. 5, 2004; A. Komlós, A magyar zsidóság irodalmi tevékenysége a XIX. században, 2008, S. 254.

(M. Rózsa)

Sturm P. Ambros (Johann), OSB, Lehrer, Mathematiker und Ordenspriester. Geb. Schudutz (NÖ), 10. 6. 1858; gest. Wien, 17. 12. 1931 (begraben: Seitenstetten, NÖ); röm.-kath. – Bauernsohn, Onkel von →Josef S. – S. besuchte 1869–77 das Gymn. in Seitenstetten und trat nach der Matura in das Noviziat der Benediktiner in Seitenstetten ein; 1878 erste, 1881 zweite Profess; 1878–82 absolv. er die theol. Stud. in St. Pölten; 1882 Priesterweihe und Primiz in Haag. 1882–83 war S. als Hilfskaplan in der Seelsorge in Behamberg tätig, ehe er 1883–86 Mathematik und Physik an der Univ. Innsbruck stud.; 1887 Lehramtsprüfung. I. d. F. unterrichtete er Mathematik und Physik am Gymn. in Seitenstetten. 1887–93 Stud.präfekt im Konvikt, 1895–1901 Konviktspräfekt; bischöfl. Konsistorialrat. 1901–19 übernahm er als Kustos das physikal. Kabinett, 1923–31 war er Stiftskämmerer. S., der als exzellenter Lehrer galt, widmete sich, von →Edmund Schlögelhofer angeregt, bes. der Geschichte der Mathematik, aber auch der Frage nach der Würfelvolumenverdoppelung, dem sog. delischen Problem. Seine „Geschichte der Mathematik bis zum Ausgange des 18. Jahrhunderts“ wurde mehrfach aufgelegt (3. Aufl. 1917). S.s Publ. erregten im dt.sprachigen Ausland durchaus Aufmerksamkeit, eine Professur an einer dt. Univ. lehnte er jedoch ab. In seinem Nachlass im Stiftsarchiv finden sich u. a. zehn handschriftl. Bde. „Mathematische Anmerkungen“. 1914 Schulrat, 1926 Stud.rat, erhielt S. 1928 das Goldene Ehrenzeichen für Verdienste um die Republik Österr., 1929 wurde er Ehrenmitgl. des Wr. Seitenstettner Ver.

Weitere W. (s. auch Poggendorff): Beitrr. in Z. für mathemat. und naturwiss. Unterricht, Bibliotheca Mathematica, Abhh. zur Geschichte der Mathematik, Stud. und Mitt. zur Geschichte des Benediktiner-Ordens und seiner Zweige, Programm des k. k. Ober-Gymn. der Benedictiner zu Seitenstetten; etc.

L.: Die Neue Ztg., NFP, RP, 18. 12. 1931; WZ, 19. 12. 1931; Wr. Diözesanbl., 21. 12. 1931; Poggendorff 4–6 (m. W.); St. Pöltner Diözesanbl. 12, 1914, S. 87; Bote aus Seitenstetten 2, 1929, S. 4, 6f., 39, 56, 6, 1931, S. 7, 41, 51, 7, 1932, S. 8ff. (alle m. B.); R. Schadauer, Die Klosterschule und das Gymn. der Benediktiner zu Seitenstetten 2, 1940, S. 273f., 280, 3, 1940, S. 408; C. M. Tüchler, in: Öff. Stiftsgymn. Seitenstetten 1814–1964, 1964, S. 27; Seitenstetten, Udalschalks Erbe im Wandel der Zeit, 2009, S. 314; Stiftsarchiv Seitenstetten, NÖ; UA, Innsbruck, Tirol; Mitt. P. Jacobus Tisch OSB, P. Benedikt Wagner OSB, beide Seitenstetten, NÖ.

(M. Pesditschek)

Sturm Anton, Schriftsteller und Lehrer. Geb. Pilsen, Böhmen (Plzeň, CZ), 9. 10. 1787; gest. Wien, 21. 2. 1827. – Nach dem Besuch des Gymn. in Pilsen lebte S. als Privatgelehrter in Wien und war ab 1820 als Lehrer und Prof. des dt. Stils an der Ing.-Akad. tätig. Ab 1818 trat er als Autor von Schulbüchern hervor („Gründliche Schule der Zeichnungskunst für Anfänger“, 1825) und machte sich als Jugendschriftsteller einen Namen („Der kleine Aesop oder hundert sechsversige Fabeln“, 1825). Sein Werk zeichnet sich durch bes. Themenvielfalt aus und umfasst u. a. ein Geographie-Fragespiel in Kartenform („Erste Reise in das Gebieth der Geographie, ein erheiterndes und lehrreiches Spiel für die Jugend …“, 1818, 2. Aufl. 1829). Außergewöhnl. ist sein Faltglobus für den Schulunterricht, der durch an den Spitzen von sechs Globussegmenten befestigte Fäden zu einer Kugel formbar ist („Taschen-Globus oder die bequemste Vorrichtung, mit zwey Zügen aus einer platt zusammengelegten Kugel eine sphärische zu bilden“, 1823). Er zählt weltweit zu den ersten Faltgloben und war bereits lithographiert. S. trat auch als Übers. aus dem Französ. hervor (darunter „Der kleine Mußedieb. Eine Auswahl interessanter Gesellschaftsspiele zur Erheiterung für Personen beyderley Geschlechts“ von Martin Infant, 1821; „Treue besteht, Falschheit vergeht“ nach Madame de Saint-Maurice mit Kupfertafeln nach Aubry, 1825) und gehörte neben →Jakob Glatz, →Johann Gabriel Seidl und →Leopold Chimani zu den bedeutendsten Autoren des Wr. Verlegers Heinrich Friedrich Müller, der der Gestaltung von Kinderbüchern im dt.sprachigen Raum zu einer Blüte verhalf.

Weitere W.: s. Kosch; Wurzbach.

L.: Goedeke, s. Reg.Bd.; Kosch (m. W.); Wurzbach (m. W.); H. Hühnel, in: Modelle der Welt, ed. P. E. Allmayer-Beck, 1997, s. Reg.; O. Brunken u. a., Hdb. zur Kinder- und Jugendliteratur von 1800 bis 1850, 1998, s. Reg.; Mitt. Jan Mokre, Wien.

(I. Nawrocka)

Sturm Eduard (Mathias Josef), Ps. Adam Osten, Politiker und Jurist. Geb. Olmütz, Mähren (Olomouc, CZ), 8. 2. 1830; gest. Kirchberg, Bayern (Bad Reichenhall, D), 24. 8. 1909; röm.-kath. – Sohn eines Gymn.-lehrers. – Nach Schulbesuch in Olmütz absolv. S. 1847 die phil. Lehranstalt in Brünn (Brno), danach ein Jusstud. an der Univ. Olmütz (1852 Dr. jur.) und war bereits ab 1851 in Brünn als Jurist tätig. 1855 legte er in Wien die Rechtsanwaltsprüfung ab und erhielt 1856 in Pest (Budapest) eine Advokatenstelle. Ab 1861 mähr.-schles. Landesadvokat in Brünn, übersiedelte er 1872 mit seiner Kanzlei nach Wien. Daneben arbeitete er an Gerichtsztg. und jurist. Fachwerken mit. In Brünn gehörte er 1870–72 dem Gmd.ausschuss an und beteiligte sich an der Gründung und Leitung zahlreicher dt. Ver. So war S. 1867–72 Obmann des Brünner Turnver. (1872 Ehrenobmann) und förderte ab 1870 den Aufbau der Studentenverbindung Arminia Brünn. Nach 1871 stieg S. als Nachfolger →Karl Giskras zum führenden dt.liberalen Politiker Mährens auf. Als langjähriges Vorstandsmitgl. der dt.liberalen Partei Mährens war er bis 1878 Mitinhaber der Brünner Ztg. „Der Mährische Correspondent". Als Abg. des mähr. LT (1865–89) gehörte er 1868–70 und 1871/72 dem mähr. Landesausschuss an. 1867–71 und 1873–89 auch RR-Abg., wurde er in die Ausgleichsdeputation und mehrfach in die Delegationen gewählt. Eine Schlüsselfunktion kam ihm 1867 als Berichterstatter bei der Ausarbeitung des Staatsgrundgesetzes und der Dezemberverfassung zu. S. trat für die rechtl. Gleichstellung der Religionsgemeinschaften (insbes. der mos.), für die Zivilehe, die Entkatholisierung des Volksschulwesens und allg. für die Garantie der Grundrechte ein. 1870 und 1885 war er Hauptredner der Opposition in den Adressdebatten, 1874 wirkte er als Berichterstatter bei der Geschäftsordnungsreform mit. 1880 unterstützte er im RR den gescheiterten Antrag auf Festlegung der dt. Staatssprache und beantragte das allg. und gleiche Wahlrecht. S. befürwortete die Abrüstung und lehnte 1878 die Okkupation Bosnien-Herzegowinas sowie den Berliner Vertrag ab. 1876 wechselte er von der Verfassungspartei zum Fortschrittsklub, dessen Programm er 1879 formulierte. Ab 1881 gehörte er dem Vorstand der Vereinigten Linken und ab 1885 dem Vorstand des dt.-österr. Klubs im RR an. 1880 leitete S. den dt.-mähr. Parteitag und wirkte beim dt.-österr. Vereinigungsparteitag in Wien erfolgreich als Schlichter zwischen den Parteiflügeln. Nach seinem Rückzug aus der Politik 1890 war S. noch bis 1898 als Anwalt in Wien tätig und gehörte 1892–98 als vom Abg.haus entsandtes Mitgl. dem österr. Staatsgerichtshof an.

L.: NFP, 25. (A.), 26., 27. 8. 1909; Pester Lloyd, 26. 8. 1909 (A.); Biograph. Jb. 14, 1912; Hahn, 1867, 1873, 1879, 1885; Heller 1; Otto; Wurzbach; E. Vodnarik, Die Landesvertretung der Markgrafschaft Mähren ..., 1884, S. 33f.; Die Gmd. Iglau und ihr Wirken in den Jahren 1865–89, 1890; Notizen-Bl. der hist.-statist. Section der k. k. mähr. Ges. zur Beförderung der Landwirtschaft, der Natur- und Landeskde., 1895, H. 10, S. 73f.; Jurist. Bll. 38, 1909, S. 415; E. v. Plener, Erinnerungen 2, 1921, S. 375f.; D. Harrington-Müller, Der Fortschrittsklub im Abg.haus des österr. RR 1873–1910, 1972, s. Reg.; H. Dvorak, Biograph. Lex. der Dt. Burschenschaft 1/5, 2002 (m. B.); L. Fasora, Svobodný občan ve svobodné obci?, 2007, S. 333f. (m. B.).

(R. Luft)

Sturm Friedrich, Maler. Geb. Wien, 19. 5. 1823; gest. Weißenbach an der Triesting (NÖ), 1. 11. 1898; röm.-kath. – Sohn eines Porzellan- und Emailmalers, Vater von →Georg Sturm. – S., der die erste Ausbildung bei seinem Vater erhielt, besuchte ab 1837 – vorerst als Sonntagsschüler – die Wr. ABK, wobei er sich v. a. auf Blumenmalerei und Miniaturbilder spezialisierte. Anschließend begab er sich auf Stud.reisen nach Serbien und Ungarn und arbeitete dort auch als Theater-, Porträt- und Heiligenmaler (so ist er etwa als Freskomaler am Dom in Raab/Győr nachgewiesen). 1853–59 stellte er bei den Monatsausst. des österr. Kunstver. in Wien Genre- und Tierstücke aus („Zigeuner vom Markt heimkehrend", „Slavischer Ziegenhirt", „Szene aus der Puszta", „Alpenszene", „Das Kostkind"). S., der mit →Moritz v. Schwind befreundet war, beteiligte sich ab 1864 an der Ausstattung der Wr. Hofoper (u. a. Wandfüllungen mit Blumenstücken für Foyer und Buffets, Blumenmalereien auf Seide für die Hofloge der Kn.) und lehrte 1868–92 als Prof. für Pflanzen-, Tier- und Ornamentmalerei an der Wr. Kunstgewerbeschule, wobei an seinem Unterricht in Blumenmalerei auch Frauen teilnehmen durften. 1881–89 fungierte er als Dir. und zeitweise stellv. Dir.; 1892 krankheitshalber i. R. In Zusammenarbeit mit der chem.-techn. Versuchsanstalt des Österr. Mus. für Kunst und Ind. versuchte S. techn. Innovationen künstler. umzusetzen, so z. B. Emailfarben für die Dekoration keram. Objekte zu verwenden. S. hatte sich bes. auf dekorative Malerei verlegt und schuf Allegorien und Dekorationsbilder auf Plafonds, Wänden, Supraporten und Türfüllungen. U. a. war er an der maler. Ausschmückung des K.pavillons der Wr. Weltausst. 1873 beteiligt und soll mit →Josef v. Storck an den Innendekorationen des Palais Liechtenstein mitgewirkt haben. Weitere Werke waren Wandschirme, Gobelin-Nachahmungen (Speisesaal im Palais des Erzhg. →Ludwig Viktor) sowie keram. Dekor. Künstler. fand S. bei seinen Malereien den Mittelweg zwischen Naturalismus und strenger Stilisierung, wobei feine Farbabstimmungen kennzeichnend für seine Arbeiten sind. S. war u. a. Mitgl. des Künstlerver. Eintracht, ab 1861 der Genossenschaft der bildenden Künstler Wiens (Künstlerhaus), ab 1868 Mitgl. der Wr. ABK und erhielt zahlreiche Ausz., u. a. wurde er 1876 Ritter des Franz Joseph-Ordens.

L.: NFP, NWT, 3. 11. 1898; ADB; Die Wr. Ringstraße 8/1, 10, 11; Eisenberg 1; Fuchs, 19. Jh.; Fuchs, Erg.Bd.; Thieme–Becker; Wurzbach (s. u. Georg S.); C. v. Vincenti, Wr. Kunst-Renaissance, 1876, S. 278ff.; R. Eitelberger v. Edelberg, Gesammelte kunsthist. Schriften 2, 1879, s. Reg.; Mitth. des k. k. oesterr. Mus. für Kunst und Ind., NF 7, 1892, S. 125f., 140; G. Fliedl, Kunst und Lehre am Beginn der Moderne, 1986, S. 400; ABK, Univ. für angewandte Kunst, beide Wien.

(K. Pokorny-Nagel)

Sturm Georg, Maler und Kunstgewerbler. Geb. Wien, 12. 8. 1855; gest. Wageningen (NL), 16. 3. 1923. – Sohn von →Friedrich Sturm. – S. stud. 1868–73 an der Wr. Kunstgewerbeschule u. a. bei seinem Vater und bei →Ferdinand Laufberger, wurde 1873 mit der Preismedaille für Farbkompositionen ausgez. und erhielt bald internationale Aufträge. 1876 schuf er für das Handelsmin. Vorlagen für Glas- und Porzellanmalerei, die in verschiedenen kunstgewerbl. Schulen Verwendung fanden. 1882 wurde S. als Prof. an die Rijksschool voor Kunstnijverheid in Amsterdam berufen. Befreundet mit dem Architekten Pierre Cuypers, schuf er i. d. F. Wandmalereien in der Vorhalle und dekorativ-allegor. Fayencebilder mit Szenen aus der holländ. Kulturgeschichte für die Außenmauern des Rijksmus., wobei er versuchte, seine Arbeiten möglichst weitgehend in die Architektur und die gemalten Dekorationen einzugliedern. Weiters fertigte er dekorative Gemälde für den Trauungssaal des Rathauses und die Univ. in Utrecht, für den Koningspaviljoen im Bahnhof Amsterdam Centraal und den Statenzaal im Provinciaal Mus. van Drenthe in Assen. Daneben entwarf er für den Teppichfabrikanten Max Kneusels Teppiche, die im Kunstgewerbe-Mus. in Berlin ausgest. wurden.

L.: Fuchs, 19. Jh.; Thieme–Becker; Wurzbach; Kunstchronik 19, 1884, S. 41; Dt. Kunst und Dekoration 6, 1900, S. 427; A. Plasschaert, Korte geschiedenis der Hollandsche schilderkunst ..., 1923; Lex. Nederlandse beeldende kunstenaars 1750–1950, 2, 1969; J. B. Bedaux, in: Jong Holland 8, 1992, S. 4f.; R. Baarsen u. a., „De lelijke tijd": pronkstukken van Nederlandse interieurkunst 1835–95, Amsterdam 1995, S. 327 (Kat.); Ch. Stolwijk, Uit de schilderswereld ..., 1998, S. 284; A. J. C. van Leeuwen, P. Cuypers, architect 1827–1921, 2007, s. Reg.

(K. Pokorny-Nagel)

Sturm Josef, Politiker und Priester. Geb. Reichhub (Haag, NÖ), 23. 5. 1885; gest. Linz (OÖ), 14. 5. 1944; röm.-kath. – Neffe von →Ambros (Johann) S. – S. besuchte das Stiftsgymn. in Seitenstetten und stud. Theol. und Volkswirtschaft in Wien (nicht nachweisbar) und Berlin. 1908 zum Priester geweiht, war er Kooperator bzw. Aushilfspriester in mehreren Waldviertler Pfarren, ehe er 1909–13 als Kooperator in Kirchberg an der Pielach wirkte. Ab 1914 war S. im Nö. Bauernbund tätig, als dessen Dir. er 1918–33 fungierte. 1919 organisierte er den ersten Landesbauerntag und den damit verbundenen, gegen die Gefahr einer Rätediktatur gerichteten Bauernaufmarsch unter →Josef Stöckler Ende Juni in Wien. S. war 1919 Mitbegründer des Reichsbauernbunds und bis 1928 dessen Gen.sekr. sowie 1922–28 Vizepräs. der Landarbeiterversicherungsanstalt. Er förderte →Engelbert Dollfuß und den späteren Bundeskanzler und Außenminister Leopold Figl, der ab 1927 sein Sekr. im Direktorium des Nö. Bauernbunds war; 1928 Reg.Rat. Gem. mit Dollfuß initiierte S. 1932 die Gründung der Akademikergruppe des Bauernbunds. 1920–34 war er Mitgl. des Bundesrats und 1933 LHptm.-stellv. von NÖ. Als solcher gehörte er zu jener Gruppe um LHptm. →Josef Reither, die mit der Sozialdemokratie 1933/34 bezügl. einer Beilegung der innenpolit. Gegensätze verhandelte. 1933 HR, schied S. in diesem Jahr wie alle Geistl. aus der Politik aus, trat wieder in den pastoralen Dienst und betätigte sich als Publizist. Ab 1940 lebte er in Haag, wo er als Aushilfspriester tätig war. Formal war S. ab Anfang 1944 als Kaplan in Haidershofen angestellt.

W.: J. Steininger. Der erste Bauernorganisator NÖ, 1929 (gem. m. E. Weber); Unser Kanzler. Ein Jahr Regierung Dollfuß, (1933); Meine Landsleut'. Erlebtes und Erlauschtes aus meiner nö. Bauernheimat, 1935; Was die Heimat mir erzählt ... Ernste und heitere Kurzgeschichten aus dem nö. Volksleben, 1936; etc.

L.: E. Fischer, Der nö. Bauernbund von seiner Gründung 1906–38, phil. Diss. Wien, 1979, s. Reg.; Biograph. Hdb. der österr. Parlamentarier 1918–98, 1998; Biograph. Hdb. des NÖ LT 1922–2008, 2008; NÖ im 20. Jh. 1, ed.

S. Eminger – E. Langthaler, 2008, s. Reg.; Diözesanarchiv, St. Pölten, NÖ.

(W. Rosner)

Sturm-Skrla Egge (Eugen), Maler. Geb. Komorn, Ungarn (SK), 9. 4. 1894; gest. Wien, 25. 1. 1943; röm.-kath. – Nannte sich bis 1913 Sturm. Sohn eines Militärkapellmeisters. – S. kam schon als Kind nach Wien, wo er nach der Realschule Malunterricht bei →Karl Haunold nahm. 1911–13 stud. er an der Wr. ABK bei →Rudolf Bacher und 1913–14 bei →Rudolf Jettmar Malerei, anschließend bildete er sich in Tirol in der Freskomalerei weiter. In dieser Zeit unternahm er ausgedehnte Reisen in die südl. Schweiz sowie nach Italien (zeitweise gem. mit dem Maler Gustav Schütt), die für seine künstler. Entwicklung entscheidend wurden. Er verbesserte seine schon seit 1912 ausgeübte Freskomalerei und fand seinen persönl., charakterist. Stil in der Landschaftsmalerei, in Porträts und in Kompositionen. Nach der Rückkehr aus dem Kriegsdienst war er 1919 neben dem Maler Viktor Tischler Mitbegründer der Neuen Vereinigung, die im Hagenbund aufging. 1921 verließ er den Hagenbund, stellte von nun an im Künstlerhaus aus und erhielt dort mehrere Ausz. sowie ein Stipendium. 1925 nahm S. an der 3. Internationalen Kunstausst. (3. Biennale) in Rom teil, wo sein Porträt „S. E. Kardinal Gustav Piffl" prämiert wurde, und erhielt dort neue Aufträge. 1926 wirkte er gem. mit →Anton Faistauer an der Freskenausschmückung des Salzburger Festspielhauses mit. S., der zahlreiche Fachvorträge hielt, widmete sich neben der Ölmalerei (oft im Großformat), dem Aquarell, der Graphik und dem Fresko auch Entwürfen für Intarsien und Gobelins. Er stellte auf internationalen Ausst. aus, so 1928 in Lissabon und 1929 auf der Weltausst. in Barcelona (Große Silberne Medaille). 1929–35 führte er eine von ihm errichtete Meisterschule für Freskomalerei in Ronco sopra Ascona am Lago Maggiore, die er schon mehrere Jahre zuvor in Österr. zu gründen versucht hatte und die er 1935 nach Wien verlegen wollte; wegen Desinteresses des Bundesmin. für Unterricht und mangels sonstiger finanzieller Deckung gelang ihm dies aber nicht. In Wien konnte er allerdings noch manche offizielle Erfolge durch Verkäufe an die Österr. Galerie („Landschaft aus Kaiserebersdorf") und das Hist. Mus. der Stadt Wien, heute Wien Mus. („Heustadlwasser", „Trauerweide im Stadtpark", „Porträt des Komponisten Guido Peters") erzielen. Als selbstständig schaffender Künstler war er bes. mit seinen Porträts erfolgreich, lebte aber trotzdem in ärml. Verhältnissen und erkrankte in seinen letzten Lebensjahren schwer. S. war 1921–25 und wieder ab 1928 Mitgl. der Genossenschaft der bildenden Künstler Wiens (Künstlerhaus); 1954 fand eine Gedächtniskollektion im Rahmen der Herbstausst. im Künstlerhaus statt.

Weitere W. (s. auch Thieme–Becker): Frau mit Pfirsichen, Frau mit Hund, Stephansplatz, alle 1923; Lesendes Mädchen, Mädchen mit Laute, Schneeschmelze, alle 1924; Mein Sohn, Kind mit Apfel, beide 1928; Praterlandschaft, Sonnenblumen, Dahlien, alle 1935; Landschaft mit Windmühle, Spätsommermorgen, Hirschsee mit Hornspitze, Die Goldhaube, Bauernmädchen, alle 1938; Junge Mutter, 1940; etc. – Porträts: B. und G. Ambrosi; H. Jaksch; S. Theiss; J. Weinheber; etc. – Fresken: im Raum Florenz, in mehreren Schlössern des Mühlviertels, für Kirchen im Tessin etc.

L.: RP, 24. 5. 1924; NWT, 10. 2. 1943; Fuchs, Geburtsjgg.; Jb. der Wr. Ges.; Thieme–Becker (m. tw. W.); Vollmer; K. Burger, in: Der getreue Eckart 6, 1928, S. 245ff.; R. Schmidt, Das Wr. Künstlerhaus, 1961, S. 224, 306; H. Adolph u. a., Kunst in Österr. 1918–38, Schloß Halbturn 1984, S. 139f. (Kat.); Hirnwelten funkeln, ed. E. Fischer – W. Haefs, 1988, S. 410; P. Chrastek – G. T. Natter, in: Die verlorene Moderne. Der Künstlerbund Hagen 1900–38, Schloss Halbturn 1993, S. 268 (Kat.); Kunst des 20. Jh., bearb. M. Pappernigg, 2001; W. Aichelburg, Das Wr. Künstlerhaus 1861–2001, 1, 2003, s. Reg.; ABK, Wien.

(W. Aichelburg)

Štursa Jan, Bildhauer und Lehrer. Geb. Neustadtl, Mähren (Nové Město na Moravě, CZ), 15. 5. 1880; gest. Praha, Tschechoslowakei (CZ), 2. 5. 1925 (Selbstmord). – Š. absolv. ab 1894 seine Ausbildung an der Steinmetzschule in Hořitz (Hořice v Podkrkonoší), einer der besten Fachschulen der Monarchie. 1899–1904 stud. er an der Prager ABK bei →Josef Václav Myslbek, 1908–14 arbeitete er als dessen Ass. Ab 1916 fungierte er als Prof. der dortigen Medaillenkl., wurde 1919 Leiter der Schule für Bildhauerei an der Akad. výtvarných umění und war 1922–24 deren Rektor. Š., der sich mithilfe eines Stipendiums 1904 in München, London und Paris (wo er vom Bildhauer Medardo Rosso beeinflusst wurde) weiterbildete, knüpfte – nach Prag zurückgekehrt – Kontakte mit der Prager „Moderní revue", dem führenden Organ der tschech. Dekadenz und des Symbolismus. Diese Affinität zur modernen Dichtung spiegelte sich auch in seinen ersten Arbeiten wider, wobei sein „Melancholisches Mädchen", 1906, als der Höhepunkt seiner ersten Schaffensperiode gilt. Im Ver. bildender Künstler Mánes lernte er →Jan Kotěra kennen, durch den er vor dem

1. Weltkrieg zahlreiche Aufträge für Dekorationen erhielt. Eine Ausst. der Werke des Bildhauers Emile Antoine Bourdelle in Prag 1909 beeinflusste Š. stark, was sich speziell bei seiner monumentalen Skulpturengruppe „Arbeit und Humanität", 1912–13, am linksseitigen Brückenkopf der Hlávka-Brücke in Prag zeigte. Sein Hauptwerk aus dieser Periode, die „Bauchtänzerin Sulamit Rahu", 1910–11, fand international großen Anklang, wurde 1920 durch die Moderne Galerie in Venedig angekauft und dort ausgest. 1913 zeigte sein Entwurf für das Jan-Žižka-Denkmal in Prag auch Einflüsse des Kubismus, jedoch war es seine Statue „Ruhende Tänzerin", 1913–14, die schließl. als seine beste und typ. Arbeit bewertet wurde. Seine bedrückenden Kriegserlebnisse verarbeitete Š. in dem monumentalen Werk „Der Verwundete", 1920–21. I. d. F. schuf er zahlreiche Denkmäler von bedeutenden Persönlichkeiten der tschech. Kultur, u. a. →Svatopluk Čech, 1918–24, →Friedrich (Bedřich) Smetana, 1924, Jan Amos Komenský, 1923–24, sowie Büsten (Eduard Vojan, Max Švabinský, →Božena Němcova, Marie Hübnerová und →Leoš Janáček). Sein künstler. Schaffen fand durch seinen frühen Tod ein jähes Ende. Š., dessen Arbeiten sich durch große Gefühlstiefe auszeichnen, zählt gem. mit Myslbek und Otto Gutfreund zu den wichtigsten tschech. Bildhauern des beginnenden 20. Jh. und den Begründern der modernen tschech. Skulptur. Š., ein hervorragender Lehrer, war u. a. ab 1904 Mitgl. des Ver. bildender Künstler Mánes (1912 Obmann), ab 1907 k. M. des Hagenbunds, Gründungsmitgl. der Vereinigung der bildenden Künstler Mährens (1907), k. M. der Böhm. K. Franz Joseph-Akad. der Wiss., Literatur und Kunst, Mitgl. des Kuratoriums der Modernen Galerie in Prag und Mitgl. der Societé Nationale des Beaux-Arts in Paris.

Weitere W.: s. Wittlich, 2008.

L.: *Prager Tagbl., 3. 5. 1925 (m. B.); Enc. lik. umj.; Otto, Erg.Bd.; Thieme–Becker; Vollmer; A. Matějček, J. Š., 1923; J. Š. Svědectví současníků a dopisy, ed. J. Šebek, 1962 (m. B.); J. Mašín, J. Š., 1880–1925, geneze díla, 1981 (m. B.); Tschech. Kunst 1878–1914 auf dem Weg in die Moderne, Darmstadt 1984, S. 339f. (Kat., m. B.); Lex. der Kunst 7, 1994 (m. L.); The Dictionary of Art 29, 1996; P. Wittlich, Die Bildhauerkunst der Tschech. Sezession, 2001, s. Reg.; Kunst des 20. Jh., bearb. M. Pappernigg, 2001; P. Wittlich, J. Š., 1880–1925, 2008 (m. W.).*

(P. Wittlich)

Stutterheim Alfred Frh. von, Architekt und Fachlehrer. Geb. Wien, 1. 1. 1879; gest. ebd., 27. 5. 1929; evang., ab 1906 röm.-kath. – Urgroßneffe von →Joseph (Xav.) Frh. v. S., Enkel von Johann Frh. v. S. (s. u. Joseph (Xav.) Frh. v. S.), Sohn des Diplomaten und Realitätenbesitzers Alfred Frh. v. S. (geb. Kronstadt, Siebenbürgen / Brașov, RO, 11. 4. 1845; gest. Gmunden, OÖ, 12. 2. 1894; evang.) und der Pastorentochter Juliane Freifrau v. S., geb. Fackler (geb. Kronstadt, 19. 1. 1858; gest. Gmunden, 4. 8. 1920; evang.); ab 1906 verehel. mit der Industriellentochter Eleonore Mebus (geb. Wien, 7. 2. 1884; gest. Baden bei Wien, NÖ, 9. 8. 1954). – Nach dem Abschluss der Oberrealschule in Wien und dem Einjährig-Freiwilligen-Jahr stud. S. 1899–1904 (2. Staatsprüfung) an der Bauschule der Wr. TH u. a. bei →Karl Mayreder, →Karl König und →Max Frh. v. Ferstel. 1905–06 absolv. er seine Praxis im Atelier Ferstels. 1906–07 war er als Bauadjunkt im Hof-Bau-Dep. des Oberst-hofmeisteramts mit diversen baul. Planungen des Hofes (u. a. Laboratoriumsneubau der Hofapotheke) befasst, 1907–09 als Stadting. bzw. Stadtarchitekt im Stadtbauamt von Troppau (Opava) für die Errichtung verschiedener öff. Bauten (Mädchenlyzeum, Militärkanzleigebäude) und der Gestaltung der örtl. Gewerbeausst. von 1909 zuständig (wofür er die Goldene Ausst.medaille erhielt), wobei er formal einer traditionalist. Ausrichtung verpflichtet blieb. Im selben Jahr erfolgte seine Berufung an die Staats-Gewerbeschule in Wien 1, wo er bis zuletzt unterrichtete. Daneben war S. auch als freier Architekt tätig, beteiligte sich an zahlreichen Wettbewerben (u. a. für die HK in Brünn/Brno, 1907, bzw. Troppau, 1908; Kurhaus Karlsbad/Karlovy Vary, 1911) und errichtete 1924–25 gem. mit Alfred Rodler und Ludwig Tremmel die kommunale Wohnhausanlage Schüttau-Hof in Wien 22. Prof. S. war ab 1910 Mitgl. der Wr. Bauhütte, ab 1913 der Zentralvereinigung der Architekten Österr.

Weitere W.: s. Architektenlex.

L.: *Jahresber. der k. k. Staats-Gewerbeschule in Wien I …, 1909/10, (1910), S. 17, 1913/14, (1914), S. 15; E. v. Stutterheim – K. v. Stutterheim, Die Herren und Frh. v. S./Alt-S., 1965, S. 120; J. Vybíral, in: Časopis slezského muz., Sér. B, 28, 1979, S. 79ff.; H. Weihsmann, Das Rote Wien, 2. überarb. Aufl., 2002, S. 448; ders., In Wien erbaut, 2005; Architektenlex. Wien 1880–1945 (m. W. u. L., nur online, Zugriff 2. 3. 2011); TU, Wien.*

(U. Prokop)

Stutterheim Joseph (Xav.) Frh. von, Offizier. Geb. Mähr. Neustadt, Mähren (Uničov, CZ), 19. 6. 1764; gest. Lemberg, Galizien (L'viv, UA), 21. 7. 1831. – Sohn des Off. Caspar v. S., Bruder von Franz v. S.

(1774–1814), der 1810 zum Obst. befördert und 1813 als Kmdt. des IR 19 in der Schlacht bei Dresden schwer verwundet wurde. Er nahm trotzdem an der Schlacht bei Leipzig teil und wurde dafür kurz vor seinem Tod mit dem MMTO ausgez. Onkel von Johann Frh. v. S. (s. u.), Urgroßonkel von →Alfred Frh. v. S. – S. besuchte ab 1772 die Theresian. Militärakad. in Wr. Neustadt und wurde 1783 als Fahnenkadett zur Inf. ausgemustert. 1789 Unter- und Oblt., machte er 1789–90 den Türkenkrieg mit und wurde 1794 als Hptm. dem Gen.quartiermeisterstab zugeteilt. Er zeichnete sich bes. in den Feldzügen von 1794 am Oberrhein und 1799–1800 als Mjr. in Italien, u. a. in der Schlacht von Marengo im Juni 1800, aus. 1801–05 war S. im KA mit militärhist. Stud. befasst, die allerdings nicht publ. wurden. 1807 Obst., kam er zum Stab Erzhg. →Karl Ludwigs, war an der Entstehung der Feldzugspläne für 1809 beteiligt und wurde für seinen Einsatz in der Schlacht bei Aspern zum GM befördert. 1812 machte er den Russland-Feldzug als Gen.stabschef von FM →Karl I. Philipp Fürst zu Schwarzenberg, danach den Feldzug in Italien 1813/14 mit, wobei er für seine Leistung in der Schlacht am Mincio im Februar 1814 mit dem MMTO ausgez. wurde. 1815 FML und Divisionär bei den Operationen in Südfrankreich, u. a. bei der Einnahme von Auxonne, 1820 Divisionär in Lodi, wurde S. 1822 Gouverneur der Festung Alessandria. 1824 wurde er in den Hofkriegsrat berufen und 1828 interimist., 1830 def. kommandierender Gen. in Galizien. S. war Geh. Rat, Kommandeur des Leopold-Ordens, wurde 1815 2. Inhaber des IR 8 und 1819 in den Frh.stand erhoben. →Ludwig van Beethoven widmete ihm das Streichquartett Nr. 14 in cis-Moll (op. 131), weil S. dessen Neffen in sein Rgt. aufgenommen hatte. S.s Neffe **Johann Frh. v. S.** (geb. Iglau, Mähren / Jihlava, CZ, 30. 10. 1805; gest. Wien, 25. 1. 1870), besuchte 1816–24 die Theresian. Militärakad. und diente danach in verschiedenen IR. 1831 als Kapitänlt. zum IR 63 versetzt, wurde er 1848 zum Obst. befördert und Kmdt. des Rgt. Johann Frh. v. S. zeichnete sich 1848/49 bei den Feldzügen in Ungarn, insbes. in der Schlacht bei Szentgyörgi, aus. 1849 GM, trat er 1851 i. d. R. Er wurde mit dem Ritterkreuz des Leopold-Ordens ausgez.

W.: Nachlass: KA, Wien.

L.: ADB; Svoboda; Wurzbach; E. v. Stutterheim – K. v. Stutterheim, Die Herren und Frh. v. S./Alt-S., 1965, S. 244ff. (m. B.); P. Clive, Beethoven and his world, 2001; KA, Wien. – Johann Frh. v. S.: Svoboda; Wurzbach; E. v. Stutterheim – K. v. Stutterheim, Die Herren und Frh. v. S./Alt-S., 1965, S. 119f. (m. B.); KA, Wien.

(A. Schmidt-Brentano)

Stuwer Anton d. Ä., Kunstfeuerwerker. Geb. Wien, 1804; gest. ebd., 7. 1. 1858. – Enkel von Johann Georg S., eigentl. Stubenrauch (geb. Oberliezheim, Bayern/D, 2. 8. 1732; Taufdatum; gest. Leopoldstadt, NÖ/Wien, 4. 1. 1802), Sohn von Kaspar (Kasper) S. (geb. Landau, Frankreich / Landau in der Pfalz, D; gest. Leopoldstadt, NÖ, 10. 1. 1819), Vater von Anton S. d. J. (s. u.). – Johann Georg S. hatte 1773 sein erstes Feuerwerk in Wien veranstaltet und bald darauf einen eigenen Platz im Wr. Prater erhalten, auf dem i. d. F. auch seine Nachkommen Feuerwerke abbrannten. Einen seiner größten Erfolge erzielte er mit der pyrotechn. Darstellung von „Werthers Leiden“. 1784 gelang dem privilegierten Kunst- und Lustfeuerwerker mit einer eigenen Konstruktion zudem der erste bemannte Ballonaufstieg in Wien, an dem auch sein Sohn Kaspar (Kasper) S. beteiligt war. Dieser übernahm 1799 das Unternehmen. Nach Kaspars Tod leitete zunächst Franz Müller, Prof. der Zeichenkunst an der Ing.-Akad. in Wien, die Feuerwerkerei. Um 1825 übernahm S., der seine pyrotechn. Kenntnisse in Graz erworben hatte, das Geschäft und gab 1826 sein erstes großes Feuerwerk. Wie seine Vorfahren wählte er für die aus mehreren Fronten und einer Hauptdekoration bestehenden Feuerwerke mytholog., bibl., hist., literar. u. a. Motive (Orpheus und Eurydike, Ausbruch des Vesuvs, Ideenflug durch das Gebiet der Pyrotechnik, Das Mädchen aus der Feenwelt, Die letzten Tage Doctor Faust's etc.). Unter Einsatz von selbstentwickelten Fallschirmraketen, sog. röm. Lichtern, Tourbillons, Brillantfeuern etc. brachte S. diverse Figuren, Blumen, Gebäude, Schriftzüge, aber auch z. B. „feurige Wünsche“ und „feurigen Champagner“ zur Darstellung. Zudem veranstaltete er Wasserfeuerwerke (Seeschlacht, Walfischfang u. a.). Jährl. fanden vier Hauptfeuerwerke statt, die außerordentl. beliebt waren und Tausende Zuschauer anzogen. Daneben handelte S. mit Feuerwerkskörpern aus eigener Produktion. Sein Sohn **Anton S. d. J.** (geb. Wien, 2. 9. 1830; gest. ebd., 15. 7. 1905; Ehrengrab: Wr. Zentralfriedhof; altkath.) übernahm 1858 das Unternehmen, nachdem er sich längere Zeit in der Türkei und in Ägypten aufgehalten und dort mit Feuerwerken großen Erfolg gehabt hatte.

Im Zuge der Vorarbeiten für die Wr. Weltausst. 1873 verlor Hof-Kunstfeuerwerker Anton S. d. J. seinen Feuerwerksplatz. Er soll eine Stelle bei der Art. in St. Petersburg angeboten bekommen haben und gab 1876 sein Abschiedsfeuerwerk auf der „Schützeninsel". Sein Laboratorium, in dem er noch später pyrotechn. Artikel erzeugte, übernahm um 1900 sein Schwiegersohn Hermann Weissenbach.

L. (meist Familienartikel): NFP (A.), NWT, 17. 7. 1905 (für Anton S. d. J.); AZ, 14. 2. 1947; Czeike; Wurzbach; F. R., Die S.ische Luftmaschine, 1785 (für Johann Georg und Kaspar S.); E. Luban, in: Alt-Wien 1, 1891–92, S. 118ff.; H. Pemmer – N. Lackner, Der Prater, neu bearb. G. Düriegl – L. Sackmauer, 2. Aufl. 1974, s. Reg.; H. Kronberger, Das österr. Ballonbuch, 1987, S. 24ff. (für Johann Georg und Kaspar S.); A. Reininghaus, in: Die schöne Kunst der Verschwendung, ed. G. Kohler, 1988, S. 143ff.; MA 8 (für Anton S. d. J.), Wienbibl. im Rathaus, beide Wien; Mitt. Helmut Herreiner, Bissingen, D.

(E. Offenthaler)

Stwertka Julius, Violinist und Musikpädagoge. Geb. Wien, 7. 3. 1872; gest. KZ Theresienstadt, Protektorat Böhmen und Mähren (CZ), 17. 12. 1942 (umgekommen); mos. – Sohn des Musikers Alois (Lazar) S. (geb. Austerlitz, Mähren / Slavkov u Brna, CZ, 8. 4. 1841; gest. Wien, 20. 8. 1911) und seiner Frau Antonie S., geb. Figdor, Bruder des Cellisten Joseph S. (geb. Wien, 7. 12. 1879; gest. KZ Dachau, Dt. Reich/D, umgekommen), eines Schülers von →Ferdinand Hellmesberger; ab 1899 mit der Sängerin Rosa S., geb. Kohlberg (geb. Dunaföldvár, H, 15. 10. 1875) verheiratet. – S. stud. nach Besuch der Bürgerschule ab 1886 Violine bei →Sigmund Bachrich, dann bei →Jakob Moritz Grün am KdM, das er 1891 mit Ausz. absolv. Anschließend nahm er Privatunterricht bei →Josef Joachim in Berlin und konzertierte in London. 1892–95 diente S. als stellv. Militärkapellmeister beim IR 4. Er wirkte ab etwa 1898 als 1. Konzertmeister am Hamburger Stadttheater, bevor →Gustav Mahler ihn 1902 nach Wien holte, wo er neben →Arnold Rosé Konzertmeister des Hofopernorchesters und Mitgl. der Wr. Philharmoniker wurde (1936 pensioniert). Parallel dazu verlief seine Laufbahn als Musikpädagoge: 1903 wurde er Ausbildungslehrer für Violine am KdM, der späteren Akad. für Musik und darstellende Kunst (1908 Prof., 1924 Reg.Rat, 1933 i. R.), wo er eine große Zahl von Geigern heranbildete, die teils wiederum Philharmoniker und Musikpädagogen wurden (Franz Samohyl, Otto Strasser, Karl Hawranek, Karl Rosner etc.). 1934–38 spielte S. Viola im berühmten Rosé-Quartett. Er wurde 1933 mit dem Goldenen Ehrenzeichen für Verdienste um die Republik Österr. ausgez. Nach dem „Anschluss" Österr. an das Dt. Reich 1938 gelang es durch Intervention (Furtwänglers?) zweimal, die Deportation S.s zu verhindern, doch schließl. wurde er im August 1942 zusammen mit seiner Frau und den Kindern Franz und Margarete S. nach Theresienstadt verbracht. Dort war er Mitgl. des von Egon Ledeč gegr. Ledeč-Quartetts, das zunächst in der „Magdeburger Kaserne" und nach Etablierung der sog. Freizeitgestaltung im Herbst 1942 bei verschiedenen Anlässen spielte. Seine Familie wurde im Mai 1944 nach Auschwitz-Birkenau deportiert.

L.: W. J. v. Wasielewski, Die Violine und ihre Meister, 1927, s. Reg.; O. Strasser, Und dafür wird man noch bezahlt. Mein Leben mit den Wr. Philharmonikern, 1974, s. Reg.; R. Strauss – F. Schalk, Ein Briefwechsel, ed. G. Brosche, 1983, s. Reg.; DÖW, Ges. der Musikfreunde in Wien, IKG, Univ. für Musik und darstellende Kunst Wien, alle Wien; The Central Database of Shoah Victims' Names (nur online, Zugriff 30. 12. 2011; auch für die anderen Familienmitgl.).

(E. Offenthaler)

Stwrtnik (Štvrtník) Augustin Frh. von, General. Geb. Prag, Böhmen (Praha, CZ), 14. 9. 1790; gest. Radkersburg (Bad Radkersburg, Stmk.), 9. 12. 1869. – Sohn von →Augustin Wenzeslaus Frh. v. S. – S. trat 1805 als Kanonier bei der Art. ein, nahm am Feldzug dieses Jahres teil und zeichnete sich 1809 als Kadettadj. von →Josef Frh. v. Smola d. Ä. bei Aspern bes. aus, sodass er zum Unterlt. befördert wurde. Er diente danach im Bombardierkorps und bei verschiedenen Art.rgt. 1820 Hptm., 1834 Mjr., 1843 Obst. und Kmdt. des Feldart.rgt. 4. Ab Sommer 1848 GM, nahm er als Art.dir. der Armee →Johann Josef Wenzel Gf. Radetzkys v. Radetz an den Feldzügen in Italien teil, wo er wesentl. Anteil an der Einnahme von Vicenza und dem Erfolg bei Custozza hatte und dafür im selben Jahr mit dem Ritterkreuz des MMTO ausgez. wurde. 1849 bewährte er sich in der Schlacht von Novara. 1850 zum FML befördert und Feldart.dir. in Italien, war er 1854 Präses einer Komm., die sich mit dem Ausbau von Pola (Pula) zum zentralen Marinestützpunkt beschäftigte. S. fungierte noch 1859 als Feldart.dir. der operierenden Armee und nahm an der Schlacht von Magenta teil. Im Oktober 1859 wurde er pensioniert. Er erhielt 1849 das Kommandeurkreuz des Leopold-Ordens, 1859 den Orden der Eisernen Krone I. Kl. und wurde 1850 Inhaber des

Feldart.rgt. 4 (ab 1854 Feldart.rgt. 5), 1858 Geh. Rat.

L.: ADB; Hirtenfeld; Lukeš; Streffleur 39, 1898, 4, S. 275ff.; Wurzbach; KA, Wien.

(A. Schmidt-Brentano)

Stwrtnik (Štvrtník) Augustin Wenzeslaus Frh. von, Offizier. Geb. Wittingau, Böhmen (Třeboň, CZ), 3. 9. 1755; gest. Ofen (Budapest, H), 24. 10. 1841. – Sohn eines Beamten, Vater von →Augustin Frh. v. S. – 1773 trat S. als Kanonier in die Art. ein, rückte 1777 zum Feuerwerker und 1780 zum Unterlt. vor. Er machte 1778/79 den Bayer. Erbfolgekrieg mit, kam 1786 als Oblt. zum Bombardierkorps, wurde 1789 Hptm. und nahm als solcher an der Belagerung von Belgrad teil. In den Feldzügen gegen Frankreich zeichnete er sich bei den Belagerungen von Valenciennes (1793) und Landrecy (1794) sowie in der Schlacht von Rivoli (1797) aus und wurde im Mai dieses Jahres zum Mjr. befördert. 1799 in Tirol und Norditalien bei der Belagerung von Tortona eingesetzt, fungierte S. bei Marengo (1800) als Interimsdir. der Art. und wurde leicht verwundet. 1802 wurde ihm das Ritterkreuz des MMTO verliehen. 1803 kehrte er als Obstlt. zum Feldart.rgt. 2 zurück, war im Feldzug von 1805 Kmdt. der Art.res. der Armee in Italien und übernahm 1808 das Kmdo. des Feldart.rgt. 1. 1809 befehligte er die Art. des 1. Armeekorps bzw. eine Art.brig. und zeichnete sich bei Aspern, wo er noch auf dem Schlachtfeld zum GM befördert wurde, bei Wagram und Znaim aus. Im Russlandfeldzug von 1812 organisierte er die Art.ausrüstung des österr. Hilfskorps und befehligte 1813 die Art. im bayer.-österr. Korps unter Gen. Carl Philipp v. Wrede, mit dem er bei Hanau und Bar-sur-Aube kämpfte. Danach war S. Art.brigadier in Prag und ab 1825 Festungskmdt. von Ofen (Budapest). Erst 1838 trat er nach 65 Dienstjahren mit dem FML-Charakter i. d. R. 1814 Frh., erhielt er 1836 das ung. Indigenat.

L.: Hirtenfeld; Wurzbach; KA, Wien; Mitt. François Gendreau, Versailles, F.

(A. Schmidt-Brentano)

Stýblo Bedřich (Friedrich), Verleger, Buchdrucker und -händler. Geb. Wien, 31. 7. 1817; gest. Prag, Böhmen (Praha, CZ), 5. 8. 1891; röm.-kath. – Vater von Adolf Bedřich S. (geb. vermutl. Prag, 28. 4. 1848; gest. Prag, 14. 3. 1907) und des Red. Jaroslav S. (geb. 8. 12. 1849; gest. 20. 7. 1887), Großvater von Václav S. (geb. Prag, 3. 1. 1869; gest. 27. 8. 1942) und Urgroßvater von Adolf S. (geb. 7. 2. 1896; gest. 2. 2. 1967); verheiratet mit Marie S., geb. Jordánová (geb. Prag, 1825). – Früh Halbwaise, zog S. mit seiner Mutter nach Leitomischl (Litomyšl), wo er die Volksschule besuchte. Danach erlernte er den Beruf eines Buchbinders in Prag und eröffnete 1844 zusammen mit seiner Frau einen Betrieb in Wyschehrad (Praha-Vyšehrad). 1846 übersiedelte er in die Neustadt (Praha-Nové Město), wo er wegen unberechtigten Buchverkaufs strafrechtl. verfolgt wurde. Die Verlegerkonzession erhielt er 1854 – im selben Jahr eröffnete er auch eine Buchhandlung – und die Druckerkonzession 1861; im Jahr darauf gründete er eine eigene Druckerei. S. spezialisierte sich anfangs auf populäre religiöse Literatur in beiden Landessprachen (u. a. die Werke von Gustav Nieritz), Gebetbücher sowie Kal. („Česko-moravský posel", „Koruna česká", „Nový kalendář katolický", „Poutník z Prahy", „Prorok"). Schließl. verlegte er sich primär auf die Hrsg. von Kinderlektüre (u. a. von Richard Baron, A. F. F. Hoffmann, James Fenimore Cooper, Daniel Defoe, Frederick Marryat, Jonathan Swift) bzw. einer Bücherreihe für die Jugend, „Spisy pro mládež" (1869–95), und Lehrbüchern. 1863–83 war S. Mitgl. des Prager Gmd.rats. 1869 verlieh ihm Papst Pius IX. den Silvesterorden für die Verbreitung religiöser Literatur. In S.s Nachfolge führten sein Sohn Adolf Bedřich S. und sein Enkel Václav S. die Fa. Bedřich Stýblo weiter, danach Václavs Witwe Barbora und ab 1948 deren Sohn Adolf S. Unter Václav S. wurde das Verlagsprogramm um Werke bekannter tschech. Autoren (u. a. →Jindřich Baar, František Josef Čečetka, Ignát Herrmann, Lothar Suchý, Jan Vrba) und Übers. ins Tschech. (u. a. von François Coppée, Arthur Conan Doyle, Alexandre Dumas d. Ä., Jack London) sowie die Jugendbuchreihe „Stýblova knihovna vybrané četby" (1916–47) erweitert. 1945–49 umfasste es auch zeitgenöss. tschech. Literatur und bibliophile Ausg. in attraktiver Ausstattung. 1949 wurde der Verlag verstaatlicht.

Weitere W.: s. LČL.

L. (auch zu Adolf Bedřich S. und Václav S.): Národní listy, 5. 8. 1891; Moravská orlice, 15. 3. 1907 (für Adolf Bedřich S.); Pestrý týden, 12. 9. 1942 (für Václav S., m. B.); LČL (m. W.); Otto; Památník vydaný na oslavu ... tělocvičné jednoty, 1883, S. 102f. (m. B.); Sokol 13, 1887, S. 123ff. (für Jaroslav S., m. B.); Beseda učitelská 22, 1891, S. 463; Vlastenský kalendář na přestupný rok 1892, 1891, S. 155; Jubilejní kat. nakladatelské firmy B. S. v Praze ..., 1896; L. K. Žižka, in: Československý knihku-

pec 11, 1934, S. 59; Knihkupec a nakladatel 2, 1940, S. 8; A. Köllner, Buchwesen in Prag, 2000, S. 63.

(V. Petrbok)

Styka Jan, Maler. Geb. Lemberg, Galizien (L'viv, UA), 8. 4. 1858; gest. Roma (I), 28. 4. 1925 (seit 1959 begraben: Forest Lawn Cemetery, Glendale, Cal., USA); röm.-kath. – Sohn des Off. und Beamten Józef S., Vater der Maler Tadeusz S. (geb. Kielce, Russland/PL, 12. 4. 1889; gest. New York, NY/USA, 11. 9. 1954) und Adam S. (geb. Kielce, 7. 4. 1890; gest. New York, 23. 9. 1959), denen er ersten Malunterricht gab; ab 1884 verehel. mit Maria S., geb. Ochrymowicz (gest. 1885), ab 1886 mit Lucyna S., geb. Olgiatti. – Nach Besuch des Gymn. in Lemberg stud. S. 1877–81 an der Wr. ABK (u. a. bei →Christian Griepenkerl, →Leopold Karl Müller, Karl Wurzinger und →August Eisenmenger) und erhielt 1879 den Füger-Preis. 1882–85 bildete er sich an der Krakauer Schule der Schönen Künste weiter. Ab 1886 war S. in Paris tätig, wo er die Werke von →Mihály v. Munkácsy kennenlernte, der auf seine künstler. Entwicklung großen Einfluss nahm. 1888–90 wohnte er in Kielce, 1890–1900 in Lemberg, 1900–19 wieder in Paris und dann auf Capri. S. war ein guter Porträtist, bekannt wurde er jedoch v. a. durch die in Zusammenarbeit mit anderen Künstlern ausgeführten Rundgemälde patriot. und religiösen Inhalts („Die Schlacht bei Racławice", 1894; „Bem und Petőfi", 1897; „Christenmarter im Zirkus Neros", 1899; ein weiteres – „Schlacht bei Tannenberg" – war für die Krakauer Barbakane geplant, wurde aber aus konservator. Gründen nicht realisiert) sowie durch seine Illustrationen für literar. Werke (u. a. für „Quo vadis" von H. Sienkiewicz, 1901–03). Kurzzeitig unterrichtete er in Krakau (Kraków) auch im Rahmen der höheren Kurse für Frauen. S.s Arbeiten waren v. a. dem Akademismus und der hist. Malerei verpflichtet. Künstler. Begabung, ausgeprägter Geschäftssinn und gesellschaftl. Gewandtheit trugen zum enormen, auch kommerziellen Erfolg S.s bei, der ein Landgut bei Paris und später eine Villa auf Capri besaß, wo er 1920 das private Mus. „Quo vadis" gründete. S., der an zahlreichen in- und ausländ. Ausst. teilnahm (Wien, Krakau, Lemberg, Warschau, Paris, Budapest, Moskau, St. Louis), wurde für seine 80 Abb. zur „Odyssée d'Homère" (übers. von E. Barest, 6 Bde., 1922–27) 1922 mit dem Orden der französ. Ehrenlegion ausgez. Von seinen Werken bes. hervorzuheben ist das großformatige (ca. 14 x 60 m) Gemälde „Golgotha" bzw. „Kreuzigung", 1896, das sich heute in den Forest Lawn Memorial Parks & Mortuaries (Glendale) befindet.

Weitere W.: Regina Poloniae, 1883; Venezianerin (Bildnis der Frau des Künstlers), 1887; Begegnung auf der Via Appia (Zwei Welten), 1888; Sándor Petőfi zu Pferd, 1897; Poln. Gesandte verkünden am französ. Hof die Wahl von Henri v. Valois zum poln. Kg., 1908; Polen ist auferstanden, 1919; Quo vadis Domine, 1924; etc. – Publ.: Szkice z ziemi świętej, 1896.

L.: PSB (m. L.); Thieme–Becker; Museo „Quo vadis". Opere di J. S., 1922; A. Małczyński, J. S., 1930; G. H. Zygmont, in: Polish Americans in California 1827–1977 ..., ed. J. Przygoda, 1978, S. 82ff.; C. Czapliński, The S. Family Saga, 1988; E. Górecka, Panoramy Wojciecha Kossaka i J. Styki, Wrocław 2000 (Kat.); H. Blak u. a., Polish Painting of the 19th Century, Cracow 2001 (Kat.); Wielka Enc. PWN 26, 2005; E. Houszka, Obrazy rozmaite. Dzieła autorów „Panoramy Racławickiej", Wrocław 2005, S. 92ff. (Kat., m. B.); M. Styka – A. Styka, S. The Art and Family Memories, 2005; ABK, Wien.

(T. Szybisty)

Štyrský Jindřich, Maler, Photograph, Illustrator und Schriftsteller. Geb. Böhm. Rothwasser, Böhmen (Čermná, CZ), 11. 8. 1899; gest. Prag, Protektorat Böhmen und Mähren (Praha, CZ), 21. 3. 1942; bis 1921 röm.-kath. – Sohn des Lehrers Jindřich Š. (geb. Böhm. Trübau, Böhmen / Česká Třebová, CZ, 21. 5. 1860; gest. Čermná, ČSR/CZ, 10. 3. 1924) und von Marie Štyrská (geb. Böhm. Rothwasser, 24. 5. 1858; gest. Petrovice, ČSR/CZ, 1. 1. 1920). – Š. absolv. 1914–17 seine Ausbildung an der Lehrerbildungsanstalt in Königgrätz (Hradec Králové), unterrichtete 1918–20 in Čermná und stud. 1920–24 an der Akad. výtvarných umění in Prag. Bereits 1922 freundete er sich mit der Malerin Marie Čermínová an, die ab 1923 den Künstlernamen Toyen benutzte, und arbeitete mit ihr bis zu seinem Lebensende eng zusammen. 1923 wurde Š. Mitgl. der Künstlergruppe U. S. Devětsil, in der sich die tschech. Avantgarde der 1920er-Jahre zusammenfand, und zeigte auf deren Ausst. Bazar moderního umění (1923) neben Bildern auch Bildged. 1925–28 lebte er in Paris, wo er gem. mit Toyen die künstler. Richtung des Artifizialismus, mit dem sie sich gegenüber dem Surrealismus und der Abstraktion abgrenzten, entwickelte und diesbezügl. Ausst. in Paris (1926, 1927) und Prag (1928, 1930) veranstaltete. Zurück in Prag, arbeitete Š. in der Saison 1928–29 als Bühnenbildner am Theater Osvobozené divadlo. Ab Ende der 1920er-Jahre flossen surrealist. Elemente in sein Werk ein, z. B. in den Illustrationen zu Lautréamonts „Les chants de Maldoror" (tschech. Ausg. 1929) oder in den zehn auf Photomontagen beruhenden Umschlägen der tschech. Ausg. des „Fantômas" (1929–30). 1929–31 arbeitete Š. als Red. bei der Z. „Literární kurýr Odeon", in der er eine Polemik über die Beziehung zwischen Avantgarde und Kitsch initiierte, die zur Auflösung der Gruppe Devětsil mit beitrug. Anfang der 1930er-Jahre beschäftigte er sich mit der Beziehung von bildender Kunst und Literatur zur Erotik und gab die Z. „Erotická revue", 1930–33, und die Buched. „Edice 69", 1931–33, heraus. 1934 gründete er gem. mit Vítězslav Nezval, Toyen und weiteren Autoren die Gruppe der Surrealisten in der Tschechoslowakei (Skupina surrealistů v ČSR), auf deren erster Ausst. er 1935 neben Bildern auch photograph. Zyklen und Collagen präsentierte. Während eines neuerl. Aufenthalts in Paris 1935 erkrankte er schwer, stellte das Malen vorübergehend ein und schuf erst 1936 das großformatige Bild „Geburtstrauma". Vor seinem frühzeitigen Tod arbeitete Š. am Ms. des Buches „Sny" (erschienen 1970), in dem er die komplizierte Beziehung seines Werks zu den Träumen aufdeckte, die er seit 1925 zunächst schriftl., dann auch graph. festgehalten hatte. Als Photograph begann er in den 1920er-Jahren als Amateur, verwendete in den 1930er-Jahren gelegentl. Reproduktionen von Anzeigen oder erot. Veröff. sowie eigene Aufnahmen als Material für Montagen und Collagen. Ab Mitte der 1930er-Jahre entstanden mehrere Zyklen mit surrealist. Photographien, in denen mittels Fragmentierung alltägl. Motive eine Poetik des Absurden inszeniert wurde. Š. gehört international zu den bedeutendsten surrealist. Photographen; zu seinen Hauptthemen zählen Tod und Verderbnis, Erotik und Sexualität. Š., der seine Arbeiten u. a. auf der internationalen Ausst. Poesie (1932) in Prag zeigte, war 1932–42 Mitgl. des Künstlerver. Mánes. Seine Arbeiten befinden sich in der Národní galerie in Prag, im Musée national d'art moderne in Paris und in vielen weiteren tschech. und internationalen Smlgg.

Weitere W.: Život J. A. Rimbauda. Dopisy a dokumenty, 1930; Emilie přichází ke mně ve snu, 1933; Poesie, 1946, 2. Aufl. 2003; Texty, ed. L. Bydžovská – K. Srp, 2007.

L.: Thieme–Becker; Vollmer; V. Nezval – K. Teige, Š. a Toyen, 1938; F. Šmejkal, Š. a Toyen, 1966; A. Moussu, J. Š. Fotografické dílo, 1982; The Dictionary of Art 29, 1996; J. Š., Každý z nás stopuje svoji ropuchu, ed. K. Srp, 1996; V. Birgus u. a., Tschech. Avantgarde-Fotografie, München 1999, s. Reg. (Kat.); L. Bydžovská, in: Revue des études slaves 74, 2002–03, S. 143ff.; dies. – K. Srp, J. Š., 2007 (m. L.); H. Greenberg u. a., Czech Vision. Avant-Garde Photography in Czechoslovakia, Berlin – New York 2007, S. 225 (Kat.).

(L. Bydžovská – T. Starl)

Subak Julius (Giulio), Romanist und Lehrer. Geb. Wien, 30. 3. 1872; gest. Trieste (I), 20. 2. 1936; mos. – Sohn eines mähr. Ober-Kondukteurs. – Nach dem Besuch des Gymn. stud. S. ab 1891 an der Univ. Wien Romanistik und Germanistik; 1897 Dr. phil. 1895–97 war er als Supplent für dt. und französ. Sprache an einer Wr. Realschule tätig. 1898–1902 Lehrer an der K. Franz Josef-Höheren Handelsschule in Brünn (Brno), unterrichtete er ab 1902/03 Dt. und Französ. an der Handels- und Naut. Akad. (I. R. Accad. di Commercio e Nautica) in Triest. 1912–14 Red. der „Rivista Internazionale per l'insegnamento commerciale". Ab 1919 wirkte S. als Lehrbeauftragter, zunächst für Französ., dann Dt., am Ist. Superiore di Scienze Economiche e Commerciali, der späteren Univ. degli Studi Economici e Commerciali di Trieste. 1930 Ernennung zum Officier d'Acad. für sein Engagement im französ. Sprachunterricht. S. publ. 1897–1935 etwa zwei Dutzend Artikel und Rezensionen v. a. zur dt., französ. und italien. Sprachwiss. (insbes. zu den süditalien. Dialekten), aber auch zum Sard. Schon früh beschäftigte er sich zudem mit dem Judenspan., v. a. mit den Dialekten von Konstantinopel (İstanbul) und Saloniki (Thessaloníkē) sowie jenem von Bosnien (1904 erster Stud.aufenthalt in Sarajevo) und veröff. Beitrr., hauptsächl. zur Laut- und Formenlehre des Verbs. Zwischen September 1908 und Februar 1909 unternahm S. eine Reise im Auftrag der Linguist. Abt. der Balkankomm. der Akad. der Wiss. in Wien und auf Empfehlung seines Doktorvaters →Wilhelm Meyer-Lübke, um die judenspan. Dialekte der Balkanhalbinsel bezügl. des Einflusses der Landessprachen sowie auch in lautl. und morpholog. Hinsicht zu stud. und mittels eines Archivphonographen des Phonogramm-Archivs der k. Akad. der Wiss. aufzuzeichnen. Das Ergebnis seiner Feldforschungen, die ihn nach Dalmatien, Bosnien, Serbien, Rumänien, Bulgarien und ins Osman. Reich führten, sind 15 Phonogramme und ein vorläufiger Ber.; zur Publ. einer umfangreichen dialektolog. Abh. kam es jedoch nie. S. gebührt das Verdienst, als erster Linguist in umfassender Weise die gesprochenen Varietäten des Judenspan. der Balkanländer stud. zu haben. Seine im Phonogrammarchiv verwahrten Aufnahmen, die u. a. Rezitationen prominenter Vertreter der sephard. Gmd. Sarajevos enthalten, gelten heute als die ältesten wiss. Tondokumente des Judenspan. und sind insbes. in phonet.-phonolog. Hinsicht von dialektolog. Interesse.

W. (s. auch Annali della R. Univ. degli Studi Economici e Commerciali di Trieste 8): Zum heutigen Stadtdialekt von Neapel, phil. Diss. Wien, 1897; Das Verbum im Judenspan., in: Bausteine zur roman. Philol., 1905; Zum Judenspan., in: Z. für roman. Philol. 30, 1906; Judenspan. aus Salonikki, 1906; Vorläufiger Ber. über eine im Auftrage der Balkan-Komm. ... unternommene Forschungsreise ... zur schriftl. und phonograph. Aufnahme des Judenspan., in: Anzeiger der k. Akad. der Wiss., Phil.-hist. Kl. 47, 1910, Nr. 6; Cent'anni d'insegnamento commerciale: La sezione commerciale della I. R. Accad. di Commercio e Nautica di Trieste, 1917; Beitrr. in Z. für roman. Philol., Annali della R. Univ. degli Studi Economici e Commerciali di Trieste, Archeografo Triestino etc.

L.: Kosel 2; Kürschners Dt. Litteratur-Kal. 24, 1903; Annali della R. Univ. degli Studi Economici e Commerciali di Trieste 2, 1930, S. 393f., 8, 1936, S. 197ff. (m. W.); Judeo-Spanish from the Balkans: The Recordings by J. S. (1908) and Max A. Luria (1927), ed. Ch. Liebl, 2009; Archiv der ÖAW, IKG, UA, alle Wien.

(Ch. Liebl)

Šubert František Adolf, Theaterdirektor, Regisseur, Schriftsteller und Journalist. Geb. Dobruška, Böhmen (CZ), 27. 3. 1849; gest. Prag, Böhmen (Praha, CZ), 8. 9. 1915; röm.-kath. – Sohn eines Sattlers und späteren Pächters eines Gasthauses. – Š. absolv. 1868 das Gymn. in Königgrätz (Hradec Králové) und stud. fünf Semester klass. Philol. an der Univ. Prag. Nach dem Tod des Vaters brach er das Stud. 1871 ab und arbeitete als Journalist für dt.- und tschech.-sprachige Periodika („Politik", „Brousek", „Pokrok"). Als Mitgl. des Komitees zur Errichtung des Prager Nationaltheaters (ab 1877) und der Genossenschaft des Nationaltheaters (ab 1881) wurde er 1883 Dir. dieses Hauses, das er i. d. F. zu einem Zentrum der tschech. Kultur und zum Knotenpunkt slaw. und westl. Theaterwesens machte. Er erstellte ein künstler. Programm, das Schauspiele und Opern aller Stile und Epochen beinhaltete, Repräsentation und Volkstümlichkeit, Tradition und Moderne zu verbinden versuchte und die Interessen verschiedener Ges.schichten berücksichtigte. Eine ausgeprägt künstler. Ausrichtung lehnte er ab. Um Internationalität bemüht, lud Š. ausländ. Autoren, Interpreten und Ensembles nach Prag ein und nahm 1892 mit seinem Ensemble an der Internationalen Ausst. für Musik- und Theaterwesen in Wien teil, wobei er insbes. →Friedrich Smetanas in Wien bislang unbekannter Oper „Die verkaufte Braut" zu großem Erfolg verhalf. Das Theater fand Anschluss an die bedeutenden europ. Bühnen und wurde zum Vorbild für die Errichtung nationaler Theater in den slaw. Ländern. Nach seinem Rücktritt 1900 wirkte Š. bis 1902 als Dir. der Druck- und Verlagsanstalt Česká grafická Unie, 1903–06 als Chefred. des Konversationslex. „Malý Ottův slovník naučný" und 1906–08 als Dir. des neu errichteten Stadttheaters in den Kgl. Weinbergen (Královské Vinohrady), mit dem er 1908 in Wien gastierte. Dazwischen inszenierte er 1903 die „Verkaufte Braut" in Kiew. 1908–15 war Š., der polit. dem alttschech. Flügel unter →František Ladislav Frh. v. Rieger nahe stand, Chefred. der Revue „Osvěta" und ab 1909 Red. des Tagbl. „Národní politika". Er verf. zahlreiche Romane und Erz., romant. Dramen aus der böhm. Geschichte (u. a. „Probuzenci", aufgef. 1881, gedruckt 1882), Theaterstücke (darunter das „Drama čtyř chudých stěn", gedruckt 1893, aufgef. 1902), Memoiren, Skizzen, Schriften über das Nationaltheater, Schauspielermonographien und theaterhist. Arbeiten. Mehrfach publ. er über →Václav Kliment Klicpera, dessen Stücke er auch hrsg., war Mitarb. großer Ausst. und Ed.-projekte (z. B. „Ottův slovník naučný") sowie vieler weiterer Unternehmungen. Š., eine der einflussreichsten Persönlichkeiten der tschech. Ges. im Fin de Siècle, war Mitgl. bzw. Funktionär zahlreicher Vereinigungen (u. a. des tschech. Journalistenver., des Zentralen tschech. Schulver., des Nationalver. für den Böhmerwald, des Künstlerver. Umělecká beseda, des patriot.-humanitären Ver. Svatobor und des Schriftstellerver. Máj). 1899 wurde er ao. Mitgl. der České akad. věd a umění.

Weitere W. (s. auch LČL; Ludvová): Dějiny Národního divadla v Praze let 1883–1900. S některými pamětmi, vzpomínkami a doklady 1–3, 1908–12; etc. – Ed.: Výbor dramatických spisů V. K. Klicpery, 5 Bde., 1898–99; Soubor spisů V. K. Klicpery, 2 Bde., 1906–07. – Nachlass: Městské muz. v Dobrušce, CZ.

L.: Právo lidu, 12. 9. 1915; ČHS; Hanzalová; LČL (m. W.); Ludvová (m. B., W. u. L.); Masaryk; Otto; Otto, Erg.Bd.; K. Mašek, in: Zlatá Praha 32, 1914/15, S. 595f.; Zvon 15, 1914/15, S. 716f.; H. J. (Jelínek), in: Lumír 43, 1914/15, S. 431f.; A. Srb, in: Osvěta 45, 1915, S. 639ff.; Z. Nejedlý, in: Smetana 6, 1915, S. 5ff., 24ff.; F. J. Čečetka, Život a dílo F. A. Š., 1915; Svět 15, 1915/16, S. 114ff.; O. Fischer, in: Česká revue 9, 1915/16, S. 11ff.; J. Voborník, in: Almanach České akad. 26, 1916, S. 138ff.; V. K. Blahník, in: Topičův sborník 11, 1923/24, S. 81ff.; J. S. Machar, in: Zapomínaní a zapomenutí, 1929, S. 159ff.; A. Veselý, in: Listy filologické 57, 1930, S. 246ff.; O. Fischer, Činohra Národního divadla do roku 1900, 1933, passim (m. B.); Z. Nejedlý, Opera Národního divadla do roku 1900, 1935, passim; A. Veselý, F. A. Š. dramatik?, 1937; ders., in: České umění dramatické 1, Činohra, 1941, S. 142ff.; V. Müller, F. A. Š., 1949; Dějiny českého divadla 3, 1977 (m. B.); Zdeněk Nejedlý o di-

vadle a jeho umělcích, red. J. Paclt – E. Turnovský, 1978, S. 144ff.; H. Konečná u. a., Čtení o Národním divadle, 1983, S. 75ff.; Národní divadlo a jeho předchůdci, red. V. Procházka, 1988 (m. B.); F. Černý, in: Národní divadlo, 1998/99, Märzausg.; V. Reittererová – H. Reitterer, Vier Dutzend rothe Strümpfe ..., 2004, s. Reg.

(E. Šormová)

Šubic Janez (Johann), Maler, Zeichner und Illustrator. Geb. Pölland, Krain (Poljane nad Škofjo Loko, SLO), 26. 10. 1850; gest. Kaiserslautern, Bayern (D), 25. 4. 1889; röm.-kath. – Sohn des Bildschnitzers und Malers Štefan Š. (geb. Hotaule, Krain / Hotovlja, SLO, 22. 12. 1820; gest. Pölland, 9. 6. 1884), der zahlreiche slowen. Kirchen mit Gemälden und Altären ausstattete, Bruder von →Jurij Š., Onkel von →Vladimir Š. – Š. begann seine Ausbildung 1864 in der Werkstatt seines Vaters und setzte diese 1869–71 in St. Veit (Ljubljana-Šentvid) bei dem Nazarener Janez Wolf fort, mit dem er 1873 zur Weltausst. nach Wien fuhr, wo er auch Anselm Feuerbach kennenlernte. 1871–74 stud. er in Venedig an der Accad. di Belle Arti bei dem Maler Pompeo Molmenti und dem Bildhauer Antonio Dal Zotto. Im Winter 1874/75 reiste Š. mit →Vojtěch Hynais, dem Schüler Feuerbachs, nach Ferrara, Bologna und Florenz, 1875–76 hielt er sich in Rom auf, wo mehrere Pleinair-Landschaftsstud. entstanden. Bereits während dieser Zeit erhielt er etl. Aufträge, so schuf er 1876 für die Kirche in Šmartno pod Šmarno goro das Hauptaltarbild „Heilung eines Kranken durch den Hl. Martin" und malte Landschaften, Veduten, Historiengemälde und Genredarstellungen. 1878–80 hielt er sich mehrmals in Wien auf und arbeitete mit →Hans Makart u. a. anlässl. der Feierlichkeiten zur Silbernen Hochzeit des Kaiserpaars 1879 zusammen. 1880 entstanden realist. Porträtdarstellungen seiner Familie (u. a. der Eltern und seiner Schwester Mica) sowie aus dem bäuerl. Milieu. 1881–83 in Prag, fertigte er dort nach Entwürfen von →Mikoláš Aleš und František Ženíšek die Freskodekoration für das Nationaltheater. 1884 wurde Š. Prof. für Dekorationsmalerei an der Kreisbaugewerkschule und kunstgewerbl. Fachschule in Kaiserslautern. Für die Aula des Landesmus. in Laibach malte er 1885 das große Deckenbild „Carniola mit Wissenschaft und Kunst"; daneben lieferte er auch Illustrationen für die Z. „Zvon" und 1888 für den Bd. „Küstenland" des sog. Kronprinzenwerks „Die österreichisch-ungarische Monarchie in Wort und Bild". Zusammen mit seinem Lehrer Wolf und seinem Bruder Jurij zählt Š. zu den wichtigsten Kirchenmalern Sloweniens im 19. Jh. und gilt neben →Ivan Frankè als Begründer des slowen. Realismus, wobei er diese Richtung allerdings nur bei Privatstud. und -aufträgen vertrat. Rund 1.000 Zeichnungen und Aquarelle von ihm sind erhalten; der Großtl. befindet sich im Narodni muz. und in der Narodna galerija in Ljubljana.

Weitere W.: s. SBL; Mesesnel; Enc. Slovenije.

L.: Enc. Jug.; Enc. lik. umj.; SBL (m. W. u. L.); Thieme–Becker; V. Steska, Slovenska umetnost, 1927, S. 316ff.; R. Ložar, J. in Jurij Š., Ljubljana 1937 (Kat.); F. Mesesnel, J. in Jurij Š., 1977 (m. W.); E. Cevc – A. Cevc, Slowen. Impressionisten und ihre Vorläufer aus der Nationalgalerie in Ljubljana, Wien 1979, S. 15f., 95ff. (Kat.); The Dictionary of Art 29, 1996; T. Brejc, in: Zbornik za umetnostno zgodovino, NF 34, 1998, S. 76ff.; Enc. Slovenije 13, 1999 (m. W. u. L.); M. Komelj, Obrazi: Slovensko slikarstvo XIX. stoletja / Gesichter: Slowen. Malerei im XIX. Jh., 1999, S. 19ff., 140ff., 156ff., 284; Meisterschule für Handwerker, Kaiserslautern, D.

(B. Murovec)

Šubic Jurij (Georg), Maler, Zeichner und Illustrator. Geb. Pölland, Krain (Poljane nad Škofjo Loko, SLO), 13. 4. 1855; gest. Leipzig, Sachsen (D), 8. 9. 1890; röm.-kath. – Sohn von Štefan Š., Bruder von →Janez Š., Onkel von →Vladimir Š. – Š. lernte 1867–72 in der Werkstatt seines Vaters und setzte 1872–73 die Ausbildung in St. Veit (Ljubljana-Šentvid) bei dem Nazarener Janez Wolf fort. 1873–79 hielt er sich hauptsächl. in Wien auf und stud. erst als Gast, ab 1874 (mit Unterbrechungen) als o. Hörer an der ABK u. a. bei →Christian Griepenkerl und →August Eisenmenger. Während seines Wehrdiensts in Triest (1875–77) und Bosnien (1878) entstanden viele Zeichnungen aus dem tägl. Leben sowie Illustrationen zu Kriegsberr. für verschiedene Wr. Ztg. 1879–80 lebte Š. in Athen, wo er durch Vermittlung Griepenkerls den Auftrag für die maler. Ausstattung der Villa von Heinrich Schliemann erhielt. Die ihm von der dortigen Akad. angebotene Professur lehnte er aber ab, da er auf Einladung →Vojtěch Hynais', den er aus seiner Zeit in Wien kannte, nach Paris übersiedelte, wo er mit auftragsbedingten Unterbrechungen die nächsten Jahre lebte und u. a. für Hynais, →Wenzel Brožík und →Mihály v. Munkácsy arbeitete. In den Sommermonaten 1882 und 1883 malte Š. in der Normandie, wo seine ersten Pleinairbilder entstanden: Das 1883 ausgest. Gemälde „Vor der Jagd" verhalf ihm als erstem slowen. Maler im Pariser Salon zum Durchbruch. 1885 beteiligte er sich an der Deckendekoration des Landesmus. in Laibach; 1888 arbeitete Š. in der Stmk., bes. in Pettau (Ptuj), und entwarf die Illustrationen für die Bde. „Kärnten und Krain", „Steiermark" und „Küstenland" des sog. Kronprinzenwerks „Die österreichisch-ungarische Monarchie in Wort und Bild". Im August 1890 übernahm er den Auftrag zur maler. Ausgestaltung des Festsaals in Schloss Raschwitz bei Leipzig. Š. zählt gem. mit seinem Bruder und Wolf zu den wichtigsten Kirchenmalern des 19. Jh. in Slowenien (z. B. Fresken für die St. Jakobskirche in Laibach, 1886; Heimsuchung Mariä für die Franziskanerkirche auf dem Rosenberg/Rožnik, Laibach, 1888). Seine nach dem Umzug nach Frankreich entstandenen Arbeiten sind dem Realismus verpflichtet, bereichert durch neue Erfahrungen mit Licht und Kolorismus (Alleine, um 1883; Porträt des Schriftstellers Ivan Tavčar, 1885; Porträt von Franja Tavčar, 1887).

Weitere W.: s. SBL; Mesesnel; Enc. Slovenije.

L.: Enc. Jug.; Enc. lik. umj.; SBL (m. W. u. L.); Thieme–Becker; V. Steska, Slovenska umetnost, 1927, S. 327ff.; R. Ložar, Janez in J. Š., Ljubljana 1937 (Kat.); F. Mesesnel, Janez in J. Š., 1977 (m. W.); E. Cevc – A. Cevc, Slowen. Impressionisten und ihre Vorläufer aus der Nationalgalerie in Ljubljana, Wien 1979, S. 15ff., 107ff. (Kat.); The Dictionary of Art 29, 1996; Enc. Slovenije 13, 1999 (m. W. u. L.); M. Komelj, Obrazi: Slovensko slikarstvo XIX. stoletja / Gesichter: Slowen. Malerei im XIX. Jh., 1999, S. 19ff., 164ff., 184ff., 284; ABK, Wien.

(B. Murovec)

Šubic Simon, Physiker und Lehrer. Geb. Wrodech, Krain (Brode, SLO), 28. 10. 1830; gest. Graz (Stmk.), 27. 7. 1903. – Aus ärml. Verhältnissen stammend. – Nach Besuch der Volksschule in Bischoflack (Škofja Loka) und der Gymn. in Cilli (Celje) und Laibach stud. Š. ab 1852 Mathematik, Physik und Geschichte an der Univ. Wien; 1856 Lehramtsprüfung aus Mathematik und Physik. Zunächst Supplent am Ofener Staatsgymn., lehrte er 1857–61 an der Pester Oberrealschule; 1861 Dr. phil. der Univ. Tübingen. Ab 1861 war Š. an der von ihm mit aufgebauten Kommunalrealschule in der Rossau (Wien 9) tätig, 1864 wechselte er an die Grazer Akad. für Handel und Ind., wo er bis 1884 unterrichtete. 1866 Habil. für Physik an der Univ. Graz, suppl. er 1867/68 auch die Lehrkanzel für allg. und experimentelle Physik. 1869 ao. Prof. für Mechanik, Thermodynamik und Meteorol., hielt er Vorlesungen über Meteorol., lange bevor eine Lehrkanzel für dieses Fach in Graz existierte. Das Angebot, den Lehrstuhl für Physik an der Univ. Agram zu übernehmen, lehnte er 1874 ab. 1902 i. R. Wiss. befasste sich Š. v. a. mit theoret. Physik, höherer Mechanik und analyt. Mechanik von Flüssigkeiten und Gasen, insbes. mit den Gesetzen von Joseph Louis Gay-Lussac, aber auch mit dem Foucault'schen Pendelversuch sowie mit der Wärmelehre und ihren molekular-physikal. Grundlagen. Seine Beitrr. erschienen zunächst v. a. in den Schriften der k. Akad. der Wiss. in Wien, später – möglicherweise infolge von Kritik an seinen Theorien, die Fachkollegen als zu oberflächl. beurteilten – in slowen. Sprache in den Publ. der Südslaw. Akad. der Wiss. und Künste in Agram. Sein Werk „Telegrafija" (1875) war die erste slowen. Publ. über Elektrizität. Š. verf. auch populärwiss. Aufsätze zu aktuellen Themen der Physik, Meteorol. und Technik sowie zu sozialen und phil. Fragen der Zivilisationsentwicklung. Seine umfangreichen Buchprojekte „Titansko napadanje Olimpa" und „Skrivnostne prikazni na človeku ali strahovi in duhovi" blieben als ungedruckte Mss. erhalten. Š. war ab 1867 k. M. der Südslaw. Akad. der Wiss. und Künste in Agram.

Weitere W.: s. Poggendorff 3; SBL; Wurzbach.

L.: Poggendorff 3 (m. W.), 4; SBL (m. W. u. L.); Szinnyei; Wurzbach (m. W.); I. Šubic, Prof. dr. S. Š., 1903; A. Kernbauer, Das Fach Chemie an der phil. Fak. der Univ. Graz, 1985, s. Reg.; S. Južnič, in: Zbornik za zgodovino naravoslovja in tehnike 13/14, 1998, S. 167ff.; W. Höflechner, Materialien zur Entwicklung der Physik und ihrer „Randfächer" Astronomie und Meteorol. an den österr. Univ. 1752–1938, 2, 2002; Osebnosti. Veliki slovenski biografski leks., 2008 (m. B.); S. Sitar, in: MUT-Lex., Techn. Mus. Wien, 2009 (Typoskript); UA, Graz, Stmk.

(D. Angetter)

Šubic Vladimir, Architekt. Geb. Laibach, Krain (Ljubljana, SLO), 23. 5. 1894; gest. Lukavac-Dobrnja, Jugoslawien (BIH), 16. 9. 1946 (begraben: Škofja Loka); röm.-kath. – Sohn von Ivan (Johann) Š. (s. u.) und Hedvika Fabiani (1858–1925), Neffe von →Janez Š. und →Jurij Š.; 1927–35 verheiratet mit Jelca Jelačin, aus einer Laibacher Großhändlerfamilie; ab 1941 in 2. Ehe mit Živa Fermevc verehel. – Nach Besuch der Oberrealschule in Laibach stud. Š. 1912–13 an der TH Wien Maschinenbau, 1913–15 an der Maschinenbauschule der TH Graz und leistete ab 1915 Kriegsdienst. Anschließend begann er ein Stud. der Architektur an der dt. TH in Prag (1922 Ing.). 1922–26 unterrichtete er Bauwesen und Architektur an der Techn. Mittelschule in Ljubljana. 1926–30 fungierte Š. als Stadtbaurat im Stadtbauamt und plante, u. a. beeinflusst durch die Wr. Wohnhausanlage Fuchsenfeldhof, 1926 den sozialen Wohnungskomplex Meksika mit 82 Wohnungen. 1930–45 wirkte er als

Chefarchitekt des Pokojninski zavod (Pensionsanstalt), für den er sein Hauptwerk „Nebotičnik" (1930–33), den ersten Wolkenkratzer mit 13 Stockwerken in Ljubljana und damit das höchste Gebäude Jugoslawiens, projektierte. In dieser Zeit, die sehr reich an Aufträgen war, entstanden z. B. auch die Handelsakad. (1930) und die Villa Lovšin (1932) in Ljubljana. Š. entwarf auch in anderen Städten wie Celje, Jesenice, Kranj, Maribor, Ptuj, Dubrovnik, Split große repräsentative Verwaltungs- bzw. Geschäfts- und Wohngebäude, wobei er öfter mit dem Bildhauer Lojze Dolinar und seinem Bruder, dem Maler Mirko Š., zusammenarbeitete. Š. verwendete bei seinen Bauten als einer der ersten slowen. Architekten Stahlbeton und gilt als Vertreter des gemäßigten Funktionalismus. Nach dem 2. Weltkrieg wurde ihm die weitere Karriere als Architekt verwehrt, er wurde kurz inhaftiert, freigesprochen, aber später zur Zwangsarbeit verurteilt. Er starb während des Baus der Eisenbahnstrecke Brčko–Banovići in Bosnien. Sein Vater, der Lehrer und Naturforscher **Ivan (Johann) Š.** (geb. Pölland, Krain / Poljane nad Škofjo Loko, SLO, 12. 10. 1856; gest. Ljubljana, 11. 3. 1924), stud. nach dem Besuch des Gymn. in Laibach 1874–81 (mit Unterbrechung) Mathematik und Naturgeschichte an der Univ. Wien; 1883 Lehramtsprüfung. Danach war er Supplent und Mittelschullehrer in Laibach, ab 1888 Dir. der dortigen Fachschule für Kunststickerei und Spitzennäherei. Neben der Förderung des Handwerks machte sich Ivan Š. bes. um den Ausbau von Wasserkraftwerken verdient und trug als Mitgl. der zentralen Komm. für die Entwässerung der Moore zur Rekultivierung des Laibacher Moores bei. Ab 1897 fungierte er auch als Konservator der Zentral-Komm. für Erforschung und Erhaltung der Kunst- und hist. Denkmale für die Bez. Adelsberg, Loitsch und die Stadt Laibach.

Weitere W.: s. SBL (auch für Ivan Š.); Glažar.

L.: Slovenski poročevalec, 20. 9. 1946; Enc. lik. umj.; SBL (m. W. u. L.); Vollmer; F. Šijanec, Sodobna slovenska likovna umetnost, 1961, S. 429ff.; T. Glažar u. a., Arhitekt V. Š. Zbrano delo / Architect V. Š. Complete Work, 1992; The Dictionary of Art 29, 1996; Enc. Slovenije 13, 1999; B. Zupančič u. a., Ljubljanski Nebotičnik: Denar in arhitektura, 2001; Impossible histories, ed. D. Djurić – M. Šuvaković, 2003, S. 339f., 344; S. Bernik, Slovenska arhitektura dvajsetega stoletja / Slovene Architecture of the Twentieth Century, Ljubljana 2004, s. Reg. (Kat.); TU, Graz, Stmk.; TU, Wien; Nadškofijski arhiv, Ljubljana, SLO. – Ivan (Johann) Š.: SBL (m. W. u. L.); F. Golob, in: Loški razgledi 31, 1984, S. 98ff.; Th. Brückler – U. Nimeth, Personenlex. zur Österr. Denkmalpflege, 2001; UA, Wien.

(B. Murovec – D. Angetter)

Succovaty von Vezza Eduard Frh. von, Offizier. Geb. Olmütz, Mähren (Olomouc, CZ), 1. 3. 1839; gest. Graz (Stmk.), 10. 8. 1919 (Selbstmord). – Einer Off.familie entstammend. – S. wurde nach dem Besuch der Theresian. Militärakad. 1858 als Unterlt. in das IR 33 eingeteilt. Im Kriegsjahr 1859 nahm er an der Niederschlagung eines Aufstands in Bologna aktiven Anteil und konnte wohl aus diesem Grund 1860–62 die Kriegsschule absolv.; 1863 Hptm. im Gen.stab. S. wurde im Sept. 1864 dem Landesverteidigungskmdo. für Tirol und Vbg. zugeteilt und zeichnete sich bei der Abwehr der Truppen Giuseppe Garibaldis anlässl. des Kriegs von 1866 im Gefecht bei Vezza d'Oglio als Gen.stabsoff. der Halbbrig. Alberti bes. aus, wofür er mit dem Orden der Eisernen Krone III. Kl. und der Erhebung in den Ritterstand ausgez. wurde. Nach dem Ausgleich mit Ungarn 1867 ließ sich S. zur neu errichteten Landwehr versetzen und war als Mjr. im Gen.stab ab 1872 Kmdt. des Landwehr-Schützen-Baon. 2. 1877 wurde er in die Adjutantur des Landwehroberkmdo. in Wien berufen und mit organisator. Aufgaben betraut; 1880 Obst. Weitere Karrieresprünge folgten: 1884 Kmdt. der 54. Inf.-brig., 1886 GM, 1890 Ernennung zum Kmdt. der Theresian. Militärakad. Auf eigenes Gesuch wurde S. jedoch bereits im Oktober 1890 zum Kmdt. der 4. Inf.-Truppendiv. ernannt, 1891 FML. In dieser Funktion musste er bei Demonstrationen für das böhm. Staatsrecht die Ruhe wiederherstellen. Ab 1897 fungierte S. als Kmdt. des 3. (Grazer) Korps und hatte die Grazer Proteste gegen die Badenischen Sprachverordnungen zu bekämpfen. 1898 FZM, 1907 pensioniert. Später trat S. als polit. Schriftsteller hervor. In einer ersten Schrift, „Österreich-Ungarns Schicksalsstunde", setzte er sich 1915 vehement für ein möglichst enges Bündnis mit dem Dt. Reich ein und bezeichnete die Donaumonarchie als einen „Übernationalitätenstaat". In einer weiteren Abh., „A.E.I.O.U." (1916), befürwortete er die Ideen Friedrich Naumanns bezügl. einer mitteleurop. Zollunion. Bes. interessant ist jedoch seine Stud. „Zwei Fragen über Deutschösterreichs Zukunft" (1919), in der sich S. ausdrückl. gegen eine staatsrechtl. Eingliederung Dt.österr. in das Dt. Reich aussprach. Den Beschluss der Provisor. Nationalversmlg. über den Anschluss an das Dt. Reich hielt er für voreilig. S.s Bedeutung auf militär. Gebiet liegt v. a. beim Aufbau der Landwehr. 1897 Geh. Rat, wurde er 1907 in den Frh.stand erhoben.

L.: NFP, 11. 8. 1919; WZ, 12. 8. 1919; Svoboda; A. Frh. v. Wrede, Geschichte der k. u. k. Wehrmacht 5, 1903, S. 376; H. Pirchegger, Geschichte der Stmk. 3, 1934; B. Sutter, Die Badenischen Sprachverordnungen von 1897, 1–2, 1960–65, s. Reg.; KA, Wien.

(P. Broucek)

Sucharda Edward, Chemiker. Geb. Brzeżany, Galizien (Berežany, UA), 18. 6. 1891; gest. Wrocław (PL), 26. 7. 1947. – Sohn eines Notars, Vater von Jerzy S. (geb. 1920; gest. Lemberg, Generalgouvernement / L'viv, UA, 11. 3. 1944, ermordet), der die Staatl. Techn. Fachkurse in Lemberg besuchte und als Angehöriger der poln. Untergrundarmee (Armia Krajowa) im Rahmen der Räumungsaktion (Akcja Nieszpory) von der ukrain. Polizei erschossen wurde; verheiratet mit Maria S., geb. Wisniowska. – Nach Besuch des Realgymn. in Lemberg stud. S. 1908–12 Chemie an der dortigen TH u. a. bei →Stefan Niementowski, →Bronisław Pawlewski und →Wiktor Syniewski; 1914 Dr. der Ing.wiss. Bereits ab 1912 als Ass. am Lehrstuhl für allg. und analyt. Chemie bei Niementowski tätig, wurde er während des 1. Weltkriegs in die k. u. k. Armee eingezogen und versah seinen Dienst in der Nähe von Wien. Im November 1918 kehrte er nach Lemberg zurück und diente als Angehöriger der poln. Armee im ukrain.-poln. Krieg. 1919 übernahm er den Lehrstuhl für allg. Chemie an der TH in Lwów (L'viv); 1920 Doz. für organ. Chemie, 1921 ao. Prof., 1923 o. Prof. 1926–39 stand er dem Lehrstuhl für organ. Chemie vor; 1937/38 Prorektor, 1938/39 Rektor der TH. Während des 2. Weltkriegs unterrichtete S. an den Staatl. Techn. Fachkursen in Lemberg. Von November 1944 bis März 1945 in Haft des Volkskommissariats für Innere Angelegenheiten (NKWD), flüchtete S. nach Kriegsende zunächst nach Krakau (Kraków) und anschließend nach Breslau (Wrocław), wo er 1945–47 als Vizerektor der Politechnika Wrocławska wirkte. S. befasste sich mit der organ. Synthese der heterozykl. Verbindungen, mit Erdöltechnol., mit Methan und mit (ungesättigten) Kohlenwasserstoffen. 1928–31 reichte er sechs Patente ein. Von seinen Werken, die tw. auch in dt. Sprache erschienen sind, ist sein Lehrbuch „Chemia organiczna …“ (1938, gem. mit Stanisław Pleśniewicz) hervorzuheben. S., der an den Folgen seiner Haft starb, war ab 1924 Ehrenmitgl. der wiss. Ges. in Lwów (Towarzystwo Naukowe we Lwowie), ab 1934 der PAU, der Akad. der Techn. Wiss. (Akad. Nauk Technicznych) in Warschau und der poln. chem. Ges. (Polskie Towarzystwo Chemiczne; 1947 Präs.) ebendort. Er gehörte u. a. zu den Gründungsmitgl. der TU Breslau (Politechnika Wrocławska) und 1945 der Schles. TU (Politechnika Śląska). 1939 erhielt er das Komturkreuz und 1946 das Komturkreuz mit dem Stern des Ordens Odrodzenia Polski.

Weitere W. (s. auch Poggendorff): Halbmikromethoden zur automat. Verbrennung organ. Substanzen und ebullioskop. Molekulargewichtsbestimmung, in: Smlg. Vieweg 94, 1929 (gem. m. B. Bobrański); Beitrr. in Rozprawy Wydziału mat.-przyr. Akad. Umiejętności w Krakowie und Bulletin international de L'Acad. des Sciences de Cracovie … Cl. des sciences mathematiques et naturelles; etc.

L.: Poggendorff 6 (m. W.); Z. Popławski, Dzieje Politechniki Lwowskiej 1844–1945, 1992, s. Reg.; ders., Wykaz pracowników naukowych Politechniki Lwowskiej w latach 1844–1945, 1994, S. 181; A. Srodka, Uczeni Polscy XIX–XX stulecia 4, 1998; J. Długosz, Polska Akad. Nauk Technicznych w Warszawie (1920–39) …, 2002, S. 179.

(M. Nadraga)

Sucharda Stanislav d. Ä., Bildhauer und Medailleur. Geb. Neupaka, Böhmen (Nová Paka, CZ), 12. 11. 1866; gest. Prag, Böhmen (Praha, CZ), 5. 5. 1916. – Aus einer in dieser Region seit Ende des 18. Jh. künstler. tätigen Familie stammend. Sohn des Bildhauers Antonín S. (geb. Neupaka, 23. 5. 1843; gest. ebd., 1911), der den Familienbetrieb in Neupaka leitete, Vater des Architekten Stanislav S. d. J. (1896–1959), Bruder des Bildhauers Vojtěch S. (geb. Neupaka, 6. 1. 1884; gest. Praha, ČSSR/CZ, 31. 10. 1968). – S. stud. ab 1884 an der böhm. TH und 1886–92 an der Prager Kunstgewerbeschule bei →Josef Václav Myslbek. 1892 wurde er für sein Relief „Wiegenlied“ mit dem Reichel-Preis des Wr. Künstlerhauses ausgez. und unternahm im selben Jahr eine Stud.-reise nach Dtld. und Norditalien. Ab 1894 unterrichtete er an der Prager Kunstgewerbeschule, wurde 1899 Prof. und leitete hier auch die Fachschule für Figural- und Ornamental-Modellierung (später dekorative Bildhauerei). 1915 wurde er zum Prof. der auf seine Initiative hin gegr. Medailleursklasse an der Prager ABK ernannt. S.s Stil entwickelte sich vom Myslbek'schen Realismus und von nationaler Thematik (Allegorien, slaw. Mythol., Nationalgeschichte, Märchen) unter dem Einfluss Rodins und des Kubismus hin zu neuen Ausdrucksformen. Zu seinen zahlreichen Architektur-Skulpturen gehören die Ausstattung der Seitenflügel des damaligen K. Franz-Joseph-Bahnhofs (Prager Hauptbahnhof, 1903–04) und des neuen Prager Magistratsgebäudes (1910). Mit dem Architekten →Jan Kotěra realisierte er 1906 die Ausschmückung des Theatergebäudes in Proßnitz (Prostějov) und 1910 des Mus. in Königgrätz (Hradec Králové). Als sein Hauptwerk gilt das Prager Denkmal für →František Palacký (1901–12). Zu seinen weiteren Arbeiten zählen Denkmäler für Jan Amos Komenský in Neupaka (1912), für →Karl Bendl in Prag (1914) und Jan Hus in Petschek (Pečky) und Eisenstadtl (Železnice) (entworfen 1913–15) sowie Grabdenkmäler und Porträts in verschiedenen Materialien. S. avancierte auch zum Erneuerer der böhm. Medaillenkunst und schuf Dutzende Reliefs, Medaillen und Plaketten, u. a. für die Österr. Ges. zur Förderung der Medaillenkunst und Kleinplastik in Wien. Seine Arbeiten wurden bei mehreren internationalen Kunstausst. ausgez. (St. Louis, München, beide 1904; Brüssel, 1910; Gent, 1913). 1896 zählte S. zu den Gründungsmitgl. der Z. „Volné směry" und wurde im selben Jahr Mitgl. (später mehrmaliger Präs.) des Künstlerver. Spolek výtvarných umělců Mánes, der in Prag bedeutende Ausst. von Rodin (1902), Munch (1905) und Bourdelle (1909) organisierte. 1906 wurde S. Ritter des Franz Joseph-Ordens, 1907 k. M. des Hagenbunds, 1911 k. M., 1913 ao. Mitgl. der Böhm. K. Franz Joseph-Akad. der Wiss., Literatur und Kunst und war 1905–12 Mitgl. (ab 1913 Vizepräs.) des Kuratoriums der böhm. Sektion der Modernen Galerie für das Kg.reich Böhmen in Prag.

L.: *Otto; Thieme–Becker; Toman; K. B. Mádl, in: Almanach české akad. císaře Františka Josefa ... 27, 1917, S. 143ff. (m. B.); Tschech. Kunst 1878–1914 auf dem Weg in die Moderne, Darmstadt 1984, S. 348f. (Kat.); The Dictionary of Art 29, 1996; J. Tomeš u. a., Český biografický slovník XX. století 3, 1999; P. Wittlich, Die Bildhauerkunst der Tschech. Sezession, 2001, s. Reg.; M. Krummholz, S. S. (1866–1916), 2006.*

(M. Krummholz)

Suchecki Henryk Ignacy (Heinrich), Sprachwissenschaftler. Geb. Perespa, Galizien (UA), 1811; gest. Krakau, Galizien (Kraków, PL), 3. 7. 1872; röm.-kath. – Sohn eines Kleinpächters im Bez. Sokal, Vater des Stenographietheoretikers Mirosław S., Onkel von →Henryk Rewakowicz. – S. absolv. das dt.sprachige Gymn. in Przemyśl, ab 1833 stud. er Philol. an der Univ. Lemberg, arbeitete daneben als Privatlehrer und bildete sich im Bereich der Vergleichenden Sprachwiss. und Slawistik weiter. 1849–51 stud. S. Slawistik an der Univ. Wien bei →Franz v. Miklosich. Ab 1851 unterrichtete er Poln. und Dt. am Dominikanergymn. in Lemberg (L'viv) und war in zwei Komm. zur Ausarbeitung der Lehrbücher für den Poln.unterricht an Volksschulen und Gymn. tätig. 1855 übernahm er den Lehrstuhl für poln. Sprache und Literatur an der Karls-Univ. Prag, wo er Vorlesungen zur Polonistik, Vergleichenden Linguistik und zum Sanskrit abhielt. 1865 erhielt er den Lehrstuhl für slaw. Linguistik an der Jagiellonen-Univ. Krakau, wo er als Erster Vergleichende Grammatik in poln. Sprache lehrte und Vorlesungen zur poln. Volkssprache hielt. Eine poln. Fachterminol. wurde erst durch ihn geschaffen. Von seinen wiss. Arbeiten sind hervorzuheben „Przegląd form gramatycznych języka staropolskiego", 1857, und „Budowa języka polskiego pojaśniona wykładem historyczno porównawczym w zakresie indoeuropejskim i w kręgu słowiańszczyzny", 1866. Während seiner Stud.zeit in Lemberg war er in einer poln. Jugendorganisation um →Karol Szajnocha und →Ignacy (Żegota) Jakub Pauli polit. aktiv und wurde durch dieses Engagement auch in polizeil. Ermittlungen verwickelt. 1848 betätigte sich S. in der slawophilen Gruppe um Jan Zachariasiewicz und Karol Widman(n) im Slaw. Lesesaal (Czytelnia Słowiańska) in Lemberg sowie als Red. der „Gazeta Powszechna". S. erwarb sich bes. Verdienste beim Aufbau des poln. Schulwesens in Galizien, der Didaktik der poln. Sprache, der Vermittlung des kulturellen und sprachl. Bewusstseins in akadem. und nichtakadem. Kreisen sowie als Verf. vieler Lehrbücher. S. war Mitgl. in zahlreichen wiss. Ges., u. a. der Posener Ges. der Freunde der Wiss., ab 1849 der Krakauer Wiss. Ges., ab 1858 ao. Mitgl. der Kgl. Böhm. Ges. der Wiss. und ab 1859 w. M. der Dt. Morgenländ. Ges. Leipzig und Halle.

Weitere W.: s. PSB.

L.: *PSB (m. W. u. L.); Wurzbach; J. Rusek, in: Slawistyka na przełomie XIX. i XX. wieku, 1990, S. 117; S. Urbańczyk, Dwieście lat polskiego językoznawstwa (1751–1950), 1993; Leks. historii Polski, ed. M. Czajka u. a., 1995; D. Rederowa, Z dziejów Towarzystwa Naukowego Krakowskiego 1815–72, 1998; Materialiensmlg. ÖBL, UA, beide Wien; Mitt. Marta Nadraga, L'viv, UA.*

(Z. Reinbacher)

Sucher Joseph, Dirigent und Komponist. Geb. Döbör, Ungarn (Doiber, Bgld.), 23. 11. 1843; gest. Berlin, Preußen (D), 4. 4. 1908; röm.-kath. – Sohn verarmter Wirtschaftsbesitzer, ab 1877 mit der Opernsopranistin Rosa S., geb. Hasselbeck (Haselbeck, Haslbeck) (s. u.), verheiratet. – S. erhielt ersten Musikunterricht von seinem Onkel Anton Hirsch, einem Beamten im Wr. AKH, der das große musikal. Talent des Knaben erkannte. 1852–54 besuchte S. die Akad. der Tonkunst, wo er Gesang- und Violinschüler Josef Beneschs war. 1854–60 war er Sängerknabe an der Wr. Hofburgkapelle und Zögling des Löwenburg'schen Konvikts; daneben auch Schüler →Simon Sechters. Im Alter von 13 Jahren dirigierte er die Urauff. seiner ersten Messe im Stift Heiligenkreuz. Während seines Jusstud. an der Univ. Wien (1863–66) gehörte S. 1864–66 dem Wr. Akadem. Gesangver. an. Nach einer Zeit als Musiklehrer in Teschen (Cieszyn) wirkte er als Korrepetitor (1870–74) und Dirigent (1873/74) an der Wr. Hofoper sowie als Chormeister (1872–76) des Akadem. Gesangver. (ab 1874 Ehrenchormeister) und Kapellmeister (1874–76) an der Kom. Oper (Ring-Theater). Anschließend verließ S. Wien und hatte Engagements als Kapellmeister in Leipzig (1876–78), Hamburg (1878–88) und Berlin (1888–99 an der Hofoper). 1878 führte er in Leipzig den ersten vollständigen Zyklus von Richard Wagners „Ring des Nibelungen" auf, 1882 leitete er die Hamburger Erstauff. von „Tristan und Isolde". S.s Eigenkompositionen, die er 1873 im Wr. Musikver. selbst dirigierte, erfuhren von der Wr. Musikkritik (→Eduard Hanslick, →August Wilhelm Ambros, →Theodor Helm) eine zwiespältige Beurteilung: Zwar wurde einhellig sein großes und außergewöhnl. dramat. Talent hervorgehoben, jedoch ebenso einhellig der Mangel an künstler. Maß und die ausschließl. Orientierung an Wagner kritisiert. Als Konzertdirigent war S. zeit seines Lebens kaum präsent, sein Dirigierstil war leidenschaftl. und energieraubend. S.s Frau, die Opernsopranistin **Rosa S.** (geb. Velburg, Bayern/D, 23. 2. 1846; gest. Eschweiler, Dt. Reich/D, 16. 4. 1927; röm.-kath.), wurde von Wagner als beste Sieglinde bezeichnet und gab 1884–86 Gastspiele an der Wr. Hofoper. Nach dem Tod ihres Mannes lebte sie eine Zeit lang als Gesanglehrerin in Wien. 1914 erschien in Leipzig ihre Autobiographie „Aus meinem Leben".

W. (s. auch Wurzbach): Messen, Kantaten, Orchesterwerke, Chöre, Lieder.

L.: Neue Wr. Musik-Ztg., 14. 7. 1853, 16., 23. 10. 1856; WZ (A.), Neues Fremden-Bl., 21. 1. 1873; NWT, 23. 1. 1873; Illustrirtes Wr. Extrabl., 6. 10. 1874; NFP, 5. 4. 1908; Grove, 1980 (auch für Rosa S.), 2001; Kosch, Theater-Lex. (auch für Rosa S.); Mendel–Reissmann; MGG I, II (auch für Rosa S.); oeml (nur online, Zugriff 18. 1. 2012); Riemann, 1961 (auch für Rosa S.); Ulrich; Wurzbach (m. W.); 100 Semester Akadem. Gesangver. in Wien 1858–1908, 1908, S. 35ff., 42, 175, 242; W. Beetz, Das Wr. Opernhaus 1869–1945, 1949, S. 65, 79, 113 (auch für Rosa S.); M. B. Pagel, Die kk Hofsängerknaben zu Wien 1498 bis 1918, 2009, S. 333; UA, Wien. – Rosa S.: Kutsch–Riemens; WStLA, Wien.

(Ch. Fastl)

Suchsland Leopold, Cellist, Komponist und Musiktheoretiker. Geb. Vacha, Sachsen-Weimar-Eisenach (D), 13. 9. 1871; gest. Graz (Stmk.), 27. 9. 1943. – Nach erstem Klavier-, Violin- und Orgelunterricht in seiner Heimatstadt stud. S. ab 1886 in Weimar Musiktheorie bei →Erich Wolfgang Degner, Klavier bei Eduard Götze und Karl Müller-Hartung sowie Violoncello bei Friedrich Grützmacher. Anschließend setzte er seine Stud. bei Julius Klengel (Violoncello) in Leipzig fort und bildete sich in Musiktheorie weiter. S. wurde Solocellist des Philharmon. Orchesters Leipzig und konzertierte mit dem Kaim-Orchester, den heutigen Münchner Philharmonikern. Nach seiner Übersiedlung in die Stmk. unterrichtete er 1891–97 Violoncello, Klavier und Chorgesang an der Musikschule des Musikver. Pettau und wirkte 1899–1911 an der Schule des Stmk. Musikver. in Graz als Lehrer für Violoncello und Klavier, ab 1908 auch für Musiktheorie. Danach betreute er nur mehr zum Broterwerb einige Privatschüler und widmete sich vorwiegend dem Komponieren. 1919 übernahm S. unentgeltl. die künstler. Leitung des neu gegr. Volksbildungshauses Grazer Urania, betreute in dieser Funktion das von ihm gegr. Urania-Quartett, den Frauenchor und den Singver., stellte Konzertprogramme zusammen, wirkte als Konzertdirigent und hielt musiktheoret. Kurse ab. Seiner Schule entstammt eine Generation steir. Musiker, wie z. B. Alois Pachernegg, Eduard Möldner, Hugo Miksch, Otto Siegl, Hermann Grabner, Hellmut Federhofer, Josef Kolleritsch, Erich Opitz und andere. S.s kompositor. Schaffen umfasst über 170 Werke, wobei sein Stil von Zeitgenossen als „der konservativen Richtung huldigend" beschrieben wurde. Sein musikal. Nachlass wird in der Bibl. der Univ. für Musik und darstellende Kunst in Graz aufbewahrt.

W. (s. auch Suppan): 2 Symphonien; 2 Konzerte für Violoncello und Orchester; Symphon. Trauermusik; Suite für Orchester; zahlreiche Werke für Klavier solo, Klavier vierhändig und zwei Klaviere; Orgelstücke; Chormusik; Chor-Orchestermusik; Kammermusik mit und ohne Klavier; zahlreiche Lieder für Singstimme und Klavier. – Publ.: Die Einführung leiterfremder Akkorde in Dur und Moll ohne modulator. Charakter. Eine moderne harmon. Stud., o. J. (Ms.); Musikal. Formenlehre.

L.: Grazer Volksbl., 8. 4. 1920; Tagespost (Graz), 29. 9. 1943; Riemann, 11. Aufl.; Suppan (m. W.); R. Rubisch, in: Bll. für Kunst und Schrifttum 1, 1927, H. 1, S. 31ff.; K. Hubmann, L. S. (1871–1943). Sein musikal. Nachlaß,

Prüfungsarbeit Hochschule für Musik und darstellende Kunst in Graz, 1993.

(K. Hubmann)

Suchy Adalbert, Maler. Geb. Klattau, Böhmen (Klatovy, CZ), um 1783; gest. Wien, 25. 8. 1849; röm.-kath. – Sohn eines Tischlers, Vater der Malerin Maria Antonia S., die ca. 1830–50 als Historien-, Porträt- und Genremalerin in Wien tätig war. – S., der ersten Zeichenunterricht bei Jakob Matthias Schmutzer erhielt, stud. ab 1802 an der Wr. ABK (1806 Gundel-Preis) und stellte dort 1820–40 regelmäßig aus. Neben Porträtminiaturen zeigte er z. B. 1820 auch in Pastell ausgeführte Bilder („Madonna nach Raffael"). S. muss sich bereits sehr früh mit der Miniaturmalerei beschäftigt haben, da die erste datierte Arbeit („Porträt eines französischen, in der österreichischen Armee dienenden Offiziers", Lemoine-Bouchard Fine Arts, Paris) aus 1806 stammt. Stilist. orientierte er sich an Künstlern wie →Lorenz Grünbaum und →Josef Lanzedelly d. Ä. Einen stärkeren Einfluss übte Bernhard Ritter v. Guérard, der den Porträts mit einem genauen Detailrealismus und einer ruhigen Haltung eine starke Präsenz verlieh, auf S.s Arbeiten aus. S.s Figuren wirken wie Skulpturen: Die Porträts sind in statuar. Haltung wiedergegeben, die Gesichtspartien in einem zarten rosa Farbton, der für seine Arbeiten typ. ist, gemalt. Mit seiner realist., lebensnahen Darstellungsart hatte er schnell Erfolg und zählte neben dem K.haus, dem österr. Hochadel, Künstlern wie →Johann Strauß (Vater) und →Adalbert Stifter auch das zu Wohlstand gekommene, aufstrebende Bürgertum zu seinen Auftraggebern und bewies sich v. a. in diesen Porträts als ein Chronist seiner Zeit. S.s Arbeiten befinden sich u. a. im Wien Mus. (Porträt des Bildhauers Anton Grassi, 1807, sowie Adalbert Stifters, 1843), in der Albertina, im Uměleckoprůmyslové muz., Praha, und in der Moravská galerie, Brno.

Weitere W.: Ferdinand I., 1814; Wr. Aristokrat in blauem Rock, um 1825, Herr in schwarzem verschnürtem Rock, 1831 (beide Albertina, Wien); etc.

L.: Fuchs, 19. Jh.; Thieme–Becker; Wurzbach; E. Leisching, Die Bildnis-Miniatur in Oesterr. von 1750 bis 1850, 1907, S. 195; J. de Bourgoing, Die Wr. Bildnisminiatur, 1926, S. 17; L. R. Schidlof, La miniature en Europe 2, 1964; N. Keil, Die Miniaturen der Albertina in Wien, 1977, S. 101f.; H. Fuchs, Die österr. Bildnisminiatur von den Anfängen bis zur Gegenwart 2, 1982; J. Nimmergut – A.-M. Wager, Miniaturen-Dosen, 1982, S. 23f., 54; J. Assmann, Miniatura a drobný portrét ..., 1985, S. 54; ABK, Wien.

(R. Keil)

Suchy (Suchý) Carl (Karl Emanuel) d. Ä., Fabrikant. Geb. Prag, Böhmen (Praha, CZ), 23. 12. 1796; gest. ebd., 21. 2. 1866; röm.-kath. – Aus bürgerl. Familie stammend, Vater von Carl S. d. J. (geb. Prag, 13. 10. 1827; gest. ebd., 13. 12. 1872), Johann (Anton) S. (geb. Prag, 30. 5. 1830; gest. Wien, 1. 12. 1893), Anton (Gottfried) S. (geb. Prag, 8. 12. 1832; gest. ebd., 26. 12. 1897) und Emanuel S. (geb. Prag, 1841; gest. Kgl. Weinberge, Böhmen / Praha, CZ, 27. 2. 1896); Urgroßvater der Operettensängerin Margit S. (geb. Feldsberg, NÖ / Valtice, CZ, 10. 6. 1891; gest. Lugano, CH, 9. 4. 1961), Ururgroßvater des Literaturwiss. Viktor S. (geb. Wien, 28. 11. 1912; gest. ebd., 31. 7. 1997); ab 1821 mit Josephine Kraupa (1802–1866) verheiratet. – S. ging bei dem Uhrmachermeister Franz Lehner in die Lehre und erhielt 1812 den Freibrief. 1812–19 vertiefte er seine Kenntnisse in München und anderen Städten Bayerns, um sich 1820 in Prag als Uhrmachermeister selbstständig zu machen. Er produzierte v. a. Pendeluhren, aber auch Stock- und Standuhren von hervorragendem Ruf. In den 1840er-Jahren beschäftigte er bereits mehr als 35 Gesellen und war einer der ersten österr. Uhrmacher, die sich dem Export zuwandten. Auf der Leipziger Messe galten seine Uhren den marktdominierenden engl. und Schweizer Fabrikaten als ebenbürtig. Gleichzeitig war er durch den Import von Pariser Stutzuhren wirtschaftl. sehr erfolgreich. 1844 wurde ihm der Titel eines k. k. Hofuhrmachers und k. k. landesbefugten Uhrenfabrikanten verliehen. Seine vier Söhne, die beim Prager Uhrmacher →Josef Kosek in die Lehre gegangen waren, bildeten sich in der Schweiz fort und traten in das Unternehmen ein, das ab den 1850er-Jahren unter dem Namen Carl Suchy & Söhne zur bedeutendsten Uhrenfabrik Österr. wurde. Die Fa. stellte auf den Weltausst. 1855–73 Pendeluhren aus, die von der Fachpresse als die besten österr. Erzeugnisse angesehen wurden. S.s ältester Sohn Carl S. d. J. begründete 1853 eine Uhrenfabrik im schweizer. La Chaux-de-Fonds, die schnell sehr erfolgreich war und die Taschenuhrenproduktion für das Prager Stammhaus übernahm. Johann (Anton) S. leitete die 1863 gegr. Wr. Filiale. Anton (Gottfried) S. und Emanuel S. führten die Prager Fabrik. Letzterer hatte in der Schweiz das System der freiwilligen Rettungs- und Feuerwehrkorps kennengelernt, war das prägende Mitgl. des 1872 gegr. Prager Freiwilligen Rettungskorps und von 1888 bis zu seinem Ableben dessen Obmann. 1894 wurde er mit dem Ritterkreuz des Franz Joseph-Ordens ausgez. Nach Anton (Gottfried) S.s Tod wurde das Prager Stammhaus verkauft. Die Wr. Fa. hatte noch bis 1941 Bestand und stand unter der Leitung von Johann (Anton) S.s Witwe Therese S., geb. Lommer (geb. Gumpendorf, NÖ/Wien, 31. 5. 1844), und ihrer Tochter Therese Walzel, geb. S. (geb. Döbling, NÖ/Wien, 19. 5. 1868; gest. Wien, 21. 3. 1947).

L.: Bohemia, 22., 23. 2. 1866, 14. 12. 1872; Großind. Österr. I; Slokar; J. G. Kohl, Hundert Tage auf Reisen in den österr. Staaten 1, 1842, S. 257ff.; E. A. Jonák, Ber. über die allg. dt. Ind.-Ausst. in München im Jahre 1854 ..., 1855, S. 86; F. H. van Weijdom Claterbos, Viennese Clockmakers and what they left us, 1979, S. 309; HHStA, WStLA, beide Wien; Archiv hlavniho města Prahy, Národní archiv, beide Praha, CZ; Mitt. Fernande Suchy, Wien (†).

(G. Gaugusch)

Suchý Franz (František), Gartenbaufachmann und Pomologe. Geb. Mutenitz, Böhmen (Mutěnice, CZ), 21. oder 22. 10. 1860; gest. Brünn, Mähren (Brno, CZ), 11. 10. 1910. – Sohn eines Gärtners. – Nach dem Schulbesuch und einer Gärtnerlehre in seinem Geburtsort arbeitete S. in verschiedenen Stellungen im böhm. Raum, danach in Erfurt. 1886 wurde er zunächst Gärtner, dann Lehrer an der Ackerbauschule in Kuttenberg (Kutná Hora). 1890 erhielt er eine Anstellung als Erster Obergärtner bei dem zur mähr. Landwirtschafts-Ges. gehörenden Obst-, Wein- und Gartenbau-Ver. in Brünn, wo man sich zum Ziel gesetzt hatte, die angeschlossene Baumschule zu einer Landes-Obstbaumschule auszubauen. S. wurde dabei nicht nur die systemat. Pflege des Ver.-Gartens übertragen, sondern ab 1891 auch der zweisprachige prakt. Unterricht für die Anzucht und Pflege der Obstbäume im Baumgärtner-Inst., das im pomolog. Garten bei Brünn angesiedelt war. Als 1901 das neue (vorerst nur pomolog. ausgerichtete) Bildungsinst. für Gärtner in Bohonitz (Bohunice) bei Brünn eröffnet wurde, war er dort der erste Dir. und unterrichtete zugleich Obst- und Gemüsebau als primäre Disziplin. Zum Landesobstbauinsp. des mähr. Landeskulturrats ernannt, sorgte er für öff. Baumauspflanzungen, veranlasste die Errichtung von Kreisbaumschulen, organisierte Obstbaukurse und hielt zahlreiche Vorträge. Seine in Pomologenkreisen vielfach als wiss. Raritäten gewerteten Arbeiten veröff. er in diversen Z. 1902 erschien eine Anleitung zur Pflege von hochstämmigen Obstbäumen „Návod ku pěstování vysokokmenných stromů ovocných ...", 2. Aufl. 1921. Gem. mit Matěj Jan Cígler gab er 1903 die die Erkenntnisse des texan. Hortologen Henry Martyn Stringfellow einschließende Abh. „Stringfellovo nové zahradnictví ..." über den neuen Gartenbau heraus. Eine führende wiss. Stellung erwarb er sich durch das umfangreiche Werk „Moravské ovoce", 1907, in dem er annähernd alle Obstarten Mährens beschrieb. Das zu seiner Zeit als bedeutendste pomolog. Arbeit in der Monarchie angesehene Werk wurde außerdem mit 125 kolorierten Kupferstichen ausgestattet. S.s Verdienste um den Obst- und Gartenbau wurden vielfach gewürdigt.

Weitere W.: Zelinářství, 1901 (gem. m. J. Tebich); Der Obstbau in den slaw. Landesteilen Mährens, in: Österr. Obstbau auf der internationalen Obst-Ausst. in Düsseldorf 1904, ed. W. Lauche, 1904; Sklizeň ovoce se zřetelem k obchodu ovocnářskému, 1910.

L.: Otto, Erg.Bd.; Geschichte des mähr. Obst-, Wein- und Gartenbau-Ver. ... in Brünn 1816 bis 1898, 1898, S. 300, 304, 306; Zahradnický a ovocnicko-vinařský slovník naučný 3, ed. K. Kavina, 1942; O. Maštálka – M. Vávra, F. S., insp. ovocnictví, 1960; Materialiensmlg. ÖBL, Österr. Gartenbau-Ges., beide Wien.

(M. Petz-Grabenbauer – M. Vávra)

Suck (Szuk) Rosa (Róza, Rosza), verheiratete Matlekovits, Violoncellistin. Geb. Pest (Budapest, H), 10. 5. 1844; gest. Budapest (H), 2. 10. 1921; evang. – Tochter des aus Sachsen zugewanderten Violoncellisten am Pester Nationaltheater und Lehrers am dortigen Konservatorium Leopold S. (1821–1897) und seiner Frau Erzsébet Berkovits (ca. 1821–1877); ab 1868 mit dem Politiker und Nationalökonomen →Sándor Matlekovits verheiratet. – S. kam 1850 in das Pester Mädchenerziehungsinst. von Maria Pröbstl. Mit acht Jahren begann sie das Instrumentalspiel, ab zehn Jahren erhielt sie systemat. Unterricht von ihrem Vater. Ihre Karriere als öff. konzertierende Violoncellistin dauerte von ihrem ersten Auftritt in Pest Anfang 1858 bis zu ihrer Heirat. Danach zog sie sich aus der Öffentlichkeit zurück, spielte indes gelegentl. bei Benefizveranstaltungen (1869 in Pest und Besançon). Zentrum ihres Wirkens war Pest, wo S. in rund 24 Konzerten auftrat. Ausgedehnte Tourneen führten sie 1858 u. a. nach Szegedin (Szeged), Temeswar (Timişoara) und Lugosch (Lugoj), 1861 u. a. nach Debreczin (Debrecen) und Klausenburg (Cluj-Napoca) sowie 1862 u. a. nach Sátoraljaújhely und Miskolcz. Weitere Stationen ihrer Karriere waren u. a. Preßburg und Fünfkirchen (Pécs). Außerhalb Ungarns konzertierte S. in Wien (1859), Belgrad (1865), Paris und Amsterdam (jeweils 1866). Ein Angebot für ein dreimonatiges Gastspiel in London 1865 nahm sie nicht an. Im Rahmen ihrer Konzert- und Reisetätigkeit kam S. mit namhaften Persönlichkeiten des europ. Musik- und Kulturlebens in Kontakt, so mit Hector Berlioz, Alexandre Dumas und Robert Volkmann. Zu ihrem Repertoire zählten Kompositionen von Georg Goltermann, Alfredo Piatti, Adrien-François Servais und Felix Mendelssohn Bartholdy sowie Werke ihres Vaters. Bemerkenswert ist S.s Auftreten als Violincellistin vor dem Hintergrund der bürgerl. Musikanschauung ihrer Zeit, die die Instrumentenwahl von Frauen auch aufgrund außermusikal. Aspekte wie etwa dem Aussehen der Musikerinnen beim Spiel beurteilte. Das Violoncello wurde zu Beginn der zweiten Hälfte des 19. Jh. den Männern zugeordnet. S. war eine der ganz wenigen Frauen, die trotz solcher Ressentiments als Violoncellistin auftraten. Zudem musizierte sie 1858 in Pest und 1859 in Wien in ausschließl. mit Frauen besetzten Kammerensembles, auch dies ungewöhnl. für jene Zeit.

L.: WZ, 26. 11. 1859 (A.); Wurzbach; Vasárnapi Ujság 5, 1858, S. 160 (m. B.); L. Koch, Matlekovits Sándorné S. R. naplója (A Fővárosi Könyvtár BQ 927/38. Sz. kézirata). Das handschriftl. Tagebuch der Violincellokünstlerin Frau R. Matlekovits-S., 1935; V. Timmermann, in: Musik und Emanzipation, ed. M. Gerards – R. Grotjahn, 2010, S. 111ff.; ders., in: Lex. europ. Instrumentalistinnen des 18. und 19. Jh., ed. F. Hoffmann (m. B., nur online, Zugriff 29. 3. 2011).

(V. Timmermann)

Suda Stanislav, Komponist, Flötist und Musiklehrer. Geb. Altpilsenetz, Böhmen (Starý Plzenec, CZ), 30. 4. 1865; gest. Plzeň, Tschechoslowakei (CZ), 1. 9. 1931 (Ehrengrab). – Sohn eines Fleischers. – S., der einige Monate nach seiner Geburt erblindete, erlernte als Volksschüler die Blindenschrift. 1874 kam er in die Blindenanstalt nach Prag, wo er Violin- und Flötenunterricht erhielt. Schon 1879 erregte er in einem Konzert als Flötist Aufsehen, doch wurden ihm als Zögling weitere Auftritte verboten. Später brachte er sich heiml. das Klavierspiel bei und erhielt von seinem Geigenlehrer Unterricht in Harmonie- und Kompositionslehre. 1880/81 besuchte S. die Orgelschule von →Franz Xaver Skuherský, verließ 1881 die Blindenanstalt und widmete sich der Konzerttätigkeit in Prag und in der Prov. 1886 bestand er die Aufnahmeprüfung am Prager Konservatorium, übersiedelte aber 1887 nach einer Konzerttournee nach Pilsen (Plzeň), wo er sich dem Musikunterricht und dem Komponieren zuwandte. Anfangs schrieb der von →Friedrich (Bedřich) Smetana beeinflusste S. v. a. Werke für Flöte mit Orchesterbegleitung, wobei es sich meist um Gelegenheitskompositionen handelte. Den eigentl. Beginn seiner künstler. Tätigkeit markierte die von slowak. Volksliedern inspirierte, in nationalist. Geist geschriebene Oper „U božích muk“ (An der Martersäule), 1895. Das nächste bedeutende Werk war die dreiaktige Oper „Lešetínský kovář“ (Der Schmied von Lešetín), die auf dem bekannten ep. Gedicht von →Svatopluk Čech basierte (Urauff. 1903, Pilsen), große Beliebtheit erlangte und 1909 erfolgreich in Prag aufgef. wurde. Es folgte die auch von →Gustav Mahler geschätzte Oper „Bar kochba“ nach altjüd. Motiven (Urauff. 1905, Pilsen). Seine letzte Oper, „Il divino Boemo“, ist dem berühmten böhm. Komponisten Josef Mysliveček gewidmet. Das schon 1912 komponierte Werk wurde 1927 im Pilsner Stadttheater uraufgef. und stieß bei Publikum und Kritik auf große Zustimmung. Unvollendet blieb seine Oper „Haydnova nevěsta“ (Haydns Braut). Neben dem Opernschaffen ist insbes. S.s symphon. Werk bedeutsam, v. a. die symphon. Dichtungen „Život ve tmách“ (1919–23), „Hudba světlem“ (1928) und „Slepcova píseň“ (1930), in denen er sich mit seiner Blindheit auseinandersetzte. Notiert wurden die Kompositionen von S.s Geschwistern Josef S. und Božena S. sowie von Freunden, denen S. diktierte. Daneben schrieb er kleinere Klavier- und Geigenkompositionen, Lieder und 48 Flötenetüden. Seine Werke wurden auch von der Tschech. Philharmonie in Prag aufgef. S. war ab 1928 Mitgl. der Česká akad. věd a umění.

Weitere W. (s. auch Vomáčka): Tarantela, 1905; Den a noc, 1931 (unvollendet); etc. – Nachlass: Archiv města Plzně, CZ.

L.: ČHS; Grove, 2001; Grove, Opera; Hanzalová; MGG I; Otto; Otto, Erg.Bd.; Album representantů všech oborů veřejného života československého, red. F. Sekanina, 1927 (m. B.); B. Vomáčka, S. S., 1933 (m. B. u. W.); A. Velichová, in: Radyňské listy, 2008, H. 9, S. 5.

(J. Valicek)

Sueß Adolph Heinrich, Fabrikant. Geb. Bobenneukirchen, Sachsen (D), 11. 3. 1797; gest. Wien, 24. 5. 1862; evang. AB. – Sohn des Pfarrers Johann Erdmann S. (geb. 24. 4. 1752; gest. 18. 5. 1838), Vater von →Friedrich S., Emil S. (geb. 30. 3. 1835; gest. 22. 5. 1872) und →Eduard S., Großvater von →Friedrich S. Ritter v. Hellrat; ab 1828 verheiratet mit Eleonore Zdekauer (geb.

11. 5. 1807; gest. 22. 6. 1881). – S. sollte den Beruf eines Pfarrers ergreifen und begann 1816 ein Theol.stud. in Leipzig, wo er die Tochter des Bankiers Moritz Zdekauer kennenlernte. Auf Wunsch seines zukünftigen Schwiegervaters arbeitete er zunächst in Spanien und danach in England. Nach der Hochzeit 1828 eröffnete S. in London ein Wollgeschäft. 1834 übersiedelte das Paar mit seinen drei Kindern nach Prag und 1844 nach Sechshaus (Wien 15). Dort übernahm S. die 1790 von Verwandten gegr. und ehemals florierende Lederfabrik seines erkrankten Schwagers Carl Pfeiffer und baute das Unternehmen mit Niederlassungen in Wien und Pest (Budapest) erfolgreich durch die Erzeugung von Saffian- und Korduanleder aus. Seine Produkte wurden 1845 bei der Gewerbe-Ausst. in Wien sowie 1851 und 1862 bei den Weltausst. in London mit Medaillen ausgez. Ab 1859 führten seine Söhne Friedrich und Dr. Emil S. das Unternehmen als A. H. Sueß & Söhne weiter.

L.: Slokar; M. Hahn, Der Bez. Sechshaus, 1853, S. 76, 95, 122, 199; Kat. der Kunst-, Ind.- und Gewerbe-Ausst. der Mitgl. des Handels- und Gewerbe-Ver. im Bez. Sechshaus bei Wien, Wien 1877, S. 55 (Kat.); E. Sueß, Erinnerungen, ed. Erhard S., 1916, s. Reg.; V. A. Obručev – M. Zotina, E. Sueß, ed. T. Cernajsek – J. Seidl, 2009, S. 32f.; Evang. Friedhof Wien-Matzleinsdorf, WStLA, beide Wien.

(J. Mentschl)

Sueß Eduard (Carl Adolph), Geologe, Paläontologe und Politiker. Geb. London (GB), 20. 8. 1831; gest. Wien, 26. 4. 1914 (begraben: Marz, Bgld.); evang. AB. – Sohn des Fabrikanten →Adolph Heinrich S., Vater von →Franz Eduard S., Adolf S. (1859–1916), Gründer eines Zementwerks, Otto S. (1869–1941), Dir. von Steinkohlebergwerken, des Juristen Hermann S. (1864–1920), der das Büro der Rechtsabt. einer Agrarbank leitete, des Chefarztes der staatl. Eisenbahnges. Erhard S. (1871–1937) sowie von Paula Aloisia S. (1861–1921), die ab 1878 mit →Melchior Neumayr verheiratet war, Großvater des Chemikers und Kernphysikers Hans Eduard S. (geb. Wien, 16. 12. 1909; gest. San Diego, Cal., USA, 20. 9. 1993), Bruder von →Friedrich S.; verheiratet mit Hermine S., geb. Strauß (1835–1899). – S. besuchte ab 1840 das Akadem. Gymn. in Prag, 1845 das Akadem. Gymn. in Wien und stud. ab 1846 am Wr., ab 1848 am Prager polytechn. Inst. Besuche des Prager Böhm. Mus. und Exkursionen in das fossilreiche Umland der Stadt weckten sein Interesse für Paläontol. 1849 wieder in Wien, widmete sich S. einer Studie über Graptolithen des böhm. Silur, die 1851 als seine erste wiss. Arbeit erschien. Trotz einer vernichtenden Rezension durch den Geologen Joachim Barrande wurde S. 1852 als Ass. im Hof-Naturalien-Kabinett aufgenommen, wo er sich den Brachiopoden, Ammoniten und fossilen Säugetieren widmete. Aufgrund der angebl. Teilnahme an revolutionären Umtrieben 1851 inhaftiert, mangels an Beweisen aber bald wieder freigelassen, gab S. sein Stud. auf, um sich gänzl. der geowiss. Laufbahn zuzuwenden. 1857 wurde sein Gesuch um Verleihung der Venia legendi abgelehnt, nach einer Immediateingabe bei Minister Leo Gf. Thun-Hohenstein wurde S. aber im selben Jahr zum unbesoldeten ao. Prof. für Paläontol. an der Univ. Wien ernannt; 1862 ao. Prof. für Geol., 1867 o. Prof. In den 1860er-Jahren arbeitete S. über die geolog. Verhältnisse Wiens. Ab 1863 gehörte er der Wasserversorgungskomm. an, dort war er maßgebl. an der Planung und Umsetzung der 1. Wr. Hochquellenwasserleitung beteiligt, die 1873 fertiggestellt wurde. Weiters forcierte S. die Regulierung der Donau (Fertigstellung 1875), deren Komm. (1867) er ebenfalls angehörte. 1875 publ. er sein Werk „Die Entstehung der Alpen", in dem er seine revolutionäre Sicht der Entstehung der Kettengebirge darlegte, die er mit Beispielen aus aller Welt belegte. In seinem Hauptwerk „Das Antlitz der Erde" (3 Bde., 4 Tle., 1883–1909, französ. 1897–1918, engl. 1904–24) erweiterte S. die Gesetzmäßigkeiten, die er in den europ. Kettengebirgen erkannt hatte, und dehnte sie auf die Bildungsweise des gesamten Planeten aus. S. befasst sich darin mit der altersmäßigen Gliederung der Kettengebirge, der Abgrenzung der Kontinentalschollen, den großen Ausbreitungen und Rückzügen der Meere, den Bewegungen der Erdkruste und schließl. mit der Geol. der Erde überhaupt. Er prägte den Begriff Tethys für jenen Urozean, der ursprüngl. die Urkontinente Laurasia und Gondwanaland voneinander trennte. Bei seinem Versuch, Tektonik und Stratigraphie zu verbinden, führte er 1888 den noch heute gebräuchl. Begriff Eustat. Bewegung ein. Zudem prägte S. die Begriffe Bio-, Litho- und Hydrosphäre. Als Erster stellte er die Einseitigkeit der Gebirgsbildung fest, eine Einsicht, die sich in der Geol. erst gegen Ende des 20. Jh. durchsetzte. Generell hat S.' Wirken die method. Sichtweise in den Geowiss. revolutioniert: Aus der auf purer Klassifikation der Beobachtung fußenden

Geognosie wurde die hist. Dimensionen der Erdentwicklung berücksichtigende moderne Geol. S. war als liberaler Volksvertreter auch polit. aktiv. 1863–73 und 1882–86 Mitgl. des Wr. Gmd.rats, 1873–97 Abg. zum österr. RR; 1869–96 mit Unterbrechungen Mitgl. des nö. LT, 1870–74 im Landesausschuss. In dieser Funktion setzte er die Umsetzung des Reichsvolksschulgesetzes von 1869, das die interkonfessionellen Schulen ermöglichte, gegen den Widerstand klerikaler Kreise in NÖ durch. 1888 Rektor der Univ. Wien, vermochte S. jedoch den antisemit. Attacken dt. Burschenschaften auf Dauer nicht standzuhalten und demissionierte 1889 noch vor Ende seiner Amtszeit. S. war u. a. Mitgl. der Dt. Geolog. Ges. in Berlin, der Palaeontographical Society in London, der Société Linnéenne de Normandie in Caen, der Acad. des Sciences in Paris (1889 k. M. pour la section de minéralogie, 1900 associé étranger), der Russ. Akad. der Wiss. (1887 k. M., 1901 Ehrenmitgl.), der Royal Society of London (Foreign Member 1894), der Geological Society of London (1896 Wollaston Palladium Medal), der American Philosophical Society (1886 Foreign Member), der U.S. National Acad. of Sciences (1898 Foreign Associate) und Ehrenmitgl. der Ung. Geolog. Ges.; 1860 k. M., 1867 w. M. der k. Akad. der Wiss. in Wien (1885 Sekr. der mathemat.-naturwiss. Kl., 1891 Gen.sekr., 1893 Vizepräs., 1898–1911 Präs.).

Weitere W.: s. Cernajsek, 1999, 2000; Şengör, 2009.

L.: Almanach 64, 1914, S. 356ff. (m. B.); E. S., Erinnerungen, ed. Erhard S., 1916; Mitt. der Österr. Geolog. Ges. 74–75, 1981–82, 1981; A. M. C. Şengör, in: Geolog. Rundschau 71, 1982, S. 381ff.; T. Cernajsek u. a. „... hat durch bedeutende Leistungen ... das Wohl der Gmd. mächtig gefördert." E. S. und die Entwicklung Wiens zur modernen Großstadt, 1999 (m. B., W. u. L.); ders. u. a., in: Wiss. und Forschung in Österr. ..., ed. G. Heindl, 2000, S. 59ff. (m. B., W. u. L.); M. Durand-Delga – J. Seidl, E. S. (1831–1914), et sa fresque mondiale «La Face de la Terre», deuxième tentative de Tectonique Globale, 2004; J. Seidl, in: Travaux du Comité Français d'Histoire de la Géol. (COFRHIGEO), 3. sér., 18, 2004, S. 133ff. (m. L.); M. Durand-Delga – J. Seidl, in: Comptes Rendus Géoscience 339, 2007; E. S. und die Entwicklung der Erdwiss. zwischen Biedermeier und Sezession, ed. J. Seidl, 2009; ders., in: Jb. der Geolog. Bundesanstalt 149, 2009, S. 375ff., 384ff. (m. B.); A. M. C. Şengör, ebd., S. 391ff. (m. W. u. L.); AVA, UA, beide Wien; Archives de l'Acad. des Sciences, Paris, F; Mitt. Ali Mehmet Celâl Şengör, İstanbul, TR, Michel Durand-Delga, Paris, F.

(J. Seidl)

Süss Ferdinand, s. **Süss** Nándor (Ferdinand)

Sueß Franz Eduard, Geologe. Geb. Wien, 7. 10. 1867; gest. ebd., 25. 1. 1941. – Sohn von →Eduard S., ab 1909 verheiratet mit Olga Frenzl (geb. Wien, 8. 1. 1886; gest. ebd., 27. 9. 1972). – Nach Besuch des Realgymn. stud. S. ab 1886 Geol. und Naturwiss. an der phil. Fak. der Univ. Wien, unterbrochen 1888–89 durch seinen Heeresdienst (Lt. der Res.); 1891 Dr. phil. Während seines Stud. arbeitete er als Volontär an der geolog.-paläontolog. Abt. am Naturhist. Hofmus., wo er mit dem Ordnen und Bestimmen von Tertiärfaunen beschäftigt war. Geolog. Exkursionen, u. a. in die Radstädter Tauern oder mit dem Paläontologen Fritz Frech in die Karn. Alpen, trugen wesentl. zum Verständnis der Tektonik der Zentralalpen bei und wurden prägend für seine wiss. Karriere. Nach seinem Stud. untersuchte S. zunächst die schott. Decken-Überschiebung „Moine Thrust" und wurde noch 1891 Ass. an der Lehrkanzel für Mineral. und Geol. an der dt. TH in Prag bei dem Paläontologen Victor Uhlig. Dort befasste er sich mit mesozo. Cephalopoden aus dem Himalaya. Gem. mit Uhlig bestimmte er Vertreter der jurass. Ammonitengattungen der Spitischiefer und untersuchte die von Belemniten dominierte Fauna aus den roten Oolithen. S. konnte zum einen eine neue charakterist., dorsal und ventral gefurchte Art Belemnites sulcacutus beschreiben, zum anderen eine stratigraph. Einordnung der Abfolge in den Dogger (nicht wie zuvor angenommen in den Lias) vornehmen. I. d. F. wandte er sich jedoch verstärkt der Tektonik und der Kristallingeol. zu. 1893 wurde S. Volontär an der Geolog. Reichsanstalt in Wien, 1896 Praktikant, 1899 Ass. und 1900 Adjunkt. Geolog. Aufnahmearbeiten führten ihn in das Gebiet um den Brennerpass und die Tarntaler Berge sowie in das böhm.-mähr. Grenzgebiet. Als Ergebnis dieser Arbeiten gilt das Spezialkartenbl. Groß-Meseritsch (1897), später folgten auch Kartenbll. von Trebitsch-Kromau (1898–1901), St. Pölten (1901), Brünn (1906) und Drosendorf (1905–08). Infolge des Erdbebens in Laibach 1895 erkannte S. die Ableitung von Eigenschwingungsvorgängen unterschiedl. Bauten und deren Abhängigkeit von der Beschaffenheit des Untergrunds als Ursache für die Gebäudeeinstürze. Da die Längsachsen der Isoseismenellipsen zwar dem allg. Trend des Gebirgsstreichens folgten, jedoch keine deutl. Zusammenhänge mit tekton. Störungen zeigten, lehnte er die bisherige Auffassung der linearen Abbildung eines flächenhaften Erdbebenherdes durch eine Stoßlinie ab. 1897 untersuchte er die (hydro-)geolog. Ursachen für den Einbruch von Wassermassen im Grubenschacht des Braunkohlenreviers bei Dux (Duchcov). Später wirkte er als geolog. Sachverständiger in der staatl. Komm. zur Überprüfung der zum Schutze der Karlsbader Heilquellen gegen Bergbau und Kaolinbetrieb erlassenen behördl. Vorschriften. 1898 erhielt S. die Venia legendi für Geol., 1905 ao. Prof., 1908 besoldeter Extraordinarius. An der Univ. befasste er sich mit Geol. und Radioaktivität, mit Kristallisationskraft, mit vulkan. Erscheinungen, bes. aber mit der Frage der Hebungen und Senkungen von Festländern und Meeren. Ebenso blieb die Geol. des Grundgebirges sein ständiges Forschungsfeld. Seine 1912 erschienene Arbeit „Die moravischen Fenster und ihre Beziehung zum Grundgebirge des Hohen Gesenkes" (Denkschriften Wien, math.-nat. Kl. 88), in der er die bis heute gebräuchl. Begriffe morav. und moldanub. prägte, gilt als Markstein in der tekton. Analyse. 1911 Ordinarius der Mineral. und Geol. an der dt. TH in Prag, wurde er noch im selben Jahr zum Ordinarius der Geol. an die Univ. Wien berufen; 1923/24 Dekan der phil. Fak. In Wien setzte er einerseits seine Forschungen zur Radioaktivität in ihren Beziehungen zu den Erdwiss. fort und entwickelte andererseits seine Anschauung der Intrusions- und Wandertektonik der böhm. Masse, die teils heftig und kontrovers diskutiert wurde. 1936 – im Jahr seiner Emer. – erforschte er die Bildung des Bimssteins von Köfels im Ötztal (Köfelsit). Seine Auffassung von der Entstehung und vom Aufbau von Kettengebirgen gipfelte in seinem Hauptwerk „Bausteine zu einem System der Tektogenese" (3 Tle., 1937–39). S. engagierte sich 1907 für die Gründung der Geolog. Ges. in Wien (1912–13 Red. ihrer Mitt., 1928–29 Präs.), war u. a. ab 1911 k. M., ab 1915 w. M. der k. Akad. der Wiss. in Wien (1939 aufgrund seiner jüd. Großmutter als „Mischling zweiten Grades" ausgeschlossen), ab 1925 Korrespondent der Geolog. Bundesanstalt in Wien und Dr. h. c. der Univ. Glasgow.

Weitere W.: s. Poggendorff 4.

L.: Österr. Hochschulztg., 1. 3. 1966, 1. 12. 1967; Almanach Wien 95, 1945, S. 319ff. (m. B.); Hdb. jüd. AutorInnen; Jb. der Wr. Ges.; Otto; Poggendorff 4 (m. W.), 5, 6; Wer ist's?, 1935; J. Stiny, in: Mitt. der Geolog. Ges. in Wien 29, 1937, S. IIIf. (m. B.); L. Kölbl, ebd. 36–38, 1949, S. 267ff. (m. B.), 60, 1968, S. 5ff.; L. Waldmann, in: Jb. der Geolog. Bundesanstalt 96, 1953, S. 193ff.; H. Zapfe, Index Palaeontologicorum Austriae (= Cat. Fossilium Austriae 15), 1971; Z. Kukal, in: Abhh. der Geolog. Bundesanstalt 56/1, 1999, S. 45ff. (m. B.); B. Hubmann – J. Seidl, in: Jb. der Geolog. Bundesanstalt 151, 2011, S. 61ff. (m. B.); Geolog. Bundesanstalt, UA, WStLA, alle Wien.

(B. Hubmann – J. Seidl)

Sueß Friedrich, Industrieller. Geb. London (GB), 8. 6. 1833; gest. Wien, 6. 11. 1907; evang. AB. – Sohn von →Adolph Heinrich S. und Bruder von →Eduard S., verheiratet mit Helene S.-Rath (geb. 14. 4. 1837; gest. 21. 5. 1915), 1898 Scheidung; Vater von →Friedrich S. Ritter v. Hellrat, Helene S., der Ehefrau des Großindustriellen →Ignaz Ginzkey, und Irma S. (geb. 11. 9. 1859; gest. 10. 8. 1932), der Ehefrau des Gen.dir. der Wienerberger Ziegelfabrik Emil Teirich. – S. zog 1834 nach Prag und 1844 nach Sechshaus (Wien 15) und trat nach der Schulausbildung sowie nach Stud.aufenthalten in Frankreich, Belgien und der Schweiz in die Saffian-, Loh-, Brüsseler und Korduanlederfabrik seines Vaters ein. In den 1860er-Jahren produzierte er in größerem Maße alle Gattungen versetzten Sohlenleders und Riemen. In den 1870er-Jahren stellte die Fa. A. H. Sueß & Söhne von Lackledererzeugung auf die Verarbeitung von Ross- und Büffelleder um und belieferte u. a. die Armee. S. war 1870–77 Mitgl. des nö. LT und 1873–90 des RR, wo er und Eduard S. dem Klub der Linken angehörten. Auf seine Initiative im RR ging 1874 die Gründung der Lehr- und Versuchsanstalt für Lederind. sowie einer Fachschule für Färberei, Druckerei und Bleicherei in Sechshaus zurück. 1869–71 fungierte er als Vizepräs. des Nö. Gewerbever. und 1872 als Vizepräs. der Weltausst.komm. für NÖ. Ab 1880 war er Mitgl. des Industriellen Clubs, 1889–99 Vizepräs., 1899–1903 Präs.; 1886–1907 Gen.rat der Österr.-ung. Bank, 1878 Dir. der Oesterr. Nationalbank, Verw.R. der Wr. Lebens- und Rentenversicherungsanstalt sowie 40 Jahre hindurch Prüfungskoär. der TH. 1897 schied er aus der Unternehmensführung aus und widmete sich v. a. humanitären Aufgaben. S. war 1862 Jurymitgl. der Londoner Weltausst., wofür er das goldene Verdienstkreuz mit der Krone bekam. 1867 Ritterkreuz des Franz Joseph-Ordens, 1873 Orden der Eisernen Krone III. Kl., 1900 Komturkreuz des Franz Joseph-Ordens. 1869–1901 Mitgl. der HGK.

L.: NFP (A.), Neues Wr. Abendbl., WZ (A.), 6., RP, 7. 11. 1907; Wurzbach; J. Arenstein, Österr. Ber. über die internationale Ausst. in London 1862, 1863, S. XLII, L, 526, 529f.; Rudolfsheim, FS ..., ed. F. Echsel, 1888, S. 191, 222, 232; Die Ind. 12, 1907, Nr. 46, S. 6; Österr.-ung. Leder-Bl. 19, 1907, Nr. 824, S. 1f. (m. B., Parte); Allg. Gerber-Ztg. 9, 1907, Nr. 78, S. 1f. (m. B., Parte); E. Sueß, Erinnerungen, ed. Erhard S., 1916, s. Reg.; S. Loewy, Altwr. Familien, 1925, S. 25; F. Böck, Die nö. Abg. im Parlament von 1861 bis 1879, phil. Diss. Wien, 1948, s. Reg.; O. Krause, Biograph. Hdb. des NÖ LT 1861–1921, 2005; V. A. Obručev – M. Zotina, E. Sueß, ed. T. Cernajsek – J. Seidl, 2009, S. 47; AVA, Evang. Friedhof Matzleinsdorf, beide Wien.

(J. Mentschl)

Süß Maria Vincenz, Beamter, Volksliedsammler, Fachschriftsteller und Museumsgründer. Geb. Weißenbach, Erzstift Sbg. (Strobl, Sbg.), 15. 1. 1802; gest. Salzburg (Sbg.), 5. 5. 1868; röm.-kath. – Sohn des Hammerwerksverwalters Franz Ser. S. und von Maria Anna S., geb. v. Berchtold zu Sonnenburg, verwandt mit →Maria Anna (Nannerl) Mozart. – S. absolv. 1816 das Lehrerseminar in Salzburg, war 1818 Lehrergehilfe, danach jedoch als Amtsschreiber bei den Rentämtern Zell am See (1820), Goldegg (1823), Salzburg (1824) sowie ab 1826 am Pfleggericht Salzburg tätig. Ab 1828 beim Stadtmagistrat, stieg er 1829 zum Steueramts-Kontrollor und 1841 zum Verwalter des Salzburger Leihhauses (ab 1843 def.) auf. 1853 Konservator der Baudenkmäler für das Kronland Sbg. Aufgrund einer 1859 ausgebrochenen schweren Krankheit wurde er 1863 i. d. R. versetzt. Bereits 1833 hatte S. mit der Sammeltätigkeit für ein Mus. begonnen, das ab 1834 öff. zugängl. war, 1845 zum Eigentum der Stadt Salzburg erklärt und von dieser 1852 offiziell übernommen wurde. Nachdem 1850 die Kn.witwe →Karoline Auguste das Protektorat übernommen hatte und immer wieder finanzielle Unterstützung gewährte, wurde das Mus. nach ihr benannt (seit 2007 Salzburg Mus.). S. blieb bis zu seinem Tod Dir. des Mus., das er sukzessive u. a. um eine Instrumentensmlg. sowie ein Antiken- und ein Kunstkabinett erweiterte. In diesem Kontext verf. S. zahlreiche Publ., darüber hinaus veröff. er die erste gedruckte Sbg. Volksliedsmlg., auf die regionale Volksliedsammler und -pfleger wie Otto Eberhard bis ins 20. Jh. immer wieder zurückgriffen.

W.: Die Bgm. in Salzburg von 1433–1840, 1840; Das städt. Mus. in Salzburg, 1844; Beitrr. zur Geschichte der Typographie und des Buchhandels im vormaligen Erzstifte nun Hg.thume Sbg., 1845; Reihenfolge der Bgm. in der Landeshauptstadt Salzburg, in: Jahresber. des vaterländ. Mus. Carolino Augusteum, 1850; Die mittelalterl. Burgen u. Schlösser im Hg.thume Sbg., 1854; Die Instrumenten-Stube im Mus. Carolino Augusteum zu Salzburg, in: Jahresber. des vaterländ. Mus. Carolino Augusteum, 1865; etc. – Ed.: Sbg. Volks-Lieder mit ihren Singweisen, 1865, Nachdruck 1995 (m. B.); etc.

L. (auch s. u. Vinzenz Maria S.): ADB; oeml; Wurzbach; A. Steinhauser, in: Jahresber. des vaterländ. Mus. Carolino Augusteum, 1868, Anhang, S. 45ff.; M. Gehmacher, in: Gebirgs- und Volkstrachtenztg. 9, 1927, S. 126f., 134f., 141f.; J. Gassner, Die Ehrenbürger der Landeshauptstadt Salzburg, Salzburg 1954, S. 16 (Kat., m. B.); F. Fuhrmann, Gedenkbl. für M. V. S., 1968; F. Prodinger, in: Sänger- und Musikantenztg. 14, 1971, H. 1, S. 4ff.; Th. Hochradner, in: Sbg. Volks-Lieder, gesammelt v. M. V. S., Nachdruck 1995, S. 1ff. (m. B.); Sbg. Kulturlex., ed. A. Haslinger – P. Mittermayr, 2. überarb. Aufl. 2001; K. H. Ritschel, in: Die Neue Residenz in Salzburg, ed. E. Marx – P. Laub, 2003, S. 9ff. (m. B.).

(W. Dreier)

Süss Nándor (Ferdinand), Feinmechaniker, Optiker und Unternehmer. Geb. Marburg, Hessen (D), 25. 9. 1848; gest. Budapest (H), 1. 4. 1921 (Unfall, Ehrengrab: Farkasréti temető). – S. arbeitete als Mechaniker an der Univ. Marburg, wo er sich aufgrund seiner hervorragenden Fachkenntnisse auf dem Gebiet der Feinmechanik einen Namen machte. 1876 berief ihn der ung. Kultusminister nach Ungarn, um an der Univ. Klausenburg eine Werkstatt für Instrumentenbau zu errichten. Damit wurde S. zum Begründer der Mechanikerausbildung wie auch der Feinmechanikind. in Ungarn. Ab 1884 Leiter der Staatl. Lehrwerkstätte für Mechanik in Budapest, verwirklichte S. eine moderne theoret. (Mathematik, Physik, techn. Zeichnen, Technol.) und prakt. Facharbeiterausbildung (Werkstattarbeiten). In der Lehrwerkstatt wurden wiss. Instrumente, darunter die weltbekannten Torsionswaagen von →Roland Baron Eötvös, hergestellt, die auf internationalen und auf Landesausst. mit Goldmedaillen ausgez. wurden (Budapest 1896, Brüssel 1897, Paris 1900). 1900 gründete S. einen eigenen Betrieb, setzte seine Unterrichtstätigkeit aber fort. Auch in seinem eigenen Unternehmen blieb die Ausbildung von Facharbeitern ein Hauptziel S.' 1918 wurde die Fa. in eine AG umgeformt (Nándor Süss Präzisionswerkstätte AG; nach 1939 Magyar Optikai Művek / MOM, die bis 1990 existierten). In seiner Werkstatt, die das Flaggschiff der ung. Feinmechanikind. bildete, erzeugte S. geodät. Instrumente, Theodolite, Nivellierinstrumente, Fernrohre und Demonstrationsapparate für Lehrzwecke. Die Lehrmittel wurden durch die Calderoni Handelsges. in der gesamten Monarchie verkauft. Während des 1. Weltkriegs belieferte er die Armee mit opt.-feinmechan. Instrumenten wie Spezialfernrohren, Periskopen, Entfernungsmessern etc. S. erwarb zahlreiche Patente auf seine Erfindungen und war als Experte und Fabrikant auf dem Gebiet der Feinmechanik sowohl in Ungarn als auch in Österr. anerkannt. Nach dem Zerfall der Monarchie setzte er seine Arbeit unverändert fort. 1921 kam er bei einem Straßenbahnunglück ums Leben.

L.: Pester Lloyd, 6. 4. 1921; Hegyvidék, 30. 1. 2002; M. Életr. Lex. (m. B.).

(S. Jeszenszky)

Süß Walter, Ps. Walter Sweet, Journalist. Geb. Wien, 1. 8. 1905; gest. KZ Buchenwald, Dt. Reich (D), 4. 5. 1940 (ermordet); mos., ab 1926 konfessionslos. – Sohn des Schneiders Bernhard S. (geb. St. Pölten, NÖ, 17. 12. 1875; gest. Wien, 26. 11. 1953; mos.) und von Karoline S., geb. Knauer (geb. St. Pölten, 27. 9. 1874; gest. 13. 6. 1946; konfessionslos). – S. besuchte die Bürgerschule und danach eine Handelsschule, in der er frühzeitig gegen die rigide Disziplin rebellierte und i. d. F. auch mit anarchist. Ideen sympathisierte. Mitte der 1920er-Jahre wandte er sich dem Journalismus zu und schrieb ab Mitte 1926 für die linksgerichtete Wr. Tagesztg. „Der Abend“. Im März 1927 wurde er Reporter bzw. Lokalred. der neuen, von Julius Braunthal geschaffenen sozialdemokrat. Tagesztg. „Das kleine Blatt“. S.' Spezialität war von Anfang an die Sozialreportage, in der er ähnl. →Egon Erwin Kisch Arbeitswelt- und Milieustud. von den verschiedensten Wr. Plätzen, Bez. und Institutionen und bald auch über Wien hinaus lieferte. Daneben verf. er hist. Stud. über das verschwindende „alte“ und das im Aufbau befindl. „neue“ sozialdemokrat. Wien. Seine Reportagen zeugen nicht nur von scharfer Beobachtungsgabe, sondern auch von einem ausgeprägten Talent, ausgehend von der Schilderung von Einzelschicksalen, gesellschaftl. Probleme zu artikulieren. Daneben wirkte er als Gerichtssaalberichterstatter und Verf. zahlreicher Film-, gelegentl. auch Theaterkritiken für diese Ztg. sowie als Autor von Kriminalgeschichten, die in Fortsetzungsform publ. wurden. Seine insgesamt ca. 500 Reportagen erschienen bald in anderen von Braunthal gegr. sozialdemokrat. Bll. (u. a. „Kuckuck“, „Sozialdemokrat“, „Bunte Woche“) und später auch in der „Arbeiter-Zeitung“, wobei er seine Artikel tw. phil. und ernsten Themen widmete. Außerdem hielt S. Vorträge im Rahmen der Arbeiterbildungsorganisation. Nach dem Februar 1934 konnte er, da er „nur“ als Lokalred. galt, noch über ein Jahr weiter für das inzwischen regierungstreue „Kleine Blatt“ arbeiten. Danach wechselte er als Red. und Reporter zur Ztg. „Telegraf“ bzw. „Das Echo“, wo viele seiner Artikel aber ungezeichnet oder unter Ps. erscheinen mussten. Nach dem „Anschluss“ Österr. 1938 wurde er von der Gestapo als „Kommunist“ verhaftet und ins Landesgericht Wien gebracht, von wo er im Juli 1938 ins KZ Dachau deportiert und im Oktober ins KZ Buchenwald überstellt wurde.

L.: Hdb. jüd. AutorInnen; L. Steinwender, Christus im KZ, 1946, S. 57ff.; E. Früh, in: Spuren und Überbleibsel, 1999, Nr. 29; AdR, DÖW, IKG, Tagbl.Archiv, alle Wien.

(Th. Venus)

Suess Walter, Mediziner, Widerstandskämpfer und Musiker. Geb. Wien, 18. 4. 1912; gest. ebd., 28. 1. 1943 (hingerichtet); röm.-kath. – Sohn des Zahnarztes Julius S. (geb. St. Pölten, NÖ, 12. 6. 1871; gest. 15. 1. 1937) und der Zahntechnikerin Anna S., geb. Reichl (geb. 2. 9. 1878; gest. 1955). – S. besuchte das Gymn. und trat 1921/22 in die Akad. für Musik und darstellende Kunst in Wien ein, wo er zunächst als Hauptfach Klavier, später Harmonielehre, Kontrapunkt, Komposition und Musiktheorie (u. a. bei Richard Stöhr und Joseph Marx) belegte. Ab 1931 nahm er neben seiner musikal. Ausbildung u. a. bei Egon Wellesz am Inst. für Musikwiss. ein Med.stud. an der Univ. Wien auf; 1936 Dr. med. S., der 1936 auch die Staatsprüfung als Kapellmeister abgelegt hatte, betätigte sich i. d. F. als Dirigent und Komponist, musste seine Laufbahn jedoch nach dem „Anschluss“ Österr. an das Dt. Reich beenden, da er nach den Nürnberger Gesetzen als „jüdischer Mischling“ galt. Danach eröffnete er in Bad Gastein eine Zahnarztpraxis und galt trotz eines feindseligen Umfelds bald als gefragter Arzt. Im Zuge des Novemberpogroms wurde seine Ordination demoliert. Nach Drohungen der NSDAP-Ortsgruppe kehrte er nach Wien zurück, wo er gem. mit seiner Mutter im ehemaligen väterl. Zahnatelier in Wien 2 tätig war. 1939 fand S. Anschluss an eine Widerstandsgruppe der KPÖ. Er stellte seine Wohnung für Zusammenkünfte zur Verfügung und war mit der Herstellung und dem Vertrieb von Flugschriften betraut, die er zum Tl. selbst verf. Sein Vorhaben, eine illegale kommunist. Ärzteorganisation ins Leben zu rufen, konnte jedoch nicht realisiert werden. Durch Einschleusen von Spitzeln wurde die Gruppe von der Gestapo aufgedeckt. Im April 1941 wurde S. festgenommen und gem. mit vier Gesinnungsgenossen wegen „Vorbereitung zum Hochverrat“ angeklagt. Im November 1942 wurde er vom 5. Senat des Volksgerichtshofs zum Tod verurteilt.

L.: Der Standard, 8./9. 11. 2008; WZ, 5. 2. 2010; L. Krisch, in: „kultur passiert ...“ 64, 2009, S. 12f.; DÖW (m. B.), UA, Univ. für Musik und darstellende Kunst, alle Wien; Mitt. Hans Schafranek, Wien, Laurenz Krisch, Bad Gastein, Sbg.

(Ch. Kanzler)

Süssmann Hermann, Mediziner. Geb. Hermannstadt, Siebenbürgen (Sibiu, RO),

22. 5. 1851; gest. ebd., 6. 1. 1906; evang. AB. – Sohn eines Polizeioberkoär. – Nach Besuch des evang. Gymn. stud. S. ab 1869 Med. an der Univ. Heidelberg, ab 1871 in Wien; 1875 Dr. med. in Wien. Während des Stud. arbeitete er an der Wr. Augenklinik bei →Ferdinand v. Arlt, in der chirurg. Abt. bei →Friedrich Franz Salzer und an der Wr. Poliklinik bei Viktor v. Urbantschitsch. Ab 1875 Sekundararzt im Franz-Josef-Bürgerspital in Hermannstadt, wurde er bald mit dessen Leitung betraut und 1882 zum Primararzt ernannt. S. initiierte den Bau eines Pavillons für Infektionskranke und steigerte die Qualität des Pflegepersonals durch Schwestern der evang. Krankenpflegeanstalt. Ab 1887 wirkte er als Oberarzt des Hermannstädter Kom. In dieser Funktion reorganisierte er den gesamten San.dienst und betätigte sich in erster Linie als Hygieniker. Mittels Beitrr. in der Tagespresse und mit Flugschriften versuchte er das Verständnis der Bevölkerung für hygien. Maßnahmen zu wecken. Insbes. kämpfte er gegen die Kindersterblichkeit und reformierte die Hebammenausbildung, indem er eine Hebammenschule gründete. Zur Bekämpfung von Infektionskrankheiten forcierte er den Einsatz von Desinfektionsapparaten. Sein Bemühen, mobile Krankenbaracken zu errichten, um infektiöse Patienten gesondert unterzubringen, scheiterte allerdings. In seinem Kampf gegen die Ausbreitung der Tuberkulose hingegen konnte er ab 1897 die Regierung von der Notwendigkeit eines Sanatoriums für Lungenkranke überzeugen. Darüber hinaus war es ihm ein Anliegen, die Bevölkerung in Erster-Hilfe-Leistung zu instruieren. S., der auch eine Privatpraxis betrieb, war Obmann der Hermannstädter med. Sektion des naturwiss. Ver., wurde 1895 zum Ehrenmitgl. des ung. hygien. Landesver. und gegen Ende der 1890er-Jahre zum Mitgl. des Landessan.rats der obersten San.behörde Ungarns ernannt. Auf seine Initiative geht die Gründung des siebenbürg.-sächs. Ärztever. zurück.

W.: s. Szinnyei; Schuller; Myß.

L.: *Biograph. Jb. 11, 1908, S. 134; Szinnyei (m. W.); F. Schuller, Schriftsteller-Lex. der Siebenbürger Deutschen 4, 1902 (m. W.); Lex. der Siebenbürger Sachsen, ed. W. Myß, 1993 (m. W.); UA, Wien.*

(K. Kapronczay – D. Angetter)

Sueß von Hellrat Friedrich Ritter, Industrieller. Geb. Sechshaus, NÖ (Wien), 11. 3. 1864; gest. Wien, 20. 6. 1938; evang. AB. – Enkel von →Adolph Heinrich S., Sohn von →Friedrich S., Neffe von →Eduard S. – Nach dem Besuch der Realschule und der Handelsakad. diente er als Einjährig-Freiwilliger beim 3. Dragonerrgt. und wurde als Tit.wachtmeister in das Landwehr-Baon. 1 versetzt. Nach der Militärdienstzeit sammelte er etwa zwei Jahre lang Erfahrungen in der amerikan. Lederind. und bekleidete danach eine leitende Stellung in der Lederfa. seines Vaters A. H. Sueß & Söhne in Sechshaus (Wien 15), die er 1897 übernahm. S. gelang es i. d. F., das Produktionsvolumen und den Umsatz bedeutend zu steigern, indem er die Fabrik mit neuen Maschinen ausstattete. Sie erzeugte u. a. Sohlenleder, Vaches-Croupons, Maschinenriemenleder und exportierte in verschiedene europ. Staaten und nach Übersee. Auf dem Fabriksgelände betrieb er außerdem die Rudolfsheimer elektr. Kraftvermietungsanstalt Friedrich Sueß jun., die Gewerbetreibende der Umgebung mit elektr. Strom belieferte. Diese Anstalt wurde 1900 durch Unterbringung der Eichstation für Elektrozähler und Wasserverbrauchsmesser aufgewertet. 1905 gründete S. in Neuhäusel (Nové Zámky) eine Oberleder- und 1907 eine Schuhfabrik, die er vor Ende des 1. Weltkriegs an die Lederwerke vorm. A. H. Sueß & Söhne verkaufte. S. war auch Dir. der Ersten ung. Feinlederfabrik AG in Preßburg, Verw.R. der Freistädter Stahl- und Eisenwerke AG in Österr.-Schlesien, der Elektro-Bau-AG und der Lederfabrik J. Krumpöck AG, beide Wien, sowie Comité-Mitgl. der Nö. Escompte-Ges. 1907 wurde sein Vermögen auf drei Mio. Kronen geschätzt. Ab 1905 vertrat S. Portugal als kgl. Konsul, später kgl. Gen.konsul, und war Komtur des kgl. portugies. Zivilverdienstordens für Verdienste um Gewerbe und Landwirtschaft. 1900 erhielt er das Ritterkreuz des Ordens der französ. Ehrenlegion für sein Wirken in der Lederind.abt. der Pariser Weltausst. S. war Mitgl. der Komm. für die Abhaltung der Diplomprüfung an der Exportakad. 1908 Erhebung in den Ritterstand.

L.: *NWT, 4., Österr. Volks-Ztg., 28. 5. 1909; Jb. der Wr. Ges.; Jb. der österr. Leder- und Lederwaren-Ind., ed. R. Hanel, 1907, S. 1162f., 1908, S. 1277; Allg. Gerber-Ztg. 10, 1908, Nr. 48, S. 9; Genealog. Hdb. des Adels 14, 2003; AVA, WStLA, beide Wien.*

(J. Mentschl)

Šufflay Milan von, Ps. Alba Limi, Eamon O'Leigh, Historiker. Geb. Lepoglava (HR), 9. 11. 1879; gest. Zagreb, Kg.reich Jugoslawien (HR), 19. 2. 1931 (ermordet); röm.-kath. – Š. besuchte 1889–97 das Gymn. in Agram (Zagreb), ab 1897 stud. er

Geschichte und klass. Philol. an der dortigen Univ.; 1901 Dr. phil. mit einer Diss. über die Beziehungen Kroatiens zu Byzanz im 11. und 12. Jh., die er im selben Jahr veröff., 1902 Lehramtsprüfung. Bereits während seiner Ausbildung arbeitete er an dem von →Tadija Smičiklas hrsg. „Codex diplomaticus regni Dalmatiae, Croatiae et Slavoniae" mit. 1902/03 stud. er am Inst. für Österr. Geschichtsforschung in Wien hist. Hilfswiss. Mit der 1904 erschienenen Publ. „Die dalmatinische Privaturkunde" wandte sich Š. der mittelalterl. alban. Geschichte zu, mit der er sich von nun an beschäftigte. Bis 1908 war er Ass. am Nationalmus. in Budapest; 1908 ao. Prof. für hist. Hilfswiss., 1912 o. Prof. für mittelalterl. Geschichte an der Univ. Agram. 1913 begann Š. gem. mit →Josef Konstantin Jireček und Lajos Thallóczy mit der Hrsg. der Quellensmlg. „Acta et diplomata res Albaniae mediae aetatis illustrantia", 2 Bde., 1913–18. Nach der Ausrufung des Kg.reichs SHS 1918 wurde Š. entlassen und i. d. R. versetzt. Er lebte nun von publizist. Arbeit, v. a. für die kroat. Rechtspartei, die gegen die Vorherrschaft der Serben im gem. Kg.-reich eintrat. Nach seiner Verhaftung im Dezember 1920 wurde er 1921 mit 14 weiteren Personen wegen Hochverrats angeklagt und zu dreieinhalb Jahren Gefängnis in Srijemska Mitrovica (Sremska Mitrovica) verurteilt; im Oktober 1922 krankheitsbedingt aus der Haft entlassen. Einem Ruf an die Univ. Budapest konnte er aber nicht folgen, da ihm die Ausreisegenehmigung verweigert wurde. Ab 1929 setzte er seine Arbeit am dritten Bd. der „Acta et diplomata res Albaniae …" fort und sammelte Materialien in in- und ausländ. Archiven. Aufgrund seines prokroat. Engagements verübte die jugoslaw. Geheimpolizei ein Attentat auf ihn, an dessen Folgen er einen Tag später starb. Das druckfertige Ms. des dritten Bd. wurde nach seinem Tod beschlagnahmt und ist seitdem verschollen. Š.s Ermordung rief europaweite Proteste, u. a. von Albert Einstein und Heinrich Mann, hervor. Neben seinen wiss. Publ. veröff. Š. unter Ps. den hist. Roman „Kostadin Balšić (1392–1402)", 1920, sowie mit „Na Pacifiku god. 2255", der 1924 als Fortsetzung in der Ztg. „Obzor" erschien (selbstständig 1998), den ersten Science-Fiction-Roman in der kroat. Literatur. Bei seinen Forschungen kamen Š. seine umfangreichen Sprachkenntnisse in den klass. sowie den modernen Sprachen (u. a. Dt., Engl., Französ., Italien., slaw. Sprachen und Ung.) zugute.

Weitere W.: Hrvatska i zadnja pregnuća istočne imperije pod žezlom triju Komnena (1075–1180), 1901; Die Kirchenzustände im vortürk. Albanien, in: Illyr.-alban. Forschungen 1, ed. L. Thallóczy, 1916; Städte und Burgen Albaniens hauptsächl. während des Mittelalters, 1924; Srbi i Arbanasi (njihova simbioza u srednjem vijeku), 1925; Hrvatska u svijetlu svjetske historije i politike. Dvanaest eseja, 1928; Hrvati u sredovječnom svjetskom viru, 1931; etc.

L.: *Biograph. Lex. Südosteuropas; Appell der kroat. Akademiker an die Kulturwelt … / Appello de academici croati al mondo civilizzato … / Appel des académiens croates au monde civilisé …, 1931; J. Horvat, Hrvatski panoptikum, 1965, S. 171ff.; D. Žanko, in: Knjižnica Hrvatske revije 13, 1987, S. 105ff.; K. Gostentschnigg, in: Geschichtsforschung in Graz, ed. H. Ebner u. a., 1990, S. 233ff., bes. S. 245ff.; D. Sagrak, Dr. M. pl. Š. – hrvatski aristokrat duha, 1998; M. Š. Izabrani politički spisi, ed. D. Jelčić, 2000; UA, Wien; UA, Zagreb, HR.*

(M. Trogrlić)

Sugar (Šugár) Nikolaus (Nikola), Ps. Janos Schmidt, Miklos Feher, Psychoanalytiker. Geb. Szabadka, Ungarn (Subotica, SRB), 25. 8. 1897; gest. ehemaliges Ghetto Theresienstadt, Tschechoslowakei (Terezín, CZ), vermutl. 15. 5. 1945; mos. – Sohn jüd. Kaufleute. – Nach Besuch des Gymn. stud. S. 1915–19 Med. an der Univ. Budapest, im Wintersemester 1920/21 an der tschech. Univ. Prag, ab 1921 an der dt. Univ. Prag; 1922 Dr. med. S. vervollkommnete seine Ausbildung in Neuropsychiatrie in Berlin-Charlottenburg und absolv. 1924–25 eine Analyse bei Felix Böhm. 1925 übersiedelte er nach Wien, wurde ao. Mitgl. der Wr. Psychoanalyt. Vereinigung und arbeitete an der Psychiatr. Klinik bei Julius Wagner-Jauregg v. a. mit →Paul Ferdinand Schilder zusammen, mit dem er auch gem. Forschungsergebnisse publ. Ab 1927 wieder in Subotica, war S. 1933–38 o. Mitgl. der Wr. Psychoanalyt. Vereinigung sowie der Budapester Psychoanalyt. Ges. Er zählte zu den Pionieren der Psychoanalyse in Jugoslawien. In seinem Heimatort führte er eine psychoanalyt. Praxis und wirkte auch am jüd. Krankenhaus. Auf zahlreichen Reisen durch Österr., Ungarn und Jugoslawien verstärkte er seine internationalen Kontakte. 1936 erhielt er die Lehrbefugnis und ging 1937 nach Belgrad, wo er 1938 mit Stjepan Betlheim den Aufbau einer psychoanalyt. Vereinigung vorbereitete. 1941 kehrte S. wegen des dt. Bombardements auf Belgrad nach Subotica zurück, wo er bis 1944 seine Privatpraxis betrieb. Wiss. beschäftigte sich S. mit den Ursachen und Therapiemöglichkeiten von Homosexualität, mit Psychosen, schizophrenen Sprachstörungen und mit →Sigmund Freud. In seinen letzten Lebensjahren befasste er sich v. a. mit der Psychol. und Soziol. des Ausdrucks und war als Übers. ins Serb. und Bulgar. tätig. 1944 wurde er in ein NS-Arbeitslager auf heutigem österr. Boden deportiert, kam von dort in das KZ Bergen-Belsen und anschließend in das Ghetto Theresienstadt, wo er an den Folgen der Haft verstarb.

W.: s. Mühlleitner.

L.: *Hdb. jüd. AutorInnen; E. Mühlleitner, Biograph. Lex. der Psychoanalyse, 1992 (m. W. u. L.); Materialiensmlg. ÖBL, Wien; UA, Budapest, H; UA, Praha, CZ.*

(D. Angetter)

Šuhajda (Suhajda, Schuhajda) Ľudovít Matej (Lajos Mátyás, Ludwig Matthias), Lehrer und Geistlicher. Geb. Schemnitz, Ungarn (Banská Štiavnica, SK), 21. 12. 1806; gest. ebd., 11. 7. 1872; evang. AB. – Sohn eines Kürschners. – Nach Besuch des Lyzeums in seiner Heimatstadt absolv. Š. 1824–27 ein Theol.stud. am Lyzeum in Preßburg. 1827 war er als Erzieher in Adelskreisen in Ács tätig. 1828 stud. er evang. Theol. in Wien, 1829–30 in Jena. 1830–31 Kaplan des Superintendenten in Neusohl (Banská Bystrica), arbeitete er ab 1832 als Pfarrer in Apostag und in Cegléd. 1840–69 (mit Unterbrechung 1855–56) unterrichtete Š. Religionslehre, Latein, slowak. Sprache und Literatur, Logik und Psychol. am Evang. Lyzeum in Schemnitz, wo er auch die Funktion des Dir. übernahm. Um die slowak. Bildungspolitik verdient, hinterließ er seine Bibl. dem Lyzeum und unterstützte slowak. Schulen finanziell. In den 1830er-Jahren verteidigte er die Rechte der Slowaken gegen die einsetzende Magyarisierung und förderte die ersten öff. slowak. Kundgebungen dagegen. In seinem Hauptwerk, „Der Magyarismus in Ungarn in rechtlicher, geschichtlicher und sprachlicher Hinsicht ...“, 1834 (2. Aufl. 1848), schlug er im Sinne der Gleichheit der Nationen die Umwandlung Ungarns in einen Bundesstaat mit mehreren Nationen vor. Erwähnenswert ist sein Beitr. über den dt. Philosophen, Physiker und Mathematiker Jakob Friedrich Fries in der Z. „Hronka“ 1, 1836. Darüber hinaus polemisierte S. gegen die literar. Smlg. „Žehry“ (1851) des Schriftstellers Jonáš Záborský.

Weitere W. (s. auch Rizner): A magyarok ázsiai eredete és első európai működésükről, 1837 (auch dt.: Neue, hist.-krit. Ansicht über das asiat. Seyn und das erste europ. Thatenleben der Magyaren, 1837); De natura poeseos suis in classe humanitatis auditoribus, 1851; Fata maxime memorabilia gymn. evang. A. C. Schemniciensis ab anno circiter 1540 usque ad annum 1755, 1860; Kázně ..., 1863; etc.

L.: *Národné noviny, 27. 7. 1872; Enc. Slovenska; Rizner (m. W.); Szinnyei; Wurzbach; G. Mikos, Magyarországi tanulók a jénai egyetemen, 1890, S. 103; D. Rapant, Slovenský prestolný prosbopis z roku 1842, 1, 1943, S. 286, 2, 1943, S. 286ff.; J. Tibenský, Chvály a obrany slovenského národa, 1965, S. 238ff.; A. Mráz, Hľadanie a istoty, 1969, S. 129ff.; Pedagogická enc. Slovenska 2, 1985; Slovenský biografický slovník 5, 1992; C. Károly, Híres selmecbányai tanárok, 2003, S. 164f.; Discourses of Collective Identity in Central and Southeast Europe (1770–1945), ed. B. Trencsényi – M. Kopeček, 2007, S. 348ff.*

(I. Chalupecký – A. Šourková)

Suhayda János, Jurist. Geb. Miskolcz (Miskolc, H), 29. 12. 1818; gest. Budapest (H), 18. 9. 1881. – Nach dem Jusstud. an der Univ. Pest (1834–37) stud. er Theol. in Wien (1838–39), entschied sich jedoch 1839 gegen eine kirchl. Laufbahn und war 1839–41 als Erzieher bei mehreren adeligen Familien angestellt. 1841 Dr. jur. der Univ. Pest, 1842–48 Stadtrat in Waitzen (Vác). 1848–49 Prof. für kanon. Recht an der Univ. Pest, trug er dieses Fach als Erster in ung. Sprache vor. 1850 wurde S. zum Dir. der Jurist. Akad. in Preßburg und zum Prof. für Privatrecht ernannt, lehnte die ohne seine Zusage erfolgte Ernennung jedoch ab. Ab 1851 Assessor des Kom.gerichts Pest-Pilis-Solt, ab 1854 des Gerichts von Kecskemét. 1856 Gerichtsrat am Landesgericht in Pest (Budapest), ab demselben Jahr Vizepräs. des Gerichts in Stuhlweißenburg (Székesfehérvár). Ab 1862 war er Statthaltereirat, ab 1867 Sektionsrat im ung. Justizmin., ab 1868 Präs. des Obergerichtshofes für Finanzen und ab 1869 Richter des Obersten Gerichtshofs. Als jurist. Fachautor verf. er hauptsächl. prakt. Anleitungen auf den Gebieten Privatrecht und Zivilprozessordnung sowie eine Zusammenfassung des ung. Staatsrechts. Seine monumentalen Arbeiten über die ung. Zivilrechtspflege, „A magyar polgári törvénykezés rendszere“, 1861, und über das ung. materielle Recht im Zivilprozess, „A magyar polgári anyagi magánjog rendszere“, 1862, gehörten zu den Standardwerken der ung. Rechtsliteratur im 19. Jh. Seine jurist. und rechtsgeschichtl. Arbeiten sind von fundamentaler Bedeutung für das Verständnis des Justizsystems der Bach-Ära und des Dualismus. 1864 wurde er zum k. M. der MTA gewählt.

Weitere W.: A Magyarországra szóló ideiglenes törvényszéki szerkezet és perlekedési rend polgári része, 1850; Váltójogtan, 1851; Szerződésjog, 1852; Magyar-Horvát-Tótország ... számára ... ideiglenes polgári perrendtartás, 1853; Vagyonjog, 1853; Magyarország közjoga, 1861; A honosításról és a külföldiekről, 1867; Tanulmányok a polgári magánjogi codificatio terén, 1867; A magyar polgári törvénykezési rendtartás, 1869.

L.: *Pester Lloyd, 19. 9. 1881 (A.); Pesti Napló, 1881, S. 257f.; Das geistige Ungarn; Szinnyei; S. Konek, Em-*

lékbeszéd Dr. S. J. levelező tag fölött, 1882, Nr. 2, S. 1ff.; Vasárnapi Ujság 55, 1908, S. 7.

(Z. Fónagy)

Suida Wilhelm, Chemiker. Geb. Wekelsdorf, Böhmen (Teplice nad Metují, CZ), 10. 9. 1853; gest. Mödling (NÖ), 31. 3. 1922. – Sohn des Färbereibesitzers Franz S. und von dessen Frau Sophie S., geb. Brožosky v. Pravoslav, Vater des Chemikers Hermann S. (geb. Wien, 3. 2. 1887; gest. Salzburg, Sbg., 20. 9. 1973). – Nach Besuch der dt. Realschule in Prag ab 1861 stud. S. 1870–72 unter Johannes Wislicenus an der Eidgenöss. polytechn. Schule in Zürich, danach an der dt. TH in Prag. Ab 1874 arbeitete er am Laboratorium der Wr. Handelsakad. unter →Ernst Ludwig. Im Herbst 1874 erhielt er eine Ass.stelle an der Lehrkanzel für Tierphysiol. und Tierzucht an der BOKU; 1876 Dr. phil. an der Univ. Budapest, ging S. zum späteren Nobelpreisträger Adolf v. Baeyer nach München. 1878–81 war er am chem.-patholog. Laboratorium im Wr. AKH tätig, 1881–85 fungierte er als Adjunkt am Technolog. Gewerbemus.; 1882 Habil. als Priv.Doz. für Chemie der aromat. Verbindungen an der TH Wien. Ab 1885 wirkte S. am artist. Atelier an der Herstellung von Staatsnoten des Reichs-Finanzmin., ab 1898 an der Hof- und Staatsdruckerei. 1891 ao. Prof. der TH Wien, 1902 o. Prof. an der Lehrkanzel für chem. Technolog. organ. Stoffe; 1911/12 Rektor. 1904–19 suppl. er auch die Lehrkanzel für organ. Chemie. In seiner ersten wiss. Arbeit 1876 befasste er sich mit dem Verhalten von Eisenoxiden bei hohen Temperaturen. Etl. Werke entstanden in Zusammenarbeit mit →Julius Mauthner, darunter „Über gebromte Propionsäuren und Acrylsäuren", 1881. Mit Louis Liechti stellte S. Versuche zur Chemie von Beizen an und untersuchte die Farbstoffe Türkischrotöl und Anilinschwarz. Weiters beschäftigte er sich mit dem Cholesterin und verf. darüber grundlegende Publ., die als Basis für spätere Forschungen dienten. In München arbeitete er über die Kondensation von Aldehyden mit Phenolen und über das Indol. Im artist. Atelier und später in der Staatsdruckerei entwickelte er Farben für Brief- und Stempelmarken. Dabei gelang es ihm, Stempelmarken herzustellen, die, einmal aufgeklebt, nicht ohne Farbspuren abgelöst werden konnten. Unter S.s Anleitung glückte seinem bedeutendsten Schüler Paul Gelmo 1906 die Entdeckung der Sulfonamide. Nach seinem Tod übernahm sein Sohn Hermann seine Lehrkanzel. S. war ab 1912 Ehrenmitgl. der Association des Chimistes coloristes, ab 1914 ständiges Mitgl. der Prüfungskomm. für Ziviling.; 1915 HR.

Weitere W.: s. Eisenberg; Poggendorff; Oettinger.

L.: Eisenberg 2 (m. W.); Poggendorff 6 (m. W.); W. Exner, Das k. k. Technolog. Gewerbemus. in Wien 1879–1904, 1904, S. 156, 243f., 263; C. Oettinger, in: Österr. Chem. Z. 16, 1922, S. 1ff. (m. W.); P. Gelmo, HR Prof. Dr. W. S., 1936 (Ms. TU Wien); 150 Jahre TH in Wien 1815–1965, 1–2, ed. H. Sequenz, 1965, s. Reg.; S. Kleinbichler, P. Gelmo: Österr. Farbenchemiker – Entdecker der Sulfonamide, techn. DA Wien, 2005, S. 16ff.; M. Angerer, Das chem.-patholog. Laboratorium am k. k. Allg. Wr. Krankenhaus unter den Vorständen J. F. Heller und E. Ludwig ..., techn. DA Wien, 2008, S. 110; TU, WStLA, beide Wien.

(R. W. Soukup)

Sujánszky Anton (Antal), Theologe. Geb. Pest (Budapest, H), 4. 8. 1815; gest. Gran (Esztergom, H), 13. 8. 1906; röm.-kath. – Nach Absolv. des Gymn. in Pest trat S. 1830 in das Preßburger Gen.seminar zum Hl. Em(m)erich ein, wechselte 1832 in das Priesterseminar von Tyrnau (Trnava) und 1834 in das Pázmáneum in Wien. 1834–37 stud. er Theol. an der Univ. Wien, 1837–38 Jus und Naturwiss. in Pest. 1838 wurde er zum Priester geweiht und erhielt im selben Jahr zunächst eine Stelle als Kaplan in Komorn (Komárno), dann in der Pester Leopoldstadt. 1854 wurde er Pfarrer in der Pester Josephstadt, 1869 Domherr in Gran, 1872 Rektor des Pázmáneums in Wien, 1891 Titularbischof von Vovadra. Neben seinen seelsorger. Verpflichtungen bewies er sein erzähler.-lyr. Talent als hist.-religiöser Schriftsteller. Bereits ab 1855 war er Red. des kath. Volksbl. „Katolikus Néplap". Daneben übers. er zahlreiche theol. Werke ins Ung., u. a. das vom Augustiner-Chorherrn Thomas v. Kempen verf. Buch von der Nachfolge Christi „Kempis Tomás négy könyve Jézus követéséről", 1844, sowie die Jugendschriften des Johann Christoph Friedrich v. Schmid, „Schmid Kristóf ifjusági iratai", 1845–52, die in mehreren Aufl. erschienen. Hervorzuheben ist die Veröff. der Predigtensmlgg. der bedeutendsten dt. Kanzelredner, „Kalászat a legjelesebb német hitszónokok egyházi beszédeiből", 8 Bde., 1844–52. Daneben publ. er Gebetbücher sowie religöse und patriot. Ged., wie etwa „Sujánszky Antal' vallási és hazafiúi költeményei", 1844, und „Sujánszky Antal vallásos költeményei", 2. Aufl. 1853. Bes. Anerkennung fand er als Verf. zahlreicher Liedertexte. Als Biograph und Historiker trat er durch die Veröff. der Lebensgeschichte des Erzbischofs von Kalocsa Franz

Gf. Nádasdy „Gróf Nádasdy P. Ferencz néhai Kalocsai érsek", 1855, hervor. Weitere hist.-religiöse Arbeiten publ. er in verschiedenen theol. Z. und WS.

Weitere W.: s. Szinnyei; Zelliger.

L.: Das geistige Ungarn; M. Életr. Lex.; M. Irodalmi Lex. I, II; Szinnyei (m. W. u. L.); Wurzbach; J. Ferenczy, Magyar irók. Életrajz-gyüjtemény, 1856; F. Komlóssy, Dr. S. A. Élet- és irodalomtörténeti tanulmány, 1886; A. Zelliger, Esztergom-vármegyei irók, 1888 (m. W.); ders., Egyházi írók csarnoka ..., 1893 (m. W.); L. Mattyasovszky, Visszapillantás S. A. életére, 1898; Materialiensmlg. ÖBL, UA, beide Wien; Mitt. Helmuth Grössing, Wien.

(M. Petz-Grabenbauer – B. Humpel)

Suk Josef d. Ä., Komponist und Violinist. Geb. Křečowitz, Böhmen (Křečovice, CZ), 4. 1. 1874; gest. Benešov, Tschechoslowakei (CZ), 29. 5. 1935 (beigesetzt: Křečovice, CZ). – Sohn eines Schulleiters und Chordir., Schwiegersohn von →Anton Dvořák, mit dessen Tochter Otylie (1878–1905) S. ab 1898 verheiratet war, Großvater des Violinisten Josef Suk d. J. (1929–2011). – S. stud. ab 1885 am Prager Konservatorium zunächst Violine, später Komposition (1891–92 bei Dvořák). Als zweiter Geiger des berühmten, 1892 gegr. Böhm. Streichquartetts (České kvarteto) konzertierte er u. a. mit →Oskar Nedbal und →Karl Hoffmann fast 40 Jahre lang in ganz Europa. S.s kompositor. Frühwerk steht dem spätromant. Stil Dvořáks sehr nahe (bes. die Serenade Es-Dur für Streichorchester, 1892). Von seinen Kammermusikwerken wurden v. a. „Píseň lásky" (Liebeslied) aus „Klavírní skladby" (Klavierstücke, 1893) und „Čtyři skladby" (Vier Stücke) für Violine und Klavier (1900) berühmt. In den 1890er-Jahren gab S. mehrere Klavierzyklen und das Streichquartett B-Dur (1896) bei Simrock heraus. Das populärste Werk dieser Zeit, das dramat. Märchen „Radúz a Mahulena" nach Julius Zeyer (1898), spiegelt S.s glückl. Ehe mit Otylie wider; später erarbeitete er daraus die Suite „Pohádka" (Ein Märchen). Den Weg zum reifen Stil bereiteten die Fantasie für Violine und Orchester (1903) und das „Scherzo fantastique" (1903). Unter dem Eindruck des Todes von Dvořák und Otylie S. gelangte S. in seinem weiteren Schaffen zu tiefer Innerlichkeit und wandte sich Fragen nach dem Sinn von Leben und Tod zu. Bemerkenswert ist seine (nach dem Todesengel benannte) Symphonie „Asrael" (1906), in der S. eine neue Tonsprache suchte. Es folgten die symphon. Dichtungen „Pohádka léta" (Ein Sommermärchen, 1909) und „Zrání" (Lebensreife, 1917). Zum expressiven Stil gelangte S. im Klavierzyklus „Životem a snem" (Erlebtes und Erträumtes, 1909) und im Streichquartett Nr. 2 (1911). Sein Individualstil gipfelte in der monumentalen Symphonie mit Soli und Chor „Epilog" (1929, revidiert 1933). Sie zählt zu den bedeutendsten Werken der tschech. Moderne der Zwischenkriegszeit. 1922 wurde S. Prof. am Prager Konservatorium, wo er 1924–26 und 1933–35 auch als Rektor fungierte. Zu seinen Schülern gehörten u. a. Jaroslav Ježek, Bohuslav Martinů und Pavel Bořkovec. S. nahm 1932 mit seinem Marsch „V nový život" (Im neuen Leben) an den Olymp. Sommerspielen in Los Angeles teil und errang den 2. Platz im Musikbewerb. 1933 erhielt er das Ehrendoktorat der Masaryk-Univ. Brno.

Weitere W.: s. ČHS; Grove; MGG I, II; Květ, 1935; Berkovec; Vojtěšková; J. S. – Tematický katalog skladeb / Thematic catalogue of the works, ed. Z. Nouza – M. Nový, 2005. – Nachlass: Národní muz. – České muz. hudby, Praha, CZ.

L.: NFP, 5. 6. 1935 (A.); ČHS (m. W. u. L.); Grove, 1980, 2001 (m. B., W. u. L.); Hanzalová; MGG I, II (m. W. u. L.); Otto; Otto, Erg.Bd.; Spemanns goldenes Buch der Musik, 1912 (m. B.); J. M. Květ, J. S., 1935 (m. B. u. W.); R. Newmarch, in: The Musical Times 76, 1935, S. 655; V. Blažek, Sborník na pamět 125 let konservatoře hudby v Praze, 1936, s. Reg. (m. B.); V. Štěpán, Novák a S., 1945; J. M. Květ, Živá slova J. S., 1946 (m. B.); O. Šourek, J. S., 1954, J. Berkovec, J. S., 1956 (m. B., auch von Otylie S., W. u. L.), dt. 1969 (m. B., auch von J. S. d. J., W. u. L.); J. S. – Dopisy o životě hudebním i lidském, ed. J. Vojtěšková, 2005 (m. B. u. W.).

(J. Vojtěšková)

Suk Václav František, Literaturhistoriker und Lehrer. Geb. Chlistau, Böhmen (Chlístov, CZ), 29. 11. 1883; gest. Praha, Tschechoslowakei (CZ), 1. 7. 1934. – Sohn eines Bierbrauers. – Nach dem Tod des Vaters wurde S. von seinem Großvater, einem Oberlehrer, erzogen. S. absolv. das Gymn. in Klattau (Klatovy), stud. 1902–07 Französ. und Tschech. an der dt. Univ. in Prag und verbrachte 1905 ein Semester in Lausanne an der Faculté des lettres. Es folgten Stud.aufenthalte in Grenoble, Marburg an der Lahn und Paris. 1907 wurde S. Hilfslehrer an der Oberrealschule in Prag-Žižkow. Er wirkte 1907–11 am Lyzeum in Pilsen (Plzeň), 1911–18 an der Staatsrealschule in Pardubitz (Pardubice) und ab 1918 an einem Realgymn. in Prag 5 als Französ.lehrer. Außerdem verf. er Kritiken und Beitrr. zur Geschichte der Kinderliteratur in den Z. „Úhor", deren Hauptred. er ab 1927 war, sowie „Pedagogické rozhledy" und „Střední škola". Auf seine Initiative ging 1919 die Gründung des Förderver. für Kinderliteratur Společnost přátel literatury pro mládež zurück. S. setzte sich in seinen Beitrr. mit Themen wie dem Aufbau von Schülerbibl. sowie mit Kinderliteratur im Sinne der psycholog. und pädagog. Reformbestrebungen von František Čáda (→Franz Čáda) oder →Otakar Hostinsky auseinander. Er stand in regem Kontakt mit zahlreichen Fachleuten (u. a. im Bureau International d'Éducation in Genf) und gründete 1919 die wiss. Bibl. für Kinderliteratur, die Sukova studijní knihovna literatury pro mládež, in Prag. Sein gem. mit Otokar Pospíšil verf. Werk „Dětská literatura česká" (1924) gilt nach wie vor als Standardwerk für die Geschichte der tschech. Kinderliteratur. S. gab auch einige Auswahlbde. an Kinderliteratur (u. a. von →František Ladislav Čelakovský, →Jan Neruda, Josef Kajetán Tyl) sowie mehrere bibliograph. Verzeichnisse über empfehlenswerte Kinderbücher heraus und übers. Märchenbücher aus dem Französ. (u. a. von Marie Catherine Le Jumel d'Aulnoy und Charles Perrault).

Weitere W. (s. auch LČL; Karfíková): Dětská literatura česká: příručka dějin literárních pro školu, knihovny, i širší veřejnost, 1924 (gem. m. O. Pospíšil). – Nachlass: Národní pedagogická knihovna Komenského, Praha, CZ.

L.: Lidové noviny, Právo lidu, 3. 7. 1934; LČL (m. W.); Masaryk; Otto, Erg.Bd., Úhor 22, 1934, Nr. 7 8, S. 105ff. (m. B.); P. Hykeš, V. F. S.: Studie literárně historická, phil. Diss. Praha, 1950; V. F. S., ed. V. Karfíková, 1983 (m. B., W. u. L.); L. Podlahová, 1 + 100 osobností pedagogiky v českých zemích, 2001, S. 200f.

(V. Petrbok)

Šuklje Fran Edler von, Politiker und Historiker. Geb. Laibach, Krain (Ljubljana, SLO), 24. 10. 1849; gest. Kandija/Schloss Kamen, Kg.reich Jugoslawien (Novo mesto, SLO), 18. 8. 1935; röm.-kath. – Sohn des Spitalinsp. Martin Š. und seiner Frau Anna Š., geb. Grüneis. – Š. besuchte das Gymn. in Laibach. In der 7. Gymn.kl. meldete er sich freiwillig zum Militär, geriet in der Schlacht bei Königgrätz 1866 schwer verletzt in preuss. Gefangenschaft und holte nach seiner Entlassung die Matura nach. 1867/68 stud. er Rechtswiss. an der Univ. Wien und danach bis 1871/72 Geschichte und Geographie. 1872 war Š. Supplent an der Realschule von Görz (Gorizia) sowie ab 1873 Prof. am Gymn. in Rudolfswert (Novo mesto). 1875 wurde er nach Laibach versetzt, wo er den Kulturver. Ljubljanski klub gründete. Aufgrund seiner nationalpolit. Aktivitäten erfolgte 1876 seine Versetzung an das Gymn. in Wr. Neustadt. Während seiner dortigen Tätigkeit verf. er eine Vielzahl an hist. Abhh. Ab 1882 war Š. Mitgl. des Laibacher Gmd.rats, ab 1883 gehörte er dem Krainer LT an. In den ersten Jahren seiner polit. Karriere verfolgte Š. eine liberale Politik und forderte die Unterordnung parteipolit. Gegensätze unter die nationale Idee. Innerhalb der Nationalpartei gehörte Š. dem gemäßigten („elastischen") liberalen Flügel an und stand dadurch im Gegensatz zu radikaleren Politikern wie Ivan Tavčar und →Ivan Hribar. Bei diesen stieß v. a. Š.s gemäßigtes Vorgehen bei der Definition slowen. nationaler Forderungen auf Kritik. 1883 kam es nach der von Š. betriebenen Bestätigung dreier umstrittener Mandate im LT zum endgültigen Bruch mit dem radikalen Flügel. 1884 übernahm er die Red. der regierungsnahen Ztg. „Ljubljanski list". Ein Jahr später wurde Š. in den RR gewählt, wo er dem Hohenwartklub beitrat. 1894 legte er nach seiner Ernennung zum Dir. des staatl. Schulbuchverlags in Wien die Mandate für den RR und den Krainer LT nieder; im selben Jahr HR. 1897 wurde Š. erneut in den RR gewählt, wo er dem Slaw. Christl.-nationalen Verband unter →Ivan Šusteršič beitrat. 1900 zog er sich vorübergehend aus der Politik zurück, zog jedoch 1903 mit Unterstützung von Šusteršič als Abg. der Krainer Kath.-nationalen Partei erneut ins Parlament ein. Šusteršič förderte 1908 gem. mit →Max Wladimir Frh. v. Beck auch Š.s Ernennung zum LHptm. von Krain; im selben Jahr Erhebung in den Adelsstand. Nach den LT-Wahlen 1911 legte Š. aus Protest gegen die Aufhebung von vier liberalen Mandaten durch die Šusteršič-Partei alle Ämter zurück und beendete seine polit. Karriere. 1898 Ritter des Leopold-Ordens.

W.: s. SBL.

L.: SBL (m. W.); I. Prijatelj, Slovenska kulturnopolitična in slovstvena zgodovina 1848–95, 1–6, 1955–85, passim; Pisma F. Levca 1–3, ed. F. Bernik, 1967–73, s. Reg.; Parlamentsarchiv, UA, beide Wien.

(A. Rahten)

Šulc Otakar, Chemiker und Pädagoge. Geb. Prag, Böhmen (Praha, CZ), 3. 2. 1869; gest. ebd., 11. 6. 1901. – Nach Besuch des Gymn. stud. Š. Physik und Mathematik an der tschech. Univ. Prag, wo er von →August Johann Friedrich Seydler und →Vincenc (Čeněk) Strouhal beeinflusst wurde; vermutl. 1893 Dr. phil. 1893–94 lehrte Š. am Realgymn. in der Prager Neustadt, 1894–97 war er Ass. an der tschech. Univ. 1897/98 habil. er sich an der tschech. TH als erster Doz. der neuen Fachrichtung Theoret. und physikal. Chemie und hielt Vorlesungen über Elektrochemie, ausgewählte Bereiche der Thermochemie und chem. Lösungen. Daneben war er ab 1898 als externer Prof. für chem. Technol. an der Kunstgewerbeschule tätig. In seinem Privatlabor untersuchte er die Eigenschaften von Zucker und befasste sich mit Bestimmungsproblemen des relativen Molekulargewichts von organ. Verbindungen sowie mit Elektrochemie. Sein Interesse galt auch der Röntgenstrahlung und der Astronomie. Š. red. die Fachz. „Listy chemické", publ. im „Věstník České akademie", in der Z. „Živa" und verf. Beitrr. für „Ottův slovník naučný". Š., der als der erste tschech. Physikochemiker gilt, war ab 1900 k. M. der böhm. K. Franz Josephs-Akad. der Wiss., Literatur und Kunst.

W. (s. auch Poggendorff): Beitrr. in Berr. der Dt. Chem. Ges., Z. für anorgan. Chemie und Z. für physikal. Chemie.

L.: *Otto; Otto, Erg.Bd.; Poggendorff 4 (m. W.); Listy chemické 25, 1901, Nr. 7, S. 179f.; B. Raýman, in: Živa 8, 1901, S. 253; Almanach České akad. 12, 1902, S. 131; V. Lomič – P. Horská, Dějiny Českého vysokého učení technického 1/2, 1978, S. 289, 308; Československý biografický slovník 3, 1992; A. Šlechtová – J. Levora, Členové České akad. věd a umění 1890–1952, 2004, S. 298; J. Jindra, in: Dějiny věd a techniky 43, 2010, S. 27ff.; Akad. věd Ceské republiky, Praha, CZ.*

(M. Makariusová)

Šulek (Schulek) Ján (Johann), Theologe und Schriftsteller. Geb. Rajecz, Ungarn (Rajec, SK), 29. 6. 1774; gest. Szenicz, Ungarn (Senica, SK), 6. 12. 1837; evang. AB. – Sohn des Lehrers Michal Š. (1745–1809), Vater von →Bohuslav Karol Š. und Friedrich Wilhelm Š. (1825–1849), der in Modern (Modra) Phil. stud., sich dort den slowak. Freiwilligen anschloss, allerdings von ung. Kämpfern festgenommen und in Freistadtl/Galgócz (Hlohovec) standrechtl. zum Tode verurteilt wurde. – Š. wurde privat von seinem Onkel in Nagypalugya (Galovany-Paludza) und einem Verwandten in Kuntaplocza (Kunova Teplica), bei welchem er auch Ung. lernte, unterrichtet. Ab 1788 besuchte er das evang. Gymn. in Schemnitz (Banská Štiavnica), 1789 in Käsmark (Kežmarok), danach stud. er ab 1790 am evang. Kolleg in Debreczin (Debrecen) Rhetorik und ab 1792 in Käsmark Phil., u. a. bei →Johann Genersich. I. d. F. war er Lehrer an der evang. Schule in Geib (Hybe), ab 1797 übte er das Amt des Rektors aus. 1801–05 war er Lehrer in Mosócz (Mošovce), wo er eine nationale Bibl. begründete und u. a. →Ján Kollár zu seinen Schülern zählte. 1805–14 wirkte er als Prediger an der evang. Kirche zu Pržno in Mähren, 1814 bis zu seinem Tod war er evang. Pfarrer in Szobotist. Bedeutung erlangte Š. als Schriftsteller durch seine pädagog. geprägten Werke zur latein. Philol. und evang. Theol. Als sein Hauptwerk gilt seine dreisprachige „Grammatica latina cum interpretatione occurentium exemplorum Slavico-Hungarico-Germanica ...", 1833. Sein um 1815 abgefasster „Katechismus náboženství křesťanského evangelického pro větši mládež" wurde mehrmals aufgelegt, ins Dt. und Ung. übers. und in allen evang. Schulen der Monarchie verwendet. Verbesserungsmöglichkeiten in der Landwirtschaft behandelte er in seiner Schrift „Kunst žive zlato dělati z mlěka vice másla vyvésti a vůbec bohatšim se státi" (um 1833). Š. kämpfte zeit seines Lebens für die polit. und kulturelle Gleichberechtigung der Slowaken.

Weitere W.: s. Slovenský biografický slovník.

L.: *Rieger; Rizner; Wurzbach (s. Schulek Johann); Slovenský biografický slovník 5, 1992 (m. B., W. u. L.); Materialiensmlg. ÖBL, Wien.*

(H. Grössing)

Šulek (Schulek) Bohuslav Karol (Bogoslav), Sprachwissenschaftler, Publizist und Botaniker. Geb. Szobotist, Ungarn (Sobotište, SK), 20. 4. 1816; gest. Agram (Zagreb, HR), 30. 11. 1895; evang. AB. – Sohn von →Ján Š. – Š. stud. 1828–37 am evang. Lyzeum in Preßburg zunächst Phil., dann Theol. und betrieb daneben, angeregt durch →Gustav Reuss, botan. Stud. Um die nationale Kultur und Sprache zu pflegen, schloss er sich der slowak. Nationalbewegung um →Ľudovít Štúr an. Den Wunsch, sein Stud. in Jena fortzusetzen, gab er aufgrund einer schweren Krankheit seines Vaters auf, den er i. d. F. als Geistlicher vertreten musste. Zudem konnte er eine theol. Laufbahn wegen zunehmender Schwerhörigkeit nicht weiter verfolgen. 1838 ging er nach Brood (Slavonski Brod) in Kroatien, erlernte dort die kroat. Sprache und wurde ein Anhänger des Illyrismus. Mit Hilfe von →Ljudevit Gaj übersiedelte er nach Agram, wo er zunächst Praktikant in der Buchdruckerei von Franjo Župan wurde. 1840–42 schrieb er für die dt.sprachige Z. „Croatia", danach arbeitete er bei Gaj in dessen Verlag und Druckerei, wo er u. a. 1843–46 die Z. „Danica illirska", 1846–49 die Ztg. „Novine dalmatinsko-hrvatsko-slavonske" red. 1849 verließ er Gaj und kehrte kurz zu Župan zurück, wo er die Z. „Slavenski jug" red. Ab 1850 befasste er sich zunehmend mit Sprach- und Naturwiss., indem er Lehrbücher sowie das dt.-kroat. Wörterbuch „Njemačko-hrvatski rječnik" (1. Aufl. 1854, 2. Aufl. 1860) verf. Ab 1857 arbeitete er bei einem Advokaten und gleichzeitig 1858–65 als Red. bei der Kroat.-slawon. Landwirtschaftsges. Daneben schrieb er Botaniklehrbücher für das Obergymn., u. a. „Biljarstvo. Za višje gimnazije", 1856, und „Biljarstvo. Uputa u poznavanje bilja", 1859. Gleichzeitig begann er ein südslaw. Pflanzenverzeichnis zu erstellen, an dem er fast 20 Jahre arbeitete. 1860 gründete er die polit. Z. „Pozor", in der u. a. seine Artikel „Von der Grenze" sowie „Von der Murinsel" große Beachtung fanden. Von seiner 1861 hrsg. Flugschrift über die kroat.-ung. Verfassung wurden mehr als 2.000 Exemplare verkauft. 1866 veröff. er sein Werk über Nutzung und Aufforstung der Wälder „Korist i gojenje šumah, osobito u trojednoj kraljevini". Im selben Jahr wurde er Dr. phil. in Rostock mit der 1867 veröff. Arbeit „Memoria Rogerii Josephi Boškovič". Aufgrund seiner Vielseitigkeit galt Š. als einer der letzten Universalgelehrten und übte großen Einfluss auf die kroat. Kultur aus. Sein Verdienst liegt maßgebl. in seiner Mitarb. an der Kodifizierung der kroat. Sprache. Die von ihm bearb. Fachterminol. auf Basis der Volkssprache wird bis heute im Militärwesen und in der Botanik verwendet. Š. war Gründungsmitgl. und 1874–95 Sekr. der Südslav. Akad. der Wiss. und Künste.

Weitere W. (s. auch Enc. Jug.; Wurzbach; Slovenský biografický slovník): Naputak za ove, koji uče čitati, 1850; Početnica, čitanka za pučke škole, 1853; Prirodopis za hrvatske realke, 1856; Konjarstvo, 1858; Bibliographia Illyrica, 1860; Hrvatsko-ugarski ustav ili konštitucija, 1861; Naše pravice, 1868; Jugoslavenski imenik bilja, 1869; Prirodni zakonik za svakoga ili popularna fizika, 3 Bde., 1873–75; Hrvatsko-njemačko-italijanski rječnik znanstvenoga nazivlja, osobito za srednja učilišta, 2 Bde., 1874–75; Lučba za svakoga ili popularna kemija, 1882; Hrvatski ustav ili konstitucija godine 1882, 1883.

L.: Agramer Ztg., 3. 12. 1895; Enc. Jug. (m. B. u. W.); Enc. Slovenska; Rizner; SBL; Wurzbach (m. W.); J. Torbar, in: Ljetopis jugoslovanskej akad. 11, 1896, S. 101ff.; Ľ. Kühn, Buditelia v župe bratislavskej, 1928, S. 135 (m. B.); M. Šimudić, in: Biografické štúdie 7, 1978, S. 167ff.; Slovenský biografický slovník 5, 1992 (m. W. u. L.); Materialiensmlg. ÖBL, Wien; Mitt. Helmuth Grössing, Wien, Stipe Kutleša, Zagreb, HR.

(I. Chalupecký – M. Petz-Grabenbauer)

Sulzböck Amandus (Rudolf), OFM, Geistlicher und Theologe. Geb. Linz (OÖ), 12. 12. 1875; gest. Salzburg (Sbg.), 14. 11. 1947; röm.-kath. – Sohn eines Hutmachers. – S. wurde 1891 im oö. Pupping als Novize in den Franziskanerorden aufgenommen. In verschiedenen Niederlassungen des Ordens absolv. er ein theol. Hausstud. und legte 1896 im Tiroler Kloster Schwaz die feierl. Profess ab; 1898 wurde er in Trient (Trento) zum Priester geweiht. Nach dem Stud. (1899–1900) an der Päpstl. Univ. Antoniana in Rom wirkte S. zunächst als Lektor für Phil. in Hall (Hall in Tirol) und als Gen.lektor für Phil., Theol. sowie Dogmatik in Schwaz. 1903–11 war er Sekr. des Gen.ministers P. Dionysius Schuler OFM in Rom. I. d. F. war er in verschiedenen Funktionen, u. a. als Gen.lektor, aber auch als Prediger, Guardian und Definitor, in den Ordensniederlassungen in Innsbruck, Schwaz und Bozen (Bolzano) tätig. 1923–26 fungierte er als Guardian, Magister der Laienbrüder, Dir. des 3. Ordens und Missionsprokurator in Enns. Ab 1927 hielt er sich im Franziskanerkloster in Salzburg auf, wo er als Vikar, Gen.lektor für Theol., Lektor für Phil., Festtagsprediger (1927–31), Dir. des 3. Ordens (1927–28) und Beichtvater der Ursulinen, später der Schwestern von St. Josef (1932–47) im Einsatz war. 1936 wurde er zum Synodalrichter am Metropolitangericht in Salzburg bestellt und 1939 zum fürsterzbischöfl. geistl. Rat berufen. 1931–42 besuchte S. als Gen.visitator seines Ordens die Ordensprov. im heutigen Slowenien (1931), in Sachsen (1933), die brasilian. Prov. zum Hl. Antonius (1934), die Prov. in Böhmen und Mähren (1935), Österr. (1936), Schlesien (1939) sowie das sudetendt. Kommissariat (1942), an dessen Errichtung er beteiligt war. Als die Franziskaner im Oktober 1938 von den NS-Machthabern aus ihrem Kloster vertrieben wurden, blieb S. in Salzburg und fand 1941 Aufnahme im Stift St. Peter. Nach dem Krieg wirkte er als Defensor vinculi beim Metropolitangericht. S., der zu den bekanntesten franziskan. Predigern zählte, war neben seinen vielfältigen Aufgaben innerhalb des Ordens auch ein beliebter Beichtvater. Daneben trat er als Verf. zahlreicher theol. Traktate, von Beitrr. zur franziskan. Spiritualität und über Franz von Assisi in Erscheinung. Vielfach veröff. er auch in franziskan. Z. für Laien, wie etwa im „St.-Franziszi-Glöcklein-Kalender".

Weitere W.: s. Fußenegger.

L.: Rupertibote. Kirchenbl. der Erzdiözese Salzburg 3, 1947, Nr. 8, S. 6; Mitt. aus der Tiroler Franziskanerprov. 33, 1948, S. 389f.; F. Ryschawy, Die Geschichte des Franziskanerklosters in Mähr. Trübau, 1980, S. 119, 125, 128; ders., in: Archiv für Kirchengeschichte von Böhmen-Mähren-Schlesien 6, 1982, S. 191, 196, 198; R. Lipp, Die Geschichte der Tiroler Franziskanerprov. ... 1938–45, 1999, S. 393; P. G. Fußenegger OFM, Die Schriftsteller der Tiroler Franziskanerprov. vom hl. Leopold (m. W., nur online, Zugriff 10. 2. 2011); Tiroler Franziskanerprov., Hall in Tirol, Tirol; Erzdiözese Salzburg, Sbg.; Materialiensmlg. ÖBL, Wien.

(Ch. Gigler)

Sulzer Joseph, Cellist, Kantor und Komponist. Geb. Wien, 11. 2. 1850; gest. ebd., 14. 1. 1926 (Ehrengrab: Wr. Zentralfriedhof); mos. – Sohn von →Salomon S., Bruder von Marie, Henriette, Sophie (alle s. u. Salomon S.) und Julius S., Vater von Rudolf S. (beide s. u.). – S. stud. bis 1868 Violoncello bei →Karl Schlesinger sowie Musiktheorie bei →Simon Sechter und →Felix Otto Dessoff am KdM. Anschließend begleitete er seinen Bruder Julius nach Bukarest, wo er als Solocellist der italien. Oper und als Prof. am Konservatorium tätig war. Er kehrte 1871 nach Wien zurück, wurde vom Cellisten →David Popper weiter ausgebildet und 1873 Mitgl. des Orchesters der Hofoper, wegen undisziplinierten Verhaltens dreimal entlassen (zuletzt 1877), schließl. aber 1880–1905 Solocellist und Mitgl. der Wr. Philharmoniker. Über diese Zeit gibt sein 1910 erschienenes Buch „Ernstes und Heiteres aus den Erinnerungen eines Wiener Philharmonikers" Auskunft. Er war weiters Mitgl. des Hellmesberger-Quartetts und 1897 Mitbegründer des Prill-Quartetts, außerdem ab 1881 Oberkantor am Stadttempel und ab 1892 dort und am Leopoldstädter Tempel Chormeister. Zudem komponierte er. Sein Sohn **Rudolf S.** (geb. Wien, 23. 10. 1883; gest. KZ Auschwitz, Dt. Reich/PL, 16. 2. 1943; mos.) war unter →Angelo Neumann Sänger am Dt. Theater in Prag und wirkte dann an der Wr. Volksoper sowie an der Kom. Oper und am Neuen Operettentheater in Berlin. Nach dem 1. Weltkrieg war er bis 1922 am Carltheater und danach wieder in Berlin tätig, verlor seine Stellung an der Städt. Oper aber nach der „Machtergreifung" der Nationalsozialisten. 1940 geflüchtet, kehrte er später aus Jugoslawien zurück, um seine Schwester Mirjam zu retten, und kam im Zuge des Holocaust ums Leben. Josephs Bruder **Julius S.** (geb. Wien, 26. 7. 1830; gest. ebd., 13. 2. 1891; mos.), Kapellmeister und Komponist, erhielt seine Ausbildung bei seinem Vater und bei Sechter. 1858 wurde er Kantor bzw. (bis 1861) Chordir. am Leopoldstädter Tempel. Nach ausgedehnter Reisetätigkeit (1864 mehrere Konzerte in Konstantinopel/İstanbul) wurde er 1868 erster Kapellmeister der italien. Opernstagione in Bukarest, 1870 Operndir. in Turin und 1871 Kapellmeister am Theater an der Wien. Während der Weltausst. 1873 dirigierte er im Wr. Prater Opern und Konzerte. 1875–89 war er Kapellmeister am Burgtheater. Er trat auch als Komponist hervor, u. a. mit den Opern „Johanna von Neapel" (1865 in Prag aufgef.), „Held Michael" und „Sardanapal".

Weitere W.: s. Avenary, 1985. – Julius S.: s. Wurzbach.

L.: NFP, 14., 15. 2. 1891 (Parte, beide für Julius S.), 15., 16. 1. 1926 (Parte); Die Wahrheit, 22. 1. 1926; Eisenberg 1 (auch für Julius S.); Kutsch–Riemens, 4. Aufl. 2003 (s. u. Salomon S., auch für Julius und Rudolf S.); oeml (s. u. Salomon S., auch für Julius und Rudolf S.); Wininger (auch für Julius S.); C. M. Ziehrer's Dt. Musik-Ztg. 2, 1875, Nr. 26, S. 1, 8 (für Julius S., m. B.); Oesterr. WS 8, 1891, S. 145f. (für Julius S.); H. Avenary, in: FS O. Wessely, ed. M. Angerer u. a., 1982, S. 39ff. (auch für Julius S.); Kantor Salomon S. und seine Zeit, ed. H. Avenary, 1985, s. Reg. (m. W., auch für Julius und Rudolf S., m. Karikatur); Salomon S. ..., red. B. Purin, Bregenz 1991, s. Reg. (Kat., auch für Julius und Rudolf S.); C. Hellsberg, Demokratie der Könige, 1992, s. Reg.; E. Schmidt, From the Ghetto to the Conservatoire. The Professionalisation of Jewish Cantors in the Austro-Hungarian Empire ..., phil. Diss. Oxford, 2004, S. 284f. (auch für Julius S.). – Rudolf S.: Jb. der Wr. Ges. – Julius S.: Wurzbach (m. W.).

(B. Boisits)

Sulzer Salomon, Kantor, Sänger und Komponist. Geb. Hohenems (Vbg.), 30. 3. 1804; gest. Wien, 17. 1. 1890 (Ehrengrab: Wr. Zentralfriedhof); mos. – Stammte aus der wohlhabenden Hohenemser Händlerfamilie Levi, die 1813, gezwungen durch das bayer. Judenedikt (Hohenems gehörte 1805–14 zu Bayern), den dt. Namen Sulzer annahm, in Erinnerung an den Exilort Sulz (gehörte zur österr. Herrschaft Feldkirch) der Familie 1676–1744; Vater von Marie, Henriette, Sophie S. (alle s. u.), →Joseph und Julius sowie Großvater von Rudolf S. (beide s. u. Joseph S.). – S. wurde bereits 1815 Vorsinger in Hohenems, ging aber 1816 nach Endingen, wo er von Kantor Lippmann ausgebildet wurde, den er als Hilfssänger u. a. auf Reisen durch die Schweiz und das Elsass begleitete. Seine weitere Ausbildung erhielt er durch den Hohenemser Kantor Salomon Samuel (später Eichberg genannt) sowie möglicherweise in Karlsruhe. 1820 wurde er Kantor in Hohenems, ging aber 1825 nach Wien, wo er bei →Ignaz v. Seyfried Kontrapunkt und Komposition stud. 1826–81 war er Oberkantor (Chasan) an der neuerbauten Synagoge in der Seitenstettengasse. 1840 gab er unter dem Titel „Schir Zion" einen Zyklus von Synagogalgesängen für alle Sabbat- und Festtage heraus, gleichsam ein musikal. Gegenstück zu den liturg. Reformen (Wr. Minhag) →Isak Noa Mannheimers. „Schir Zion" enthält neben eigenen Werken auch 37 Stücke anderer Komponisten (u. a. →Franz Peter Schuberts 92. Psalm sowie Werke von →Josef Drechsler, →Joseph Fischhof, Seyfried, Wenzel Wilhelm Würfel und Franz

Volkert) und war in Europa und Nordamerika weit verbreitet (nicht zuletzt durch S.s zahlreiche Schüler). Mit Rücksicht auf die orthodoxen Mitgl. verzichtete S. auf eine Orgelbegleitung. 1865 folgte ein zweiter Bd. (Reprint beider Bde. 1954, Neuausg. 1983). S. gilt als wichtigster Reformator des Synagogalgesangs im 19. Jh. Nachfolgende Kantorengenerationen kritisierten allerdings seinen Stil als zu angepasst an die nichtjüd. Umgebung, gewissermaßen als Produkt einer musikal. Assimilation. Viele Wien-Reisende (u. a. →Franz v. Liszt) besuchten die Synagoge, um S.s Stimme zu hören. Er war 1845–47 auch Prof. an der Männergesangschule des KdM. Neben seiner Kantorentätigkeit trat S. als überaus geschätzter Sänger (Bariton) bei öff. und privaten Konzerten auf, u. a. 1846 mit Schuberts „Allmacht", wobei er von Liszt am Klavier begleitet wurde, obwohl ihm dies ab 1837 vertragl. verboten war. 1848 trat er wie so viele andere Komponisten mit einigen Revolutionsliedern hervor (u. a. „National-Garden-Lied", Text →Max Emanuel Stern, „Lied der Todtenkopflegion", Text Rudolf v. Gussmann) und leitete gem. mit →Josef Rudolf Schachner die nur kurz bestehende, aus Studenten gebildete Liedertafel der akadem. Legion. 1862/63 erhielt er die goldene Medaille für Kunst und Wiss., 1868 wurde er Ritter des Franz Joseph-Ordens. Außerdem wurden ihm das taxfreie Bürgerrecht der Stadt Wien sowie von der Accad. St. Cecilia in Rom der Titel maestro verliehen. Von seinen 16 Kindern waren neben Julius und Joseph noch weitere musikal. tätig: **Marie S.**, verheiratete Belart (geb. Wien, 14. 4. 1828; gest. ebd., 22. 3. 1892), erhielt ihre Ausbildung am Mailänder Konservatorium bei Felice Ronconi und debüt. an der Scala. Sie war mit dem Tenor Buenaventura Belart verheiratet. Nach internationaler Bühnentätigkeit (Frankreich, Spanien, Italien, Wien 1852: Hofoper) kehrte sie als Witwe nach Wien zurück und war hier Gesangslehrerin (1863–66? an der neu errichteten Hofopernschule). **Henriette S.**, verheiratete Biacchi (geb. Wien, 24. 9. 1832; gest. ebd., 13. 11. 1907), stud. wie Marie am Mailänder Konservatorium und sang mit ihr in Frankreich, Spanien und Italien. 1858–62 war sie Mitgl. der Hofoper. Sie begleitete ihren Ehemann, den Sänger Annibale Biacchi, nach Mexiko Stadt, wo dieser bis 1867 Dir. der italien. Oper war und sie als Sängerin (Alt) auftrat. 1871 war sie wieder in Wien, danach lebte sie bei Florenz und in Genua. **Sophie S.**, verheiratete Altschul (geb. Wien, 4. 4. 1840; gest. New York, N.Y./USA, ca. 1885), war ebenfalls Sängerin und als Gesangslehrerin in New York tätig.

Weitere W. (s. auch Avenary, 1985, S. 283ff.): Dudaïm. Kleines liturg. Gesangbuch zum Gebrauch für Schulen, kleinere Gmd. und häusl. Andacht, 1860; „Zikkaron". Gedenkbll. XX Gesänge für den israelit. Gottesdienst, aus dem Nachlass hrsg. von Joseph S., 1890; Psalmvertonungen; Lieder; Chöre. – Publ.: Denkschrift an die hochgeehrte Wr. israelit. Cultus-Gmd., 1876 (wiedergegeben bei Avenary, 1985).

L.: *NFP, 18. (A.), 19. 1. 1890 (Parte); WZ, 18. 1. 1890; Oesterr.-ung. Cantoren-Ztg., 21. 1. 1890 (m. B.), 1. 2. 1890, 21. 2. 1890, 11. 3. 1890; Eisenberg 1; Grove, 2001; Kat. der Portrait-Smlg. (auch für Marie und Henriette S.); Kutsch–Riemens, 4. Aufl. 2003 (auch für Marie und Henriette S.); MGG II; oeml (auch für die anderen Familienmitgl.); Wininger; Wurzbach (auch für die anderen Familienmitgl.); E. Kulke, S. S., Prof. und Obercantor, 1866 (m. B.); E. Hanslick, Geschichte des Concertwesens in Wien 2, 1870, Reprint 1979, S. 400ff.; Gedenkbll. an Ober-Cantor S. S., 1882; L. A. Frankl, in: Allg. Ztg. des Judenthums 55, 1891, S. 35f.; A. Friedmann, Der synagogale Gesang, 1904, Reprint 1978, bes. S. 76ff.; M. Steiner, S. S. und die Wr. Judengmd., 1904; P. Minkowsky, Der Sulzerismus ..., 1905; A. Z. Idelsohn, Jewish Music, 1929, Reprint 1992, s. Reg.; E. Brody, in: Schubert Studies, ed. E. Badura-Skoda – P. Branscombe, 1982, S. 47ff.; H. Avenary, in: FS O. Wessely, ed. M. Angerer u. a., 1982, S. 39ff.; Kantor S. S. und seine Zeit, ed. H. Avenary, 1985 (m. W.; auch für die anderen Familienmitgl., m. B., auch von Henriette S.); A. Lubin, in: Musica Judaica 8, 1985/86, S. 23ff.; S. S. ..., red. B. Purin, Bregenz 1991 (Kat., m. B.); U. Aigner, Die Synagogenmusik am Beispiel S. S.s ..., DA Wien, 1994; A. L. Ringer, in: FS Ch.-H. Mahling 2, ed. A. Beer u. a., 1997, S. 1135ff.; M. Jahn, Die Wr. Hofoper von 1848–70, 2002, s. Reg. (für Marie und Henriette S.); E. Schmidt, From the Ghetto to the Conservatoire, phil. Diss. Oxford, 2004, bes. S. 78ff., 285f.; B. Boisits, in: Musikwelten – Lebenswelten, ed. B. Borchard – H. Zimmermann, 2009, S. 91ff. (m. B.).*

(B. Boisits)

Šuman Josip (Josef), Lehrer, Slawist und Philologe. Geb. Oberrothschützen, Stmk. (Zgornja Ročica, SLO), 11. 2. 1836; gest. Draga Santa Marina, Istrien (Mošćenička Draga, HR), 15. 9. 1908; röm.-kath. – Bauernsohn, Schwiegervater von →Ivan Šusteršič. – Nach Besuch des Gymn. in Marburg (Maribor) ab 1847 stud. Š. ab 1855 mit einem Ministerialstipendium klass. Philol. und Germanistik an der Univ. Graz, musste 1856 krankheitshalber unterbrechen und stud. ab 1857 an der Univ. Wien klass. Philol., Germanistik und Slawistik, wo er v. a. von →Hermann Bonitz und →Franz v. Miklosich beeinflusst wurde; 1859 Dr. phil. Danach war er Supplent am Gymn. in Marburg, 1860 legte er die Lehramtsprüfung ab und wirkte dort als Gymn.lehrer für Griech., Geschichte und Geographie. In Wien unterrichtete er später auch Leibeserziehung und Stenographie. Ab den 1860er-Jahren war Š. in der slowen. nationalen und kulturellen

Wiedergeburtsbewegung, dem Illyrismus, und auch polit. aktiv. Er war 1861 Mitbegründer des Marburger Slowen. Lesesaals (Sekr. und 1866–67 Präs.) und 1864 des slowen. Wiss.ver. Slovenska matica in Laibach. 1863 veranstaltete er die Jahrtausendfeier der Ankunft der Slawenapostel Cyrill und Methodius im slowen. Gebiet. Bei der ersten Volksversmlg. der Slowenen in Luttenberg (Ljutomer) 1868 hielt er Reden und wirkte – selbst ein begabter Tenor und Schauspieler – bei der Organisation von Theaterauff. mit. Aufsehen erregte sein öff. Auftritt in Radein (Radenci) 1870, wo er sich für die Einführung der slowen. Sprache in Gymn. einsetzte. Im August desselben Jahres adressierte Š. gem. mit einigen Prof.kollegen, darunter →Johann Pajk, eine Denkschrift an →Karl v. Stremayr, in der sie sich für die Eröffnung eines slowen. Untergymn. in Marburg einsetzten. Trotz Befürwortung Stremayrs konnte das Projekt aus finanziellen Gründen nicht realisiert werden. 1871 zählte Š. zu den Mitbegründern des Katoliško tiskovno društvo (Kath. Verlagsges.) in Marburg, trat aber bald wegen Meinungsverschiedenheiten aus dieser Ges. aus. Durch seine (erfolglose) Kandidatur für den steir. LT 1871 zog er sich die Feindschaft der dt.sprachigen Marburger Abg. zu, die seine Versetzung nach Ried im Innkreis beantragten. Š. erhielt jedoch eine Stelle am Akadem. Gymn. in Wien. Hier verstärkte er seine wiss. Tätigkeit, unterstützte slowen. Schüler materiell und benutzte in den unteren Schulkl. Slowen. als Hilfssprache. 1884 wurde er Dir. des Gymn. in Laibach, 1890 Staatsschulinsp. für Krain. Unter seiner Ägide wurden zahlreiche neue Schulen eingerichtet sowie bestehende erweitert, u. a. initiierte er die Gründung einer höheren Schule für Mädchen in Laibach. 1900 i. R. und HR. Š. verf. zahlreiche sprachwiss., etymolog. und klass.-philolog. Abhh., publ. aber auch einige hist.-ethnograph.-geograph. Artikel. Als Schüler von Miklosich erwarb er sich bes. Verdienste um die Verbreitung von dessen Werk; als seine umfangreichste und bedeutendste Publ. gilt sein Wörterbuch „Slovenska slovnica po Miklošičevi primerjalni“, 1881.

Weitere W.: s. SBL.

L.: SBL (m. W. u. L.); M. Pleteršnik, Slovanski spomini in jubileji, ed. F. Ilešič, 1911, S. 1ff.; J. Šedivý, in: Časopis za zgodovino in narodopisje, NF 6, 1970, S. 102ff.; K. Sturm-Schnabl, in: Wr. Slavist. Jb. 53, 2007, S. 229f., 238; Osebnosti. Veliki slovenski biografski leks., 2008 (m. B.); P. Vodopivec, in: Kronika 57, 2009, S. 413ff.; Materialiensmlg. ÖBL, Wien (m. B.).

(H. Gračanin)

Šumanović (Choumanovitch) Sava, Maler. Geb. Vinkovci (HR), 22. 1. 1896; gest. Hrvatska Mitrovica, Kroatien (Sremska Mitrovica, SRB), 30. 8. 1942 (ermordet). – Sohn eines Forsting. – Nach Besuch des Realgymn. (1906–14) in Semlin (Beograd-Zemun) stud. Š. 1914–18 an der Höheren Schule für Kunst und Kunstgewerbe in Agram (Zagreb) bei →Oton Iveković und →Menci Klement Crnčić, 1921 besuchte er drei Monate lang die Schule von André Lhote in Paris. Š.' künstler. Gesamtwerk lässt sich in mehrere Phasen gliedern. In seiner ersten Zagreber Periode (1918–20), in der er das Atelier mit dem Maler Milan Steiner teilte, war er als Illustrator und Bühnenbildner am Nationaltheater tätig und malte Landschaften im Stil des Impressionismus, wurde jedoch auch von Symbolismus und Expressionismus beeinflusst. Die erste Pariser Periode (1920–21) ist durch Lhotes Einfluss gekennzeichnet: Š. übernahm dessen kubist. Bildsprache mit ihrer charakterist. kristallförmigen Volumenbehandlung und schuf anschließend seine wichtigsten kubist.-konstruktivist. Werke („Abend“, 1921, Muz. suvremene umjetnosti, Zagreb; „Bildhauer im Atelier“, 1921, Moderna galerija, Zagreb). Diese stellte er nach der Rückkehr nach Zagreb 1921 in einer für die Rezeption des Kubismus in der kroat. bildenden Kunst wichtigen Ausst. vor. In der zweiten Zagreber Periode (1921–25) schrieb Š. theoret. Texte über den Kubismus, während seine Arbeiten durch das allmähl. Aufweichen kubist. Formen („Hafenagent“, 1921, Muz. moderne i suvremene umjetnosti, Rijeka; „Seemann auf der Mole“, 1921/22, Galerija Matice srpske, Novi Sad), eine Wendung zur Tradition (im Sinne Nicolas Poussins), zur Monumentalität und zum Neoklassizismus („Variation auf das antike Thema“, 1923/24, Moderna galerija, Zagreb) charakterisiert sind. In der zweiten Pariser Periode (1925–30) setzte sich Š. mit den Arbeiten von Antoine Watteau und Henri Matisse auseinander und nahm an mehreren Ausst., z. B. im Salon des Indépendants, teil. Seine Farbpalette wurde heller, das Kolorit intensiver, seine künstler. Handschrift zunehmend expressiver („Das betrunkene Schiff“, 1927, Muz. savremene umetnosti, Beograd; „Das Frühstück im Grünen“, 1927, Spomen-zbirka Pavla Beljanskog, Novi Sad). 1929 begann er eine Bildreihe mit minimalist. Variationen, die charakterist. für seine letzte Šider Periode (1930–42) sind, in der Motive und Landschaften in der Gegend um Šid sowie Akte im sog. Linearstil dominieren. Im August 1942 wurde Š. in Šid von der Ustaša verhaftet und in Hrvatska Mitrovica erschossen. 1952 wurde die Galerie S. Š. in Šid eröffnet, die den größten Tl. seiner Werke aufbewahrt.

Weitere W.: s. Bašičević; Protić.

L.: Enc. Jug.; Enc. lik. umj.; Thieme–Becker; Vollmer; A. B. Šimić, in: Savremenik 3, 1921, S. 184f.; Kleine slav. Biographie, 1958; D. Bašičević, S. Š. život i djelo, 1960 (m. B. u. W.); M. B. Protić, S. Š., 1896–1942, retrospektivna izložba, Beograd 1984 (Kat., m. B. u. W.); The Dictionary of Art 29, 1996; Lj. Miljković, S. Š. Slikar svetlosti, Beograd 2002 (Kat., m. B.).

(L. Magaš)

Sumec Josef, Elektrotechniker. Geb. Žalkowitz, Mähren (Žalkovice, CZ), 26. 8. 1867; gest. Brno, Tschechoslowakei (CZ), 9. 7. 1934; röm.-kath., ab 1916 konfessionslos. – Sohn eines Kleinbauern. – Nach Absolv. des Gymn. in Kremsier (Kroměříž) 1886 stud. S. zunächst ein Jahr in Olmütz (Olomouc), dann vier Jahre an der Päpstl. Univ. Gregoriana in Rom Theol.; 1891 Dr. phil. Sein Interesse für Naturwiss. veranlasste ihn zum Stud. der Mathematik und Physik an der tschech. Univ. Prag 1892–95, wo er 1893–95 auch als 2. Ass. bei →Vincenc (Čeněk) Strouhal am physikal. Inst. tätig war. 1895/96 stud. er am elektrotechn. Inst. der TH Darmstadt und war dort Ass. Erasmus Kittlers, eines Pioniers der modernen Elektrotechnik. 1896–1902 fungierte er als Vorstand des Berechnungsbüros der elektrotechn. Fa. Bartelmus, Donát & Cie. in Brünn (Brno), bevor er 1902 den ersten Lehrstuhl für Elektrotechnik an der 1899 gegr. tschech. TH in Brünn übernahm: 1902 ao. Prof., 1907 o. Prof. für gesamte und spezielle Elektrotechnik (Rektor 1912/13; Emer. 1932). Dort lehrte er 30 Jahre lang die theoret. Grundlagen der gesamten Elektrotechnik und hielt nach Gründung der elektrotechn. Abt. auch Vorlesungen über elektr. Messtechnik, Beleuchtung und Netze. Ab 1921 war er Mitgl. des tschechoslowak. Patentgerichtshofs in Prag. Seine zahlreichen Veröff. zeichnen sich durch ihren streng mathemat.-physikal., dabei aber einfachen und klaren Aufbau aus. Bleibende Verdienste erwarb er sich insbes. durch die Einführung exakter physikal. Begriffe, speziell jener der Selbst- und Wechselinduktivitäten, in den Elektromaschinenbau, und zwar in Anwendung auf die Streuungsberechnung elektr. Maschinen (Rechteckspulen), beim Entwurf der Kreisdiagramme der Drehstrom- und der Einphaseninduktionsmotoren, bei der Berechnung von Drehstromgeneratoren und v. a. beim Aufbau der Theorie der verschiedenen einphasigen Kommutatormotoren. Große Beachtung fanden sein Vortrag und sein Aufsatz über den damaligen Stand der Kommutierungstheorie. Daneben beschäftigte sich der mit dem Komponisten →Leoš Janáček befreundete S. mit Akustik, unterrichtete dieses Fach 1919–21 am Brünner Konservatorium und baute vier Harmonien. S. wurde 1909 k. M. der Kgl. böhm. Ges. der Wiss., 1927 Ehrenmitgl. des Elektrotechnický Svaz Československý, 1928 o. Mitgl. der Česká akad. věd a umění und gehörte zahlreichen auswärtigen Fachvereinigungen an, wie dem IEC-Komitee, der Société française de Physique, dem Elektrotechn. Ver. Berlin (1908–10 und 1915–17 Ausschussmitgl.; ab 1930 k. M.) und der Dt. Beleuchtungstechn. Ges. Berlin. 1934 erhielt er posthum das Ehrendoktorat der tschech. TH Prag.

W. (s. auch Novák): Zur Berechnung elektr. Maschinen, in: Z. für Elektrotechnik 16, 1898; Ankerrückwirkung in Drehstromgeneratoren, in: Elektrotechnik und Maschinenbau 24, 1906; Elektromagnet. Richtungsregeln, ebd.; Über den heutigen Stand der Kommutierungstheorie, in: Elektrotechn. Z. 30, 1909; Die günstigste Höhe von Straßenlampen, in: Elektrotechnik und Maschinenbau 28, 1910; Beitrr. in Elektrotechnický obzor; etc.

L.: Lidové noviny, 11. 7. 1934 (m. B.); ČHS; Otto; Otto, Erg.Bd.; Elektrotechnický obzor 16, 1927, S. 539ff. (m. B.), 23, 1934, S. 449ff.; Elektrotechnik und Maschinenbau 52, 1934, S. 463f.; M. Krondl, Naše věda 15, 1934, S. 207f.; V. Novák, J. K. S., 1935 (m. B. u. W.); Žili a pracovali v Brně, red. M. Mráz, 1977; Československý biografický slovník, 1992; R. Krejčí, in: Události na VUT v Brně 5, 1996, S. 16 (m. B.).

(R. Krejčí)

Sumín Jiří, Ps. Serafína (Fina) Svitavská, Jar. Svitavská, Schriftstellerin. Geb. Uhřičitz, Mähren (Uhřičice, CZ), 9. 10. 1863; gest. Přerov, Tschechoslowakei (CZ), 11. 11. 1936. – Hieß eigentl. Amalie Vrbová. Tochter eines Müllers. – Nach dem Besuch mehrerer Gmd.schulen absolv. S. die höhere dt. Mädchenschule der Borromäerinnen in Friedland (Frýdlant nad Ostravicí) und zog 1882 nach der Scheidung ihrer Eltern nach Prerau (Přerov), wo sie abseits literar. Kreise und unverheiratet lebte. Sie eignete sich autodidakt. eine umfangreiche Bildung an und engagierte sich in Prerauer Volksbildungs- und Theaterver. (u. a. Matice česká, Čtenářský spolek sowie Ochotnický spolek Tyl). S. unternahm mehrere Reisen ins Ausland (Dtld., Frankreich, Polen) und führte eine umfangreiche Korrespondenz mit einem großen Freundeskreis, u. a. mit Emil Tréval und Antonín Veselý. Mit František Bílý, dem Vertreter der sog. Mähr. Kritik, pflegte sie eine enge Freundschaft. S., die ihren Künstlernamen Józef Ignacy Kraszewskis Roman „Dziwadła“ entlieh und ab 1888 verwendete, veröff. in Z. und Almanachen des tschech.sprachigen Milieus Mährens („Domácí hospodyně“, „Vesna“). Ihr dramat. Versuch „Tajný sňatek“ (1889) blieb hingegen erfolglos. Ab den 1890er-Jahren publ. sie in diversen Z. („Květy“, „Lumír“, „Moravská revue“, „Niva“, „Rozhledy“, „Zlatá Praha“, „Zvon“) und Ztg. („Lidové noviny“, „Národní listy“) realist. Erz. und Novellen aus dem mähr.-hanak. Landleben. Später setzte sie sich in ihren Romanen (u. a. „Úskalím“, 1900, „Potomstvo“, 1903, 3. Aufl. 1973, „Zrádné proudy“, 1904) mit irrationalen und determinist. Kräften im dörfl. Milieu auseinander, u. a. mit den Schattenseiten von Emotionen und Sexualität sowie mit der Unmöglichkeit, sich aus einem bestimmten Milieu zu lösen, wobei sie bes. die gesellschaftl. Stellung der Frau thematisierte. In ihrem Werk, das autobiograph. geprägt ist, verband S. in nicht immer gelungener künstler. Form ihre eigenen traumat. Kindheitserinnerungen mit engagierter Ges.kritik. Nach 1918 publ. sie kaum noch. 1925 wurde S. zum k. M. der 4. Kl. der Tschech. Akad. der Wiss. und Künste gewählt.

Weitere W. (s. auch LČL): Zapadlý kraj, 1898; Spása, in: Moravskoslezská kronika 19, 1908, H. 1; Když vlny opadly, 1910; Sebrané spisy, 4 Bde., 1920–24; Martin Gaca, 1931; etc. – Nachlass: Literární archiv PNP, Praha, CZ.

L.: Lidové noviny, 12. 11. 1936; Právo lidu, 13. 11. 1936; Lidové listy, 24. 11. 1936; LČL (m. W. u. L.); Masaryk; Otto, Erg.Bd.; Rizner; J. Staněk, J. S., 1915; Ženský obzor 28, 1936, S. 104; Literární noviny 9, 1936/37, Nr. 5, S. 5; Lumír 63, 1936/37, S. 126; G. Preissová, J. S., 1937 (m. B.); J. Opelík, in: J. S., V aréně života, 1973, S. 305f.; ders., in: J. S., Potomstvo, 1973, S. 103f.; H. Lisická, in: Studie Muz. Kroměřižska, 1992/93, S. 71f.; D. Moldanová, Studie o české próze na přelomu století, 1993, s. Reg.; L. Heczková, Píšící Minervy, 2009, s. Reg.

(V. Petrbok)

Sundečić Jovan, Politiker, Schriftsteller und Priester. Geb. Golinjevo, Osman. Reich (BIH), 24. 6. 1825; gest. Cattaro, Dalmatien (Kotor, MNE), 6. 7. 1900; serb.-orthodox. – S. besuchte das Priesterseminar in Zara (Zadar); nach der Priesterweihe wirkte er 1848–50 als Kaplan im istr. Peroi (Peroj) sowie 1850–54 als Pfarrer in Žegar und Scardona (Skradin) in Dalmatien. 1854–63 war er Prof. am Priesterseminar in Zara, wo er sich dem Kreis um →Mihovil Pavlinović, mit dem ihn auch eine persönl. Freundschaft verband, anschloss. S. wurde bald eine bedeutende Persönlichkeit der Wiedergeburtsbewegung in Dalmatien. Wegen seines polit. Engagements in der Nationalen Partei, welche die Vereinigung Dalmatiens mit Kroatien befürwortete, geriet er in Gegensatz zu seinem mit den Autonomisten sympathisierenden Bischof →Stevan Knežević und verlor seine Professur in Zara. Neben seiner Lehrtätigkeit war S. 1855–61 Red. der Z. „Glasnik Dalmatinski“ sowie 1863 Red. der literar. Z. „Zvijezda“. 1864 bereiste er mit Pavlinović die Balkanhalbinsel. Dabei trafen sie mit Politikern wie →Josip Juraj Strossmayer, →Franjo Rački, dem serb. Fürsten Mihailo Obrenović und dessen Ministerpräs. Ilija Garašanin sowie mit dem montenegrin. Fürsten Nikola I. Petrović Njegoš zusammen, die sie von den Zielen der Nationalpartei zu überzeugen suchten. 1864–74 lebte S. mit seiner Familie in Cetinje, wo er als Sekr. von Fürst Nikola I. tätig war und für diesen zu einem wichtigen Ratgeber und Vertrauensmann wurde. In Cetinje gründete er eine moderne Druckerei sowie das dortige Priesterseminar. Weiters war er Autor der montenegrin. Hymne „Ubavoj nam Crnoj Gori“ (1865). Im selben Jahr gründete er das Jb. „Orlić“, das er auch als Chefred. leitete, sowie 1871 die polit. Z. „Crnogorac“ und die Z. „Prosvjeta“. 1874 übersiedelte er nach Cattaro. Seit seiner Jugend schrieb S. patriot. (Lehr-)Ged. im volkstüml. Stil.

Weitere W.: Cviće, 1850; Niz dragocjenoga bisera ili duhovne i moralne pjesme za djecu, 1856; Vjenčić domoljubnih pjesama, 1862; Vršidba, 1862; Krvava košulja, 1864; Život i rad dra B. Petranovića, 1878; Tužna knjiga, 1885; Dr. A. Starčeviću uzdarje za prenemio dar, 1892; Milje i omilje ili Milica i Nevenka, 1893; etc.

L.: Enc. Jug.; T. Macan, M. Klaić, 1980, s. Reg.; N. Stančić, Hrvatska nacionalna ideologija preporodnog pokreta u Dalmaciji (M. Pavlinović i njegov krug do 1869), 1980, s. Reg.; M. Nikčević, Hrvatski i crnogorski književni obzori, 1995, s. Reg.; A. Cetnarowicz, Narodni preporod u Dalmaciji, 2006, S. 142, 161; Ž. Karaula, in: Diacovensia 23, 2009, S. 91ff. (m. B.).

(M. Trogrlić)

Sunstenau von Schützenthal Heinrich Frh., Offizier. Geb. Kapela nova, slawon. Militärgrenze (Nova Kapela, HR), 24. 6. 1780; gest. Wien, 4. 11. 1865. – Sohn des 1787 nob. Obst. Heinrich S. v. S., Vater des Off. Friedrich Frh. S. v. S. (geb. 1807; gest. Sommacampagna, Lombardo-Venetien / Custoza, I, 24. 7. 1848, gefallen), der als Obstlt. posthum Ritter des MMTO wurde. – Nach einjährigem Jusstud. an der Univ. Wien wurde S. 1798 als Praktikant beim Hofkriegsrat angestellt, wechselte aber noch im selben Jahr als Kadett zur Kav. über. 1799 zum Unterlt. befördert, wurde er 1800 Oblt. im Gen.quartiermeisterstab und kämpfte bei Hohenlinden und Salzburg. 1801–04 diente

S. wieder bei der Truppe, kam dann erneut zum Gen.quartiermeisterstab und geriet, 1805 Hptm., bei Ulm in Kriegsgefangenschaft. Nach neuerl. Truppenzuteilung bei verschiedenen Kav.rgt., während der er jedoch auch bei der Landesbeschreibung von Innerösterr. verwendet wurde, machte S. den Feldzug in Italien 1809 beim Gen.quartiermeisterstab mit und nahm an den Schlachten von Pordenone und Fontanafredda sowie an der Schlacht bei Raab teil, in der er verwundet wurde. Anschließend wurde er der Grenzberichtigungs-Komm. in Illyrien unter FML Anton Frh. v. Zach beigegeben und wirkte an der Übergabe dieser Prov. an Frankreich mit. Ab 1811 Mjr., wurde S. Unterdir. der Zeichnungskanzlei des Gen.-quartiermeisterstabs, dann Chef des Büros für Landesbeschreibung. Die Feldzüge von 1813 und 1814 machte er als Gen.stabschef des von →Hannibal Marchese di Sommariva befehligten Korps in Südtirol und Italien mit, u. a. die Schlacht am Mincio im Februar 1814. In gleicher Verwendung bei FML Adam Albert Gf. v. Neipperg, kämpfte S. 1815 zunächst gegen die Verbände Joachim Murats, dann in Südfrankreich und wurde zum Obstlt. befördert. In Friedenszeiten meist bei der Truppe eingesetzt – 1819/20 unterbrochen von einer Verwendung beim Gen.quartiermeisterstab zur Bearb. der Geschichte des Feldzugs von 1805 –, übernahm er 1824 das Kmdo. des Dragonerrgt. 1 (später 9), das er 1827 reorganisierte. S., 1831 zum GM befördert, fungierte als Brigadier in St. Pölten, ab 1834 in Bregenz und wurde 1839 als FML und Divisionär in Großwardein (Oradea), 1840 in Pest und 1842 in Prag verwendet. 1842 hatte er das Bundeskontingent Württembergs, 1846 diejenigen Kurhessens, Nassaus, Luxemburgs und Braunschweigs zu inspizieren. 1847 erhielt er das Festungskmdo. in Olmütz (Olomouc) und trat Ende 1848 i. d. R., in dem er sich erneut mit militärwiss. Arbeiten befasste. 1839 (mit Diplom von 1843) Frh., 1845 2., 1846 1., 1850 wieder 2. Inhaber des Kürassierrgt. (ab 1867 Dragonerrgt.) 2; 1849 Geh. Rat. S. erhielt zwar sizilian., kurhess. und bayer., aber keinen österr. Orden.

W.: Anleitung zur Erkennung, Beschreibung, Zeichnung, freyen Aufnahme und Benützung des Terrains für den Wirkungskreis des Cavallerie-Off., 1827; Über die Grundstellungen und die sich darbietenden Kriegsoperationen in Süddtld. für die erste Linie der Bundesheere bei einem Kriege gegen Frankreich, 1835; Gedanken über die jetzigen Leistungen der Cavallerie, 1850; Grundsätze der Strategie. Mit einem Blick auf feste Lager und Befestigungen überhaupt, 1852; Analyt. Uebersicht der Kriegsoperationen der kaiserl. königl. österr. Armee in Italien im Jahre 1848, 1853; etc.

L.: ADB; Streffleur 4, 1865, S. 404; Wurzbach; Geschichte des Dragoner-Rgt. Gf. Paar Nr. 2 ... 1672–1891, 1895, S. 438f., 497ff.; KA, Wien.

(A. Schmidt-Brentano)

Šup Prokop Bartoloměj, OSB, Abt, Politiker und Publizist. Geb. Großsenitz, Mähren (Senice na Hané, CZ), 12. 8. 1866; gest. Rajhrad, Tschechoslowakei (CZ), 12. 12. 1921; röm.-kath. – Sohn eines Landarbeiterehepaars. – Nach Absolv. des Gymn. in Brünn (Brno) arbeitete Š. als Privatlehrer in Landshut (Lanžhot). 1887 wurde er als Novize in das Benediktinerkloster Raigern (Rajhrad) aufgenommen und an der Hauslehranstalt zum Priester ausgebildet. 1891 legte er die Ordensgelübde ab, 1892 wurde er zum Priester geweiht. Danach hatte er das Amt des Novizenmeisters und Lektors der Theol. inne, 1912–21 war er Abt des Stifts Rajhrad. Bereits in den 1890er-Jahren war Š. eine der Schlüsselpersonen der christl.-sozialen Bewegung in den böhm. Ländern. 1894 gehörte er auf dem Kongress in Leitomischl (Litomyšl) zu den Gründern der Christl.-Sozialen Partei für Böhmen und Mähren. 1899 zählte er auf dem Kongress in Welehrad (Velehrad) neben Jan Šrámek zur Gründergruppe der Mähr.-schles. christl. sozialen Partei und war ab 1900 stellv. Vors. ihres Exekutivausschusses; 1913–18 Abg. des mähr. LT. 1918–19 beteiligte er sich an der Vereinigung der kath. Parteien zur Tschechoslowak. Volkspartei. Š., der ein ausgez. Redner war, betätigte sich auch publizist. 1893–99 red. er in Brünn die erste christl.soziale Ztg. „Dělník" sowie ab 1897 die Z. „Obecné noviny" bzw. ab 1898 „Hlas". Des Weiteren schrieb er zahlreiche Beitrr. für die kath. Presse. Er zählte zum Kreis der tschech. kath. Moderne. Er veröff. Ged. in „Květy mariánské" und in „Škola božského srdce Páně", Belletristik in „Hlídka literární" und verf. mehrere Lustspiele, u. a. „Čert a Káča", 1915, „Tři mikulášské scény", 1921, und „Centrála na blechy", 1921. Aufgrund seiner umfassenden slaw. Sprachkenntnisse übers. er v. a. poln. Belletristik, wie u. a. von Józef Ignacy Kraszewski, „Řím za Nerona", 1891. Er war Anhänger und Propagandist der slaw. Solidaritätsidee. 1918 engagierte er sich als Initiator und führender Organisator in der Reformbewegung der kath. Geistlichkeit, verf. das Programm des Brünner Geistlichenver. und vertrat Mähren in der Leitung des Reichsverbands der kath. Geistlichen (1919).

L.: Otto, Erg.Bd.; Stud. und Mitt. aus dem Benedictiner-Orden 33, NF 2, 1912, S. 794; P. Marek, in: M. Pehr u. a., Cestami křesťanské politiky, 2007, S. 271f.; ders., in: Setkání. Osobnost v politickém a veřejném životě na přelomu 19. a 20. století, 2010, s. Reg.

(P. Marek)

Supan Alexander Georg, Geograph. Geb. Innichen, Tirol (San Candido/Innichen, I), 3. 3. 1847; gest. Breslau, Dt. Reich (Wrocław, PL), 6. 7. 1920. – Sohn eines Kreisforstmeisters. – Nach Besuch des Gymn. in Laibach absolv. S. 1866–68 hist.-phil. Stud. an der Univ. Graz, u. a. bei →Franz Krones v. Marchland, und stud. 1868–69 Geschichte in Wien; 1870 Dr. phil. in Graz und Lehramtsprüfung für Geschichte, Geographie und Dt. 1871–75 Realschullehrer in Laibach, stud. er 1875–76 Astronomie, Magnetismus, Geol. und Mineral. an den Univ. Graz und Halle (nicht nachweisbar) und besuchte 1877 als Gasthörer Vorlesungen in Zool. und Astronomie an der Univ. Leipzig. Ab 1877 wirkte er als Gymn.lehrer in Czernowitz und war gleichzeitig Priv.-Doz. für Geographie an der dortigen Univ.; 1880 ao. Prof. 1884–1909 war er wiss. Mitarb. in Justus Perthes' Geograph. Anstalt in Gotha, wo er u. a. als Hrsg. von „Petermanns Geographischen Mitteilungen" fungierte. 1909 als o. Prof. an die Univ. Breslau berufen, konnte er krankheitsbedingt nur bis Anfang 1916 Vorlesungen halten. Als Lehrer beanstandete er die Unzulänglichkeit der Schulbücher für Geographie und verf. daher ein vielbeachtetes „Lehrbuch der Geographie für österreichische Mittelschulen …" (1874, 11. Aufl. 1904). Mit seinem mehrfach aufgelegten Hauptwerk „Grundzüge der physischen Erdkunde" (1884, 8. Aufl. 1934) beeinflusste S. die Entwicklung der modernen Geographie nachhaltig. Erwähnenswert ist auch sein geograph. Werk über „Österreich-Ungarn", 1889. Darüber hinaus interessierte er sich für Meteorol. und Klimakde., Erdbebenforschung, Erkenntnisse von Expeditionen, Wirtschaftsgeographie und Kolonialpolitik. In Gotha begründete er 1885 den umfassenden „Geographischen Literaturbericht" sowie 1886 das „Archiv für Wirtschaftsgeographie", ab 1889 red. er den „Gothaischen Genealogischen Hofkalender". S., der als Autorität auf geograph. Gebiet galt, war ab 1886 Mitgl. der Dt. Akad. der Naturforscher Leopoldina, Ehrenmitgl. der geograph. Ges. u. a. in München, Hamburg, Wien, Amsterdam, Rom und London und der Ges. der Naturfreunde in Moskau, k. M. der Geograph. Ges. in St. Petersburg, Paris und Leipzig. 1904 erhielt er die Cothenius-Medaille, 1906 die Franz v. Hauer-Medaille.

Weitere W.: s. Poggendorff; Wer ist's?; Dt. Zeitgenossen-Lex.

L.: WZ, 8. 7. 1920 (A.); Poggendorff 3–4 (m. W.); SBL; Wer ist's?, 1908 (m. W.); Dt. Zeitgenossen-Lex., ed. F. Neubert, 1905 (m. W.); Z. für Schulgeographie 30, 1909, S. 216; Monthly Weather Review 48, 1920, S. 601; H. Wagner, in: Petermanns Geograph. Mitt. 66, 1920, S. 139ff.; E. Banse's Lex. der Geographie 2, 1933; E. Widmoser, Südtirol-Brevier von A–Z, 1966; Alma Mater Francisco Josephina. Die dt.sprachige Nationalitäten-Univ. in Czernowitz, ed. R. Wagner, 2. Aufl. 1979, S. 129; Osebnosti. Veliki slovenski biografski leks., 2008; UA, Graz, Stmk.; UA, Wien; UA, Leipzig, D.

(Ch. Kopke)

Supanzhizh Johann (Janez) Anton, s. **Suppantschitsch** Johann (Janez) Anton

Supilo Frano, Politiker. Geb. Ragusavecchia, Dalmatien (Cavtat, HR), 30. 11. 1870; gest. London (GB), 25. 9. 1917. – S. schloss 1889 die zweijährige Ackerbauschule in Ragusa (Dubrovnik) ab, wo er i. d. F. als Supplent (1890) und als landwirtschaftl. Lehrer tätig war. 1891–99 war er Red. der kroat. Ztg. „Crvena Hrvatska" in Ragusa, die gegr. wurde, um der serb. Dominanz in Ragusa zu begegnen und um die Vereinigung der kroat. Länder zu propagieren. 1895 gehörte S. kurzzeitig der Führung der Hrvatska stranka prava in Agram an. 1899 wurde er gem. mit Ante Trumbić Vors. der Partei, die eine Vereinigung Dalmatiens mit Kroatien anstrebte und den österr.-ung. Dualismus bekämpfte. Ab 1899 arbeitete S. als Red. der Ztg. „Novi List", ab 1907 der „Riječki Novi list". 1903 formulierte er, gem. mit Trumbić und Josip Smodlaka, eine Politik des „Neuen Kurses", die die Vereinigung mit Dalmatien mit Hilfe der magyar. Opposition sowie die Schaffung eines selbstständigen südslaw. Staats verfolgte. Dies führte im Oktober 1905 zu der von den kroat. Abg. im Agramer LT unterzeichneten Resolution von Rijeka, der sich mit der Resolution von Zadar auch die serb. Abg. aus Dalmatien und Kroatien anschlossen. Daraus entstand der Zusammenschluss mehrerer oppositioneller kroat. und serb. Parteien zur Kroat.-serb. Koalition, die 1906 die Wahlen zum kroat. LT gewann, wobei auch S. ein Mandat eroberte. Im Dezember 1909 wurde er im Friedjung-Prozess des Hochverrats beschuldigt, konnte jedoch alle Anschuldigungen widerlegen. 1910 trat S. aus der Kroat.-serb. Koalition aus. Nach Ausbruch des 1. Weltkriegs wurde er gem. mit Trumbić Anführer der südslaw. Opposition in Österr.-Ungarn und setzte sich als Mitgl. des Ende April 1915 in Paris gegr. Südslaw. Komitees (Jugoslavenski odbor) bei den Entente-Mächten für einen unabhängigen und föderalist. südslaw. Staat ein, innerhalb dessen auch die kroat. Frage durch die Vereinigung der kroat. Länder mit Serbien gelöst werden sollte. S. forderte klare Vorbedingungen für einen solchen Zusammenschluss, was ihn in Konflikt mit Trumbić und anderen Mitgl. des Komitees brachte, die einen Gegensatz zu den Serben vermeiden wollten. S. trat daher Anfang Mai 1916 aus dem Komitee aus. Erschöpft von den zahlreichen polit. Aktivitäten in der Emigration, aber auch enttäuscht, dass er seine Idee einer föderalist. Gestaltung des zukünftigen südslaw. Staates nicht durchsetzen konnte, erlitt S. eine Nervenkrankheit, die letztl. zu seinem Tod führte.

W.: Le procès de Friedjung – Reichspost et la Coalition Croato-Serbe, 1910; Politički spisi. Članci, govori, pisma, memorandumi, ed. D. Šepić, 1970; Izabrani politički spisi, ed. I. Petrinović, 2000; zahlreiche polit. Artikel in Crvena Hrvatska, 1891–1900, Novi List, 1900–06, Riječki novi list, 1907–14; etc.

L.: Biograph. Lex. Südosteuropas; J. Jareb, Pola stoljeća hrvatske politike, 1960, s. Reg.; I. Perić, A. Trumbić na dalmatinskom političkom poprištu, 1984, s. Reg.; I. Petrinović, Politička misao F. S., 1988; ders., G. Schödl, Kroat. Nationalpolitik und ‚Jugoslavenstvo', 1990, s. Reg.; I. Petrinović, A. Trumbić, 1991; T. Ganza-Aras, Politika „novog kursa" dalmatinskih pravaša oko S. i Trumbića, 1992, s. Reg. (m. B.); M. Diklić, Pravaštvo u Dalmaciji do kraja prvoga svjetskog rata, 1998, s. Reg. (m. B.).

(M. Trogrlić)

Šupljikac (Šuplicać, Suplicatz, Suplikatz) **de Vitez** Stevan (Stephan), Wojwode und Offizier. Geb. Petrinja, kroat. Militärgrenze (HR), 1786 (1788); gest. Pantschowa, Ungarn (Pančevo, SRB), 15. (27.) 12. 1848 (begraben: Kloster Krušedol); griech.-nichtuniert. – Sohn des Mjr. Stephan Š. de V. und von Johanna Š. de V., geb. Stričević. – Š. besuchte das griech.-nichtunierte Gymn. in Karlowitz (Sremski Karlovci) sowie das Lyzeum in Ödenburg (Sopron). 1805 trat er in das Banal-Grenzrgt. 2 seines Vaters ein, wo er im selben Jahr Fähnrich, 1809 Lt. und 1810 Oblt. wurde. Š. beteiligte sich 1805 und 1809 an den Feldzügen gegen Napoleon und wechselte nach Errichtung der Illyr. Prov. im Oktober 1809 in französ. Dienste. 1812 Kapitänlt. des kroat. IR 13 und Adj. des Marschalls Auguste Frédéric Louis Viesse de Marmont während des Feldzugs gegen Russland. Nach seiner Rückkehr in k. Dienste 1814 war er zunächst im Banat und in der Lika eingesetzt. Ab 1815 Hptm. im Dt.-Banater-Grenz-IR 12, 1832 Mjr., wechselte er 1837 als Obstlt. in das Oguliner-Grenzrgt. 3 und wurde 1842 zum Obst. befördert. 1847 war Š. in Italien stationiert und beteiligte sich 1848 unter →Johann Josef Wenzel Gf. Radetzky v. Radetz an den Kämpfen gegen italien. Revolutionäre; im selben Jahr GM. Im Zuge der Autonomiebestrebungen der in Ungarn lebenden Serben wurde Š. im Mai 1848 auf einem Nationalkongress in Karlowitz zum Wojwoden gewählt, konnte aber erst im Oktober sein Amt antreten und den Oberbefehl über die serb. Truppen von →Djordje v. Stratimirović übernehmen. Als Gen. tat er sich in seinem Amt schwer und erwies sich trotz Zustimmung seitens der Bevölkerung als zögerl. und zurückhaltend. Im Gegensatz zu seinem Vorgänger setzte er stärker auf polit. als auf militär. Lösungsversuche der Nationalitätenfrage. Weiters führte er Reformen bei den Grenztruppen durch. Š., der Ritter der französ. Ehrenlegion sowie Inhaber des sächs. Zivil-Verdienst-Ordens war und 1848 den Orden der Eisernen Krone I. Kl. erhielt, galt als fähiger und gebildeter Stabsoff.

L.: Die Presse, 6. 1. 1849; Enc. Jug. (m. B.); Nar. Enc.; Otto; Révai; Wurzbach; J. A. v. Helfert, Geschichte Österr. vom Ausgange des Wr. Oktober-Aufstandes 1848, 2, 1870, S. 40, 64, 207, 410, 3, 1872, S. 98f., 463, 471ff., 4/1, 1876, S. 408f.; Les Serbes de Hongrie. Leur histoire, leurs priviléges, leur église, leur état politique et social, 1873, S. 256ff.; Vojna enc. 9, 1967; H. Haselsteiner, Die Serben und der Ausgleich, 1976, S. 21f.; Hrvatska enc. 10, 2008; AVA, HHStA, KA, alle Wien.

(M. Stoy)

Suppan Carl Viktor, Kapitän und Beamter. Geb. Triest, Freie Stadt (Trieste, I), 14. 3. 1860; gest. Wien, 27. 5. 1921; röm.-kath. – Sohn eines Oberkriegskoär. II. Kl. und Oberintendanten. – Nach dem Besuch der Realschule in Budapest und Wien und dem Einjährig-Freiwilligen-Jahr kam S. 1877 als Matrose III. Kl. zur Ersten Donau-Dampfschiffahrts-Gesellschaft (DDSG). Noch im selben Jahr stieg er zum Matrosen I. Kl. auf und danach sehr rasch 1880 zum Manipulanten, 1884 zum Second-Kapitän und 1887 zum I. Kapitän. Daneben war er 1883–90 Lt. der Res. im ung. IR 38. 1890 als Dion.beamter nach Wien berufen, wurde S. 1891 Schiffsinsp. und Stellv. des Zentralschiffsinsp., 1893 Schiffsoberinsp., 1907 Zentralschiffsinsp. und im selben Jahr Gen.insp. sowie Vorstand der naut. Abt. in der Dion., 1912 Dir.-Stellv. und schließl. 1916 naut. Dir. S.s Leistungen für die DDSG waren von erhebl. Bedeutung. Genannt seien die Einführung der Drahtseile, die Bewertung der Schiffsflotte, das Ausscheiden der unrentablen alten Holzschiffe, die Organisierung der Winterschule zur Ausbildung der Schleppsteuerleute, der Umbau der alten Maschinen mit hohem Kohleverbrauch, der Bau eines Heckraddampfers, die Fixierung des Normaltyps der eisernen Schleppkähne mit der 6700er-Klasse (Tragfähigkeit in Doppelzentnern), die Reform der Kohlentantiemen, der Bau eines Schwimmdocks in der Werft von Altofen (Budapest), Stud. über die Verbesserung der Zugschiffe, die Entwicklung neuer Dampfertypen (Schiffsklasse „Wien", von der die „Schönbrunn" noch heute die Donau befährt, „Planeten-Klasse" sowie Eilschiffe). Während des 1. Weltkriegs wirkte S. an der Vorbereitung einer einheitl. Kilometrierung der gesamten Donau mit, die in den 1920er-Jahren realisiert wurde. Auch publizist. war er auf dem Gebiet der Binnenschifffahrt erfolgreich tätig. S.s Verdienste wurden durch hohe internationale Ausz. gewürdigt. Das in seinem Todesjahr in Betrieb genommene und nach ihm benannte Radzugschiff mit zwei Kaminen „Suppan" wurde 1966 kassiert.

W.: Materialien und Bausteine zu einem techn.-naut. Wörterbuche für Donauschiffer, in: Almanach für die Erste k. k. priv. Donau-Dampfschiffahrts-Gesellschaft, ed. J. Drożyński, NF 1, 1884 (gem. m. F. Janitschek); Schiffbarkeit der Donau und ihrer Nebenflüsse, in: Mitth. über die derzeitige und angestrebte Schiffbarkeit der Hauptströme und ihrer Nebenflüsse, 1897, H. 1; Normal-Binnenschiffstyp für die Verbandsländer, ebd., 1898, H. 6; Résistance au mouvement des bateaux, Traduction française, VIIe Congrès international de navigation, Première section, 4e question, 1898; De la navigation sur les rivières à faible mouillage et les fleuves, VIIIe Congrès international de navigation, Deuxième section, 3ème question, 1900; Wasserstrassen und Binnenschiffahrt, 1902; Dtld. Wasserstraße nach Indien, 1916; Die Donau und ihre Schiffahrt, 1917; La navigation internationale danubienne, in: Le Danube International 1, 1920, Nr. 3–10.

L.: RP, 18. 2. 1917; NFP, 29. 5. 1921 (Parte); Die freie Donau 6, 1921, S. 256; Die Wasserwirtschaft 14, 1921, S. 181 (Parte), 183f.; Erste Donau-Dampfschiffahrts-Ges. Dienstbl. der Dion. 26, 1921, Nr. 9; Le Danube International 2, 1921, Nr. 7, S. 16; AdR, HHStA, MA 35, WStLA, alle Wien.

(K. Vodrazka)

Suppan P. Joachim (Johann), OSB, Abt. Geb. Graz (Stmk.), 23. 10. 1794; gest. St. Lambrecht (Stmk.), 1. 10. 1864; röm.-kath. – Sohn eines Schuhmachermeisters, Bruder von Stanislaia S., die dem Ursulinenorden angehörte. – S. wurde 1811 im Benediktinerstift St. Lambrecht als Novize aufgenommen, wo er zunächst an der dortigen Hauslehranstalt und i. d. F. drei Jahre im Stift Admont Theol. stud.; 1816 ewige Profess und Priesterweihe. Danach stud. S. am Lyzeum in Graz Naturwiss. und hörte anschließend an der Univ. Wien Physik- und Mathematikvorlesungen; 1819 Dr. phil. in Wien. 1819–22 unterrichtete er Mathematik und Physik in Görz (Gorizia), 1822–35 in Innsbruck, ab 1823 an der Univ., daneben war er Supplent für Theoret. und Moralphil. sowie für Erziehungswiss.; 1831 Rektor, 1832 und 1835 Dekan. Einem Ruf an die Univ. Wien konnte er nicht folgen, da er 1835 zum Abt des Stifts St. Lambrecht gewählt wurde, dessen Wiedererrichtung (ab 1802) nach den Napoleon. Kriegen nur mühsam erfolgte. S. gelang die Finanzierung der Innen- und Außenrestaurierung des Stifts, u. a. konnte eine großzügige Parkanlage mit seltenen Baum- und Straucharten angelegt werden. Daneben galt S. als großer Förderer der Wiss. und der Musik. 1835 ließ er das Sängerknabenkonvikt errichten, für das Stiftsgymn. erreichte er Ende der 1840er-Jahre das Öffentlichkeitsrecht, das Archiv wurde durch →Matthias Pangerl neu geordnet, der Bestand der Bibl. vergrößert sowie ein mehrbändiger Realkat. angelegt, der bis heute Verwendung findet. S. führte das Stift St. Lambrecht auf geistigem, personellem und materiellem Gebiet zu einer neuen Blüte. 1857 stand er als Abt im Mittelpunkt der glanzvollen 700-Jahr-Feier von Mariazell. S. war Mitgl. der Ackerbauges. in Görz.

W.: Die Hypsometrie mittelst physikal. Beobachtungen, oder theoret.-prakt. Anleitung zur Anstellung der meteorolog. Beobachtungen ..., 1834; Trauer-Rede, vorgetragen in dem k. k. Univ.saale bei der an der k. k. Leopold-Franzens-Univ. nach dem Ableben Sr. Majestät Franz I. ... abgehaltenen Trauerfeier, 1835; Reisetagebücher und Reisebeschreibungen (Hss. Stiftsarchiv St. Lambrecht, Stmk.).

L.: Wurzbach; G. Elsenbaum, J. S., Abt zu St. Lambrecht, 1865; Die Kunstdenkmäler des Benediktinerstiftes St. Lambrecht, bearb. O. Wonisch (= Österr. Kunsttopographie 31), 1951, s. Reg.; Die Fächer Mathematik, Physik und Chemie an der phil. Fak. zu Innsbruck bis 1945, ed. F. Huter, 1971, s. Reg.; B. Plank, Geschichte der Abtei St. Lambrecht (FS), 1976, s. Reg.; W. Brezinka, Pädagogik in Österr. 2, 2003, S. 389, 393; Stift St. Lambrecht, Stmk.; Materialiensmlg ÖBL, UA, beide Wien.

(R. Höfer – B. Plank)

Suppan Josef, Politiker und Jurist. Geb. Innsbruck (Tirol), 9. 1. 1828; gest. Laibach, Krain (Ljubljana, SLO), 5. 7. 1902; röm.-kath. – Sohn des Forstmeisters Jakob S. (geb. Asp, Krain / Zasip, SLO, 23. 7. 1795; gest. Laibach, 1872) und von Antonia S., geb. Steurer; ab 1856 verheiratet mit Anna Dimitz, der Schwester von →August Dimitz und →Ludwig Dimitz. – S. besuchte das Untergymn. in Meran (Merano/Meran) sowie das Obergymn. in Laibach und

Innsbruck. 1846/47–50 stud. er Rechtswiss. an der Univ. Innsbruck; 1851 Dr. jur. an der Univ. Graz (nicht belegbar). 1848 war S. Mitgl. der Akadem. Legion. Nach seinem Stud. war S. bis 1852 bei der Kammerprokuratur in Laibach sowie bis 1853 als Konzipient in Advokatenkanzleien in Laibach und Cilli (Celje) tätig. Ab 1854 arbeitete er als Advokat in Eperies (Prešov) und ab 1856 in Rudolfswert (Novo mesto), wo er 1856–61 auch Mitgl. des Gmd.rats war. Ab 1861 war er in Laibach tätig. 1861–68 bzw. 1870–74 Abg. des Krainer LT, 1866–68 LHptm.stellv.; 1873–79 Abg. zum RR. Bis 1866 gehörte S. der slowen. nationalen Partei an; seit der Gründung des Konstitutionellen Ver., in dem sich die Krainer Verfassungstreuen versammelten, war er bis 1902 dessen Präs. Bes. Ansehen genoss er als Laibacher Kommunalpolitiker, wo er 1863–83 Gmd.rat und 1869–71 Bgm. war. In seiner Amtszeit initiierte er notwendige Vorarbeiten für die Errichtung der städt. Wasserleitung und der Kanalisation und ließ verschiedene kommunale Gebäude errichten. Weiters wurde dank seiner Intervention die Laibacher Tabakfabrik errichtet. 1869–94 gehörte er dem Reichsgericht an; 1895–1902 Mitgl. des Staatsgerichtshofs. Ab 1886 wirkte S. als Kurator sowie ab 1889 auch als Konsulent der Krain. Sparkasse, die sich unter seiner Führung zur größten Finanzanstalt in Krain entwickelte. In dieser Funktion erwarb sich S. v. a. Verdienste um die Finanzierung des Schulwesens in Laibach und Gottschee (Kočevje), beim Bau der Unterkrainer Bahn sowie von Arbeiterwohnungen, der Tonhalle der Philharmon. Ges. und des Dt. Theaters in Laibach. 1894 erhielt er das Komturkreuz des Franz Joseph-Ordens.

L.: SBL; Dr. J. S., Amtsdir. der Krain. Sparkasse in Laibach ..., 1903 (m. B.); O. Plautz, Deutschen in Krain, o. J. (Ms., Inšt. za novejšo zgodovino, Ljubljana); UA, Innsbruck, Tirol.

(A. Rahten)

Suppantschitsch (Supanzhizh, Zupančič) Johann (Janez) Anton, Schriftsteller und Lehrer. Geb. Laibach, Krain (Ljubljana, SLO), 22. 5. 1785; gest. Capodistria, Istrien (Koper, SLO), 24. 7. 1833. – Nach dem Besuch des Gymn. in Laibach (1797–1802), wo er Schüler des Schriftstellers Valentin Vodnik war, stud. S. 1802–04 Phil. und 1804–06 Theol. Nach dem Abbruch seines Stud. verdiente er seinen Lebensunterhalt zunächst als Lehrer und zog 1808 nach Wien, um sein Phil.stud. fortzusetzen. Durch die Unterstützung Jernej Kopitars (→Bartholomäus Kopitar) bekam er 1809 eine Stelle als Supplent am Gymn. in Cilli (Celje) und unterrichtete Geschichte, Griech., Physik, Naturkde. sowie Geographie. 1813 wurde er Prof. der Geschichte und Geographie und 1817 Prof. der Poetik und Rhetorik. 1819 wechselte er an das Gymn. in Marburg (Maribor), wo u. a. →Anton Martin Slomšek, →Jožef Muršec, →Štefan Kočevar, →Franz v. Miklosich, die späteren Schriftsteller Jovan Vesel Koseski, Stanco Vraz und Davorin Trstenjak zu seinen Schülern zählten. Er organisierte patriot. sowie kulturelle Veranstaltungen und leitete das Marburger Dilettantentheater. S. begeisterte sich für die slowen. Erneuerung und schloss sich dem Laibacher Slowenistenkreis an. Zu seinen Freunden gehörten Kopitar, Sigmund Frh. Zois, Tomaž Dolinar, Josef Kalasanz Erberg und Jakob Frančišek Zupan. Von der Schulverwaltung wegen seines Lebenswandels kritisiert, wurde S. 1831 nach Capodistria versetzt, wo er an den Folgen seines Alkoholismus starb. Schon früh an Poesie interessiert, hatte er bereits ab 1804 regelmäßig „Fragmente aus der Literaturgeschichte von Krain" und heimatkundl. Beitrr. für das „Laibacher Wochenblatt" geschrieben. Von Klopstock, Matthisson, Hölty und Schiller beeinflusst, verf. S. außerdem Festlieder sowie lyr. und didakt. Lieder, die in diversen Z. veröff. wurden. Seine Ged. sind eleg., geprägt vom Gedanken an die Vergänglichkeit aller profanen Dinge. 1806 erschien seine Übers. „Lambergar in Pegam" unter dem Titel „Der Turnier zwischen den beyden Rittern Lamberg und Pegam" im „Laibacher Wochenblatt" und im Jahr darauf als Sonderdruck. Es ist die erste Nachdichtung eines slowen. Volkslieds, die dem Original gerecht wird. Bereits früh trat S. auch als Dramatiker hervor. Seine Stücke „Die beyden Freyherrn von Auersperg" (1803) und „Hietra" (1805) wurden in Laibach und „Die Versöhnung" (1823) in Marburg aufgef. Gedruckt wurde ledigl. die dramatisierte Erz. „Der Türkensturm auf Marburg im Jahre 1529" (1829), die jedoch von der Kritik negativ aufgenommen wurde. S.s Ged. sind heute nur mehr als Zeitdokumente von Interesse.

Weitere W. (s. auch Schlossar, 1914): Gesuch an die (P. T.) Obrigkeiten, Güterbesitzer, die Geistlichkeit und an alle übrige Freunde der Vaterlandskde. im Hg.thume Krain, 1807; Elegie am Kirchhofe: Ein Todtenopfer für Stabelmann, 1807; Ausflug von Cilli nach Lichtenwald, 1818; Ausflug von Cilli nach Sulzbach, 1826; Biographie des M. Löschnigg, Kreisdechant und Stadtpfarrer in Marburg, 1832. – Nachlass: Arhiv Republike Slovenije, Ljubljana, SLO.

L.: ADB; Nagl–Zeidler–Castle 2, s. Reg.; SBL; Wurzbach; A. Schlossar, Hundert Jahre dt. Dichtung in Stmk., 2. Aufl. 1898, S. 74ff.; ders., Die Literatur der Stmk. in bezug auf Geschichte, Landes- und Volkskde., 2. Aufl. 1914, s. Reg. (m. W.); V. Kolšek, in: Arheološki vestnik 34, 1983, S. 399ff.; A. Janko, in: Schriftsteller zwischen (zwei) Sprachen und Kulturen, ed. A. Mádl – P. Motzan, 1999, S. 59ff.; J. Hösler, Von Krain zu Slowenien, 2006, s. Reg.

(T. Lokar)

Suppantschitsch (Zupančič) Richard (Rihard), Mathematiker. Geb. Laibach, Krain (Ljubljana, SLO), 22. 12. 1878; gest. Judendorf-Straßengel (Stmk.), 21. 3. 1949 (begraben: Graz). – Nannte sich ab 1919 Zupančič. Sohn eines Fabriksdir. – Nach Besuch des dt. humanist. Gymn. stud. S. ab 1897 zunächst Maschinenbau an der TH und ab 1899 Mathematik und Physik an der Univ. Wien; 1903 Lehramtsprüfung, 1913 Dr. phil. 1901–03 Ass. an der TH Wien, unterrichtete er 1903–04 am 3. dt. Realgymn. in Prag, 1904–08 am Realgymn. in Wien 18. 1908–11 wurde er zur Erarbeitung seines mehrbändigen „Mathematischen Unterrichtswerks" (1909–13) beurlaubt, tw. nutzte er die Karenz auch zur Weiterbildung an den Univ. Göttingen (1910) und Paris (1911). 1912 habil. sich S. als Priv.Doz. an der TH Wien, 1908–18 war er Vertreter des Min. für Kultus und Unterricht in der Internationalen Mathemat. Unterrichtskomm. und Mitred. von deren Publ. S. hatte sich während des Stud. dem slowen. Studentenver. Slovenija angeschlossen und sah seine Zukunft nach dem 1. Weltkrieg, während dessen er kurz bei der Art. gedient hatte, in der Organisation techn. Lehranstalten im Kg.reich SHS. 1919 wurde er erster o. Prof. für Mathematik an der neu gegr. Univ. Ljubljana und übernahm die Leitung des Inst. für Angewandte Mathematik; 1921/22 Rektor, 1922/23 und 1929/30 Dekan der techn. Fak. Im Speziellen unterrichtete er Differentialgleichung, Analyt. Mechanik, an der phil. Fak. auch Geometrie, Differentialgeometrie und Einführung in die Infinitesimalrechnung. Daneben war er u. a. Vors. der Lehramtsprüfungskomm. Während des 2. Weltkriegs kooperierte S. mit der dt. Besatzungsmacht. Ohne sich etwas zuschulden kommen zu lassen, sah er sich dennoch im Mai 1945 unter Zurücklassung seines Vermögens, darunter einer umfangreichen Privatbibl., zur Flucht gezwungen. Ab 1946 lebte er in Graz, wo er an der TU als wiss. Ass. Höhere Mathematik für Architekten lehrte. S. war betont frankophil und publ. daher auch in französ. Fachz. 1922 wurde er zum k. M. der Acad. des Sciences, Inscriptions et Belles-Lettres de Toulouse gewählt. Im selben Jahr erhielt er den St.-Sava-Orden II. Kl., 1938 wurde er zum o. Mitgl. der Slowen. Akad. der Wiss. gewählt; 1945 wurde sein Name gestrichen, als Einziger der Verfemten wurde er in den 1990er-Jahren nicht rehabilitiert.

Weitere W.: s. Poggendorff 6; SBL; Suhadolc.

L.: Poggendorff 6 (m. W.), 7b; SBL (m. W. u. L.); J. Radon, in: Nachrichten der Österr. Mathemat. Ges. 5, 1950, S. 7f.; A. Suhadolc, in: Kronika 49, 2001, S. 85ff. (m. B., W. u. L.); J. Ciperle, in: Univ. Ljubljana und deren Rektoren, 2008, S. 15 (m. B. u. L.); UA, Wien.

(E. Hüttl-Hubert)

Suppantschitsch Viktor, Philatelist und Jurist. Geb. Laibach, Krain (Ljubljana, SLO), 31. 10. 1838; gest. Graz (Stmk.), 2. 3. 1919. – Hieß ursprüngl. Suppantschitsek. Sohn eines Kaufmanns. – S. stud. ab 1858 Jus an der Univ. Wien. 1862 abs. jur., trat er im selben Jahr in den Justizdienst ein und war zunächst Staatsanwalts-Substitut in Laibach, ab 1874 Gerichtsvorsteher des Bez.gerichts in Adelsberg (Postojna). 1883 wurde er LGR in Klagenfurt, danach OLGR am Oberlandesgericht Graz. Bereits 1889 war S. zum Obmann des Schiedsgerichts der Arbeiter-Unfallversicherung für Stmk. und Ktn. bestellt worden. Ab 1896 war er am OGH in Wien als HR und danach als Senatspräs. sowie als Mitgl. der Min.komm. für agrar. Operationen tätig, ehe er 1906 pensioniert wurde. S. hatte schon in seiner Jugend mit dem Sammeln von Briefmarken begonnen und sich mit philatelist. Literatur beschäftigt. 1880 veröff. er sein erstes Werk, „Leitfaden der Philatelie", dem zahlreiche weitere Publ. folgten. Als sein Freund Ferdinand Meyer, ein prominenter Briefmarkensammler, 1882 starb, stellte S. seine eigene Sammeltätigkeit ein und widmete sich nunmehr ausschließl. dem Erfassen von einschlägigen Publ. Sein 1892 erschienenes Hauptwerk war eine umfassende Bibliographie über die gesamte dt.sprachige philatelist. Fachliteratur. Unter seinen weiteren Werken ist ferner „Die Entstehung und Entwicklung der Philatelistischen Literatur in der zweiten Hälfte des 19. Jahrhunderts" zu nennen. Daneben nahm S. zu aktuellen philatelist. Themen in Fachz. Stellung, etwa zur Bekämpfung des Fälscherunwesens oder zur unseriösen Ausgabepolitik mancher Postverwaltungen. Bei der I. internationalen Postwertzeichenausst. im Frühjahr 1890 in Wien mit über 130 Ausstellern aus der ganzen Welt fungierte S. als Vors. der Expertenjury, eine Funktion, die er auch bei der internationalen Briefmarkenausst. in der Wr. Secession 1911 innehatte. Zahlreiche in- und ausländ. philatelist. Ehrungen, darunter die Lindenberg-Medaille, die höchste Ausz. der dt. Philatelie, unterstreichen seine Wertschätzung durch die Fachwelt. Seine aus ca. 35.000 Publ. bestehende Fachbibl. wurde 1922 in die USA verkauft. 1904 wurde S. Ritter des Leopold-Ordens.

Weitere W.: Bibliographie zugleich Nachschlagebuch der gesammten dt. philatelist. Literatur seit ihrem Entstehen bis Ende 1891 nebst einem Abriss der Geschichte der Philatelie mit bes. Berücksichtigung Dtld. und einer kurzen Geschichte der dt. philatelist. Literatur, 1892; etc.

L.: A. Bungerz, Großes Lex. der Philatelie, 1923; C. Brühl, Geschichte der Philatelie 1–2, 1985, s. Reg., bes. S. 1021f. (m. B.); W. Maaßen, Philatelie und Ver. im 19. Jh., 2006, s. Reg.; UA, Wien.

(E. Bernardini)

Suppé (Suppè) Franz von, Kapellmeister und Komponist. Geb. Spalato, Dalmatien (Split, HR), 18. 4. 1819; gest. Wien, 21. 5. 1895 (Ehrengrab: Wr. Zentralfriedhof). – Zweiter Sohn des aus Cremona stammenden Staatsbeamten Peter v. S. und seiner aus Wien gebürtigen Frau Katharine v. S., geb. Landovsky. – Auf seine italien. Wurzeln legte S. zeitlebens großen Wert, weshalb er sich auch Suppè schrieb und diesem Namen in früheren Jahren noch den Mädchennamen seiner Großmutter Demelli hinzufügte. Im allg. Sprachgebrauch setzte sich schließl. die von S. tolerierte Schreibweise mit accent aigu durch. S. wuchs in Zara (Zadar) auf, wo er seine erste musikal. Ausbildung bei Giovanni Cigala erhielt. Nach dem Tod des Vaters 1835 übersiedelten Mutter und Sohn zum Großvater nach Wien, wo der 16-Jährige endgültig den vom Vater intendierten Berufsweg eines Staatsbeamten abbrach und sich ausschließl. auf musikal. Stud. bei →Ignaz v. Seyfried konzentrierte, für die ihn eine bereits aus Zadar mitgebrachte Messe empfahl. Er beendete das Kompositionsstud. wiederum mit einer Messe, doch scheint Seyfried auch die Leidenschaft S.s für das Theater stimuliert zu haben. Sein erstes Engagement als Kapellmeister und Komponist erhielt S. 1840 am Theater in der Josefstadt durch →Franz Pokorny, dem auch Theater in Preßburg, Ödenburg und Baden bei Wien unterstanden. An all diesen Bühnen war S. als Kapellmeister tätig. Als Komponist einer Bühnenmusik trat er erstmals 1841 am Theater in der Josefstadt mit „Jung lustig, im Alter traurig, oder Die Folgen der Erziehung" in Erscheinung. Bis zu seinem Rückzug als Theaterkapellmeister 1882 sollte er unzählige Bühnenkompositionen schreiben, von denen viele äußerst erfolgreich waren. Seine Leidenschaft galt aber der Oper, und hier bes. der italien., die ihn das Gerücht nähren ließ, ein Schüler Donizettis, ja sogar ein Verwandter zu sein. Nach drei z. Tl. nur in Ausschnitten aufgef. Jugendwerken gelang ihm mit der kom. Oper „Paragraph 3" 1858 der Einzug ins Kärntnertortheater. Sein künstler. Durchbruch erfolgte jedoch 1860 in einem anderen Genre, mit der Urauff. der einaktigen kom. Operette „Das Pensionat" im Theater an der Wien, wohin er 1845 gewechselt hatte. Nach einem Zwischenspiel im kurzlebigen Theater am Franz-Josephs-Kai 1862 ging er 1863 an das Carltheater, wo ihm die Erfolgstrias „Fatinitza", 1876, „Boccaccio", 1879, und „Donna Juanita", 1880, glückte. Unter den zahlreichen bodenständigen Versuchen, das neue Genre der Operette zu kopieren, gelang das zunächst nur S., der sich nicht auf eine platte Kopie einließ, sondern die Rasanz und Frivolität des Originals mit seinem Hang zur italien. Oper und der Tradition des Wr. Volksstücks verschmolz. Dabei blieb zwar die polit. Sprengkraft des französ. Originals auf der Strecke, sie wurde aber durch die Gefühligkeit Wr. Musik, terzenseliger Italianità und Brillanz ersetzt. Die ursprüngl. Erotik und Frivolität des Genres erhielt sich in unzähligen Hosenrollen, deren Interpretinnen die ersten Diven dieser anfängl. Ausprägung der Wr. Operette wurden. Bis in S.s Erfolgstrias hinein blieb diese Tradition erhalten. S. wurde mit seinen großen Operetten eine europ. Berühmtheit und so wohlhabend, dass er mit den Tantiemen einen bis heute bestehenden stattl. Sommersitz in Gars am Kamp erwerben konnte. Die späten Werke S.s unterstreichen wieder stärker seinen Hang zur Oper, was ihrer Verbreitung im Wege stand, da die Wr. Operette inzwischen durch →Johann Strauß (Sohn) und seine musikal. Wurzeln in der Tanzmusik eine andere Entwicklung genommen hatte.

Weitere W. (s. auch Grove; Grove, Opera; MGG II; Scherney; Roser): über 30 Opern und Operetten, u. a. Zehn Mädchen und kein Mann, 1862, Flotte Bursche, 1863, Pique Dame, 1864, Die schöne Galathée, 1865, Leichte Cavallerie, 1866, Banditenstreiche, 1867; 2 Ballette; ca. 190 Bühnenmusiken, u. a. Ein Morgen, ein Mittag, ein Abend in Wien, 1844, Ein Sommernachts-Traum, 1844, Dichter und Bauer, 1846, 's Alraunl, 1849 (darin das von F. Preis zu einem Militärmarsch umgestaltete Lied Das ist mein Österreich!), Der Tannenhäuser, 1852, Wolfgang und Konstanze, 1873, Joseph Haydn, 1887; 3 Messen; 1 Requiem; Instrumentalwerke; Lieder und Chöre. – Nachlass: Wienbibl. im Rathaus, Wien (Musiksmlg.).

L.: Czeike; Grove, 1980, 2001 (m. W.); Grove, Opera (m. W.); MGG I (m. B.), II (m. B. u. W.); oeml; Renner, Nachlässe; O. Keller, F. v. S., 1905; ders., Die Operette in ihrer geschichtl. Entwicklung, 1926, s. Reg.; J. Kromer, F. v. S., phil. Diss. Wien, 1941; F. Hadamowsky – H. Otte, Die Wr. Operette, 1947, s. Reg.; A. Bauer, Opern und Operetten in Wien, 1955, s. Reg.; O. Schneidereit, F. v. S., 1982 (m. B.); V. Klotz, Operette, erweiterte und aktualisierte Aufl. 2004, s. Reg.; I. Scherney, F. v. S., vielseitiger Komponist und Urheber der Wr. Operette, 2005 (m. B. u. W.); H.-D. Roser, F. v. S., 2007 (m. W. u. L.).

(H.-D. Roser)

Šurmin Đuro, Slawist, Literaturhistoriker und Politiker. Geb. Sišćani (HR), 4. 9. 1867; gest. Zagreb, Kg.reich Jugoslawien (HR), 22. 3. 1937. – Nach dem Besuch der Volksschule in Draganci und des Gymn. in Bjelovar stud. Š. ab 1890 an der Univ. Agram Slawistik, klass. Philol. und Phil. 1897 prom. er mit einer sprachwiss. Abh. über das Kroat., „Riječi muškoga roda â-osnova u hrvatskom jeziku". Danach arbeitete Š. zunächst als Ass. für kroat. und serb. Sprache und Literatur in Agram (Zagreb); 1902 ao. Prof., 1906 o. Prof. und 1907–08 Dekan. 1910 wurde er der erste Inhaber des Lehrstuhls für kroat. und serb. Literatur. Nach →Vatroslav v. Jagić war er der Erste, der eine umfassende Geschichte der kroat. und serb. Literatur, „Povjest književnosti hrvatske i srpske" (1898), erstmals auch unter Einbeziehung von zeitgenöss. Autoren, verf. Sein bedeutendstes Werk ist „Hrvatski preporod" (2 Bde., 1903–04), eine Literaturgeschichte, die die Literatur der kroat. Wiedergeburt in Dokumenten, Gesprächen und hist. Ereignissen beschreibt und heute noch eine wichtige Quelle darstellt. Weiters gab er eine Smlg. mittelalterl. Schriftstücke von 1100–1499, „Hrvatski spomenici" (1898), heraus, geschrieben in der Volkssprache und größtenteils in glagolit. Schrift, die er in die Lateinschrift transliterierte. Außer mit Sprach- und Literaturgeschichte beschäftigte er sich mit verschiedenen Dialekten, u. a. in „Osobine današńeg sarajevskog govora" (in: „Rad jugoslavenske akademije znanosti i umjetnosti" 121, 1895). Eine Vielzahl kleinerer wiss. Beitrr. veröff. er regelmäßig in Z. (u. a. „Vienac", „Kolo", „Obzor", „Rad"). 1906 gründete Š. mit Kollegen der jüngeren Generation die Z. „Savremenik" und war für kurze Zeit deren Chefred. Wegen seines polit. Engagements musste Š., dessen Publ. aufgrund mangelhafter Analyse und Interpretation der Quellen auch scharf kritisiert wurden, zweimal seine Professur zurücklegen (1908–10, 1914–15). Nach seiner Emer. 1921 widmete er sich ausschließl. der Politik. Für die liberaldemokrat. Partei Narodna stranka fungierte er ab 1906 als Abg. im Budapester Reichstag, wechselte 1917 allerdings zur Hrvatsko-srpska koalicija und begründete noch im selben Jahr eine parteiunabhängige Gruppe rund um die Z. „Male novine". Schon nach einem halben Jahr musste er diese Partei aufgrund seines Traditionalismus verlassen und war 1918–19 Beauftragter für Handel, Handwerk und Ind. des Kg.reichs SHS. Mehrmals wechselte er fortan die Partei: Zunächst Mitgl. der Napredna demokratska stranka, war er 1919–24 bei der Hrvatska zajednica und gründete 1925 die unbedeutende Hrvatska narodna stranka. 1920 wurde er in die Regierung gewählt, zunächst als Minister für soziale Angelegenheiten, 1924–25 als Minister für Handel und Ind. In den 1930er-Jahren war er in verschiedenen Wirtschaftsforen aktiv, u. a. für die Volkssparkasse und Kreditanstalt (Pučka štedionica za štednju i vjeresiju). 1932 schied er aus der Politik aus.

Weitere W.: Stvaranje Srbije, 1921; Osnovke ugovora u Londonu 1915, 1928; Ličnosti i prilike iz novije prošlosti Hrvata i Srba, 1929; Vojska i hrvatska politika 1915, 1932. – Nachlass: Hrvatski državni arhiv, Zagreb, HR.

L.: Das geistige Ungarn; Enc. Jug. (m. B.); Nar. Enc.; A. Barac, in: Slavia. Časopis pro slovanskou filologii 17, 1939–40, S. 212ff.; I. Frangeš, Geschichte der kroat. Literatur, 1995, S. 918; Hrvatski lex. 2, ed. A. Vujić, 1997; M. Mihaljević, in: Fulminensia 12, 2000, Nr. 12, S. 1ff.; Hrvatska enc. 10, 2008; Hrvatski državni arhiv, Zagreb, HR.

(S. Pawischitz)

Susan Johann Frh. von, Offizier. Geb. Mannersdorf (Neustift-Innermanzing, NÖ), 24. 5. 1796; gest. Wien, 18. 1. 1887; röm.-kath. – Einer 1751 geadelten kroat. Familie aus Zengg (Senj) entstammend. – S. brach 1814 eine Anstellung in einem Handelshaus ab, um als Gemeiner in ein Kav.rgt. einzutreten. Als Lt. wechselte er zur Inf., wurde 1830 Hptm. sowie 1835 Mjr. im IR 19 und Adj. beim Gen.kmdo. in Slawonien. Anfang 1839 zum Grenz-IR 12 versetzt, übernahm er 1842 als Obst. dessen Kmdo. Im Mai 1848 wurde er zum GM befördert, erhielt ein Brig.kmdo. und focht zunächst unter →Johann Josef Wenzel Gf. Radetzky v. Radetz in Italien sowie im Oktober bei der Einnahme von Wien. 1849 wurde er dem Stab der Armee in Ungarn zugeteilt, zunächst unter FZM Ludwig Frh. v. Welden, dann unter FZM →Julius Jacob Frh. v. Haynau, den er als Verbindungsmann zu Gen.adj. →Karl Gf. Grünne in seiner harten

Haltung gegenüber den ung. Aufständ. bestärkte, die in den Hinrichtungen von 13 Gen. in Arad kulminierte. Ab Oktober 1849 FML und ab 1850 in Brescia Divisionär im 2., später im 7. Armeekorps, erhielt er 1855 auch das dortige Militär- und Stadtkmdo. 1857 wurde S. Festungskmdt. in Olmütz (Olomouc) und trat Ende 1859 i. d. R. 1849 wurde er mit dem Orden der Eisernen Krone II. Kl. mit der Kriegsdekoration sowie mit dem Ritterkreuz des Leopold-Ordens ausgez., 1850 Frh., 1853 2. Inhaber des IR 26.

L.: NFP, WZ, 18. 1. 1887 (beide A.); Wurzbach (s. u. Thaddäus S.); A. Schmidt-Brentano, Die Armee in Österr. Militär, Staat und Ges. 1848–67, 1975, s. Reg.; KA, Wien.

(A. Schmidt-Brentano)

Suschitzky Philipp, Buchhändler und Verleger. Geb. Inzersdorf, NÖ (Wien), 14. 12. 1875; gest. KZ Auschwitz, Dt. Reich (PL), vermutl. 1942/43 (umgekommen); mos. – Bruder von →Wilhelm S., Vater des Buchhändlers Joseph S. (geb. Wien, 25. 11. 1902; gest. London, GB, 14. 12. 1975), Schwiegervater des Zukunftsforschers Robert Jungk (1913–1994), Großvater des Schriftstellers Peter Stephan Jungk (geb. Santa Monica, Cal./USA, 19. 12. 1952); ab 1902 mit Olga S., geb. Hirschler (geb. Wien, 12. 7. 1882; gest. KZ Auschwitz, vermutl. 1942/43) verheiratet. – S. eröffnete nach einer Buchhandelslehre sowie einer mehrjährigen Tätigkeit als Buchhandelsgehilfe in Wien, Leipzig und Berlin 1901 gem. mit Wilhelm S. in Wien-Favoriten die erste Buch- und Antiquariatshandlung mit angeschlossener Leihbibl., die bald über die Bez.grenzen hinaus zu einem kulturellen Zentrum liberaler Kreise wurde. Der Gründung der Buchhandlung, der S. kurze Zeit später auch einen Verlag anschloss, gingen heftige Proteste seitens der Gewerbebehörden (kein Lokalbedarf und andere stark polit. motivierte Einwände) voraus. Ab ca. 1904/05 erschienen – noch unter dem Namen Verlag von Brüder Suschitzky – Bücher und Broschüren zu Sachthemen (z. B. Alkoholismusdebatte, Abstinentenbewegung) in enger Anlehnung an die Aufklärungs- und Bildungsziele der sozialdemokrat. Kulturbewegung. Ab 1908 wurde das Programm um Themen wie Pazifismus, Freidenkertum, Frauenbewegung, Sozial- und Sexualreformen erweitert. Zu den Autoren zählten u. a. →Josef Popper, →Rudolf Goldscheid, Wilhelm Börner und →Rosa Mayreder. Die Buchhandlung fungierte kurze Zeit als Wr. Geschäftsstelle des Monistenbunds, einer von Ernst Haeckel 1906 begründeten freigeistigen Bewegung, der S. und sein Bruder angehörten, sowie des Arbeiterabstinentenbunds. Ab 1908 erschienen im Verlag, der ab 1912 nach →Ludwig Anzengruber Anzengruber-Verlag, Brüder Suschitzky hieß, auch belletrist. Werke, u. a. von →Alfons Petzold, Johann Ferch und →Hans Kirchsteiger. Von 1917 bis vermutl. Kriegsende leistete S. als Schreiber im IR 49 seinen Kriegsdienst. Bereits 1911 war das Unternehmen im Zuge der von der Obrigkeit geführten „Schmutz- und Schundkampagne“ mehrfach in der Presse diffamiert worden. Ab 1920 musste sich S. als Geschäftsführer der Buchhandlung wegen des Vertriebs angebl. unsittl. und unzüchtiger Schriften mehrfach vor Gericht verantworten. Drei Tage nach dem „Anschluss“ Österr. an das Dt. Reich floh S. nach Frankreich. Das Unternehmen leiteten interimist. seine Frau Olga und seine Schwägerin Adele S., bis sich der ehemalige Angestellte Johann Heger um die „Arisierung“ des Unternehmens bemühte, die jedoch abgelehnt wurde. Als „jüdisch-marxistisch-pornographischer“ Betrieb erfolgte 1938 die Liquidierung und im Dezember 1941 die Löschung aus dem Firmenreg. S. und seine Frau wurden in Bordeaux aufgegriffen und im September 1942 nach Auschwitz deportiert.

L.: Hall–Renner; Hdb. jüd. AutorInnen; M. G. Hall, Österr. Verlagsgeschichte 1918–38, 1–2, 1985, s. Reg.; A. Lechner, Die Wr. Verlagsbuchhandlung „Anzengruber-Verlag, Brüder Suschitzky“ (1901–38) im Spiegel der Zeit, in: Archiv für Geschichte des Buchwesens 44, 1995, S. 187ff. (m. B.); M. Fischer, Erot. Literatur vor Gericht, 2003, S. 67ff.; DÖW, IKG, beide Wien.

(A. Lechner)

Suschitzky Wilhelm, Buchhändler und Verleger. Geb. Inzersdorf, NÖ (Wien), 22. 12. 1877; gest. Wien, 18. 4. 1934 (Selbstmord); mos., 1908 Austritt aus der IKG. – Bruder von →Philipp S., Vater des Kameramannes und Photographen Wolf S. (geb. Wien, 29. 8. 1912) und der Photographin Edith Tudor-Hart (geb. Wien, 28. 8. 1908; gest. Brighton, GB, 15. 5. 1973), Onkel des Buchhändlers Joseph S.; ab 1907 mit Adele S., geb. Bauer (geb. Brünn, Mähren / Brno, CZ, 19. 11. 1878; gest. London, GB, 24. 5. 1980) verheiratet. – Nach dem Besuch der Gremial-Handelsfachschule der Wr. Kaufmannschaft und verschiedener Univ.kurse eröffnete S. 1901 gem. mit seinem Bruder im Wr. Arbeiterbez. Favoriten eine Buch- und Antiquariatshandlung mit angeschlossener Leihbibl., der später der Verlag von Brüder

Suschitzky (ab 1912 Anzengruber-Verlag, Brüder Suschitzky) angeschlossen wurde. S., in der Arbeiterbewegung aktiv tätig und später Sozialdemokrat, Freidenker und Mitgl. des Monistenbunds, war ab 1914 Geschäftsführer des Verlags. 1915 als Rechnungsgehilfe in der Verwaltung eines Wr. Krankenhauses eingezogen, bemühte sich S. nach dem 1. Weltkrieg um eine zweite Buchhandelskonzession in Wien 1, um den Verlag von der Buchhandlung seines Bruders räuml. zu trennen. Das Ansuchen wurde jedoch im April 1919 abgelehnt. Das Unternehmen geriet ab den 1920er-Jahren zunehmend unter Druck und war Anfeindungen von rechtskonservativer Seite ausgesetzt. Nach S.s Tod wurde Adele S. zweite Ges., und sein Neffe Joseph S., der nach dem Besuch des Spezialkurses für den Buch-, Kunst- und Musikalienhandel und einem Stud. der Staatswiss. (Dr. jur. 1928) in das Unternehmen eingetreten war, übernahm bis zu seiner Deportation nach Dachau die Geschäftsführung des Verlags.

L.: *NFP, 19. 4. 1934 (auch A.); WZ, 19. 4. 1934; Hall–Renner; Hdb. jüd. AutorInnen; Renner, Nachlässe; M. G. Hall, Österr. Verlagsgeschichte 1918–38, 1–2, 1985, s. Reg.; A. Lechner, Die Wr. Verlagsbuchhandlung „Anzengruber-Verlag, Brüder Suschitzky" (1901–38) im Spiegel der Zeit, in: Archiv für Geschichte des Buchwesens 44, 1995, S. 187ff. (m. B.); E. Stumpf-Fischer, in: kolloquiA: Frauenbezogene / feminist. Dokumentation und Informationsarbeit in Österr., 2001, S. 241ff.; M. Fischer, Erot. Literatur vor Gericht, 2003, S. 67ff.; E. Fischer, Verleger, Buchhändler & Antiquare aus Dtld. und Österr. in der Emigration nach 1933, 2011, S. 321ff.; IKG, MA 35, UA, alle Wien; Mitt. Peter Stephan Jungk, Paris, F.*

(A. Lechner)

Sušil František, Ps. F. Rousinovský, Schriftsteller und Theologe. Geb. Neuraußnitz, Mähren (Rousínov, CZ), 14. 6. 1804; gest. Bistritz am Hostein, Mähren (Bystřice pod Hostýnem, CZ), 31. 5. 1868; röm.-kath. – Sohn eines Gastwirts und Bauern. – S. absolv. 1819–22 (zuerst als Privatist) das Piaristengymn. in Kremsier (Kroměříž) sowie 1822–23 die phil. Jgg. in Brünn (Brno), wo er 1823–27 Theol. stud.; 1827 Priesterweihe. Danach wirkte er bis 1836 als Kaplan in Wolframitz (Olbramovice) sowie kurz in Kumrowitz (Brno-Komárov). 1837 wurde er zum Prof. für Neues Testament am Priesterseminar in Brünn ernannt. Dort sammelte er patriot. gesinnte Studenten (u. a. Jan Evangelista Bílý, →Beneš Metod Kulda, František Poimon, Jan Soukop, →Vladimír Šťastný), die sog. S.-Gruppe, um sich. S. entwickelte sich zu einem angesehenen geistl. Anführer und Förderer der kath. nationalen Bewegung der mähr. Tschechen. Er gründete mehrere nationalpatriot. und kirchl. Ver., u. a. 1848 Ústřední katolická jednota und Moravská národní jednota; ab 1850 war er Obmann des Dědictví sv. Cyrila a Metoděje. 1849 initiierte er die konservative kath. WS „Hlas. Jednoty katolické pro víru, svobodu a mravní ušlechtilost". Außerdem unterrichtete er an der Brünner böhm. Staats-Gewerbeschule. S., der die St. Kyril-Methodius-Feier im Jubiläumsjahr 1863 mitorganisierte, thematisiert in seinen zahlreichen patriot.-didakt. Ged. und Fabeln, oft in Liedform, v. a. religiöse Bräuche und Werte. Neben seiner umfangreichen tschech. Melodien- und Volksliedersmlg. aus Mähren, NÖ und Schlesien sind bes. die Übers. und Erläuterung sämtl. Bücher des Neuen Testaments (1864–71) sowie weiterer patrist. Werke, Kirchenhymnen etc. von Bedeutung. 1862 wurde S. mit dem St. Annen-Orden ausgez.; 1865 Dr. h. c. der Univ. Wien.

W. (s. auch LČL): Moravské národní písně, 1835 (erweiterte Aufl. 1840); Básně, 1847; Moravské národní písně s nápěvy do textu vřaděnými, 1860; Sebrané básně, 1862.

L.: *Moravská orlice, 3. 6. 1868; LČL (m. W. u. L.); Masaryk; Otto; Rieger; Wurzbach; Notizen-Bl. der hist.-statist. Section der k. k. mähr.-schles. Ges. zur Beförderung des Ackerbaues, der Natur- und Landeskde., 1868, S. 73; Časopis katolického duchovenstva 9, 1868, S. 290f.; Světozor 2, 1868, S. 227ff.; P. Vychodil, F. S., 1898; Památce F. S., ed. V. Šťastný, 1904; J. Svozil, O F. S., 1904; P. Vychodil, Z doby S., 1917; T. Vodička, F. S., 1946; F. S. (1804–68), ed. V. Frolcová, 2004; R. Malý, F. S., 2004; Sušilovské zrcadlo, ed. J. Plocek, 2005.*

(V. Petrbok)

Suske Ferdinand, Schauspieler. Geb. Swoleňowes, Böhmen (Zvoleněves, CZ), 19. 4. 1857; gest. München, Bayern (D), 22. 8. 1907. – Sohn eines Rentverwalters, verheiratet mit Karoline S., geb. Fichtmann, der Tochter eines russ. Hofschauspielers. – S. wollte ursprüngl. Maschineneng. werden und stud. ab 1873 am dt. polytechn. Inst. in Prag. Später wandte er sich der Bühne zu, nahm in Prag kurze Zeit Schauspielunterricht und debüt. um 1878 am Stadttheater Görlitz. Anschließend war er am Stadttheater Flensburg im Fach der 1. Heldenväter und 1. Charakterrollen engag. Von dort gelangte S. um 1880 auf Vermittlung →Alexander Strakoschs an das Wr. Stadttheater, wechselte jedoch bald darauf für ein Jahrzehnt an das Dt. Hoftheater nach St. Petersburg, wo er als Franz Moor in Schillers „Räubern" debüt. und als Darsteller in der Tragödie wie auch im Lust- und Schauspiel große Beliebtheit erlangte. Nach Auflösung der dt. Hoftruppe spielte er ab 1891 unter →Ludwig Barnay, später unter Oscar Blumenthal am Berliner Theater sowie 1895–98 am Lessingtheater in Berlin. 1898 wurde er Ensemblemitgl. des Münchner Hof- und Nationaltheaters, dem er bis zu seinem Tod angehörte. Ab etwa 1900 kgl. Hofschauspieler, verkörperte er als Charakterdarsteller ernste und kom. Rollen in klass. und zeitgenöss. Stücken, so etwa Richard III. und König Lear in den gleichnamigen Dramen Shakespeares sowie Shylock in dessen Komödie „Der Kaufmann von Venedig“, Adam in Kleists „Zerbrochenem Krug“ oder den Wurzelsepp in Ludwig Anzengrubers Volksstück „Der Pfarrer von Kirchfeld“. Er verfügte über ein umfangreiches Repertoire, wobei er vertragl. festgelegt haben soll, nicht in Versrollen beschäftigt zu werden. S. wurde u. a. mit der k. russ. großen goldenen Medaille am Bande des Alexander-Newski-Ordens und der großen goldenen Medaille am Bande des Stanislaus-Ordens sowie der bayr. Ludwigsmedaille für Wiss. und Kunst ausgez.

Weitere Hauptrollen: Harpagon (Molière, Der Geizige); Wurm (F. v. Schiller, Kabale und Liebe); Just und Wirt (G. E. Lessing, Minna von Barnhelm); etc.

L.: Biograph. Jb. 12, 1909, S. 91f.; Eisenberg, Bühne; Kosch, Theater-Lex.; Wer ist's?, 1908; Die Dt. Bühne in Wort und Bild, ed. J. Eckstein, F. 1, Lfg. 13, 1893 (m. B.); Spemanns goldenes Buch des Theaters, ed. R. Genée u. a., 1902, Nr. 1092 (m. B.); Die k. k. dt. TH in Prag 1806–1906, red. F. Stark, 1906, S. 481; Bühnen-Dekameron, ed. G. Gellert, 1906, S. 292 (m. B.); L. Malyoth, in: Bühne und Welt 10, 1907/08, S. 160f. (m. B.); Neuer Theater-Almanach 19, 1908, S. 145, 152f. (m. B.); M. Leythäuser, Die Scheinwelt und ihre Schicksale. Volkstüml. Geschichte der Münchener Kurfürstl. und Kgl. Hoftheater ..., vollständig neu bearb., ergänzte und vermehrte 2. Aufl., o. J., s. Reg.

(E. Offenthaler)

Sussin Mathilde, Schauspielerin. Geb. Wien, 21. 9. 1876; gest. Ghetto Theresienstadt, Protektorat Böhmen und Mähren (CZ), 2. 8. 1943 (umgekommen); mos. – Tochter eines aus Belgrad stammenden Kontoristen. – S. begann ihre schauspieler. Laufbahn 1895 am Stadttheater Innsbruck. Nach Stationen in Aachen (1897), Preßburg (1898), Wr. Neustadt (1899) und neuerl. Aachen kam sie 1901 an das Grazer Stadttheater, wo sie als Lady Milford in Schillers „Kabale und Liebe“ debüt. und bis 1906 Ensemblemitgl. blieb. Im Fach der eleganten Salondame soll sie ein feines Gespür für die Darstellung hochsensibler Frauen besessen haben und war v. a. in Stücken von Ibsen, Hauptmann und Sudermann erfolgreich, etwa als Magda in Sudermanns Schauspiel „Heimat“ und als Beate in dessen Drama „Es lebe das Leben“. Anschließend ging sie nach Berlin, trat dort zunächst unter Otto Brahm am Lessingtheater (u. a. als Morphinistin Sidonie Knobbe in der Urauff. von Hauptmanns Tragikomödie „Die Ratten“) und ab 1912 auch am Kleinen Theater auf. 1913/14 gehörte sie gem. mit Gerhart Hauptmann, Else Lehmann und anderen der neu gegr. Dt. Künstler-Theater-Sozietät an. Ab 1916 war S. am kgl. Schauspielhaus engag., wo sie u. a. als Frau Alving in Ibsens „Gespenstern“ zu sehen war. Im selben Jahr begann sie auch für den Stummfilm zu arbeiten, wobei sie meist Mütter und Ehefrauen darstellte (z. B. Lady Kockeritz in „Ein Walzertraum“, 1925) und in Literaturverfilmungen mitwirkte, etwa in der Rolle der Konsulin Elisabeth Buddenbrook in „Die Buddenbrooks“ (1923) sowie – unter der Regie Richard Oswalds – als Frau Geheimrat Burthe in der Vicky-Baum-Verfilmung „Feme“ (1927) und als Frau Bergmann in „Frühlings Erwachen“ (1929) nach Frank Wedekind. Wenige Monate nach der „Machtergreifung“ der Nationalsozialisten 1933 wurde ihr Vertrag am Preuß. Staatstheater gekündigt. Im Spätsommer dieses Jahres konnte sie noch für einige Wochen am Theater in der Stresemannstraße auftreten, bevor man sie, da sie nicht in die Reichstheaterkammer aufgenommen wurde, auch hier entließ. Gustaf Gründgens soll danach für sie gesorgt haben. Im September 1942 wurde S. in das Ghetto Theresienstadt deportiert, wo sie an Rezitationsabenden und Theaterauff. mitwirkte.

L.: Eisenberg, Bühne; Die vormals Kgl., jetzt Preuß. Staatstheater zu Berlin, zusammengestellt G. Droescher, 1936, S. 40, 43, 126; O. Brahm – G. Hauptmann, Briefwechsel 1889–1912, ed. P. Sprengel, 1985, s. Reg.; U. Liebe, verehrt verfolgt vergessen: Schauspieler als Naziopfer, 1992, s. Reg. (m. B.); K. Weniger, Das große Personenlex. des Films 7, 2001 (m. Filmographie); C. Zuckmayer, Briefe an H. Schiebelhuth ... u. a. Beitrr. zur Zuckmayer-Forschung, ed. G. Nickel u. a., 2003, s. Reg.; Ph. Manes, Als ob's ein Leben wär. Tatsachenber. Theresienstadt 1942–44, ed. B. Barkow – K. Leist, 2005, s. Reg.; K. Weniger, Zwischen Bühne und Baracke, 2008, S. 333f. (m. B.); IKG, Wien.

(E. Offenthaler)

Šusta Josef d. Ä., Landwirtschafts- und Fischereifachmann. Geb. Jankau bei Wotitz, Böhmen (Jankov, CZ), 26. 11. 1835; gest. Prag, Böhmen (Praha, CZ), 15. 10. 1914; röm.-kath. – Aus einer Bauernfamilie stammend. Vater von →Josef Š. d. J. und Václav Š. (geb. Wittingau, Böhmen / Třeboň, CZ, 8. 8. 1871; gest. Praha, 25. 11. 1956), der die Arbeit seines Vaters als Gutsdir. in Frauenberg (Hluboká nad Vltavou) und Dir. der Wittingauer Teichwirtschaft fortsetzte. – Š. absolv. das Akadem. Gymn. in Prag, besuchte als ao. Hörer naturwiss. Vorlesungen am Prager Polytechnikum und 1856–57 die höhere landwirtschaftl. Lehranstalt in Ung. Altenburg (Mosonmagyaróvár) (kein Abschluss). Danach war er Adjunkt in Felső-Szászberek (Szászberek), bevor er 1858 eine Stelle in der schwarzenberg. Herrschaft in Postelberg (Postoloprty) annahm. 1867 wurde Š. Hofverwalter der Herrschaft in Wittingau, wo er sich in Zusammenarbeit mit →Johann Adolf II. Fürst zu Schwarzenberg verstärkt dem Ackerbau und i. d. F. insbes. der Teichwirtschaft widmete und den landwirtschaftl. Ertrag durch neue Methoden erhöhen konnte. 1879 Herrschaftsdir., 1898 i. R. Š. gab prakt. Hand- und Lehrbücher für Bauern heraus und förderte die Gründung von Wirtschaftsschulen, um bessere Lebensbedingungen auch für Kleinbauern zu ermöglichen. Ab 1879 widmete er sich verstärkt der Karpfenzucht und veröff. 1884 sein bekanntestes Buch, „Výživa kapra a jeho družiny rybničné" (dt. „Die Ernährung des Karpfens und seiner Teichgenossen: Grundlagen der Teichwirtschaft", 1888, 2. Aufl. 1905), in dem er u. a. belegte, dass Karpfen auch Fleischfresser sind. Mit diesem Ratgeber legte er die Grundlagen für eine moderne, ökonom. Fischzucht. Š., der als Begründer der Binnenfischerei in Böhmen gilt, führte dort die Maränenzucht ein und setzte sich auch für eine Verbesserung der Zanderzucht ein. 1874–1902 gehörte er dem böhm. Landwirtschaftsrat an. Er war Red.mitgl. diverser Fachz. (u. a. „Archiv zemědělský", „České listy hospodářské") und Prüfungskoär. an Wirtschaftsschulen.

Weitere W.: Über die Ertragshebung der Landgüter, 1876, 2. Aufl. 1890; Fünf Jhh. der Teichwirtschaft zu Wittingau: Ein Beitr. zur Geschichte der Fischzucht mit bes. Berücksichtigung der Gegenwart, 1898.

L.: *Otto; Otto, Erg.Bd.; L. Hanel – J. Šmerha, in: Sborník vlastivědných prací z Podblanicka 25, 1984, S. 267ff. (m. L.); J. Š., pět století rybničního hospodaření v Třeboni, ed. M. Hule, 1995; B. Jiroušek, Rybnikář J. Š., 1998; ders., in: Jihočeský sborník historický 68, 1999, S. 187ff.; ders., in: Vlast a rodný kraj v díle historika ..., ed. J. Pánek, 2004, S. 621ff.*

(M. Makariusová)

Šusta Josef d. J., Historiker und Politiker. Geb. Wittingau, Böhmen (Třeboň, CZ), 19. 2. 1874; gest. Praha, Tschechoslowakei (CZ), 27. 5. 1945 (Selbstmord). – Sohn von →Josef Š. d. Ä. – Š. besuchte das Gymn. in Wittingau und Budweis (České Budějovice) und stud. 1891–96 Geschichte an der tschech. Univ. Prag bei →Jaroslav Goll sowie 1893 am Inst. für Österr. Geschichtsforschung bei →Oswald Redlich und Franz Wickhoff. 1895–96 war er als Einjährig-Freiwilliger in Prag, 1896–98 als Stipendiat des Österr. Hist. Inst. in Rom (1898 Dr. phil. der Univ. Prag). 1900 habil. er sich in Prag für Geschichte des Mittelalters und der Neuzeit und unterrichtete als Priv.Doz. an der tschech. Univ. Prag und als Prof. an der tschech. Handelsakad. 1905 wurde Š. ao. Prof., 1910 o. Prof., 1907 Ko-Dir. des Hist. Seminars, 1916/17 Dekan der phil. Fak. der tschech. Univ. Prag. 1909 wurde er k. M., 1916 ao., 1924 o. Mitgl., 1939 Präs. der Česká akad. věd a umění (ČAVU) sowie 1916 ao., 1933 o. Mitgl. der Kgl. böhm. Ges. der Wiss. 1919 lehnte er die Position eines Botschafters für das Dt. Reich ab, fungierte jedoch 1921–22 als Minister für Schulwesen in der Regierung Beneš. In der Zwischenkriegszeit war Š. auch in höheren Funktionen bei verschiedenen hist. und gesellschaftl. Ver. in der Tschechoslowakei (Historický klub, PEN-Klub, Svatobor) und auf internationaler Ebene (Comm. internationale de coopération intellectuelle, Royal Historical Society, School of Slavonic Studies, Société historique Algérienne) tätig. Nach 1939 versuchte Š. als Präs. der ČAVU nicht ohne Schwierigkeiten eine weitgehende Unabhängigkeit der tschech. Wiss. gegenüber dem Druck des nationalsozialist. Dtld. zu bewahren, wurde jedoch zu Loyalitätsbezeugungen gezwungen. Ohne seine Zustimmung wurde er 1939 in die Leitung des gleichgeschalteten Ver. Český svaz pro spolupráci s Němci entsandt. 1944 wurde er Mitgl. des Ehrenausschusses Liga proti bolševismu, wobei auch seine Freundschaft mit dem Staatspräs. Emil Hácha eine Rolle spielte. Im Mai 1945 legte er seine akadem. Ämter nieder; durch persönl. Angriffe von Journalisten wie auch durch Morddrohungen wurde er in den Selbstmord getrieben. Š.s hist. Werk gehört zu den herausragendsten Leistungen der tschech. Historiographie des 20. Jh. In seinen zahlreichen wiss. Publ. widmete er sich bes. der Geschichte der böhm. Länder im 13. und 14. Jh. und der Geschichte der Historiographie. Dazu verf. er Monographien über die europ. Geschichte 1812–70 und die Weltpolitik 1871–1914 und lieferte verschiedene kulturgeschichtl. Artikel für die Tagespresse. Einen wertvollen Beitr. zu seiner Autobiographie stellen der von ihm verf. Bildungsroman „Cizina" (1914) sowie seine zweibändigen Memoiren dar, die die Zeit bis 1899 umfassen.

Weitere W.: s. LČL. – Nachlass: Národní archiv, Praha, CZ.

L.: *Svobodné noviny, 2., 3. 6. 1945; Národní osvobození, 6. 6. 1945; Lidová demokracie, 7. 6. 1945; LČL (m. W.); Masaryk; Otto; Otto, Erg.Bd.; Věstník České akad. věd a umění 54, 1945, S. 5ff.; J. Klik, in: Časopis společnosti přátel starožitnosti 51–53, 1946, S. 275ff.; K. Kazbunda, Stolice dějin na pražské univ. 3, 1968, s. Reg.; F. Kutnar – J. Marek, Přehledné dějiny českého a slovenského dějepisectví, 1997, s. Reg. (m. B.); Politická elita meziválečného Československa 1918–38, 1998 (m. B.); J. Lach, Š. a Dějiny lidstva, 2001; ders., J. Š. 1874–1945. A history of a life, a life in history, 2003; J. Blüml, J. Š., 2006; T. Borovský, in: Kultura jako téma a problém dějepisectví, ed. ders. u. a., 2006, S. 127ff.*

(V. Petrbok)

Šusteršič Ivan, Politiker und Jurist. Geb. Oberdorf bei Reifnitz, Krain (Gorenja vas pri Ribnici, SLO), 29. 5. 1863; gest. Ljubljana, Kg.reich SHS (SLO), 7. 10. 1925; röm.-kath. – Sohn des Zivil- und Strafrichters Valentin Š. und der Gastwirtstochter Marija Š., geb. Jalen, Schwiegersohn von →Josip (Josef) Šuman; verheiratet mit Bogomila Š., geb. Šuman. – 1873–75 besuchte Š. das Gymn. in Krainburg (Kranj) und anschließend bis 1881 in Laibach (Ljubljana). Danach stud. er bis 1885 Jus an der Univ. Wien, wurde 1886 Konzipient in der Anwaltskanzlei von Franc Papež in Laibach, prom. 1889 zum Dr. jur. an der Univ. Graz und eröffnete 1894 sein eigenes Anwaltsbüro. Seinen ersten öff. Auftritt hatte Š. 1892 beim Ersten Slowen. Kath. Kongress in Laibach. 1896 wurde er mit Unterstützung des Fürstbischofs →Jakob Missia zum ersten Mal als Abg. der Kath. Nationalpartei in den RR gewählt. Damit begann sein schneller Aufstieg an die Spitze der Parteiorganisation, wobei es ihm gelang, die Konservativen mit der jungen Generation der Christl.sozialen zu vereinen. 1897 gründete Š. im RR den Slaw. Christl.nationalen Verband und leitete bis 1914 verschiedene, aus slaw. Abg. zusammengesetzte Parlamentklubs. Ab 1901 betrieb Š. im Krainer LT Obstruktion, um die regierende dt.-slowen. liberale Koalition zur Annahme der Wahlrechtsreform zu zwingen. Der in Slowen. Volkspartei umbenannten Kath. Nationalpartei gelang es 1905/06 durch die Wahlrechtsreform, sich die absolute Mehrheit im LT zu sichern, was 1909 zur Gründung der Allslowen. Volkspartei führte, die sich auch auf Görz (Gorizia), die Unterstmk., Südktn. und Triest ausdehnte. Š. exponierte sich im Kampf um das allg. und gleiche Wahlrecht im RR, wobei er einer der konstruktivsten Verbündeten der Regierung war. Am Vorabend der bosn. Annexion 1908 konzipierte er ein groß angelegtes staatsrechtl. Programm einer trialist. Reform und kooperierte zu diesem Zweck mit den Führern der kroat. Rechtspartei und dem großösterr. Kreis um den Thronfolger →Franz Ferdinand. 1912 erreichte seine trialist. Politik mit der Gründung der Kroat.-Slowen. Rechtspartei ihren Höhepunkt. Ab 1912 LHptm., musste sich Š. mit einer starken Opposition innerhalb der Partei auseinandersetzen und verlor wegen seiner Politik der „loyalen Opposition“ die Unterstützung im RR, wo sich →Anton Korošec als neuer südslaw. Klubobmann durchsetzte. Nach dem endgültigen Parteizerwürfnis gründete Š. 1917 die neue Bauernpartei und distanzierte sich von Korošec' Anhängern, die eine Lösung der südslaw. Frage auch außerhalb der Habsburgermonarchie suchten. Kurz vor dem Umsturz im Oktober 1918 stellte Š. in einer Artikelser. in der Ztg. „Novice“ einen Plan für die Transformation Österr.-Ungarns zu einer Donaukonföderation gleichberechtigter Nationalstaaten unter Führung der Habsburger vor. Ende Oktober 1918 wurde er als LHptm. abgesetzt und musste ins Exil nach Österr. bzw. in die Schweiz fliehen. 1922 kehrte er zurück, um an den Wahlen zur Nationalversmlg. des Kg.reichs SHS im folgenden Jahr teilzunehmen. Seine Nationale Volkspartei erlitt jedoch gegen die Korošec-Partei eine Niederlage, weshalb sich Š. gänzl. aus der Politik zurückziehen musste.

W.: Moj odgovor, 1922 (Neuaufl. 1996); etc.

L.: *SBL (m. L.); J. Pleterski, Dr. I. Š. 1863–1925, 1998; Z. Bergant, Kranjska med dvema Ivanoma. Idejno-politično soočenje slovenskega političnega katolicizma in liberalizma na prehodu iz 19. v 20. stoletje, 2004; A. Rahten, Šusteršiči – zgodovina kranjske legitimistične rodbine, 2010; ders., I. Š. – der ungekrönte König von Krain, 2012; UA, Graz, Stmk.*

(A. Rahten)

Sutnar Jaroslav, Ps. Vilém Dítě, Jan Kříž, Jan Mráz, Viktor Oblak, U. S. Rant, Alex. Sever, Petr Skála, Václav Uhel, Literaturhistoriker, Schriftsteller und Bibliothekar. Geb. Karolinenthal, Böhmen (Praha-Karlín, CZ), 24. 6. 1873; gest. Brno, Tschechoslowakei (CZ), 27. 4. 1947; röm.-kath. – Sohn des Beamten im Telegraphenamt und Pioniers für den Ausbau des Telefonnetzes in Böhmen Václav S., Neffe des Malers und Illustrators Artuš Scheiner (1863–1938), Bruder des Malers und Designers Ladislav S. (1897–1976). – Nach dem Besuch des tschech. Staatsgymn. in Pilsen (Plzeň) 1883–91 stud. S. an der Prager tschech. Univ. moderne Sprachen und Literatur. Nach einem Staatsstipendium in Leipzig 1893/94 und einem weiteren Semester in Prag setzte er 1895 das Stud. an der Wr. Univ. fort; 1896 Dr. phil. mit einer Arbeit zu →Svatopluk Čech. Danach war S. in der Hofbibl. in verschiedenen Positionen tätig (1902 Amanuensis, 1911 prov. Skriptor, 1913 Bibliothekar) und unterrichtete daneben Tschech. an der Theresian. Akad. (1904–06) sowie an der Univ. (1917–22). S., der am Ver.-leben der Wr. Tschechen aktiv teilnahm, trat nach dem Zerfall der Monarchie 1918 in den tschechoslowak. Staatsdienst als Mitarb. der für die Überführung von Archivgut in die Tschechoslowakei zuständigen Liquidierungskomm. 1923 wurde er Dir. der Landes- und Univ.bibl. in Brno, 1931 Staatsrat, 1934 i. R. In seinen Ged., die in Z. und Ztg. wie „Besedy Času“, „Lidové noviny“, „Šibeničky“ oder „Vídeňský deník“ erschienen und in denen er die Wr. Ges. analysiert, wird seine sozialkrit. und antiklerikale Haltung deutl. Er widmete sich außerdem der diachronen Sprachwiss. sowie der Literaturgeschichte (v. a. →Karl Jaromír Erben und Čech). S. veröff. Beitrr. im „Archiv für slavische Philologie“ sowie Artikel zum Bibl.wesen, übers. für die „Wiener Zeitung“ tschech. Literatur ins Dt. und erarbeitete Bibliographien (u. a. „Slavische Länder“ in der „Neuen Österreichischen Biographie 1815–1918. Zweite Abteilung Bibliographie“, 1925).

Weitere W. (s. auch LČL): Trosky. Verše (1889–94), 1896; S. Čechs Leben und Werke, 1897. – Nachlass: Literární archiv PNP, Praha, CZ.

L.: Svobodné noviny, 29. 4. 1947; Rovnost, 30. 4. 1947; LČL (m. W.); Masaryk; Otto, Erg.Bd.; M. Steppanová, in: Knihovna 2, 1947, S. 65; A. Beer, in: Naše věda 25, 1947, S. 265f.; Š. Vlašín, in: Státní vědecká knihovna v Brně, 1983, S. 252; UA, Wien.

(V. Petrbok)

Sutter Joseph, Maler. Geb. Wien, 28. 11. 1781; gest. Linz (OÖ), 12. 5. 1866; röm.-kath. – Sohn des Goldschmieds Joseph S. und der Elisabeth S., geb. Schreiber, Vater des Malers Daniel S. (geb. Wien, um 1813; gest. ebd., 19. 4. 1864; röm.-kath.), der ab 1832 an der ABK in München stud. und später mit seinem Vater arbeitete; ab 1812 verehel. mit Maria Anna Josepha S. (geb. Wien, um 1777; gest. Linz, 24. 10. 1853). – S. trat bereits 1794 in die Wr. ABK ein, wo er 1799, 1805 und 1806 mit dem Gundel-Preis ausgez. wurde. Seit 1808 mit Friedrich Overbeck befreundet, wurde er 1809 Gründungsmitgl. des Lukasbunds, verfocht nach der Abreise seiner Bundesbrüder nach Rom 1810 deren Ideale im Kampf gegen die Lehrmethoden der Wr. Akad. und warb auch weitere Mitgl. für den Künstlerbund, darunter Johann Evangelist Scheffer v. Leonhardshoff und Franz Durnwalter. 1816–28 lebte er in Rom, ohne jedoch bedeutendere Werke hervorzubringen. 1831–38 hielt er sich in München auf und arbeitete als Gehilfe von Peter v. Cornelius, →Julius Schnorr v. Carolsfeld und Heinrich Maria Heß bei der Durchführung großer Freskenprojekte mit. 1838 übersiedelte er nach Linz und unterrichtete an einer Zeichenschule. Hier trat er auch mit →Anton v. Spaun in Kontakt und war an der Gründung des Oö. Kunstver. (1851) mitbeteiligt. S.s Bedeutung lag v. a. in seiner Funktion als Theoretiker, Propagator, Mentor neuer Mitgl. und Sprachrohr der Lukasbrüder in den Auseinandersetzungen mit der Wr. ABK. Künstler. hervorzuheben ist primär sein Frühwerk (z. B. das Triptychon „Susanna im Bade“, 1810, Oö. Landesmus. Linz). S., der fast erblindet und in ärml. Verhältnissen starb, hinterließ abgesehen von einigen wenigen Ölgemälden v. a. ein zeichner. Œuvre.

Weitere W.: s. Grote; – Nachlass: Oö. Landesmus., Linz, OÖ.

L.: ADB; Fuchs, 19. Jh.; Fuchs, Erg.Bd. (auch für Daniel S.); Thieme–Becker; Wurzbach (auch für Daniel S.); Z. für Kunstgeschichte 4, 1935, S. 127ff.; G. Gugenbauer, in: Christl. Kunstbll. 78, 1937, S. 1ff. (m. B.); L. Grote, J. S. und der nazaren. Gedanke, 1972 (m. B. u. W., auch für Daniel S.); Die Nazarener in Österr. 1809–1939, Graz 1979 (Kat.); Die Nazarener in Rom, ed. K. Gallwitz, München 1981, S. 262ff. (Kat.); Künstlerleben in Rom. B. Thorvaldsen (1770–1844), ed. G. Bott – H. Spielmann, Nürnberg 1992, s. Reg. (Kat.); C. Reiter, in: Kunstjb. der Stadt Linz 2000/01, 2002, S. 9ff. (m. B., auch für Daniel S.); dies., Wie im wachen Traume. Zeichnungen, Aquarelle, Ölskizzen der dt. und österr. Romantik, 2006 (auch für Daniel S.).

(C. Reiter)

Suttner Arthur Gundaccar Frh. von, Ps. M. A. Lerei, Schriftsteller und Ethnograph. Geb. Wien, 21. 2. 1850; gest. Schloss Harmannsdorf (NÖ), 10. 12. 1902; röm.-kath. – Sohn von Karl Gundaccar Frh. v. S. d. Ä. (s. u.), Bruder des Min.sekr. im Ackerbaumin. Carl Gundaccar Frh. v. S. d. J. (geb. Schloss Harmannsdorf, 22. 1. 1842; gest. Wien, 8. 12. 1889), Onkel von Marie Louise Freiin v. S. (s. u.); ab 1876 mit →Bertha Freifrau v. S. verheiratet. – Nach einem abgebrochenen Jusstud. in Wien (1868–73) und seiner von den Eltern missbilligten Hochzeit lebte S. ab 1876 für fast neun Jahre in Georgien, wo er Dt. unterrichtete und ab 1877 Presseberr. zum russ.-türk. Krieg für dt. und österr. Ztg. wie die „Neue Freie Presse“ verf. Außerdem veröff. er Reiseberr., Feuilletons und Romane, die zumeist im Kaukasus spielen. In Georgien war S. im Bauwesen tätig, half bei der Planung und hatte die Oberaufsicht beim Bau des Fürstenschlosses in Zugdigi inne. Seinen Hoffnungen auf einen gehobenen Regierungsposten in zarist. Diensten, seinen Kolonisierungsplänen und seinem Versuch, im Holzhandel Fuß zu fassen, war wie seinem Vorhaben, das georg. Nationalepos „Der Recke im Tigerfell" von Schosta Rustaweli ins Französ. und Dt. zu übers., kein Erfolg beschieden. Nach der Aussöhnung mit seinen Eltern und der Rückkehr nach Österr. 1885 verwaltete S. die Güter und Steinbrüche seiner Familie. Aufgrund der immer stärker werdenden antisemit. Stimmung in Politik und Ges. gründete er 1891 den Ver. zur Abwehr des Antisemitismus nach Vorbild des im Vorjahr in Berlin gebildeten Ver. gleichen Namens und gewann dafür Prominente wie →Peter Ros(s)egger, Ludwig Ganghofer, das Ehepaar →Moritz Frh. Ebner v. Eschenbach und →Marie Freifrau Ebner v. Eschenbach, die Mediziner →Hermann Nothnagel und →Richard v. Krafft-Ebing, den Schriftsteller Rudolf Gf. v. Hoyos-Sprinzenstein, den Kunstmäzen Edmund Gf. Zichy, den Textilindustriellen →Friedrich Frh. v. Leitenberger d. J., →Eduard Sueß und →Johann Strauß (Sohn). 1892–96 gab der Ver wöchentl. das „Freie Blatt" heraus und leistete prakt. Arbeit, u. a. bot er Juden kostenlosen Rechtsschutz an. Die rasante Zunahme des Antisemitismus in Österr., insbes. in Wien, konnte der Ver. nicht aufhalten und versank in Bedeutungslosigkeit. Für seine späten Arbeiten fand S. kaum mehr Verleger. Er bemühte sich vergebl. um einen Red.posten bzw. um eine Aufstellung als RR-Kandidat der liberalen Partei. S.s Vater **Karl Gundaccar Frh. v. S. d. Ä.** (geb. Wien, 15. 3. 1819; gest. Schloss Harmannsdorf, 15. 9. 1898) war Steinbruchs- und Gutsbesitzer sowie Abg. zum nö. LT. Karl Gundaccar Frh. v. S. d. Ä. erlangte durch seine großzügige Hilfeleistung während der Flucht der K.familie nach Olmütz (Olomouc) 1848 auf seinem Gut in Zogelsdorf die Gunst der Regierung. 1859 gründete S. zwei Monate vor der Schlacht bei Solferino den 1. Patriot. Hilfsver. zur Unterstützung von Kriegsopfern, dessen Vizepräs. er war. 1866 wurde er in den Frh.stand erhoben. Arthur Gundaccar v. S.s Nichte und Tochter seines Bruders Carl Gundaccar Frh. v. S. d. J., die Schriftstellerin **Marie Louise Freiin v. S.** (geb. Wien, 22. 11. 1873; gest. Messancy, B, 1948; röm.-kath.), wuchs ab 1887 als Waise im Landschloss Harmannsdorf bei ihren Großeltern, ihrem Onkel und dessen Ehefrau auf. Marie Louise v. S. weckte die Eifersucht ihrer berühmten Tante, da sie eine Romanze mit S. unterhielt, die sie nur wenig getarnt in dem autobiograph. gefärbten Roman „Wie es Licht geworden" 1898 veröff. und den sie Bertha Freifrau v. S. widmete. Nach ihrer Heirat mit Emil Frh. v. Haebler (geb. 19. 9. 1855) 1905 lebte sie auf Schloss Gutenbüchel in der Unterstmk. (Marovški dvorec) und ab 1939 in Messancy.

Weitere W.: Daredjan. Mingrel. Sittenbild, 1886; Der Battono, 1886; Die Adjaren, 1888; Schamyl, 1890; Kinder des Kaukasus, 2 Bde., 1890–91; Sein Verhängnis, 1897; Die Tscherkessen, 1898; Gebrandmarkt, 1898; Der Erbe von Scharfeneck, 1900; Dory's Roman, 1903; etc. – Marie Louise Freiin v. S.: Ihr Opfer, 1896; etc.

L.: NFP, 11. 12. 1902; Brümmer; Eisenberg 1; Hall–Renner; Kosch; Kosel 2; T. Nussenblatt, Ein Volk unterwegs zum Frieden, 1933, s. Reg. (m. B.); B. Hamann, B. v. S., 1986, s. Reg. (für alle Familienmitgl.); M. Enichlmair, Der Kaukasus im ausgehenden 19. Jh.: A. v. S. als Beispiel der dt.sprachigen Intelligenzija in Georgien ..., phil. DA Wien, 1999. – Karl Gundaccar Frh. v. S. d. Ä.: Wurzbach. – Marie Louise Freiin v. S.: Brümmer; Kosch; MA 35, UA, WStLA, alle Wien.

(J. G. Lughofer)

Suttner Bertha (Sophia Felicita) Freifrau von, geb. Gfn. Kinsky v. Wchinitz (Chinic) und Tettau, Ps. Elisa Arnold, B. Oulot, Jemand, Schriftstellerin, Journalistin und Friedensaktivistin. Geb. Prag, Böhmen (Praha, CZ), 9. 6. 1843; gest. Wien, 21. 6. 1914 (begraben: Urnenhain Gotha); röm.-kath. – Tochter des kurz vor ihrer Geburt verstorbenen FML Franz Joseph Kinsky Gf. v. Wchinitz (Chinic) und Tettau (1769–1843) und von Sophie Wilhelmine, geb. v. Körner; ab 1876 mit →Arthur Gundaccar Frh. v. S. verheiratet. – S. wuchs in aristokrat. Umfeld in Brünn (Brno), später in Wien und Klosterneuburg auf. Neben luxuriösen Reisen in Kurorte und zu Spielstätten genoss sie französ., engl. und italien. Sprachunterricht durch Gouvernanten aus verschiedenen Ländern und erreichte durch die Lektüre belletrist. und wiss. Literatur einen hohen Bildungsgrad. Mehrere Verlobungen sowie eine Karriere als Sängerin scheiterten. 1872 wurde S. Gouvernante der vier Töchter von Karl Gundaccar Frh. v. S. d. Ä. (s. u. →Arthur Gundaccar Frh. v. S.) in Wien sowie auf dessen Landschloss Harmannsdorf in NÖ. Diese Stellung wurde aufgrund der Liebesbeziehung mit Arthur Gundaccar Frh. v. S. unhaltbar. S. nahm 1876 für wenige Tage die Tätigkeit als Sekr. bei Alfred Nobel in Paris an. Wenig später heiratete sie heiml. Arthur Gundaccar Frh. v. S. gegen den Willen seiner Eltern. Das Paar zog sich daraufhin für fast neun Jahre zu S.s Bekannten Ekaterina Dadiani, Fürstin von Mingrelien, nach Georgien zurück, wo es den russ.-türk. Krieg aus der Nähe erlebte. S. unterrichtete Musik sowie Sprachen und begann, Feuilletons, Kurzgeschichten und Fortsetzungsromane zu schreiben, die in verschiedenen Ztg. und Z. erschienen. Im Kaukasus formte sich ihr tiefer Glaube an den Pazifismus. Nach der Aussöhnung mit der Familie kehrte das Ehepaar 1885 nach Harmannsdorf zurück, wo S. zum Broterwerb weiterhin Liebesromane verf., die von einer realist. Schreibweise geprägt und an vielen Stellen autobiograph. gefärbt sind. In polit. Essays wie „Das Maschinenzeitalter. Zukunftsvorlesungen über unsere Zeit“ unter dem Ps. Jemand (1889) schrieb sie gegen nationale und reaktionäre Sichtweisen. 1889 gelang ihr der Durchbruch mit dem Tendenzroman „Die Waffen nieder!“, wobei sie durch realist. Schilderung von Kriegsgreueln hitzige Debatten auslöste und erhebl. zur Popularisierung des Friedensgedankens beitrug. Der Roman wurde zu einem der größten Bucherfolge des 19. Jh., in zahlreichen Z. abgedruckt und in alle europ. Sprachen übers. Als nun prominente Persönlichkeit setzte sich S. für die Friedensbewegung ein. Ihre Forderung nach Kriegsverzicht sollte durch Schiedsgerichtsverträge, einen internationalen Gerichtshof und eine Friedensunion umgesetzt werden. Ihrem Aufruf zur Gründung einer Österr. Ges. der Friedensfreunde folgten 1891 2.000 Mitgl. Im selben Jahr trat S. bei der Konferenz der Interparlamentar. Union und beim 3. Internationalen Friedenskongress in Rom auf, wobei sie als erste Frau im großen Ratssaal auf dem Kapitol sprach und zur Vizepräs. des neu gegr. Internationalen Friedensbüros in Bern gewählt wurde. In enger Zusammenarbeit mit →Alfred Hermann Fried gab sie 1892–99 die Z. „Die Waffen nieder“ heraus. S., seither Galionsfigur des internationalen Pazifismus, beteiligte sich an der Bildung der dt. Friedensges. in Berlin 1892 sowie der ung. 1895 in Budapest, nahm an internationalen Friedenskongressen teil, wobei sie sich dort zumeist als einzige Frau unter Diplomaten, Militärs und Völkerrechtlern fand, und wurde von Staatsoberhäuptern, u. a. von Theodore Roosevelt, empfangen. Ihr Glaube an die Konstituierung eines internationalen Rechtsgefüges zur Verhinderung militär. Auseinandersetzungen erhielt 1894 insbes. neuen Ansporn durch das Friedensmanifest von Zar Nikolaus II., auf dessen Initiative hin 1899 die 1. Friedenskonferenz in Den Haag stattfand. Nach dem nie überwundenen Tod ihres Ehemannes 1902 wurde der Besitz in Harmannsdorf wegen Verschuldung zwangsversteigert, S. zog nach Wien. Einladungen führten sie mehrmals nach Monaco zu Fürst Albert I., auf Vortragsreisen in die USA (1904 und 1912), nach Dtld. (1905) und Skandinavien (1906), wo sie den von ihr angeregten und ihr 1905 zugesprochenen Friedensnobelpreis in Empfang nahm. 1912 gewährte ihr der Industrielle Andrew Carnegie eine Lebensrente.

Weitere W. (s. auch Kempf; Steffahn; Biedermann; Hamann; B. v. S. Eine Bibliographie, ed. G. Lindenstruth, 1993): Inventarium einer Seele, 1883; Daniela Dormes, 1886; High Life, 1886; Schriftsteller-Roman, 1888; Schach der Qual, 1898; Die Haager Friedenskonferenz, 1900; Gesammelte Schriften, 12 Bde., 1907; Memoiren, 1909; Rüstung und Überrüstung, 1909; Der Menschheit Hochgedanken, 1910; Die Barbarisierung der Luft, 1912; Der Kampf um die Vermeidung des Weltkrieges. Randglossen aus zwei Jahrzehnten zu den Zeitereignissen vor der Katastrophe, ed. A. H. Fried, 2 Bde., 1917; etc.

L.: Eisenberg 1; Kosel 1; Otto; Renner, Nachlässe; Kämpferin für den Frieden. B. v. S., ed. G. Brinker-Gabler, 1982; B. Kempf, B. v. S., 1987 (m. B. u. W.); Ch. Götz, Die Rebellin B. v. S. Botschaften für unsere Zeit, 1996; Ch. Gürtler – S. Schmid-Bortenschlager, Eigensinn und Widerstand. Schriftstellerinnen der Habsburgermonarchie, 1998, S. 93ff.; H. Steffahn, B. v. S., 1998 (m. B., W. u. L.); E. Biedermann, Chère Baronne et Amie – Cher monsieur et ami. Der Briefwechsel zwischen A. Nobel und B. v. S., 2001 (m. B. u. W.); B. Hamann, B. v. S., 2002 (m. B., W. u. L.); „Gerade weil Sie eine Frau sind ...“. Erkundungen über B. v. S., ed. L. R. Cohen, 2005; M. Enichlmair, Abenteurerin B. v. S.: Die unbekannten Georgien-Jahre 1876 bis 1885, 2005; „Krieg ist der Mord auf Kommando“. Bürgerl. und anarchist. Friedenskonzepte. B. v. S. und P. Ramus, ed. B. Müller-Kampel, 2005; Friede – Fortschritt – Frauen. Friedensnobelpreisträgerin B. v. S. auf Schloss Harmannsdorf, 2007; H. Skorupa, Der Pazifismus der B. v. S., 2008; B. v. S.: „Die Waffen nieder!“, ed. J. G. Lughofer, 2010.

(J. G. Lughofer)

Suttner Johann, Beamter und Naturforscher. Geb. Magersdorf (Hollabrunn-Magersdorf, NÖ), 30. 4. 1801; gest. Wien, 12. 10. 1875; röm.-kath. – Sohn eines Hauers. – Über S.s Schulbildung ist nichts bekannt. Im März 1819 trat er im nö. Weikersdorf den Militärdienst an und diente ab August 1822 über 25 Jahre beim Militär, zunächst als Kanonier im Feldart.rgt. 2, später bei der Hofburgwache. Anfang 1848 wurde er als Hausknechts-Aushilfe an das Montanist. Mus. übernommen. Nach der Gründung der Geolog. Reichsanstalt wirkte S. dort von Dezember 1849 bis September 1863 zunächst als Amtsdiener-Gehilfe, danach bis zu seiner Pensionierung im Juli 1869 als Kabinettsdiener. Sein wiss. Verdienst ist die Entdeckung der wichtigen und ergiebigen Molluskenfundstellen von Grund (Grund-Formation, unteres Badenium) bei Hollabrunn 1849. Diese galten nicht nur als epochemachend für die Paläontol. des Wr. Beckens, sondern haben überregionale Bedeutung für das mittlere Miozän der zentralen Paratethys; die letzte umfassende Bearb. erfolgte im 55. Bd. von „Geologica Carpathica“, 2004. 1869 wurde S. das Silberne Verdienstkreuz mit der Krone verliehen.

L.: WZ, 15. 10. 1875 (A.); Verhh. der k. k. geolog. Reichsanstalt 3, 1869, S. 231, 327; Z. für die Österr. Gymn. 20, 1869, S. 663; H. Zapfe, Index Palaeontologicorum Austriae – Supplementum, 1987; M. Svojtka – T. Hofmann, in: Berr. der Geolog. Bundesanstalt 83, 2010, S. 64ff. (m. L.); Geolog. Bundesanstalt, Wien; Pfarre St. Ulrich, Hollabrunn, NÖ.

(M. Svojtka – T. Hofmann)

Sváiczer (Švajczer, Schweitzer) Gábor (Gabriel) von, Geologe und Bergbauunternehmer. Geb. Kaschau, Ungarn (Košice, SK), 11. 6. 1784; gest. Nagybánya, Ungarn (Baia Mare, RO), 4. 8. 1845. – Sohn eines Bergbauing. – Nach Besuch des Gymn. erhielt S. 1802 eine Praktikantenstelle im Oberbergamt in Schmöllnitz (Smolník). 1802–04 stud. er an der Bergakad. in Schemnitz (Banská Štiavnica) und unternahm anschließend Reisen durch Bergbaugebiete in der gesamten Monarchie. 1807 wurde er von der Wr. Hofkammer zum Markscheider am Hauptberggericht in Schmöllnitz ernannt. Daneben erhielt er die Schürfrechte für die verlassenen Gruben auf dem staatl. Gelände in Aranyid(k)a (Zlatá Idka), wo er nach neunjähriger Prospektionstätigkeit 300.000 Tonnen Gold-, Silber- und Antimonerzvorräte nachweisen konnte. 1816 zum Hofkonz. ernannt, wurde S. 1818 als Oberinsp. und Bez.-Bergrichter mit der Leitung der Bergwerke und der Münzprägung in Nagybánya betraut und in den Adelsstand erhoben. 1834 erfolgte seine Ernennung zum Oberkammergrafen in Schemnitz. In dieser Funktion wurde er 1844 mit der Ausarbeitung eines neuen Berggesetzes für Ungarn beauftragt. 1845 i. R. S., der als bedeutender Innovator des Bergbaus in Siebenbürgen und in der heutigen Mittel- und Ostslowakei gilt, ließ nicht nur viele wichtige Erzstollen auffahren, sondern auch Aufbereitungsanlangen, ein Werk zur Herstellung von Stahlseilen und ein Walzwerk in Zólyombrezó (Podbrezová) errichten. Als Dir. der Berg- und Forstakad. förderte er die Bergbauwiss., verbesserte die Erzverhüttungstechnol. und legte bes. Augenmerk auf den wiss. Nachwuchs. Ebenso war ihm die Erstellung beispielhafter markscheider. Kartenwerke ein Anliegen. HR S., der seine Erfahrungen auch dem Zaren Nikolaus I. Pavlovič zur Verfügung stellte, wurde dafür mit dem St. Annen-Orden II. Kl. ausgez.

L.: Enc. Slovenska; M. Életr. Lex.; G. Faller, Gedenkbuch zur hundertjährigen Gründung der kgl. ung. Berg- und Forst-Akad. in Schemnitz 1770–1870, 1871, S. 278ff.; J. Vozár, in: Z dejín vied a techniky na Slovensku 5, 1969, S. 192f.; V. Lazár – R. Magula, in: Nové obzory 15, 1973, S. 90f.; J. Tibenský u. a., Priekopníci vedy a techniky na Slovensku 2, 1988, S. 238ff. (m. B. u. L.); Slovenský biografický slovník 5, 1992 (m. B.); História geológie na Slovensku 1, red. P. Grecula u. a., 2002, S. 174ff. (m. B.); R. Magula, in: MUT-Lex., Techn. Mus. Wien, 2009 (Typoskript); Geolog. Bundesanstalt, Wien.

(D. Angetter – Z. Vyplel)

Švambera Václav, Geograph. Geb. Perutz, Böhmen (Peruc, CZ), 10. 1. 1866; gest. Prag, Protektorat Böhmen und Mähren (Praha, CZ), 27. 9. 1939. – Sohn eines Schneiders. – Nach Besuch des Akadem. Gymn. in Prag stud. Š. ab 1885 Geographie, u. a. bei →Jan Palacký, Geol. und Geschichte an der phil. Fak. der tschech. Univ. Prag und vervollkommnete seine Ausbildung auch an den Univ. Berlin und Leipzig; 1895 Dr. phil. in Prag. Ab 1894 arbeitete er als Ass. und Bibliothekar für Geographie an der Univ. Prag, 1897 unternahm er eine längere Forschungsreise durch Nord- und Westeuropa. Daneben wirkte Š. 1893–98 als Fachred. beim „Ottův slovník naučný“. 1902 Habil. für Geographie; 1908 ao. Prof., 1916 o. Prof. Sein Hauptverdienst lag im Aufbau des Geograph. Inst. an der tschech. Univ. Prag, dessen Leitung er 1908 übernahm. Hervorzuheben sind auch seine Bemühungen um die Errichtung einer selbstständigen naturwiss. Fak. an der Univ. Prag 1920; 1923/24 Dekan. Bereits während der Stud.zeit war Š. publizist. tätig, wobei sein Aufsatz über die wiss. Erforschung Afrikas „O Súdán a Saharu“, erschienen in der „Česká revue“, 1899, erwähnenswert ist. Später widmete er dem Flusslauf des Kongo eine ausführl. Arbeit. Langjährige limnolog. Untersuchungsergebnisse über die Gebirgsseen des Böhmerwaldes fasste er in einer zweibändigen Monographie „Šumavská jezera 1 (Malé javorské jezero)“, 1913, und „Šumavská jezera 2 (Velké javorské jezero)“, 1914, zusammen. Š. gründete und leitete anerkannte Schriftenr. wie „Travaux géographiques tchèques“, „Zeměpisná knihovna“ und „Monumenta cartographica Bohemiae“. In diesen Fachz. und im „Ottův slovník naučný“ veröff. er zahlreiche Aufsätze und Nekrologe, zumeist über ausländ. Geographen. Für den repräsentativen „Atlas Československé republiky", 1935, verf. Š. mehrere Texte sowie das Vorwort. Seine erfolgreiche Organisationsarbeit gipfelte in der Herausbildung der Staatl. Kartensmlg. von Böhmen.

Weitere W.: s. A. Dvořáčková, Bibliografie prací prof. V. Š., in: Zprávy Geografického ústavu ČSAV 3, 1966, Nr. 6.

L.: Národní politika, 13. 10. 1939; Masaryk; Otto; Otto, Erg.Bd.; Sborník České společnosti zeměvědné 42, 1936, S. 1ff., 45, 1939, S. 82ff.; V. Häufler, Dějiny geografie na Univ. Karlově, 1968; J. Hůrský, Prof. V. Š., život a dílo spoluzakladatele české geografické vědy, 1989; Dějiny Univ. Karlovy 4, 1998, S. 175f., 492, 554 (m. B.); J. Martínek – M. Martínek, Kdo byl kdo: naši cestovatelé a geografové, 1998; J. Martínek, Geografové v českých zemích 1800–1945 (biografický slovník), 2008 (m. B. u. L.); UA, Praha, CZ.

(J. Kořalka)

Švanda ze Semčic Karel, Schriftsteller und Jurist. Geb. Wrschowitz, Böhmen (Praha, CZ), 12. 9. 1867; gest. Praha, Tschechoslowakei (CZ), 6. 11. 1928. – Sohn von →Pavel Š. ze S. d. Ä. und der Schauspielerin und Dramatikerin Eliška Pešková (geb. Prag, Böhmen / Praha, CZ, 8. 6. 1832; gest. ebd., 23. 5. 1895), Bruder von Jaroslav Š. ze S. (1851–1879), Marie Š. ze S., verheiratete Stankovská, und Pavel Š. ze S. d. J. (s. u. →Pavel Š. ze S. d. Ä.). – Š. besuchte das Gymn. in Prag und stud. nach der Matura 1886 an der tschech. Karl-Ferdinands-Univ. Jus (1892 Dr. jur.). Anschließend als Polizeibeamter in der Prager Statthalterei tätig, wurde er jedoch 1895 wegen Pflichtverletzung als Zensor entlassen. Danach Beamter im böhm. Landesausschuss, widmete er sich bes. dem Denkmalschutz; 1920 als Sektionsschef i. R. 1897–1913 leitete er außerdem das Švanda-Theater in Smichow (Praha-Smíchov), das er wirtschaftl. sanierte. Gleichzeitig hob er das Ansehen des Theaters durch einen niveauvollen Spielplan. Š. war auch im Theater- und schriftsteller. Ver.wesen engagiert (u. a. bei der Z. „Máj" und im Künstlerver. Umělecká beseda), aber auch karitativ tätig; u. a. gründete er eine Stiftung für pensionierte Schauspieler (Nadace pro přestárlé herce). Als Erzähler thematisierte er stilist. anspruchsvoll die Schicksale hochbegabter und außergewöhnl. Helden, wobei seine späteren Werke eine Neigung zur Selbstironie und Satire aufweisen. Bedeutung erlangte Š. auch als Übers. u. a. von E. T. A. Hoffmann und →Arthur Schnitzler.

W. (s. auch LČL): Fantastické povídky, 1892; Bizarní povídky, 1897; etc.

L.: Lidové noviny, Národní osvobození, 6. 11. 1928; Lidové noviny, 12. 9. 1942; LČL (m. W.); Masaryk; Otto, Erg.Bd.; Rizner; Zvon 29, 1928/29, S. 139; L. Merhaut, Cesty stylizace, 1994, s. Reg.; P. Štěpánková, in: Divadelní revue 18, 2007, Nr. 4, S. 99ff.

(V. Petrbok)

Švanda ze Semčic Pavel d. Ä., Theaterdirektor, Regisseur, Dramaturg und Publizist. Geb. Prag, Böhmen (Praha, CZ), 28. 11. 1825; gest. Brünn, Mähren (Brno, CZ), 5. 1. 1891. – Sohn eines Baubeamten aus altem Adel; Vater von →Karel Š. ze S., Pavel Š. ze S. d. J. (s. u.), dem Übers. von Theaterstücken Jaroslav Š. ze S. (1851–1879) und der Theaterdir. Marie Š. ze S., verheiratete Stankovská, später verehel. Koldinská (1857–1906); ab 1850 mit der Schauspielerin, Übers. und Dramatikerin Eliška Pešková (1832–1895) verheiratet. – Nach der Matura 1842 stud. Š. zwei Jahre Phil. sowie ein Jahr Theol. an der Univ. Prag. Ab 1845 war er in Prag als Beamter bei der Staatsbuchhaltung, als Realschullehrer und als Verwalter des Siechenhauses tätig. Ende der 1840er-Jahre begann er Theaterkritiken für die Ztg. „Salon", „Ost und West – Beilage Prag", „Pražský večerní list" und „Lumír" zu schreiben. Ab 1853 leitete er das renommierte Privattheater bei St. Nikolaus in der Prager Altstadt. Als Dramaturg und Regisseur des Interimstheaters (1862–66) prägte Š. die Anfänge der ersten unabhängigen tschech. Bühne und machte sich insbes. um das klass. und moderne Lustspiel verdient. 1865 gründete er eine eigene Theatertruppe, die er bis zu seinem plötzl. Tod leitete. Er errichtete einige Bühnen in Prager Vorstädten (1869 die Sommerbühne in Pštroska, Kgl. Weinberge/Královské Vinohrady, sowie 1871 die Arena Eggenberk und 1881 das Theater U Libuše in Smichow/Smíchov), 1873 die Bühne Na staré poště in Pilsen (Plzeň). Den regelmäßigen Theaterbetrieb verlegte er nach Smichow, wo das Švanda-Theater bis heute besteht, und gewährleistete viele Jahre hindurch den tschech. Spielbetrieb in Pilsen (1865–66, 1867–75, 1878–81, 1884–86) und Brünn (1886–91). Zwischen Sommer- und Wintersaison veranstaltete er „stagioni" in größeren Städten. Mit vielfältiger Unterstützung seiner Frau schuf Š. ein großes Theaterunternehmen und ein hochwertiges Ensemble, das unter den damaligen Ges. konkurrenzlos blieb. Š. bildete zahlreiche Schauspieler aus, die überwiegend Mitgl. des Nationaltheaters wurden (Vendelín Budil, Josef Frankovský, Hana Kubešová-Kvapilová, Jakub Vojta Slukov, →Josef Šmaha, Eduard Vojan u. a.). Durch zeitgemäße Regie, anspruchsvolles Repertoire und das Niveau der Interpretation bildete er eine ernsthafte Konkurrenz zum Nationaltheater, in dramaturg. Hinsicht war er diesem mitunter auch voraus (Henrik Ibsen, heim. Novitäten, Dramatisierungen von Romanen Émile Zolas). Nach Š.s Tod wurde die Theaterges. von seinem Sohn **Pavel Š. ze S. d. J.** (geb. Prag, 3. 6. 1855; gest. ebd., 24. 1. 1923) übernommen, der darin als Heldentenor (etwa als Manrico in Verdis „Troubadour" oder als Herzog von Mantua in dessen „Rigoletto") gewirkt hatte. Im Sommer bespielte Pavel Š. d. J. die Familienbühne in Smichow, im Winter das Nationaltheater in Brünn (1891/92, 1896/97) und das Pilsner Stadttheater (1892–95). Er unterhielt ein großes Ensemble von ca. 50–60 Mitgl. und nützte das von seinem Vater erarbeitete Repertoire, das er durch Premieren und Neueinstudierungen von Opern und Operetten ergänzte. Das Niveau der Ges. konnte er jedoch weder künstler. noch wirtschaftl. aufrechterhalten, ab 1897 existierte sie nur noch als Wanderbühne. Nach einem Unfall übergab er 1903 Jan Evangelist Sedláček die Leitung und zog sich von der Theatertätigkeit zurück.

L.: Hlas národa, 6., 9. 1. 1891; ČHS; Ludvová (m. B.; auch für Pavel Š. d. J.); Otto; Wurzbach (s. Schwanda v. Semčic); P. Nebeský, in: Světozor 25, 1891, S. 106f., 110f.; V. Budil, in: Sborník městského historického mus. v Plzni, 1919, Nr. 1–2, S. 28ff., Nr. 3–4, S. 93ff.; Z. Jeřábková, in: Vlastivědný věstník moravský 15, 1960, S. 249ff.; J. Knap, in: Umělcové na pouti, 1961, S. 51ff., 69ff., 130ff.; L. Klosová, in: Dějiny českého divadla 3, 1977, s. Reg. (m. B.); Postavy brněnského jeviště 1, 1984; Národní divadlo a jeho předchůdci, red. V. Procházka, 1988 (m. B.); Kostel svatého Štěpána, Kostel svatého Jindřicha (für Eliška Pešková), Národní archiv, alle Praha, CZ. – Pavel Š. d. J.: Postavy brněnského jeviště, 1984.

(E. Šormová)

Svátek Josef, Ps. J. Strakatý, Schriftsteller und Journalist. Geb. Prag, Böhmen (Praha, CZ), 24. 2. 1835; gest. ebd., 9. 12. 1897. – Aus einer Prager bürgerl. Familie stammend, Onkel des Schriftstellers Josef Jan S. (s. u.). – S. schloss 1854 die böhm. Realschule mit der Matura ab und stud. anschließend bis 1856 am Prager Polytechnikum. 1860–63 war er als Journalist beim „Hlas", 1863–64 bei den „Pražské noviny", 1866–67 bei der „Prager Zeitung" tätig und arbeitete 1866–97 als Red. des Amtsbl. „Pražský denník" sowie ab 1896 erneut bei den „Pražské noviny". Seine Sagen und kulturhist., in ihren Quellen nicht immer zuverlässigen und oft sehr subjektiv geprägten Beitrr. über das Alltagsleben in den böhm. Ländern und im Prag des 16.–18. Jh. (z. B. über Freimaurerei) veröff. er in verschiedenen Z. (u. a. in „Pražské noviny", „Lumír", „Obrazy života" oder „Světozor"). 1894 erschien seine Geschichte des böhm. Bauernaufstands, „Povstání lidu selského v Čechách roku 1680". S., der zu den Mitarb. der neunbändigen Geschichte Böhmens und Mährens, „Dějiny Čech a Moravy nové doby" (1892–1904), zählte, verf. außerdem Monographien, u. a. über Napoleon III. (1861) und Giuseppe Garibaldi (1862), sowie Werke über Barock und Aufklärung in den böhm. Ländern (gleichsam als Fortsetzung von →František Palackýs „Dějiny národa českého v Čechách a v Moravě"). Seine umfangreiche belletrist. Produktion (Romane, Erz.), die er auf Dt. sowie auf Tschech. im Stil der Romantik verf. und in der er sich mit hist. Themen, vorwiegend aus dem 16.–18. Jh. und den Revolutionsjahren 1848–49, auseinandersetzte, war zu seiner Zeit eine viel gelesene Unterhaltungslektüre. Während seine dramat. Versuche ohne nachhaltigen Erfolg blieben, ist S. hingegen für seine hist. Romane und die Sagensmlg. „Pražské pověsti a legendy" (1883, Reprint 1997) heute noch bekannt. Sein Neffe **Josef Jan S.** (geb. Prag, 23. 5. 1870; gest. ebd., 1. 9. 1948) war als Ztg.red. u. a. für die „Pražské noviny" und das Amtsbl. „Úřední list Československé republiky" tätig, schrieb außerdem kurze Prosa sowie Reisebeschreibungen und übers. aus dem Französ. (u. a. Alexandre Dumas d. Ä., Jules Verne).

Weitere W. (s. auch LČL): Majestát Rudolfa II., 1871 (Neuaufl. 2006); Culturhist. Bilder aus Böhmen, 1879 (Reprint 2005, tschech. 1891); Zednáři freimauři v Čechách v XVIII. století, in: Obrazy z kulturních dějin českých, 1891; Sebrané dějepisné romány, 23 Bde., 1895–1908; Sebrané dějepisné romány, 15 Bde., 1912–23. – Nachlass: Literární archiv PNP, Praha, CZ.

L. (tw. auch zu Josef Jan S.): Pražský denník, 9., 10., 13. 12. 1897; Hlas národa, Národní listy, Právo lidu, 10. 12. 1897; LČL (m. W.); Masaryk; Otto; J. Goll – J. Pekař, Český časopis historický 4, 1898, S. 68f.; J. L. Turnovský, in: Osvěta 28, 1898, S. 148ff.; F. Strejček, J. S., (1923); M. Hýsek, in: J. S., Bitva bělohorská 2, 1940; J. Lauermann, Obraz společnosti XV. a XVI. století v historických románech J. S., phil. Diss. Praha, 1953; M. Masáková, in: J. S., Pražské historie, 1985, S. 319ff.; F. Kutnar – J. Marek, Přehledné dějiny českého a slovenského dějepisectví, 1997, S. 321f. (m. B.); České Vysoké učení technické, Praha, CZ.

(V. Petrbok)

Svatová Tereza (Terezie), geb. Albertová, Schriftstellerin. Geb. Senftenberg, Böhmen (Žamberk, CZ), 31. 3. 1858; gest. Hohenmauth, Protektorat Böhmen und Mähren (Vysoké Mýto, CZ), 19. 2. 1940. – Aus einer bürgerl. Familie stammend. Schwester des Schriftstellers František Albert (geb.

Senftenberg, 23. 4. 1856; gest. Potštejn, Tschechoslowakei/CZ, 22. 8. 1923) und von →Eduard Albert. 1874 heiratete sie den Steuerbeamten und späteren k. Rat Josef Svat. – S. besuchte ledigl. die Volksschule und bildete sich danach autodidakt. innerhalb ihres kultivierten Familienkreises weiter. Durch ihren Bruder Eduard machte sie die Bekanntschaft tschech. Schriftsteller und Politiker wie →František Ladislav Frh. v. Rieger und von dessen Frau Marie Červinková-Riegrová, der Familie von →Alois Vojtěch Šembera sowie Jaroslav Vrchlickýs. S. debüt. mit kleinen Prosaskizzen aus dem kleinstädt. Milieu in der Ztg. „Národní listy". Nach dem Tod ihres Bruders publ. sie längere Zeit nicht, zog nach Jungbunzlau (Mladá Boleslav) und später nach Hohenmauth. S.s realist. Erz. und Genrebilder sind auch auf dem Lande angesiedelt und erschienen u. a. in Ztg. wie „Národní listy" oder Z. („Květy", „Lumír"). Nach 1910 veröff. S. Erinnerungen an die Freunde ihres Bruders, u. a. an Ada Christen (→Christiane v. Breden), seine Briefwechsel sowie kleinere Reisebilder in diversen Z. (u. a. „Osvěta", „Topičův sborník", „Zvon", „Ženský svět").

Weitere W. (s. auch LČL): Selské črty, in: Libuše 24, 1894, H. 2; Črty ze společnosti, ebd. 27, 1897, H. 3; Vzpomínky na německou spisovatelku, in: Zvon 15, 1914/15; Povídka, in: Otčina 1, 1924, H. 18–19; O dr. E. Albertovi, in: Národní politika, 26. 9. 1930.

L.: Lidové noviny, Venkov, 25. 2. 1940; Hanzalová; LČL (m. W.); Otto; Rizner; Zvon 40, 1939/40, S. 492; H. Kokešová, in: Reflexe a sebereflexe ženy v české národni elitě 2. poloviny 19. století 1, 2007, S. 131ff. (m. B.).

(V. Petrbok)

Svěcený Antonín, Politiker und Journalist. Geb. Großhluschitz, Böhmen (Hlušice, CZ), 1. 1. 1871; gest. Prag, Protektorat Böhmen und Mähren (Praha, CZ), 12. 11. 1941; röm.-kath., ab etwa 1900 konfessionslos. – Nach Besuch der Bürgerschule und einer Schneiderlehre bildete sich S. an Privatschulen weiter. Ab 1895 übernahm er Funktionen in der Schneider-, später auch in der Bauarbeitergewerkschaft und wurde 1896 Red. des Organs der Schneidergewerkschaft „Oděvník" und des sozialdemokrat. Zentralorgans „Právo lidu" in Prag. Ab 1900 kontinuierl. Delegierter bei Parteitagen der Sozialdemokratie, nahm er u. a. 1910 am Kongress der Sozialist. Internationale in Kopenhagen teil. S., ein engagierter Vertreter der tschech. Freidenkerbewegung Volná Myšlenka, leitete ab 1907 für mehrere Jahrzehnte den Presseausschuss bzw. die Verlags- und Buchhandelsorganisation seiner Partei in Prag. Wiederholte Kandidaturen für den böhm. LT scheiterten ebenso wie diejenige für den RR 1901. Seine Bekanntheit als Redner für eine Wahlrechtsreform und gegen Lebensmittelteuerung verhalf ihm jedoch 1907–18 zu einem Mandat im RR. Als Funktionär mehrerer sozialdemokrat. Baugenossenschaften initiierte er in diesen Jahren den Bau des Arbeiterhauses in Smíchow (Praha-Smíchov) und gründete bzw. leitete dort ab 1909 die Allg. Arbeiter-Vorschusskasse. Während des 1. Weltkriegs aus polit. Gründen mehrfach verurteilt, übernahm er nach 1918 die Leitung des tschechoslowak. Bekleidungsamts und der Bez.verwaltungskomm. Smíchov. 1918–20 gehörte S. der Revolutionären Nationalversmlg. und 1920–25 dem Senat an, wo er auch dem außenpolit. Ausschuss vorstand. Ferner war er Vors. der Zentralkomm. für Heimarbeit beim Sozialfürsorgemin., Leiter des Sozialhygien. Inst. in Smíchov sowie 1. Vizepräs. des Verbands der tschech. Bez.verwaltungen. 1929–39 fungierte er zudem als Oberdir. der Tschech. Sparkasse.

W.: Beitrr. in Právo lidu, Volná myšlenka; etc. – Ed.: Rádce pro funkcionáře, spolků, filiálek a skupin, důvěrníky a členy dřevodělnických organisací v Rakousku, 1901–14; Kal. českých dřevodělníků ..., 1902–14; Kapesní kal. dělnictva československého, 1912–17; etc.

L.: České slovo, 30. 6. 1937; Freund, 1907, 1911 (m. B.); Otto, Erg.Bd.; Album Representantů všech oborů veřejného života československého, red. F. Sekanina, 1927 (m. B.); M. Navrátil, Almanach československých právníků, 1930; Köpfe der Politik, Wirtschaft, Kunst und Wiss. in Europa. Tschechoslowak. Republik, 1936 (m. B.); V. Lev, 70 let A. S., zakladatele a předsedy Všeobecné dělnické záložny v Praze, 1941; J. Tomeš u. a., Český biografický slovník XX. století 3, 1999; R. Luft, Parlamentar. Führungsgruppen und polit. Strukturen in der tschech. Ges. 1907–14, 2, phil. Diss. Mainz, 2001 (m. L.); J. Tomeš, Průkopníci a pokračovatelé. Osobnosti v dějinách české sociální demokracie 1878–2003, 2004, S. 122 (m. B.).

(R. Luft)

Švehla Antonín d. J., Politiker. Geb. Hostiwař, Böhmen (Praha, CZ), 15. 4. 1873; gest. ebd., 12. 12. 1933. – Aus einem alten Bauerngeschlecht stammend. Sohn des Großbauern, langjährigen Bgm. von Hostiwař und Organisators einer Bauernbewegung Antonín Š. d. Ä. (1837–1900); ab 1899 verehel. mit Bohumila Čečelsková (1876–1964). – Nach Besuch des tschech. Gymn. in Prag sowie des dt. Gymn. in Böhm. Leipa (Česká Lípa) besuchte Š. dort die landwirtschaftl. Fachschule. Seine ökonom. Kenntnisse eignete er sich autodidakt. an und führte nach dem Tod des Vaters ab 1900 das Familiengut. 1893 begann er seine öff. Tätigkeit als Begründer, Turnlehrer und

Vorsteher der Sokolgmd. in Hostiwař. Polit. trat er erstmals 1900 auf dem Bauerntag in Prag hervor, 1902 wurde er zum stellv. Vors. des Sdružení českých zemědělců, 1903 zum Präs. von dessen Druckereigenossenschaft gewählt. Š. war ein hervorragender Organisator, ein Mann der Praxis und Realpolitik. Im Dezember 1905 unterstützte er die Einführung des allg. Männerwahlrechts und erwarb sich große Verdienste um die Umgestaltung der konservativ eingestellten Tschech. Agrarpartei in eine demokrat. Partei. 1907 gründete er die Bauerndruckerei in Prag und die Tagesztg. „Venkov". Ab 1908 war Š. böhm. LT-Abg. und Obmann des tschech. agrar. Klubs, 1908/09 führte er den Streik tschech. Rübenbauern gegen das Zuckerfabrikskartell an. Ab 1909 war er Vors. der Tschech. Agrarpartei und gehörte damit zu den einflussreichsten tschech. Politikern. Der erste Höhepunkt seiner polit. Tätigkeit war 1915 die Berufung zum Sekr. des von Vertretern aller tschech. polit. Parteien zusammengestellten Nationalausschusses, wodurch er die tschech. Politik in Prag sowie das Verhalten der tschech. RR-Abg. in Wien wesentl. beeinflussen konnte. In den letzten Kriegsjahren widmete er sich vornehml. Wirtschaftsfragen, war Vors. des Wirtschaftsrats, kontrollierte das Prager Getreide-Inst. und organisierte Selbsthilfeaktionen wie „České srdce". Š. war einer jener vier Politiker, die Ende Oktober 1918 in Prag den tschechoslowak. Staat ausriefen. In der ersten Nachkriegsregierung unter →Karel Kramář wurde Š. zum einflussreichen Innenminister. 1922–29 war er tschechoslowak. Ministerpräs. (mit Unterbrechung durch eine kurze Beamtenregierung vom März bis Oktober 1926). Seine Amtstätigkeit gilt als die erfolgreichste in der Tschechoslowak. Republik. Š. war weitaus mehr Staatsmann und Gegner von Extremen als Parteiführer. Als Anhänger breiter Koalitionen nahm er im Oktober 1926 dt.-böhm. sowie slowak.-kath. Minister in seine Regierung auf und strebte eine übernationale Verständigung an. 1927 ernsthaft erkrankt, musste er im Dezember 1929 von allen Ämtern zurücktreten. 1925 Dr. h. c. techn.

W.: Tři úvahy o agrarismu, 1925; Řeči k mládeži, ed. J. Hakl, 1937; Řepařský boj, ed. ders., 1938; Švehla v dopisech našich politiků a kulturních pracovníků, ed. J. Falta, 1939, 2. Aufl. 1940 (mit Reden von Š.).

L.: *O. Frankenberger – J. O. Kubíček, A. Š. v dějinách Československé strany agrární, 1931; dies., Na paměť A. Š., 1933; J. Prokeš, in: Tvůrcové dějin 5, 1936, S. XI; A. Paleček, in: Czechoslovakia Past and Present 1, 1968, S. 30ff.; ders., in: Slavic Review 21, 1969, S. 699ff.; ders., in: Bohemia 18, 1977, S. 175ff.; ders., ebd. 19, 1978, S. 176ff.; J. W. Brügel, in: East Central Europe / L'Europe du Centre-Est 10, 1983, S. 155ff.; F. Mayer, in: East European Quarterly 23, 1989, S. 339ff.; V. Dostál, A. Š., 1989 (m. B.); V. Vondruška, Osudy agrárního politického hnutí, 1990; J. Halada, in: Historický obzor 10, 1992, S. 291ff.; J. Hanzal, A. Š., 1993; V. Dostál, Agrární strana, její rozmach a zánik, 1998; Politická elita meziválečného Československa 1918–38, 1998 (m. B.); J. Rokoský, Česká strana agrární na počátku první světové války, 1999; D. E. Miller, Forging Political Compromise: A. Š. and the Czechoslovak Republican Party 1918–33, 1999 (m. B., auch tschech.); ders., in: Osobnost v politické straně 2, 2000, S. 263ff.; J. Rokoský, in: Politické strany 1, 2005, S. 414ff.; J. Harna, ebd., S. 553ff.*

(J. Kořalka)

Švenda (Schwenda) František de Paula, SJ, Geistlicher und Historiker. Geb. Königgrätz, Böhmen (Hradec Králové, CZ), 8. oder 9. 4. 1741; gest. ebd., 15. 2. 1822; röm.-kath. – Sohn des Bgm. von Königgrätz. – 1752–61 besuchte Š. die Lateinschule des Jesuitenkollegiums und wurde 1761 als Novize in die Ges. Jesu in Brünn (Brno) aufgenommen, wo er mit dem Stud. der Theol. begann, das er in Prag beendete. Nach der Priesterweihe 1770 war er am Kolleg in Jičin (Jičín) als Lateinlehrer und Leiter des dortigen Seminars tätig. Nach der Aufhebung des Jesuitenordens 1773 kehrte er zu seinen Eltern zurück. 1776 wurde er Seelsorger in Neuköniggrätz (Hradec Králové), legte jedoch aus Protest gegen die josefin. Begräbnisordnung sein Seelsorgeamt bald nieder. 1792–97 wirkte er als Sonntagsprediger in der Barbarakirche von Kuttenberg (Kutná Hora) und lebte danach ständig in Königgrätz, wo er in der geistl. Verwaltung und im städt. Krankenhaus tätig war. Daneben widmete er sich hist. Stud. im Stadt- und Bischofsarchiv sowie im Archiv des Jesuitenkollegs. Š. sammelte umfangreiche Materialien zur Geschichte seiner Geburtsstadt und gab 1799–1818 eine 15 Bde. starke Chronik heraus, die die Geschichte der Stadt Königgrätz von ihrer Gründung bis zum Jahr 1800 darstellt. Dieses Lebenswerk ist kulturhist. bes. wertvoll, da er dafür heute nicht mehr existierende Archivalien verwendete. Außerdem verf. er eine große Anzahl von Predigten sowie die Geschichte des Jesuitenkollegs und der Frauenkirche in Königgrätz.

W.: Obraz hystorye Králowstwj českého a pameti mesta Králowé Hradce nad Labem, 15 Bde., 1799–1818; Fasti Ecclesiae B. M. Mariae et collegii quondam societatis J. Reginae Hradecii, o. J. (Hs.); etc.

L.: *Rieger; Wurzbach; J. Beňýšková – F. Vích, Das literar. Königgrätz, 1994, S. 151; Materialiensmlg. ÖBL, Wien.*

(J. Brabencová)

Svetec Luka, Politiker und Jurist. Geb. Podgier, Krain (Kamnik-Podgorje, SLO), 8. 10. 1826; gest. Litija, Kg.reich SHS (SLO), 21. 1. 1921; röm.-kath. – Sohn des Bauern Andrej S. und von Jerice S., geb. Zeichen. – Nach dem Besuch des Gymn. in Laibach (Ljubljana) stud. S. bis 1853 Rechtswiss. an der Univ. Wien. Danach war er zunächst als Gerichtspraktikant in Agram (Zagreb) und später als Richter in verschiedenen Orten in Kroatien sowie in Nassenfuß (Mokronog) in Unterkrain tätig. Von dort wurde er wegen der Verwendung des Slowen. als Gerichtssprache nach Gottschee (Kočevje) versetzt. 1866–69 war er Magistratskoär. am Standesamt in Laibach, wurde dann aber wegen seiner nationalen Haltung und des fortgesetzten Gebrauchs des Slowen. vorzeitig pensioniert. I. d. F. arbeitete er als Notar in Idria (Idrija) sowie von 1873 bis zu seinem Tod in Littai (Litija). 1863–95 war er Abg. des Krainer LT und 1867–71 des RR. S., der ein enger Mitarb. von →Johann Bleiweis war, setzte sich für die Anerkennung der Slowenen als gleichberechtigte Nation innerhalb der Monarchie ein. Weiters trat er gegen die polit. Spaltung der Slowenen auf und befürwortete ein vereintes Slowenien auf der Basis der Selbstbestimmung der slowen. Wähler. Um die Anerkennung des Slowen. als gleichberechtigte Amtssprache in Krain zu erreichen, bediente er sich ihrer auch im LT. S. publ. in verschiedenen Z. wie „Slovenija" (z. B. die Beitrr. „Lipi" und „Rojakom", beide 1849) oder „Slovenska čbela" („Vladimir in Kosara", 1851). Weiters wirkte er 1861 an der Gründung des jurid. Ver. Ljubljansko društvo za pravoznanstvo, 1866 an jener des Theaterver. Ljubljansko dramsko društvo (dessen erster Obmann er wurde) sowie an der des Družtvo sv. Cirila in Metoda mit.

Weitere W.: Družba sv. Cirila in Metoda, in: Kmetijske in rokodelske novice, 1893, Nr. 1; Pomagajmo družbi sv. Cirila in Metoda, in: Slovenka, 1897, Nr. 1.

L.: Slovenec, Slovenski Narod, 22. 1. 1921; Straža, 24. 1. 1921; SBL; I. Godec – J. Ocepak, L. S. Podgorski, 1998; V. Melik, in: Arhivi 22, 1999, S. 35ff.; ders., Slovenci 1848–1918, 2002, s. Reg.; UA, Wien.

(R. Lamprecht)

Svetlin Wilhelm, Psychiater. Geb. Wien, 5. 5. 1849; gest. ebd., 24. 8. 1914; röm.-kath. – Sohn eines Laboranten. – Nach Besuch des Schottengymn. stud. S. ab 1867 Med. an der Univ. Wien; 1873 Dr. med. (als erster Absolvent der gesamten Heilkde.). 1874–77 war S. Ass. von →Maximilian Leidesdorf zunächst an der psychiatr. Abt. des AKH, dann an der 1. psychiatr. Klinik in der nö. Landesirrenanstalt in Wien. S., der auch von →Theodor Meynert gefördert wurde, übernahm 1878 die Leitung der Privatheilanstalt der Witwe des Rgt.arztes Dr. Pabst, die er ab 1880 als Dir. unter der Bezeichnung Privatheilanstalt S. für Nerven- und Gemütskranke führte. 1883–84 erfolgte unter S.s Planung ein Neubau in Wien 3 als erste eigens zur Unterbringung von Geisteskranken errichtete Privatanstalt in Wien, die S. 1890 bis zu einer Kapazität von über 60 Patienten erweiterte. Zu seinen Patienten, die aus aller Welt kamen, zählten der Komponist Hugo Wolf, →Karl Wilhelm Meixner und →Carl Eduard Schuch. Neben seinem Engagement auf dem Gebiet der privaten Anstaltspsychiatrie war S. Mitinitiator bei der Errichtung der Lungenheilanstalt für Tuberkulosekranke in Alland und machte sich um die Fürsorge verwahrloster Kinder verdient. In zwei ausführl. Berr. über seine Privatheilanstalt (1884, 1891) veröff. er zahlreiche Falldarstellungen sowie Grundsätzl. zur Anstaltsbehandlung und über künstl. Ernährung bei Nahrungsverweigerung. Die einzige umfangreichere Publ. neben weiteren fast ausschließl. Falldarstellungen ist „Ein Beitrag zur Lehre von der Katalepsie" (in: „Archiv für Psychiatrie und Nervenkrankheiten" 8, 1878). In seiner Schrift über „Die Frauenfrage und der ärztliche Beruf" (1895) sprach er sich gegen die alleinige Zulassung zum Med.-stud., jedoch für die Öffnung aller Stud.-richtungen für Frauen aus. Reg.Rat S. war 1903–10 Präs. der Kinderschutz- und Rettungsges., danach deren Vizepräs., Vizepräs. des Ver. Heilanstalt Alland und in der ärztl. Standesvertretung tätig. 1896–1909 Vizepräs., 1909–14 Präs. des Wr. Med. Doktorenkollegiums sowie Präs. des Österr. Ärztever.verbandes, gehörte er auch dem Vorstand der Wr. Ärztekammer an.

Weitere W. (s. auch Eisenberg; Kreuter): Die Privatheilanstalt für Gemüthskranke auf dem Erdberge zu Wien ..., 1884; Zweiter Ber. über die Privatheilanstalt für Gemüthskranke ..., 1891; etc.

L.: NFP, 25., 27. 8. 1914; Voss. Ztg., 25. 8. 1914; Eisenberg 2 (m. W.); Fischer; Kreuter (m. W.); Ber. des Wr. Med. Dr.kollegiums ... für das Jahr 1914, 1914, S. 5f.; WMW 64, 1914, S. 1996; Z. für Kinderschutz und Jugendfürsorge 6, 1914, S. 271; E. Shorter, in: Medical History 33, 1989, S. 149ff., bes. S. 164f.; UA, Wien.

(H. Gröger)

Šviha Karel, Politiker und Jurist. Geb. Neubydžow, Böhmen (Nový Bydžov, CZ), 11. 6. 1877; gest. Prag, Tschechoslowakei (Praha, CZ), 29. 6. 1937; röm.-kath. – Sohn eines Gerichtsbeamten. – Š. war bereits als Student in der tschech. Fortschrittsbewegung der 1890er-Jahre aktiv und trat nach 1900 der tschech. national-sozialen Partei bei. Nach dem Jusstud. an der tschech. Univ. Prag (1900 Dr. jur.) arbeitete er ab 1903 als Gerichtsadjunkt in Komotau (Chomutov) bzw. Brüx (Most) und wurde 1908 zum Richter, 1911 zum Bez.richter in Senftenberg (Žamberk) berufen. Dort gehörte er der Gmd.vertretung an und wurde später zudem Bez.obmann. 1908–13 Abg. des böhm. LT und 1909–14 des RR, stieg er rasch in der Prager Leitung der national-sozialen Partei auf und war ab 1911, zeitweise gem. mit →Václav Klofáč, Obmann des tschech. national-sozialen Klubs im Abg.-haus. 1910–14 war er Mitgl. der Národní rada česká (NRČ), der polit. Dachorganisation der tschech. Parteien. Š. wurde im März 1914 von der konkurrierenden Freisinnigen Nationalpartei bzw. von der jungtschech. Ztg. „Národní listy" fälschl. beschuldigt, als bezahlter Konfident der Prager Staatspolizei unter dem Decknamen „Wiener" Berr. über die tschech. Parteien geliefert zu haben („Š.-Affäre"). Die NRČ veranstaltete ein polit. Gerichtsverfahren, in dem Š., ebenso wie von der tschech. Presse und Öffentlichkeit, als „nationaler Verräter" verurteilt wurde. Daraufhin trat er im März 1914 von allen polit. Ämtern zurück und verlor auch den von ihm angestrengten Verleumdungsprozess gegen die jungtschech. Presse. Obwohl Š. als Konfident mit einer anderen Person verwechselt worden war, zeigte sich, dass er über mehrere Jahre hinweg Erzhg. →Franz Ferdinand über die tschech. Politik informiert, dessen Unterstützung für tschech. verfassungspolit. Reformvorstellungen gesucht sowie Subventionen für seine Partei erhalten hatte. Dies dürfte erklären, warum sich Š. nur sehr zurückhaltend verteidigte. In der hist. und germanist. Forschung ist strittig, in welchem Maße →Franz Kafka durch die „Š.-Affäre" zu seinem Roman „Der Prozess" inspiriert wurde. Š. arbeitete 1914–18, tw. unter fremden Namen, u. a. als Angestellter eines Prager Patentanwalts, dann als Rechtsberater des Prager Ind.unternehmens Waldes und schließl. als Rechtsanwalt mit eigener Kanzlei in Komotau. Ungeachtet seiner jurist. Rehabilitierung nach 1918 engagierte er sich in der Tschechoslowakei nicht mehr polit., sondern wandelte sich zu einem strenggläubigen Katholiken. Auf seinen Namen geht u. a. auch das tschech. Wort „průšvih" (Debakel) zurück.

W.: O Mistru J. Husovi, jeho době a významu, 1909; Beitrr. in Parteiztg. und Parteiz. wie České slovo, Česká demokracie; etc.

L.: Freund, 1911 (m. B.); Otto, Erg.Bd.; M. Paulová, Dějiny Maffie 1, 1937, S. 71ff.; Buřiči a tvůrci, ed. B. Šantrůček, 1947; J. Galandauer, in: Sborník k dějinám 19. a 20. století 6, 1979, S. 155ff.; F. Klátil, Republika nad stranami, 1992, S. 61ff.; J. Čermák, in: Nach erneuter Lektüre: F. Kafkas Der Proceß, ed. H. D. Zimmermann, 1992, S. 67ff.; J. Tomeš u. a., Český biografický slovník XX. století 3, 1999; M. Kelly, in: Nationalities papers 27, 1999, S. 175ff.; B. Nuska – J. Pernes, Kafkův proces a Š. aféra, 2000 (m. B.); P. Marek, in: T. G. Masaryk na přelomu tisíciletí, 2001, S. 63ff.; R. Luft, Parlamentar. Führungsgruppen und polit. Strukturen in der tschech. Ges. 1907–14, 2, phil. Diss. Mainz, 2001 (m. L.); J. Pernes, in: J. Kocian u. a., České průšvihy aneb Prohry, krize, skandály a aféry českých dějin let 1848–1989, 2004, S. 35ff. (m. B.).

(R. Luft)

Svítil Johann (Jan), Bautechniker und Beamter. Geb. Černahora, Mähren (Černá Hora, CZ), 5. 7. 1843; gest. Laibach, Krain (Ljubljana, SLO), 6. 4. 1902; röm.-kath. – Sohn des Tischlermeisters Wenzel S. – S. stud. nach Besuch der Realschule 1860–65 am Polytechnikum in Brünn (Brno) und trat anschließend bei einem Ziviling. in die bautechn. Praxis ein. 1869 wurde er Baupraktikant für den Staatsbaudienst in Mähren, 1872 Bauadjunkt bei der nö. Statthalterei in Wien. 1875 als Ing. zur Landesregierung nach Laibach versetzt, übernahm S. die Projektierung zahlreicher Schulbauten sowie die Bauleitung der Laibacher Lehrer- und Lehrerinnen-Bildungsanstalt und des Schwurgerichtsgebäudes. 1892 avancierte er zum Baurat und Vorstand des Baudep. der krain. Landesregierung. Unter S.s Leitung kam es zu einer intensiven Tätigkeit im Bereich des staatl. Hochbaus, des Straßen- und des Wasserbaus, wozu Regulierungsarbeiten an der Save, die Instandsetzung der Agramer und Karlstädter Reichsstraße im Bereich der Bez.hptm.schaft Rudolfswert, der Bau einer eisernen Brücke in Rudolfswert (Novo mesto) sowie zahlreiche moderne Straßenbrücken und Durchlassbauten zählten. Am bedeutendsten war jedoch seine Tätigkeit nach dem Erdbeben in Laibach 1895, als er fast den gesamten techn.-administrativen Dienst besorgte. 1900 Oberbaurat. S. wurde 1898 mit dem Ritterkreuz des Franz Joseph-Ordens ausgez.

L.: Laibacher Ztg., 7. (m. Parte), 8. 4. 1902; Tagesbote aus Mähren und Schlesien, 10. 4. 1902 (A.); Biograph. Jb. 7, 1902, S. 402; Otto; Vysoké učeni technické v Brně, CZ.

(E. Offenthaler)

Svoboda, s. auch **Swoboda**

Svoboda Adalbert, Journalist. Geb. Prag, Böhmen (Praha, CZ), 26. 1. 1828; gest.

München, Bayern (D), 19. 5. 1902. – Sohn von Johann (František Jan Vlastimír) S. (s. u.). – S. absolv. die Stud. der Geschichte, Phil. und Kunstgeschichte an der Univ. Prag (1850 Dr. phil.) und wirkte 1854–62 als Prof. für Geschichte und Dt. zuerst in Krakau (Kraków), dann am Gymn. in Marburg (Maribor). I. d. F. wandte er sich der Journalistik zu und übernahm 1862 die Chefred. der Grazer „Tagespost", die unter seiner Leitung zu einer der einflussreichsten Ztg. avancierte. 1882 schied er aus der Ztg. aus, betätigte sich fortan als Fachschriftsteller und engagierte sich zusätzl. für pädagog. und philanthrop. Projekte. Mitte 1884 verließ er Graz und ging nach München, wo er von kunstkrit. Artikeln lebte und ab 1888 das Kunstreferat der Münchener „Allgemeinen Zeitung" führte. 1889 wechselte er nach Stuttgart zur „Neuen Musik-Zeitung", blieb hier bis 1900 und übersiedelte anschließend wieder nach München. S., Liberaler und Freidenker, widmete sich neben seiner journalist. Tätigkeit kulturhist. und phil. Stud. und publ. Biographien („Franz von Defregger. Biographisches und Kritisches", 1886) sowie eine „Illustrierte Musik-Geschichte", 2 Bde., 1892–93. Zu seinen Hauptwerken zählen „Kritische Geschichte der Ideale. Mit besonderer Berücksichtigung der bildenden Kunst", 2 Bde., 1886, „Gestalten des Glaubens. Culturgeschichtliches und Filosofisches", 2 Bde., 1896–97, und „Ideale Lebensziele", 2 Bde., 1901. In seinen Arbeiten versuchte S., der den Thesen Ernst Haeckels folgte, die darwinist. Grundsätze auch in der Kulturgeschichte nachzuweisen. Sein größtes Verdienst lag allerdings in der Förderung →Peter Ros(s)eggers: Im Dezember 1864 machte S. in einem Beitr. erstmals nachhaltig auf den jungen steir. Volksdichter aufmerksam. Er erkannte dessen Begabung und versuchte, ihn zu fördern, bzw. unterstützte er ihn bei dessen ersten Arbeiten. In den Folgejahren entwickelte sich daraus eine tiefe Freundschaft, die sich in einem regen Briefwechsel niederschlug. S.s Vater, der Lehrer **Johann (František Jan Vlastimír) S.** (geb. Hořepnik, Böhmen / Hořepník, CZ, 1. 10. 1803; gest. Prag, 27. 9. 1844; röm.-kath.), Sohn eines Zeugmachers, erhielt frühzeitig Musikunterricht und besuchte 1826 das Priesterseminar im Bistum Gurk. Noch bevor er zum Priester geweiht wurde, ging er nach Prag und wirkte als Hilfslehrer an der Teynschule. Aufgrund seiner didakt. Fähigkeiten erhielt Johann S. Förderungen durch den Prager Bgm., der ihm Reisen nach Dtld. ermöglichte, um das dortige Unterrichtswesen, insbes. die Einrichtung von Mädchenschulen, kennenzulernen. Er legte sein Augenmerk auf die damals im Entstehen begriffenen Kinderbewahranstalten, gewann das Interesse sowie die Unterstützung →Karl Gf. Choteks und initiierte 1832 die Gründung einer Kleinkindermusterschule in der Prager Neustadt. Dort erhielt er eine Anstellung als Lehrer und führte als Erster Gymnastik in den Unterricht ein. Bes. aber förderte er den schul. Unterricht in der freien Natur. 1842 wurde Johann S. Hauptlehrer an der Pfarrschule zum Hl. Nikolaus auf der Prager Kleinseite. Sein 1839 veröff. Werk „Školka čili prvopočáteční, praktické …" zählte zu den bedeutendsten pädagog. Publ. der damaligen Zeit und wurde ins Poln. und Dän. übers. Außer seinem Lesebuch für Kleinkinder „Malý čtenář čili čítanka pro malé dítky" (1840) publ. er noch teils mehrfach aufgelegte Lehrbücher mit Schreib- sowie tschech. und dt. Sprechübungen.

Weitere W.: Die Beziehungen der religiösen Weltanschauung zur Kunst, 1858; Poesie in der Malerei, 1861; P. K. Rosegger. Eine Lebens- und Charakterskizze, 1886; etc. – Johann S. (s. auch Wurzbach): Sebrání českých původních písní, 1836; Malý písař, čili praktické navedení k prvopočátečnímu psaní, 1841; Malý Čech a Němec, čili prvopočáteční české a německé cvičení v mluvení, 1843.

L.: NFP, Prager Tagbl., Tagespost (Graz, A.), 21. 5. 1902; Wurzbach (s. u. Wenzel Alois S.); P. Rosegger, in: Heimgarten 26, 1902, S. 772ff.; H. Himmel, in: Literatur in der Stmk., 1976, S. 223; R. List, Kunst und Künstler in der Stmk. 25, 1982; Das ungelöste Welträtsel. F. v. Uslar-Gleichen und E. Haeckel, ed. N. Elsner, 3, 2000, S. 1316; P. Rosegger – G. Heckenast. Briefwechsel 1869–78, ed. K. Wagner u. a., 2003, S. 497. – Johann S.: Wurzbach (m. W.); Světozor 3, 1869, S. 330f.; H. Špačková, in: Tichavský zpravodaj 2, 2007; Archiv der Diözese Gurk, Klagenfurt, Ktn.

(Ch. Gruber – D. Angetter – M. Makariusová)

Svoboda Anton Dobroslav, Ps. Vršatský, V. R. Šatský etc., Volksliedsammler, Übersetzer und Lehrer. Geb. Oroszlánkő, Ungarn (Vršatské Podhradie, SK), 17. 1. 1861; gest. Čejč, Tschechoslowakei (CZ), 1. 7. 1922. – Ab 1897 mit Františka Svobodová-Goldmannová (s. u.) verheiratet. – S. besuchte das Gymn. in Znióváralja (Kláštor pod Znievom), Trentschin (Trenčín) und Kiskunfelegyháza und unterrichtete 1881–86 in Bolesó (Bolešov) und Nagybicscse (Bytča). Da er aufgrund seiner nationalslowak. Tätigkeit von den ung. Behörden verfolgt wurde, ging er für einige Zeit als Buchhalter nach Rosenberg (Ružomberok). Auf Empfehlung von →Gabriela Preissová legte er 1888 das Examen an der Brünner

Lehrerbildungsanstalt ab. In Brünn (Brno) schloss S. Bekanntschaft mit dem Musikethnologen František Bartoš und dem Komponisten und Musikpädagogen Karel Sázavský. Als guter Bassist war er auch Mitgl. des Brünner philharmon. Chors Beseda brněnská unter der Leitung von →Leoš Janáček. Ab 1888 unterrichtete S. in Neudorf (Moravská Nová Ves) und Lundenburg (Břeclav), ab 1902 in Czeitsch (Čejč) und wirkte 1919–20 als Schulinsp. in Sillein (Žilina). Nach einem Schlaganfall lebte er als Pensionist in Czeitsch. S. sammelte und notierte rund 1.000 Volkslieder aus den Regionen Trentschin, Neutra (Nitra), entlang der Waag und aus dem Kysucegebiet, von denen viele in die Liedersmlg. „Slovenské spevy" (Bd. 2, 1890, 3, 1899–1926) aufgenommen wurden. Die Erfahrungen während seiner Sammelreisen schilderte er in den „Národnie Noviny". S. zeichnete slowak. Volksbräuche (insbes. Hochzeitsbräuche) auf und publ. darüber in der Z. „Slovenské pohl'ady" und im Jb. „Sborník Muzeálnej slovenskej spoločnosti". Ferner schrieb er, teils unter Ps., zahlreiche Beitrr. zur Volks- und Heimatkde., Literaturtheorie und Pädagogik für „Dom a škola", „L'udové noviny", „Časopis Muzeálnej slovenskej spoločnosti" und andere Periodika. S. übers. auch einige Werke aus dem Russ., darunter Turgenjews „Zápiski pol'ovníka" (1891), und ergänzte die Melodien zur Smlg. „Hry a básničky pro děti" (2 Bde., 1896–1906), die von seiner Frau hrsg. wurde. Diese, die Kinderbuchautorin und Volkskundlerin **Františka Svobodová-Goldmannová**, Ps. Františka Goldmannová, Soběslava (geb. Steinitz, Mähren / Ždánice, CZ, 14. 8. 1859; gest. Brezno nad Hronom, Tschechoslowakei / Brezno, SK, 22. 11. 1924; begraben: Čejč), besuchte einen Kindergärtnerinnenkurs in Brünn und unterrichtete 1883–97 in Eibenschütz (Ivančice). Sie war schriftsteller. tätig, hielt Vorträge und sammelte Kinderfolklore für das Werk „Hry hanáckých dětí" (1911; Ms.). Schwerpunkt ihrer Sammeltätigkeit waren v. a. unbekannte Varianten von Volksliedern, Spiele und Bräuche. Sie schrieb u. a. Szenen und Verse für Kinder, Beitrr. für pädagog. Z. sowie zahlreiche Stücke aus dem Volksleben in verschiedenen mähr. Dialekten. Františka S.-G. war Mitgl. des tschech. und des mähr. Schriftstellerver.

Weitere W. (s. auch Rizner): „Na žatve", in: Národnie Noviny 25, 1894, Nr. 139–141, 27, 1896, Nr. 233–235. – Nachlass: Slovenská národná knižnica, Martin, SK.

L.: ČHS; Enc. Slovenska; Rizner; V. Seldáková, in: Studie o Těšínsku 14, 1989, S. 140ff.; Slovenský biografický slovník 5, 1992 (auch für Františka S.-G.). – Františka S.-G.: Enc. dramatických umení Slovenska 2, 1990.

(J. Valicek)

Svoboda František Jan, Ps. Staroměstký, Lehrer, Schriftsteller und Übersetzer. Geb. Prag, Böhmen (Praha, CZ), 22. 3. 1778; gest. ebd., 16. 7. 1864. – Vater von Marie Čacká (→Františka Pichlová). – Nach Besuch der Pfarrschule St. Heinrich in der Prager Neustadt, wo bereits seine patriot. Gesinnung geweckt wurde, und des Gymn. stud. S. 1798–1800 an der phil. Fak. sowie 1802–04 Jus an der Univ. Prag, brach jedoch das Stud. ab und wurde 1804 als Lehrer am Gymn. in Leitmeritz (Litoměřice) und bald darauf in Königgrätz (Hradec Králové) angestellt. Nach seiner Rückkehr nach Prag war er kurzzeitig Gymn.lehrer auf der Prager Kleinseite, ehe er ab 1807 bis zu seiner Pensionierung 1849 am Altstädter Akadem. Gymn. unterrichtete, wo er mit →Josef Jungmann in Kontakt kam. Unter seinen Schülern, von denen sich viele im Kulturleben einen Namen machten, propagierte er eifrig den tschech. Patriotismus, auch gegen den Widerstand seiner Vorgesetzten. Daneben arbeitete S. als Zensor tschech. Bücher und war selbst schriftsteller. tätig. Sein literar. Schaffen ist von volksbildenden und erzieher. Motiven geprägt, wobei sich der Autor in seinen Werken oft an die Jugend wandte. S. veröff. in verschiedenen Z. wie „Česká včela", „Posel z Budče" und „Pražské noviny" eigene Ged. sowie Übers. aus dem Latein. ins Dt. Weiters gab er zwei Erzählbde. und die aus dem Dt. übers. und bearb. Erz. Christoph v. Schmids „Štědrý večer", 1827 (dt. „Der Weihnachtsabend"), sowie Johann Heinrich Daniel Zschokkes „Goldmacherdorf ...", 1830, das das damals beliebte Thema Landleben reflektierte, heraus. Außerdem übers. er religiöse Lieder. Unvollendet blieb hingegen seine Übers. der Chronik der Böhmen des Cosmas von Prag aus dem latein. Original ins Tschech. S. beteiligte sich auch an der Vorbereitung von Ignaz Seibts Wörterbuch „Neues lateinisch-deutschböhmisches verbessertes und vermehrtes Wörterbuch ...", 1830.

Weitere W.: s. LČL; Wurzbach.

L.: LČL (m. W. u. L.); Masaryk; Otto; Wurzbach (m. W.); M. Navrátil, Almanach československých právníků, 1930; UA, Praha, CZ.

(M. Makariusová)

Svoboda František Xav., Ps. Fr. Anger, Arnošta Farkačová, Frant, Lifka, Oldřich Popel, Schriftsteller. Geb. Mnischek, Böhmen (Mníšek pod Brdy, CZ), 25. 10. 1860; gest. Prag, Protektorat Böhmen und Mähren (Praha, CZ), 25. 5. 1943. – Sohn eines Bauern, der später Besitzer einer kleinen Fabrik und schließl. Kohlen- und Holzhändler in Prag wurde; 1890 Heirat mit →Růžena Svobodová. – 1874–81 besuchte S. die 1. tschech. Realschule, stud. drei Jahre Maschinenbau an der Prager tschech. TH, brach das Stud. jedoch ab und war danach bis 1889 Praktikant bei den Techn. Dienstleistungen der Stadt Prag. 1890–1910 arbeitete S. in der Prager Stadtsparkasse, zuletzt als Kassier. Gem. mit seiner Frau führte er einen literar. Salon, zu dessen prominenten Gästen u. a. →František X. Šalda zählte. Nach Růžena S.s Tod (1920) lebte S. abwechselnd in Prag und Mnísěk, war in verschiedenen literar. Ver. tätig (u. a. Literární odbor Umělecké besedy, Svatobor), begründete den Ver. Spolek českých spisovatelů beletristů Máj, red. die Z. „Zvon" und wirkte im Verwaltungsausschuss des Zvon-Verlagskonsortiums. 1938 wurde er Vors. des Literaturver. Obec československých spisovatelů und 1942–43 auch der literar. Sektion der 4. Kl. der Tschech. Akad. der Wiss. und Künste. Sein umfangreiches schriftsteller. Schaffen begann er als Verf. von Liebes- und Landschaftsged. In seiner Prosa (Romane, Novellen, Erz.) widmete er sich der psycholog.-realist. Darstellung des materiellen und moral. Zerfalls der kleinstädt. und bäuerl. Welt. S.s erfolgreiche Gegenwartsdramen, von denen mehrere verfilmt wurden (u. a. „Roztomilý člověk" nach dem Roman „Kašpárek", 1927, in der Regie von Martin Frič, 1941), thematisieren nicht nur die Krisen von bürgerl. Familien und ihren starken Frauenfiguren, sondern schildern auch die Lebensfreude einfacher Menschen.

Weitere W. (s. auch LČL): Dramatická díla 1–6, 1900–06; Spisy 1–99, 1908–44.

L.: Národní práce, 26., Venkov, 26., 29. 5. 1943; LČL (m. W.); Masaryk; Otto; V. Dresler, F. X. S., studie k portrétu, 1911; M. Fryčová, Básník domova, 1930; 80 let F. X. S., ed. F. Sekanina, 1940 (m. B.); F. X. S. v roce jeho 80. narozenin, ed. R. F. Šimek, 1940; Zdravice F. X. S., ed. V. J. Krýsa, 1940; Tryzna na paměť mistra F. X. S., spisovatele a básníka ..., 1943; V. Martínek, F. X. S., 1944; F. Skácelík, Krásná setkání, 1970, s. Reg.; D. Moldanová, in: Literární měsíčník 16, 1987, Nr. 10, S. 98ff.

(V. Petrbok)

Svoboda Jindřich, Astronom und Mathematiker. Geb. Wolin, Böhmen (Volyně, CZ), 13. 7. 1884; gest. Prag, Protektorat Böhmen und Mähren (Praha, CZ), 12. 5. 1941. – Aus einer Kaufmannsfamilie stammend, ab 1921 verheiratet mit Jiřina S., geb. Joštová. – Nach der Matura am klass. Gymn. in Pisek (Písek) stud. S. ab 1903 Mathematik, Physik und Astronomie an der phil. Fak. der tschech. Univ. Prag; 1908 Dr. phil. Nach Ablegung der Lehramtsprüfung für Gymn. 1909 unterrichtete er im selben Jahr am Akadem. Gymn. in Prag. Ab 1910 Ass. von František Nušl an der tschech. TH Prag, veröff. er theoret. Arbeiten über sphär. Astronomie; 1919 Habil. für Astronomie, 1920 ao. Prof., zum Jahreswechsel 1923 o. Prof. für Mathematik und Astronomie. Daneben war S. an wirtschaftl., chem.-technolog. und landwirtschaftl. Schulen tätig. 1925/26, 1929/30 und 1934/35 Dekan der Fak. für Spezialwiss. an der České vysoké učení technické, 1935/36 Rektor. In seinen rund 40 Arbeiten befasste er sich v. a. mit Kometen und Meteoritenschwärmen. S., der zu den Begründern der modernen Meteoritenforschung zählt, untersuchte die Gesetzmäßigkeiten im Flug der Meteoritenschwärme und konnte deren Zusammenhang mit Kometen nachweisen. In der Lehre versuchte er stets Theorie und prakt. Ergebnisse der astronom. Beobachtungen mit Hilfe der Mathematik zu verbinden. Nachdem er das Inst. für sphär. Astronomie und Grundlagen der höheren Mathematik, dessen Vorstand er 1920 wurde, errichtet hatte, konnte er in den 1920er-Jahren ein Observatorium aufbauen, das allmähl. mit modernen Geräten – meist nach eigenen Plänen – ausgestattet wurde und dessen Leitung er ebenfalls übernahm. Seine Instrumente, die wegen ihrer techn. Vollkommenheit u. a. auf dem Kongress der Internationalen Astronom. Union (IAU) in Paris 1935 hochgelobt wurden, konnten sich auch in der Geodäsie durchsetzen. Als Pädagoge konzipierte er den Inhalt des Astronomieunterrichts an der České vysoké učení technické, verf. allg. Lehrbücher und bildete eine Generation von Astronomen und Geodäten heran, die in der Nachkriegszeit an den wieder geöffneten Hochschulen seine Arbeit fortsetzten. S. engagierte sich im Kultur-, Sport- und Gesellschaftsleben, insbes. in seiner Geburtsstadt, wo er Kontakt zu bedeutenden Künstlern und Wiss. pflegte. Nach der Okkupation der tschech. Gebiete durch die Nationalsozialisten im März 1939 schloss sich S. gem. mit seiner Ehefrau dem Widerstand an. Die beiden ermöglichten durch Beschaffung von gefälschten Dokumenten zahlreichen Menschen die Flucht. Im Juni 1940 wurden sie von der Gestapo festgenommen und im Prager Gefängnis Pankratz inhaftiert. Nach drei Monaten wieder entlassen, starb S., gesundheitl. geschwächt, kurz darauf. Seine Ehefrau wurde 1942 ins KZ Ravensbrück deportiert. Sie konnte im Mai 1945 nach Prag zurückkehren. S. war Mitgl. zahlreicher nationaler und internationaler Ges., darunter der Astronom. Ges. in Leipzig, der Société Astronomique de France und der IAU sowie Träger mehrerer ausländ. Ausz. Die IAU benannte einen Planetoiden nach ihm.

W.: s. Poggendorff; Československo – Biografie; Jáchim, 1991.

L.: Masaryk; Poggendorff 5–7b (m. W.); F. Sekanina, Album representantů všech oborů veřejného života československého, 1927 (m. B.); Köpfe der Politik, Wirtschaft, Kunst und Wiss. in Europa. Tschechoslowak. Republik, 1936, S. 252 (m. B.); Who's Who in Central and East-Europe 1935/36, ed. S. Taylor, 2. Aufl. 1937; Československo – Biografie 3, red. B. Koutník, 1938 (m. W.); B. Mansfeld u. a., Průvodce světem techniky, 1938, S. 76; Geodetický a kartografický obzor 30, 1984, S. 310; F. Jáchim, in: Dějiny věd a techniky – History of sciences and technology 24, 1991, S. 219ff. (m. W. u. L.); ders., in: Historický obzor 7–8, 1994, S. 185f.; J. Tomeš u. a., Český biografický slovník XX. století 3, 1999; České vysoké učení technické v Praze, Praha, CZ.

(M. Makariusová)

Svoboda (Swoboda) Karl (Karel), Maler. Geb. Planitz, Böhmen (Plánice, CZ), 14. 6. 1824; gest. Wien, 13. 9. 1870; röm.-kath. – Neffe von →Václav Alois S.; ab ca. 1848 mit einer Tochter →Alois Jelens verheiratet. – Früh verwaist, wurde S. von seinem Onkel erzogen. Nach Besuch des Gymn. stud. er ab 1842 an der Prager ABK bei →Christian Ruben. Bereits 1844 rief er mit seinem Karton „Der Fenstersturz 1618" öff. Interesse hervor und lenkte offensichtl. durch seinen Schwerpunkt auf nationaler Geschichte die Aufmerksamkeit von →Ljudevit Gaj auf sich, für den er die Illustrationen zu einer Arbeit über Illyrien anfertigen sollte. Dafür unternahm S. 1846 eine Stud.reise, bei der er sich mit dem südslaw. Volksleben vertraut machte. 1851 übersiedelte er nach Wien und stud. hier 1852–56 an der ABK (Reichel-Preis 1858 und 1859); 1863–68 hielt er sich in Italien auf. Unter S.s zahlreichen Werken sind bes. Gemälde mit Themen der böhm., mittelalterl. und neuzeitl. Geschichte hervorzuheben, so etwa „Die besiegten Mailänder vor Kaiser Barbarossa und seinem Bundesgenossen König Vladislav II. von Böhmen" (1863) und „Karl V. auf der Flucht vor Moritz von Sachsen" (1859, Österr. Galerie Belvedere). Für das Wr. Opernhaus schuf S. 1865–68 zwölf Fresken im Treppenhaus der Erzherzoge an der Kärntnerstraße mit Szenen aus dem Iphigeniemythos. Die Arbeiten wurden zwar zerstört, doch befinden sich Skizzen im Kupferstichkabinett der ABK sowie Kartons in der Albertina. Außerdem war er an Rubens Ausmalung des Belvedere auf dem Hradschin in Prag beteiligt, die allerdings erst nach seinem Tod 1875 vollendet wurde. Seine Arbeit „Krönung Albrechts II. zum König von Böhmen 1438" (gem. mit Ruben) fand in dem von Max Herzig hrsg. habsburg. Geschichtswerk „An Ehren und an Siegen reich" (1908) als Heliogravüre Aufnahme. S.s Historienkunst ist ähnl. jener Carl Wurzingers v. a. der dramat. Zuspitzung der Handlung verpflichtet – häufig, dem Zeitcharakter der Historienmalerei entsprechend, mit Herrscherpersönlichkeiten, die in trag. Weise miteinander verbunden sind („Johanna von Aragonien vor dem Leichnam ihres Gatten, des Königs Philipp I. von Spanien"). Seine Sujets aus der Reichsgeschichte und der böhm. Geschichte sind ohne Anregung durch die zeitgenöss. Belletristik und Historiographie nicht denkbar. S.s stilist. Flexibiliät offenbart aber bes. sein Werk für die Wr. Oper, das ganz einem klassizierenden Reliefstil verpflichtet ist. Ab 1861 war er Mitgl. der Genossenschaft der bildenden Künstler Wiens (Künstlerhaus), ab 1866 der Wr. ABK.

Weitere W. (s. auch Wurzbach): Illustrationen für G. Kinkel, Otto der Schütz, 1861, A. Patuzzi, Geschichte Oesterr., 2 Tle., 1862–64; etc.

L.: ADB; Die Wr. Ringstraße 8/1, 10; Otto; Thieme–Becker; Toman; Wurzbach (m. W.); R. Schmidt, Das Wr. Künstlerhaus, 1951, S. 34, 53; W. Wagner, Die Geschichte der ABK in Wien, 1967, S. 427; Kunst des 19. Jh., bearb. C. Wöhrer, 2000; ABK, WStLA, beide Wien.

(W. Telesko)

Svoboda (Swoboda) Václav Alois (Wenzel Aloys, Wenceslaw Aloys), Ps. Vladyboř, z Vůlemilova, Wahrlieb, Schriftsteller, Übersetzer und Lehrer. Geb. Nawarow, Böhmen (Návarov, CZ), 8. 12. 1791; gest. Prag, Böhmen (Praha, CZ), 8. 1. 1849. – Sohn eines Bierbrauers, Onkel von →Karl S. – 1803–04 besuchte S. das Piaristengymn. in Jungbunzlau (Mladá Boleslav), wo sein Lehrer Dominik Kinský sein Interesse für Literatur weckte. 1805 wechselte er an das Gymn. in der Prager Altstadt, ging jedoch 1806–08 neuerl. in Jungbunzlau zur Schule. Nach der Matura absolv. S. 1808–10 die phil. Jgg. an der Prager Univ. und stud. danach Jus. Nach einem Jahr brach er jedoch das Stud. ab und wurde Erzieher bei Vincenz Zeßner v. Spitzenberg. 1814 inskribierte S., der mit →Václav Hanka und František Klicpera eng befreundet war, erneut Jus und bestand im selben Jahr die Lehramtsprüfung für das Gymn. Danach unterrichtete er Stilistik und latein. Literatur am Gymn. in Pisek (Písek), 1815–21 in Neuhaus (Jindřichův Hradec) und danach am Kleinseitner Gymn. in Prag. 1848 wurde er in den Nationalausschuss gewählt, wo er für schul. Belange zuständig war. Selbst kinderlos, übernahm er die Vormundschaft für seinen verwaisten Neffen. Neben seiner Tätigkeit als Pädagoge schrieb S. zahlreiche Ged. auf Dt., Tschech. und Latein, tw. mit religiöser Thematik, anfangs in freiheitl.-patriot. Ton, der jedoch zunehmend national-konservativ wurde. S. übers. auch in und aus diesen Sprachen (z. B. Werke von Friedrich Schiller und Seneca, Ovid, Thomas v. Kempens „De imitatione Christi" sowie Opernlibretti von Vincenzo Bellini, Friedrich v. Flotow und →Gaetano Donizetti). Er ist auch Verf. eines Dramas („Karel Škréta, malíř", 1841) und eines Opernlibrettos („Drahomíra", 1848). Von tschech. Seite erntete er wegen seines dt.sprachigen Schaffens häufig starke Kritik. Nach einigen Forschern soll er Mitverf. der Königinhofer Handschrift, einer angebl. altböhm. Smlg. lyr.-ep. Gesänge und Ged., gewesen sein, die Hanka 1819 veröff., S. ins Dt. übers. und für die 2. Aufl. mit einer hist.-krit. Einleitung versehen hatte. Die Frage ihrer Echtheit sorgte um 1859 und neuerl. um 1880 für große öff. Aufregung.

Weitere W. (s. auch LČL): Hymnus in sacro-sancto Missae sacrificio decantandus – Lied zur heiligen Messe, 1840; Sanct Wenceslaw und Podiwin. Legende in böhm., teutscher und latein. Sprache, 1847. – Nachlass: Literární archiv PNP, Praha, CZ.

L.: *Bohemia, 10., 11. 1. 1849; Goedeke, s. Reg.; LČL (m. W. u. L.); Masaryk; Otto; Rieger; Wurzbach; U. Horn, in: Der Humorist 2, 1838, Nr. 50, S. 198; A. Rybička, in: Osvěta 9, 1879, S. 801ff.; Literatura česká 19. století 1, ed. J. Hanuš u. a., 2. Aufl. 1911, s. Reg.; F. Palata, Alma Roma 25, 1938, S. 21f.; K. Svoboda, Antika a česká vzdělanost od obrození do první války světové, 1957, s. Reg.; A. Boháč, in: Literární archiv 5, 1970, S. 274f.; V. Ron, in: Divadelní revue 1, 1990, Nr. 2, S. 49ff.; H. Šmahelová, in: Český časopis historický 100, 2002, S. 74f.; UA, Praha, CZ.*

(V. Petrbok)

Svobodová Růžena, geb. Čápová, Schriftstellerin. Geb. Niklowitz, Mähren (Mikulovice, CZ), 10. 7. 1868; gest. Praha, Tschechoslowakei (CZ), 1. 1. 1920. – Ab 1890 mit →František Xav. Svoboda verheiratet. – S. besuchte ab 1874 in Prag die höhere Mädchenschule und die Klosterschule Sacre Cœur in Smichow (Praha-Smíchov). Danach arbeitete sie 1887–89 als Erzieherin und Gesellschafterin in Zetoras (Cetoraz), später in Auwal (Úvaly). Durch ihre Heirat kam sie in Kontakt mit Prager literar. Kreisen und pflegte eine enge Freundschaft u. a. mit dem Literaturkritiker →František X. Šalda. Sie führte einen Literatursalon, dem u. a. →Antonín Sova, →František Václav Krejčí und →Vilém Mrštík angehörten. S., die mit ihrem Mann mehrmals Italien sowie Frankreich besuchte, veröff. Anfang der 1890er-Jahre ihre ersten Erz. und Romane u. a. in den Z. „Lumír", „Novina", „Světozor" und „Zlatá Praha", wobei sie zeitgenöss. Frauen, deren gesellschaftl. Position, Emanzipation sowie die Beziehung zwischen Mann und Frau thematisierte. Bes. Aufmerksamkeit erregten ihre balladenhaften Erz. und „Bergromane" (u. a. „Černí myslivci", 1908, 14. Aufl. 1979) mit sehr plast. Naturschilderungen und Beschreibungen der Welt der Kinder. 1918–19 red. sie die Z. „Lípa" sowie „Zvěstování". S. war in ihren letzten Lebensjahren karitativ tätig und setzte sich u. a. durch die Gründung des Ver. České srdce für eine Verbesserung der Ernährungssituation tschech. Kinder während des 1. Weltkriegs ein. Ihr sechsteiliges Werk „Zahrada irémská", in dem sie die Stellung der Frau und den Untergang der aristokrat. Ges. in den böhm. Ländern vor dem Weltkrieg thematisiert, blieb unvollendet.

Weitere W. (s. auch LČL): České srdce: manifest lásky a činu, 1913; Spisy R. S., 21 Bde., 1914–24; Dílo, 12 Bde., ed. M. Pujmanová, 1940–46. – Nachlass: Literární archiv PNP, Praha, CZ.

L.: *Venkov, 3. 1. 1920; LČL (m. W. u. L.); Masaryk; Otto; Otto, Erg.Bd.; M. Hýsek, in: Kmen 3, 1919/20, S. 273; L. N. Zvěřina, in: Naše doba 27, 1919/20, S. 314; V. Brtník, in: Zvon 20, 1919/20, S. 228, 246, 263; M. Fričova, in: Osvěta 50, 1920, S. 101; F. X. Šalda, In memoriam R. S., 1920; Tíživá samota. Korespondence F. X. Šaldy a R. S., ed. J. Loužil u. a., 1969; J. Mourková, R. S., 1975 (m. B.); L. Heczková, in: Česká literatura 49, 2001, S. 519f.; D. Moldanová, in: Literární archiv 35/36, 2003/04, S. 155f.; H. Voisine-Jechová, ebd., S. 175f.; L. Heczková, Píšící Minervy, 2009, s. Reg.*

(V. Petrbok)

Svozil Josef, Politiker, Landwirt und Journalist. Geb. Köllein, Mähren (Cholina, CZ), 8. 12. 1847; gest. Litovel, Tschechoslowakei (CZ), 2. 7. 1931; röm.-kath. – Sohn eines Landwirts, Vater des kath. Geistlichen und späteren mähr. national-sozialen Journalisten und Politikers Josef S. (geb. Kleinsenitz, Mähren / Senička, CZ), 19. 4. 1873; gest. Praha, ČSR/CZ, 28. 3. 1949) und des Proßnitzer Notars und späteren nationaldemokrat. Politikers Cyril S. (geb. Kleinsenitz, 16. 4. 1886; gest. Prostějov, Tschechoslowakei/CZ, 14. 9. 1935). – S. besuchte 1858–60 die Hauptschule in Mähr. Neustadt (Uničov), 1860–61 das erzbischöfl. Seminar in Kremsier (Kroměříž) und 1861–67 das dt. Gymn. in Olmütz (Olomouc). 1867 begann er hier das Stud. der Med. Nach dem Tod seines Vaters 1869 übernahm S. den elterl. Hof in Kleinsenitz, den er nach 1898 verpachtete. 1871/72 absolv. er das Einjährig-Freiwilligen-Jahr bei der Inf. Durch den Polenaufstand von 1863 politisiert, war er seither journalist. sowie agrar-, national- und parteipolit. aktiv. S. gründete und leitete u. a. die lokale Vorschusskasse in Kleinsenitz, die bäuerl. Ein- und Verkaufsgenossenschaft und ab 1893 die Aktienbrauerei in Littau (Litovel). Er initiierte die dortige Landwirtschaftsschule und war 1883 Gründungsmitgl. des tschech. Agrarver. für Mähren (Českomoravský selský spolek pro Moravu) sowie 1885 des tschech. Schutzver. Národní jednota pro východní Moravu (Nationalverband für Ostmähren). Ab 1876 Gmd.rat, ab 1879 Gmd.-vorsteher von Kleinsenitz sowie ab 1882 Bez.vertrauensmann der Gmd.vorsteher, kandidierte S., langjähriges Mitgl. der mähr. Nationalpartei, meist als unabhängiger Agrarier oder parteiübergreifender Kompromisskandidat. Er gehörte 1884–1906 dem mähr. LT, wo er 1905 den Mähr. Ausgleich mitgestaltete, und 1891–1911 dem RR an. Hier schloss er sich dem jungtschech. Klub an. Zudem wirkte S. 1898–1902 als Chefred. der regionalen Bauernztg. „Selské listy“ in Olmütz und 1903–24 als Hrsg. des Bauernbl. „Selská stráž“ in Littau.

L.: Venkov, 4. 7. 1931; Freund, 1907 (m. B.); Heller 1; Otto; Otto, Erg.Bd.; Almanach sněmu markrabství moravského 1896–1902, ed. M. Navrátil, 1900, S. 83f.; Moravští sedláci v letech 1848–1904, 1914, passim, bes. S. 300f.; Album Representantů všech oborů veřejného života československého, red. F. Sekanina, 1927 (m. B.); P. Pospěch, in: Časopis Matice moravské 100, 1981, S. 255ff.; J. Malíř, Od spolků k moderním politickým stranám, 1996, s. Reg.; J. Tomeš u. a., Český biografický slovník XX. století 3, 1999; R. Luft, Parlamentar. Führungsgruppen und polit. Strukturen in der tschech. Ges. 1907–14, 2, phil. Diss. Mainz, 2001; Parlamentsarchiv, Wien; Zemský archiv Opava, Zweigstelle Olomouc, CZ.

(R. Luft)

Swensson (Svensson) Carl Gustav, Gartenarchitekt. Geb. Jönköping (S), 15. 6. 1861; gest. Wien, 13. 4. 1910; evang. AB. – Sohn des Gärtnermeisters Anders Gustaf Svensson; ab 1906 verheiratet mit Ida S., geb. Hannemann. – S. wurde von seinem Vater sowie auf dem Landgut Såtenäs am Vänersee zum Gärtner ausgebildet. 1880/81 ging er nach Dtld., wo er eine Anstellung beim Hofgärtner Gustav Åhlén auf Schloss Triefenstein am Main bekam. 1881–87 war S. Gehilfe beim Würzburger Stadtgärtner Jöns Persson Lindahl und wirkte an der Umgestaltung der Glacis-Anlagen zum Ringpark mit. 1887 folgte S. dem Ruf von →Gustav Sennholz nach Wien, wo er nach dessen Plänen den ersten Abschnitt des Türkenschanzparks (Wien 18) bepflanzte. Ab 1891 war S. auf Empfehlung →Hermann Helmers in Rüschlikon am Zürichsee tätig, wo er die Parkanlage für den Seidenindustriellen Robert Schwarzenbach-Zeuner anlegte. Danach arbeitete S. wieder in Wien. Aufgrund seiner Arbeiten in den Wr. Villenvierteln wurde er bald ein gefragter Gartenarchitekt. Ab 1894 errichtete er die Gartenanlage der Privatkrankenanstalt Sanatorium Dr. Loew (Wien 9) und den Hügelpark in Unter-St. Veit (Wien 13). In Purkersdorf legte er den Park der Villa Alexander v. Schreibers an, in Hirschwang den Garten der Villa von Richard Ritter v. Schoeller. 1897 realisierte er für den Wr. Baurat Carl Ritter v. Wessely den Park des westböhm. Schlosses Žinkau (Žinkovy). Nach 1900 wurde der Kurort Marienbad (Mariánské Lázně) zu seinem Haupttätigkeitsfeld. Dort erweiterte er 1901–04 den von →Václav Skalnik angelegten Kurpark und gestaltete die Gartenanlage der Villa Luginsland des Industriellen Maximilian Franz Halbmayr. 1905 gründete er in Tulln eine Baumschule, in der er sich v. a. auf Koniferen spezialisierte. Ab 1906 arbeitete er im heutigen Slowenien für verschiedene Zweige der Familie v. Pongratz, u. a. gestaltete er die Parkanlagen der Villa Zora in Veldes (Bled) und des Schlosses Schönegg (Šenek) in Heilenstein (Polzela) sowie in Kroatien die Parkanlagen von Schloss Maruševec bei Warasdin (Varaždin). 1908 realisierte er für den Brauereibesitzer Johann Albin Frh. Götz v. Okocim den Wintergarten in dessen Schloss bei Brzesko. S., der für die damalige Zeit ein sehr begabter Architekturzeichner war, gilt als der erste freischaffende Gartenarchitekt Wiens. Für seine Projekte mehrfach ausgez., erhielt S. anlässl. seiner Beteiligung an der 1. Österr. Gartenbau-Ausst. (1901) das Staatsehrendiplom des Ackerbaumin.

L.: Czeike; Eisenberg 1; Kosel 2; Z. für Gärtner und Gartenfreunde 6, 1910, S. 121; Gärtner Rundschau 9, 1910, S. 69ff.; A. Kolšek, in: Journal for the Protection of

Monuments, 2001, S. 188ff.; dies., in: Varstvo Spomenikov 39, 2001, S. 173ff.; K. Stritzke, in: Lustgården, 2001, S. 87ff.; H. Brunnbauer, Im Cottage von Währing-Döbling, 2003, S. 94; M. Schwahn, in: Hist. Gärten 9, 2003, S. 12f.; F. Weigl, Sie hatten den grünen Daumen, 2004, S. 60 (m. B.); Stadtparks in der österr. Monarchie 1765–1918, ed. G. Hajós, 2007, S. 104, 214; M. Schwahn, in: Hist. Gärten 13, 2007, S. 18ff.; ders., in: Modus – Prace z historii sztuki 8–9, 2009, S. 193ff.; ders., in: Hist. Gärten 17, 2011, S. 20ff.; Materialiensmlg. ÖBL, WStLA, beide Wien.

(M. Schwahn)

Swerts (Sweerts) Jan, Maler. Geb. Antwerpen, Kg.reich der Vereinigten Niederlande (B), 25. 12. 1820; gest. Marienbad, Böhmen (Mariánské Lázně, CZ), 11. 8. 1879. – S. stud. ab 1839 an der Akad. der Schönen Künste in Antwerpen in der Spezialkl. für Historienmalerei bei Nicaise de Keyser und lernte dort den Maler Godefried (Godfried) Guffens kennen, mit dem er i. d. F. oft zusammenarbeitete. Gem. mit Guffens unternahm er 1847 eine Stud.reise nach Paris und 1850 nach Dtld. und Italien. Aufgrund ihrer Ausz. mit einer Goldmedaille (1854) im Brüsseler Salon erhielten sie 1855 den Dekorationsauftrag für die Börse von Antwerpen (1858 durch Brand zerstört), 1859–71 schufen sie den Bilderzyklus „Das Leben Jesu“ in der St. Georgskirche in Antwerpen. 1874 wurde S. in der Nachfolge Josef Mathias Trenkwalds als Dir. an die Prager ABK berufen und zählte u. a. František Ženíšek, →Mikoláš Aleš, →Wenzel Brožík und →Felix Jenewein zu seinen Schülern. S. galt als Vermittler zwischen der dt. und der französ.-belg. Malerei (so organisierte er auf Anregung der belg. Regierung 1859 in Brüssel und Antwerpen eine Ausst. der Kartons von Peter v. Cornelius, Wilhelm v. Kaulbach und →Moritz v. Schwind). Aufgrund seiner Bemühungen stieg sowohl die Beteiligung belg. Maler an den Prager Jahresausst. als auch die Anzahl von deren Werken in der Smlg. der Ges. patriot. Kunstfreunde (heute Bestandteil der Národní galerie in Prag). Sein letztes realisiertes Werk stellte die Dekoration der St. Anna-Kapelle im Prager Veitsdom dar, die er im Auftrag des Kunstver. für Böhmen in Angriff nahm (1877–78); die Entwürfe wurden von František Čermák, Emil Lauffer und der Innsbrucker Fa. Neuhauser verwirklicht. Weniger bekannt sind seine Porträts und Genrebilder. S. war Ehrenmitgl. des Cercle artistique von Antwerpen, Off. des kgl. belg. Leopold-Ordens und Ritter des päpstl. St. Gregor-Ordens.

Weitere W.: Bilderzyklus im Zunftsaal, 1864–69 (Ypern), Rathaus, 1872–75 (Courtrai); Kardinal E. Sterks, ca. 1874; etc.

L.: NFP, WZ, 13., Prager Tagbl., 14. 8. 1879; ADB; Thieme–Becker; Wurzbach; M. Tyrš, in: Světozor 8, 1874, S. 270ff.; F. Reber, Geschichte der neueren dt. Kunst vom Ende des vorigen Jh. bis zur Wr. Ausst. 1873, 1876, S. 602f.; H. Riegel, Geschichte der Wandmalerei in Belgien seit 1856 ..., 1882; Almanach Akad. výtvarných umění v Praze vydaný k stodvacátému výročí založení ústavu, 1926, S. 32ff.; F. Žákavec, in: Umění 4, 1931, S. 422; M. Marek, Kunst und Identitätspolitik, 2004, s. Reg.; Archiv Pražského hradu, Národní galerie, beide Praha, CZ.

(T. Petrasová)

Sweth Kajetan (Cajetan Carl), Landesverteidiger und Beamter. Geb. Graz (Stmk.), 18. 8. 1785; gest. Innsbruck (Tirol), 21. 3. 1864 (Ehrengrab: Innsbrucker Westfriedhof; 1975 Überführung in die dortige Hofkirche); röm.-kath. – Sohn des Stadtarztes Georg S. und von Katharina S., geb. Mazarella, ab 1816 verheiratet mit Johanna S., geb. Liebl. – S. verließ nach dem 4. Gymn.-jahr das Elternhaus und war zunächst in verschiedenen Berufen tätig. Ab 1806/07 absolv. er die Humanitätskl. an den Gymn. in Marburg (Maribor) und Warasdin (Varaždin) und stud. ab 1808 Logik an der Univ. Salzburg. Um dem bayer. Wehrdienst zu entgehen, floh er nach Tirol. Nach dem vergebl. Versuch, in den Kapuzinerorden einzutreten, lernte er im August 1809 Andreas Hofer kennen, der ihn dazu bewog, sich der Tiroler Aufstandsbewegung anzuschließen. S. zeichnete sich bei der 3. Bergiselschlacht aus und erhielt den Rang eines Oberjägers. Während Hofers Regentschaft war er in dessen Kanzlei tätig und erwarb sich dabei sein Vertrauen, während er von anderen Gefolgsleuten Hofers wie Matthias Purtscher oder Josef Daney negativ beurteilt wurde. Nach militär. Einsatz im Achental, der mit dem Frieden von Schönbrunn 1809 endete, kehrte er nach Innsbruck zurück und wurde in der letzten Bergiselschlacht Anfang November verwundet. Zusammen mit Hofer wurde er schließl. auf der Pfandleralm gefangen genommen und mit diesem in Mantua (Mantova) eingekerkert. S.s Berühmtheit gründet auf seinem Erlebnisber. über die letzten Tage und Stunden Hofers. Er selbst wurde ebenfalls zum Tod verurteilt, jedoch begnadigt und zwangsweise zur Fremdenlegion eingezogen, aus der ihm nach drei Jahren die Flucht gelang. Er schloss sich österr. Einheiten an und gelangte schließl. nach Wien. Nach kurzer Tätigkeit als Schreiber bei der nö. Staatsbuchhaltung kehrte er 1816 nach Innsbruck zurück, wo er bis zu seiner Pensionierung bei der Prov.-Staatsbuchhaltung arbeitete. 1823 erhielt er die kleine goldene Zivil-Ehrenmedaille.

W.: Des C. C. S., gewesenen Leidensgefährten des Oberkmdt. A. Hofer, nun k. k. Rechnungsoffizials der k. k. Tiroler Prov. Staatsbuchhaltung Lebensgeschichte von ihm selbst beschrieben im Jahre 1824 (Ms., Tiroler Landesmus. Ferdinandeum, Innsbruck).

L.: *Wurzbach; J. M. Hägele, A. Hofers letzter Gefährte, 2. Aufl. 1867; A. Peter, K. S., der Leidensgefährte A. Hofers, 1908 (m. B.); H. Sander, M. Purtscher aus Bludenz, der Adj. A. Hofers, 1913, S. 42ff.; F. Nothegger, in: Reimmichls Volkskal., 1956, S. 133ff. (m. B.); A. A. Klein, in: 41. Jahresber. des Ersten Bundes-Realgymn. in Graz ..., 1959, S. 7ff.; F. Sollereder, in: Tiroler Heimatbll. 60, 1985, S. 18ff. (m. B.); Der Aufstand der Tiroler gegen die bayer. Regierung 1809 nach den Aufzeichnungen des Zeitgenossen J. Daney, ed. M. Blaas, 2005, s. Reg.; G. Pfaundler-Spat, Tirol-Lex., neubearb. Aufl. 2005; A. Oberhofer, Weltbild eines „Helden". A. Hofers schriftl. Hinterlassenschaft, 2008, s. Reg., bes. S. 87ff. (m. B.); MA Friedhofsverwaltung, Innsbruck, Tirol.*

(Ch. Haidacher)

Swida Franz d. J., Lehrer. Geb. Triest, Freie Stadt (Trieste, I), 7. 7. 1852; gest. Graz (Stmk.), 14. 12. 1939. – Sohn des Beamten Franz S. d. Ä. (1823–1854) und von Maria S., geb. Pongratz (1828–1918). – Nach dem frühen Tod des Vaters kam S. 1854 nach Graz, wo er das Gymn. besuchte und 1869–73 Geschichte und Latein stud.; 1876 Dr. phil. 1872 soll er bereits an der Realschule in Triest unterrichtet haben, 1873 erhielt er eine Supplentenstelle an der Landes-Oberrealschule in Graz, wo er Geschichte und Geographie lehrte; 1874 wirkl. Lehrer für Dt., Geschichte und Geographie an der Staats-Oberrealschule in Triest. Dort war er ab 1877 auch Mitgl. der Prüfungskomm. für allg. Volks- und Bürgerschulen und erhielt den Berufstitel Prof. 1890–94 war S. Dir. des Staatsgymn. in Pola (Pula), 1894–97 des Staatsgymn. in Triest. Danach bekleidete er bis 1907 das Amt des Landesschulinsp. für die Mittelschulen sowie die dt. Volks- und Bürgerschulen des Küstenlandes in Triest. I. R. übersiedelte S. wieder nach Graz, wo er sich an öff. und humanitären Bestrebungen beteiligte. So zeichnete er 1908 als Obmann des Arbeitsausschusses für die erfolgreich in Graz durchgeführte Adriaausst. verantwortl. und hielt in den folgenden Jahren viel beachtete Vorträge über das Küstenland. S. war Verf. der Monographie „Krain, Küstenland und Dalmatien", des 11. Bandes von „Die Länder Österreich-Ungarns in Wort und Bild", ed. Friedrich Umlauft, 1882 (Reprint 1999). Ab 1910 war er Vorstand des Waisen- und Vormundschaftsrats des Grazer Stadtbez. Jakomini und ab 1918 ständiger Vertreter der Vormundschaftsbehörde in der Berufs- und Beratungskomm. sowie Vorstandsstellv. im Ver. für Armenpflege und Kinderfürsorge. Von 1916 bis Herbst 1918 fungierte er als Insp. der für italien. Flüchtlinge ins Leben gerufenen Volks- und Mittelschulkurse in Graz und in Wagna. S. war u. a. ab 1887 Korrespondent für das Küstenland der Central-Comm. zur Erforschung und Erhaltung der Kunst- und hist. Denkmale, wurde 1905 Ritter des Ordens der Eisernen Krone III. Kl. und 1907 HR.

Weitere W.: Das Königreich Dalmatien. Land und Leute, 1882 (gem. m. V. v. Haardt); Landschaftl. Lage, Volksleben, geschichtl. und culturelle Entwicklung Triests, in: Die österr.-ung. Monarchie in Wort und Bild, Bd.: Das Küstenland, 1891; Zur Geschichte des Gymn. von Mitterburg, in: Programm des k. k. Staats-Gymn. in Pola ..., 1891; Jahresber. über das k. k. Gymn. in Triest ... des Schuljahres 1896, 1897 (gem. m. F. Stadelmann); Beitrr. in Jahresber. der Dt. Staats-Oberrealschule in Triest; etc. – Nachlass: Stmk. LA, Graz, Stmk. (m. B.).

L.: *Buch der Senioren 1934, 1934, S. 12 (m. B.); Th. Brückler – U. Nimeth, Personenlex. zur österr. Denkmalpflege, 2001; Stmk. LA, UA, beide Graz, Stmk.; Mitt. Franz Mittermüller, Graz, Stmk.*

(D. Angetter)

Swieży Ignaz (Ignacy), Geistlicher und Politiker. Geb. Großkuntschitz, Schlesien (Kończyce Wielkie, PL), 12. 10. 1839; gest. Teschen, Schlesien (Cieszyn, PL), 22. 10. 1902; röm.-kath. – Sohn eines Landwirts. – S. besuchte das Gymn. in Teschen, trat um 1857 in das Priesterseminar in Olmütz (Olomouc) ein, wo er bis 1865 Phil. und Theol. stud. und im selben Jahr zum Priester geweiht wurde. Danach versah er das Amt eines Vikars im österr. schles. Rattimau (Vratimov) und in Bielitz (Bielsko-Biała). 1872 wurde er Religionslehrer am neu gegr. Gymn. in Teschen und erhielt dort ein Jahr später auch die Stelle eines Kaplans. Neben seinem Priesteramt wurde S. zum Führer der poln.nationalen Partei Schlesiens; 1878 Abg. zum schles. LT in Troppau (Opavá), 1885–1900 Abg. im RR. Zur Förderung des nationalen Bewusstseins der poln. kath. Bevölkerung Schlesiens gründete er 1883 den kath. Verband Związek Śląskich Katolików. Als dessen Präs. (bis 1899) war er auch Hrsg. der Ver.schrift „Poseł Związku Śląskich Katolików", 1873. Er war Gründer und bis 1891 Präs. des Ver. zum Hl. Johannes Sarkander, der Bücher religiösen Inhalts hrsg. und diese unter der poln. Bevölkerung verbreitete. 1885 war er Mitbegründer und 1891–1900 Präs. des poln. Schulver. Macierz Szkolna dla Księstwa Cieszyńskiego. Daneben war S. u. a. auch Vorstandsmitgl. des Lesever. Czytelnia Ludowa, der Wiss.ges. Towarzystwo Naukowej Pomocy dla Księstwa Cieszyńskiego sowie der Landwirtschaftsges. Towarzystwo Rolnicze. S., der sich 1900 aus dem öff. Leben zurückzog, wurde von Papst Leo XIII. mit der Würde eines Geheimkämmerers ausgez.

L.: *Anhang zu der Smlg. der Beschlüsse des schles. LT ... 1861–1902, 1905, S. 50; R. Tomanek, Dorobek półwiekowej działalności oświatowej. Krótki zarys dziejów i prac „Dziedzictwa błog. Jana Sarkandra", 1924; J. Galicz, Ks. I. S. jego życie i działalność, 1933; ders., Związek śląskich katolików 1883–1933, 1933, S. 10ff.; A. Zajac, Dla polskiej Macierzy. Z działalności Macierzy Ziemi Cieszyńskiej w latach 1885–1980, 1980; E. Rosner, Cieszyńskie okruchy literackie, 1983; J. Z. S. Wojnar, Dyplomata z Wielkich Kończyc, 1985; J. Golec – S. Bojda, Słownik biograficzny Ziemi Cieszyńskiej 2, 1995; Słownik biograficzny katolickiego duchowieństwa śląskiego XIX i XX wieku, 1996; Materialiensmlg. ÖBL (m. B.), Wien; Mitt. Zofia Reinbacher, Wien.*

(J. Spyra)

Swoboda, s. auch **Svoboda**

Swoboda Adalbert (Albert) Constantin (Konstantin), Architekt. Geb. Wien, 3. 9. 1853; gest. ebd., 7. 1. 1941; röm.-kath. – Sohn des Bauzeichners Karl S., Bruder von →Em(m)erich Alexius S. – Nach einem angebl. Stud. an der Architekturschule der TH, u. a. bei →Heinrich Frh. v. Ferstel, besuchte S. 1874–77 die Meisterschule von →Theophil Frh. v. Hansen an der Wr. ABK, wo er neben zwei Reise- auch das Königswarter-Stipendium erhielt. 1876 führte ihn eine längere Stud.reise gem. mit Hansen nach Italien und Griechenland, auf sein Einjährig-Freiwilligen-Jahr 1877 folgten zahlreiche Stud.reisen in den Orient. Mit den Festbauten für das erste Österr. Bundesschießen in Wien, 1878, wurde S. bekannt und erhielt eine Anstellung bei der Wr. Baufa. Rudolf Fray, für die er ab 1879 am Projekt des St. Marxer Zentralviehmarkts mitwirkte. Um 1880 ging S. nach Odessa (Odesa), wo er mit dem schweizer.-russ. Architekten Alexander Bernardazzi (Bernadazzyi) zusammenarbeitete (z. B. Empfangsgebäude des Bahnhofs und griech.-orthodoxe Kirche). Nach seiner Rückkehr nach Wien um 1883 fand er Beschäftigung in der Baufa. von →Viktor Rumpelmayer und arbeitete an zahlreichen historist. Schloss- und Palaisneubauten für den mittel- und osteurop. Hochadel mit, so u. a. am Schloss Festetics in Keszthely, am Palais Pálffy in Preßburg, an der Sommerresidenz Euxinograd des Fürsten Alexander v. Battenberg in Varna sowie an dessen Winterresidenz in Sofia (kgl. Palast), möglicherweise auch am Schloss Zichy in Ziffer (Cífer). Nach Rumpelmayers Tod 1885 übernahm S. gem. mit anderen Angestellten temporär den Geschäftsbetrieb. Ab 1890 dürfte er als freier Architekt tätig gewesen sein, wobei er sich u. a. auf die Errichtung von Badeanstalten spezialisierte. Bes. erwähnenswert ist der Bau des Zentralbads (Wien 1), das durch den Architekten Adolf Endl realisiert werden sollte. Nach dessen Tod, 1887, übernahm S. die Weiterführung und zeichnete insbes. für die Detailplanung und die Innenausstattung verantwortl. Stilist. folgte er bei seinen Werken der übl. Formensprache des Wr. Späthistorismus mit Spezialisierung auf Barock und Rokoko. Der Bauaufgabe entsprechend schuf er Arbeiten auch im maur. oder pompejian. Stil (z. B. Umkleidekabinen, Ruheraum im Wr. Zentralbad). Ebenso zeittyp. sind die secessionist. Elemente in seinen Arbeiten vor dem 1. Weltkrieg. Bes. beim Bau von Mietshäusern trat er auch als Bauunternehmer auf. Ab 1908 war S. Mitgl. der Zentralvereinigung der Architekten Österr., ab 1913 des Österr. Ing.- und Architekten-Ver., außerdem der Geograph. Ges. in Wien und des Hansen-Klubs. S., zur Zeit der Monarchie ein äußerst anerkannter Architekt, dürfte nach dem 1. Weltkrieg nicht mehr tätig gewesen sein. Er starb völlig verarmt in Wien.

Weitere W. (s. auch Architektenlex.): Wohnhäuser in Wien 1, 2 und 4; Villenanlage (Preßbaum); Villen in Odessa-Langeron; Zentralbad in Maribor, 1892–93, und Bratislava; Wohn- und Geschäftshäuser in Timişoara; Brauereihotel Brunner, 1903 (Mödling); Erweiterung der Pfarrkirche von Deutschkreutz, 1928.

L.: *Eisenberg 1; Thieme–Becker; Vollmer; Die Profanbauten des 3., 4. und 5. Bez., bearb. G. Hajós – E. Vancsa (= Österr. Kunsttopographie 44), 1980, s. Reg.; Meister-Archiv. Gallerie von Zeitgenossen Dtld. aus dem Gebiete der bildenden ... Künste 2, ed. A. Mansch, o. J. (m. B.); Architektenlex. Wien 1880–1945 (m. B., W. u. L., nur online, Zugriff 3. 5. 2011); ABK, Wien.*

(R. Kurdiovsky)

Swoboda Albin d. Ä., Schauspieler, Sänger und Theaterdirektor. Geb. Neustrelitz, Mecklenburg-Strelitz (D), 13. 11. 1836; gest. Radebeul, Sachsen (D), 4. 8. 1901. – Sohn von →Josef S.; in erster Ehe mit Friederike S., geb. Fischer, verheiratet, Vater von Margarete S. (beide s. u.) und dem Bassbariton Albin S. d. J. (geb. Dresden, Sachsen/D, 19. 3. 1883; gest. Stuttgart, D, 5. 1. 1970). – S. übersiedelte 1848 mit seiner Familie nach Wien und hatte 1851 erste Auftritte in der reisenden Ges. seines Vaters, die er kurze Zeit auch leitete. 1852 wurde er Chorist und Schauspieler am Theater in der Josefstadt in Wien, 1854/55 übernahm er als 18-Jähriger die Leitung dieser Bühne sowie im Sommer 1855 jene des Theaters in (Bad) Ischl. Einem Engagement am Ständ. Theater in Linz 1855/56 folgte ab Ostern 1856 ein dreijähriges Engagement bei →Johann Nestroy am Wr. Carltheater, wo ihm 1857 in Albert Emil Brachvogels „Narziß" mit der Parodie des Schauspielers Bogumil Dawison ein durchschlagender Publikumserfolg gelang. 1859–73 zählte er als Operettensänger, ab 1865 gem. mit →Marie Geistinger, zu den Ensemblestützen des Theaters an der Wien. In Operetten Offenbachs (als Paris in der „Schönen Helena") und den Urauff. der Operetten von →Johann Strauß (Sohn) erwarb er sich den Ruf als „bester deutscher Operettensänger". Daneben war S. als Charakterdarsteller in den Urauff. von →Ludwig Anzengrubers Volksstücken erfolgreich, etwa als Wurzelsepp in „Der Pfarrer von Kirchfeld" (1870) und als Steinklopferhanns in „Die Kreuzelschreiber" (1872), doch kam es später mit Anzengruber zu einer Kontroverse über seine Rollengestaltung. Ab 1872 stellte S. ein Ensemble für die Kom. Oper zusammen, deren glanzvolle Eröffnung mit Rossinis „Barbier von Sevilla" aber nicht wie geplant zu Beginn der Weltausst., sondern erst 1874 erfolgte. S. war erster (1873–74) und letzter (1877–78) Dir. dieser Bühne, die 1878 als Ringtheater wiedereröffnet wurde. Dazwischen leitete er ab 1874 in Budapest das Dt. Theater in der Wollgasse und das kleine Dt. Theater am Hermina-Platz. Er brachte v. a. Operettenauff., wobei er selbst gem. mit seiner Frau zu den Stützen des Ensembles zählte, aber auch Wr. Künstler zu Gastspielen holte. Durch Übernahme der Schulden seiner Vorgänger kam es 1876 zu Differenzen mit dem Gläubigerausschuss, sodass S. im Herbst 1877 die Dion. seinem Vater übergab. Nach Wien zurückgekehrt, spielte er 1878–80 am Stadttheater unter →Heinrich Laube, „der ihm den österreichischen Dialekt austrieb", und gastierte anschließend u. a. in St. Petersburg, Moskau, Rīga und Łódź. 1881–1901 war er am Hoftheater in Dresden engag. (kgl. sächs. Hofschauspieler) und gab dort auch dramat. Unterricht am Konservatorium. Daneben absolv. er Gastspiele in Wien (1875, 1877, 1878 Theater an der Wien; 1883 Stadttheater; 1898 Carltheater). Der junge →Alexander Girardi nannte S. sein Vorbild. S.s Frau **Friederike S.** (geb. Ofen/Budapest, H, 18. 6. 1844; gest. Dresden, D, 1. 10. 1898) war 1861–63 Mitgl. der Wr. Hofoper. Sie wirkte 1863 als Sängerin am Theater am Franz-Josefs-Kai, dann am Carltheater und am Theater an der Wien, 1873 an der Kom. Oper Wien und am Dt. Theater in Budapest (ihre Glanzrolle war die Rosalinde in der „Fledermaus"), später am Residenztheater in Dresden. Sie gab Gastspiele im In- und Ausland. Die gem. Tochter **Margarete S.** (geb. Wien, 5. 4. 1872; gest. München, Dt. Reich/D, 29. 3. 1921) debüt. ohne Schauspielausbildung 1889 am Wr. Burgtheater als Melitta in Grillparzers „Sappho", wirkte 1890–96 am Hoftheater in Braunschweig und ab 1896 am Münchner Hoftheater.

L.: FB, 6. (A.), 8. 8. 1901; NFP, 6., 9. 8. 1901; NWT, WZ, 6. 8. 1901 (beide A.); Neues Wr. Journal, 7. 8. 1901; Illustrirtes Wr. Extrabl., 10. 8. 1901 (m. B., auch von Friederike S.); Wr. Bilder, 14. 8. 1901 (m. B.); Biograph. Jb. 6, 1904, S. 200ff.; Eisenberg, Bühne (auch für Margarete S., s. Gretchen S.); Kosch, Theater-Lex.; Kutsch–Riemens, 4. Aufl. 2003 (auch für Friederike S.); Nagl–Zeidler–Castle 3–4, s. Reg.; Wurzbach; A. Bauer, 150 Jahre Theater an der Wien, 1952, s. Reg.; ders., Das Theater in der Josefstadt, 1957, s. Reg.; K. Ranninger, in: Das Josefstädter Heimatmus. 49/50, 1968, S. 232f. (m. B.); W. Binal, Dt.sprachiges Theater in Budapest, 1972, s. Reg. (m. B.); Stadtarchiv Radebeul, D.

(E. Großegger)

Swoboda August, Musiklehrer, Komponist und Musiktheoretiker. Geb. Laimgrube, NÖ (Wien), 7. 12. 1795 (Taufdatum); gest. Graz (Stmk.), 25. 4. 1863. – Aus einfachen Verhältnissen stammend. – S. erlernte zunächst das Harfenspiel bei einem gewissen Brunner oder Brunno sowie bei →Josef Schwanenberg. →Josef v. Blumenthal machte ihn mit den musiktheoret. Werken von Abbé Georg Joseph Vogler vertraut. Es folgten Stud. bei →Josef Drechsler, den er ca. 1825/26 zeitweise als Generalbasslehrer an der Normalschule von St. Anna (Wien 1) vertrat. Mitte der 1820er-Jahre bezeichnete sich S., nachdem er autodidakt. weitere Instrumente erlernt und sich die musiktheoret. Werke von Johann Philipp Kirnberger, Justin Heinrich Knecht u. a. angeeignet hatte, als ausübendes Mitgl. der Ges. der Musikfreunde in Wien. Eine von ihm angegebene Tätigkeit als „Musikmeister in der k. k. Ingenieur Academie in Wien" konnte bislang nicht datiert werden. Ab September 1828 betrieb er eine Musikschule in der Weihburggasse (Wien 1), die er vermutl. bis 1848 führte; um 1847 scheint er sich auch als Klaviermacher bzw. -trödler versucht zu haben. Ab 1843 unternahm er umfangreichere Reisen, ausgestellte Reisedokumente waren u. a. für Frankreich, England, Russland, Griechenland und Konstantinopel (İstanbul) gültig. Von Bedeutung war S.s Engagement im Revolutionsjahr 1848 in Wien. Als Gründer des sog. Privat-Darlehen-Ver. ohne Hypothek, der im August 1848 vom Innenmin. genehmigt wurde und durch die Aktienzeichnung hoher Politiker quasi offiziösen Charakter erlangte, war er i. d. F. für den „Aktienrummel" im September 1848 mit-, wenn nicht hauptverantwortl. Im September 1848 befasste sich eine Ministerratssitzung ausschließl. mit der Liquidierung des S.'schen Ver., wobei S. selbst zur Auskunftserteilung geladen war. Dadurch sicherte er sich einen festen Platz in sämtl. zeitgenöss. Berr. über das Wr. Revolutionsjahr, wenngleich seine Person immer etwas schattenhaft blieb. Strafrechtl. nicht weiter belangt, verließ er 1848 Wien und übersiedelte nach Graz, wo er ein karges Leben als Generalbass- und Harfenlehrer fristete. Seine großteils als bescheiden zu bezeichnenden Werke erschienen fast ausschließl. im Eigenverlag. Als Musiktheoretiker ist er weit höher einzuschätzen, obwohl seine Schriften teils zwiespältige Aufnahme fanden. Zu S.s Schülern zählen →Franz Mair, Gründer des Wr. Schubertbundes, →Franz Massak, →Joseph Fahrbach, →Anton Absenger und Erwin Franz Gf. Neipperg.

W. (s. auch Fastl): 1 Tantum ergo; Am Grabe Beethoven's (Männerchor); Vertonungen griech.-orthodoxer Kirchenmusik; Lieder; 2 Märsche für Blasorchester; 1 Walzer für Orchester; Kammer- und Unterhaltungsmusik für verschiedene Besetzungen; Übungsstücke. – Verschollen u. a.: Feodore (Singspiel nach A. v. Kotzebue, 1820); Die Werke des Glaubens (Oratorium nach F. v. Schiller, 1818); 2 Messen (1821, 1826). – Publ.: Allg. Theorie der Tonkunst, 1826; Guitarre-Schule für Damen, 1826; Instrumentirungslehre, 1827; Gesanglehre, 1828; Harmonielehre, 1828; Anleitung zum Contrapunctiren, 1829; Guitarre-Schule, o. J. (2. Aufl. 1836).

L.: oeml (nur online, Zugriff 18. 1. 2012); Lehrer-Schema oder Ausweis ..., ed. J. Kaiser, 1845, S. 32; Th. Kletečka, in: Eliten und Außenseiter in Österr. und Ungarn, ed. W. Heindl u. a., 2001, S. 67ff.; Ch. Fastl, in: Musicologica Austriaca 27, 2008, S. 101ff. (m. W.).

(Ch. Fastl)

Swoboda (Svoboda) Eduard, Maler. Geb. Wien, 14. 11. 1814; gest. Hallstatt (OÖ), 13. 9. 1902 (begraben: Wr. Zentralfriedhof); röm.-kath. – Sohn von Josef S. (geb. Agram/Zagreb, HR, 17. 10. 1780; gest. Wien?, vor 1873), einem aus Agram nach Wien übersiedelten Baumwollgespinsthändler, und Maria S., geb. Haas (1784–1863), Bruder von Rudolph S. d. Ä. (s. u. →Rudolf S. d. J.), Vater von →Josefine S. und →Rudolf S. d. J.; in 1. Ehe ab 1843 verheiratet mit Josefa S., geb. Janscha, Tochter des Porzellanmalers Franz Janscha, in 2. Ehe ab 1857 mit Josefine Müller (geb. Wien, 21. 3. 1839; gest. ebd., 2. 11. 1906; röm.-kath.), der Tochter des Lithographen Leopold Müller. – S. stud. ab 1831 an der Wr. ABK bei →Franz Xaver Petter sowie Friedrich Schilcher, wurde 1833 mit dem Gundel-Preis ausgez. und präsentierte seine Arbeiten hier ab 1834 regelmäßig; 1835 bildete er sich in Prag bei →Christian Ruben weiter. S. wirkte als äußerst vielseitiger Porträt-, Genre- und Historienmaler in Wien, zudem aber auch in Karlsbad/Karlovy Vary (1835), Pest/Budapest (1836), Preßburg (1842) und Frankfurt am Main (1848), wo er die Eröffnung der Dt. Nationalversmlg. malte. Zusätzl. arbeitete er u. a. als Freskant von Kirchen in Reichenau (Liberec) und Schemnitz (Banská Štiavnica); Altarbilder von seiner Hand sind in Felsőbanya (Baia Sprie), im böhm. Dauba/Dubá (Hl. Antonius von Padua) sowie in der Pfarrkirche St. Andrä vor dem Hagenthale (1836) überliefert. Zu seinen Hauptwerken als Genremaler zählen die Gemälde „Va banque oder Glücksspiel" (1849, Österr. Galerie Belvedere), das stark von →Josef Danhauser abhängig ist und den Sieg einer jungen Dame im Spiel zeigt, sowie die „Ansicht der Börse in der Grünangergasse" (Anfang der 1850er-Jahre) mit zahlreichen präzisen Porträts von „Börsianern". 1859 stattete er gem. mit →Karl Geiger das Treppenhaus der neuen Börse in Wien aus. Als Lithograph fertigte S. neben zahlreichen Porträts (u. a. von →Joachim Haspinger und Hermann Xaver Blumauer) auch eine Serie mit 24 Bildnissen Wr. und in Wien lebender Künstler; ebenso sind Karikaturen S.s nachweisbar. S. spiegelt wie kaum ein anderer Maler des 19. Jh. eine enorme Gattungsbreite, die von typ. vormärzl. Sujets bis zu mytholog. Themen reicht. Nicht zuletzt war S. auch als Restaurator tätig, so im Auftrag des k. Hofes für die schadhaft gewordenen Fresken Gregorio Guglielmis in der Großen Galerie im Schloss Schönbrunn. S. war ab 1846 Mitgl. der Künstlerges. Zum blauen Strauß (ab 1858 Albrecht Dürer-Ver.), 1848 Mitgl. der Wr. ABK, 1859 Ausschussmitgl. des Patriot. Ver. der Künstler Wiens und ab 1861 Mitgl. der Genossenschaft der bildenden Künstler Wiens (Künstlerhaus). Ein Teilnachlass befindet sich in der Wienbibl.

Weitere W.: s. Wurzbach.

L.: WZ, 14. 9. 1902; Czeike; Eisenberg 1; Fuchs, 19. Jh.; Thieme–Becker; Wurzbach (m. W.); H. Fuchs, Die österr. Bildnisminiatur 2, 1982; G. Frodl, Wr. Malerei der Biedermeierzeit, 1987, S. 261f.; Kunst des 19. Jh. 4, bearb. C. Wöhrer, 2000; W. Aichelburg, Das Wr. Künstlerhaus 1861–2001, 1, 2003, s. Reg.; Die Porträtmalerin Josefine S. 1861–1924, ed. H. Zemen, 2004, s. Reg. (m. B.); Der Orientmaler Rudolf S. 1859–1914, ed. ders., 2004, s. Reg. (m. B.); ABK, Wien.

(W. Telesko)

Swoboda Em(m)erich Alexius (Alexander), fälschl. auch Swoboda-Wikingen, Bildhauer und Maler. Geb. Wörth (Enzenreith, NÖ), 17. 7. 1849; gest. Wien, 1. 2. 1920 (Ehrengrab: Wr. Zentralfriedhof); röm.-kath. – Nannte sich ab 1917 Wikingen-Swoboda. Sohn des Bauzeichners Karl S., Bruder von →Adalbert Constantin S., Vater des Kunsthistorikers Dr. Bruno Maria Wikingen. – S. stud. ab 1867 an der Wr. ABK bei →Franz Bauer (1871 Füger-Preis), 1872–73 bei Karl Kundmann und war 1873–77 Meisterschüler von Caspar v. Zumbusch. 1877 beteiligte er sich mit der Gipsstatue „Nymphe dem Echo lauschend" an der Ausst. anlässl. der Eröffnung der Wr. ABK am Schillerplatz (Wien 1). Im Atelier Zumbuschs arbeitete er u. a. am Beethoven-Denkmal (neun Putti) und am Maria-Theresien-Denkmal (allegor. Figuren von Gerechtigkeit, Milde sowie Joseph Wenzel Fürst v. Liechtenstein, 1879) mit. Als weitere große Aufträge folgten die figurale Ausschmückung des Saales 11 und Genien an der Parterrekuppel des Kunsthist. Mus. (1891), eine Nachbildung der Mediceischen Venus als Fassadenplastik für die Wr. ABK sowie eine Attikaskulptur am Naturhist. Mus. (1889), „Stadtbürger", „Pomona" an der Neuen Burg (1899) sowie die Numa-Pompilius-Statue im Sitzungssaal des Abg.hauses (1900). Ferner umfasst sein Œuvre Porträts aus Aristokratie, Kunst- und Gelehrtenwelt sowie Reiterstatuetten von K. →Franz Joseph I., Erzhg. →Franz Ferdinand und Erzhg. →Otto. In seinen Werken folgte er stilist. zunächst einem gemäßigten, bald als traditionell empfundenen Naturalismus, der in späteren Arbeiten eine Annäherung an den Klassizismus zeigt. Neben verschiedenen Preisen und Anerkennungen wurde S. für die 1909 auf der 35. Jahresausst. im Künstlerhaus gezeigte Donato-Bramante-Statue (heute Künstlerhaus, Wien) mit der Kleinen goldenen Staatsmedaille ausgez. S., der ab 1899 ein eigenes Atelier in Wien-Wieden unterhielt, musste gegen Ende seines Lebens vom Künstlerhaus finanziell unterstützt werden. Er war ab 1875 Mitgl., 1903 Vizepräs. der Genossenschaft der bildenden Künstler Wiens (Künstlerhaus) und wurde 1889 Mitgl. der Bildhauer-Vereinigung.

Weitere W.: Engelsplastiken, 1902–04 (Karl-Borromäus-Kirche, Wien 13); Bronzereliefs mit allegor. Darstellungen an den Säulentrommeln und Pilasterfüllungen des Hauptportals und an den Sockelfenstern der HGK, 1907 (Wien 1); Entwürfe für die Deckenfelder des Baumann-Festsaals, 1913 (Neue Hofburg, Wien 1); Bauplastiken für städt. Schulen: Petrus-Statue (Petrusschule, Wien 3), Relief zur Knabenerziehung „Ansprache Karl Luegers", 1910 (Allg. Volksschule Waltergasse/Graf Starhemberg-Gasse, Wien 4); etc.

L.: NFP, 18. 2. 1920; WZ, 17. 7. 1949; Czeike; Die Wr. Ringstraße 4, 9/1–2; Eisenberg 1; Fuchs, 19. Jh.; Kosel 1; Lhotsky 1, s. Reg.; Thieme–Becker; Wurzbach (s. u. Wenzel Alois S.); Wien am Anfang des 20. Jh., red. P. Kortz, 2, 1906, s. Reg.; Die christl. Kunst 16, 1919/20, Beibl., S. 64; M. Kolisko, C. v. Zumbusch, 1931, S. 109, 123; B. Kriller – G. Kugler, Das Kunsthist. Mus. Die Architektur und Ausstattung ..., 1991, s. Reg.; W. Aichelburg, Das Wr. Künstlerhaus 1861–2001, 1, 2003, s. Reg.; ABK, Künstlerhausarchiv, beide Wien.

(R. Kurdiovsky)

Swoboda Ernst, Jurist. Geb. Tachau, Böhmen (Tachov, CZ), 18. 6. 1879; gest. Wien, 24. 4. 1950; evang. AB. – Sohn eines Oberpostmeisters. – Nach der Matura am Gymn. in Mies (Stříbro) stud. S. 1898–1901 an der dt. Univ. Prag sowie 1901–02 in Innsbruck und Graz Jus. 1910 legte er die Richteramtsprüfung ab und amtierte als Bez.richter. 1912 Dr. jur. der Univ. Graz, habil. er sich dort 1919 als Priv.Doz. für allg. bürgerl. Recht. Danach OLGR in Graz, wurde er 1924 ao., 1933 o. Prof. für bürgerl. Recht an der dt. Univ. Prag, ehe er 1939 o. Prof. für Zivilgerichtl. Verfahren und bürgerl. Recht sowie Vorstand des Inst. für Rechtsvereinheitlichung an der Univ. Wien wurde. 1941/42 und 1942/43 fungierte er als stellv., 1943/44 als Dekan der rechtswiss. Fak. S. war auch polit. tätig. Ab 1935 war er Mitgl. der Sudetendt. Partei, kam im September 1938 zum polit. Stab Konrad Henleins und wurde im Oktober 1938 zum Vors. der Arbeitsgemeinschaft für die Rechtsangleichung der sudetendt. Gebiete ernannt. Ab November dieses Jahres NSDAP-Mitgl., wurde er 1939 SA-Sturmbannführer und 1940 Gaugruppenwalter im NS-Rechtswahrerbund. In seinen Arbeiten setzte sich S. u. a. mit Bereicherung und Bevollmächtigungsvertrag, mit der Neugestaltung des bürgerl. Rechts auf naturrechtl. und dt.-rechtl. Grundlage, mit Strafrecht und öff. Recht sowie mit Mietrecht und Mieterschutz auseinander. V. a. jedoch befasste er sich mit Biographie und Werk des Juristen Franz v. Zeiller, wobei er die Überschätzung des Einflusses der Lehren Kants auf Zeiller und das von diesem endredigierte Allg. Bürgerl. Gesetzbuch (ABGB) aufzeigte, jedoch den Einfluss der älteren Naturrechtslehre unterbewertete. Mit seiner Antrittsvorlesung an der dt. Univ. Prag konnte S. die beabsichtigte Streichung der einleitenden Bestimmungen des ABGB im tschechoslowak. Entwurf eines bürgerl. Gesetzbuchs verhindern. Insgesamt strebte er eine Neugestaltung des bürgerl. Rechts an. 1945 wurde er seines Lehramts enthoben. S. wurde 1936 Dr. h. c. rer. pol. der Univ. Breslau.

W.: Natur und Inhalt des Bereicherungsanspruchs im österr. Recht, 1916; Bereicherung, Geschäftsführung ohne Auftrag, versio in rem nach österr. Recht mit Ausblicken auf das dt. Recht, 1919; Unser allg. bürgerl. Gesetzbuch und die neue Zeit, in: Jurist. Bll. 48, 1919; Franz v. Zeiller, 1931; Die Neugestaltung des bürgerl. Rechts, 1935; Die Einwirkung der Phil. Kants auf das österr. und tschechoslowak. bürgerl. Recht, in: Z. für die gesamte Staatswiss. 98, 1937; Grundfragen der Rechtsauffassung, 1938 (gem. m. R. Höhn – Th. Maunz); etc.

L.: *H. Slapnicka, Österreichs Recht außerhalb Österr., 1973, S. 58; H. Hattenhauer, in: FS R. Gmür, 1983, S. 283; Willfährige Wiss. Die Univ. Wien 1938–45, ed. G. Heiss u. a., 1989, s. Reg.; P. Goller, Naturrecht, Rechtsphil. oder Rechtstheorie?, 1997, S. 292ff.; A. Mišková, in: M. Glettler – dies., Prager Prof. 1938–48, 2001, S. 31f.; G. Wesener, Österr. Privatrecht an der Univ. Graz, 2002, S. 79ff.; Univ. in nationaler Konkurrenz, ed. H. Lemberg, 2003, s. Reg.; I. Schartner, Die Staatsrechtler der jurid. Fak. der Univ. Wien im „Ansturm" des Nationalsozialismus, 2011, S. 321ff.; UA, Graz, Stmk.; AdR, AVA, UA, alle Wien.*

(G. Wesener)

Swoboda Franz, Pädagoge. Geb. Wien, 11. 1. 1883; gest. ebd., 8. 8. 1946; röm.-kath. – Sohn eines Fleischhauers. – S. beendete 1902 das Landeslehrerseminar in St. Pölten. Zunächst Volksschullehrer, legte er 1907 die Lehramtsprüfung für Bürgerschulen in Französ. und i. d. F. für Mathematik sowie für naturkundl. Fächer ab. Ab 1913 def. Bürgerschullehrer in Wien, war er nach 1918 Mitarb. an der Schulreform →Otto Glöckels im Bereich der Naturkde. und galt als Vertreter des Arbeitsunterrichts. S. wirkte als Leiter der Versuchskl. in der Hauptschule Schweglerstraße (Wien 15) an der Erprobung des neuen Lehrplans mit. Ab 1921 stud. er – zunächst als ao. Hörer – Botanik und Zool. an der Univ. Wien; 1926 Dr. phil. 1927–38 Bez.schulinsp., leitete er als solcher bis 1934 die Vorbereitung der Hauptschulkonferenzen. 1929–30 bearb. er gem. mit →Ferdinand Strauß das Lehrbuch „Schau die Heimat! Ein Naturgeschichtsbuch für die Hauptschule" von Josef List und Strauß, 4 Tle., neu. Im Juni 1938 i. d. R. versetzt, erfolgte 1940 die Reaktivierung als Hauptschullehrer; 1941 endgültige Pensionierung. Nach Kriegsende unterrichtete S. an der Bundeslehrerbildungsanstalt Wien 1 und unterstützte den Aufbau des Ver. Techn. Volksbildungsgmd. zum neuen Typus der Volkshochschule.

L.: *Erziehung und Unterricht 97, 1947, S. 99f.; Archiv des Wr. Schulmus., UA, beide Wien.*

(O. Achs)

Swoboda Heinrich, Historiker und Epigraphiker. Geb. Wien, 15. 10. 1856; gest. Praha, Tschechoslowakei (CZ), 13. 6. 1926; röm.-kath. – Sohn des Off. Julius S. und von Theresia S., geb. Göppert (gest. 1876); ab 1892 verheiratet mit der Sängerin Alma Budiner. – S. besuchte 1866–74 das Gymn. Kremsmünster, leistete danach den Militärdienst als Einjährig-Freiwilliger im IR 4 und begann noch im selben Jahr sein Geschichtsstud. an der Univ. Wien. 1879 Dr. phil. („Untersuchungen über die Quellen des Thukydideischen Geschichtswerkes, mit besonderer Berücksichtigung auf das 3. und 4. Buch"; gedruckt 1881: „Thukydideische Quellenstudien"). 1879/80 absolv. er Stud. in Berlin bei Johann Wilhelm Adolf Kirchhoff und Theodor Mommsen; 1880–81 erstellte er den Index für den 10. Bd. des „Corpus Inscriptionum Latinarum". 1881/82 folgten weiterführende Stud. am Dt. Archäolog. Inst. in Athen (Reisestipendium des Min. für Kultus und Unterricht) sowie 1886/87 ein Aufenthalt am Dt. Archäolog. Inst. in Rom. 1884 Habil. für Alte Geschichte an der dt. Univ. Prag; nach einer vergebl. Bewerbung um eine Kustodenstelle in der Antikensmlg. des Kunsthist. Hof-Mus. in Wien 1889 wurde S. 1891 zum ao. Prof. für Alte Geschichte an der dt. Univ. Prag (ohne Gehalt) ernannt; 1899 o. Prof. für Griech. Altertumskde. und Epigraphik, ab 1911 für die gesamte Alte Geschichte. Spätere Berufungen an die Univ. Halle (1906, 1910) und Graz (1916, 1920) lehnte er ab. Ab 1894 war S. Mitdir. des neu eingerichteten Archäolog.-Epigraph. Seminars und ab 1911 Dir.; 1905/06 Dekan der phil. Fak., 1914/15 Rektor der dt. Univ. Prag, ab 1923 im Univ.senat. Neben seiner Lehrtätigkeit hielt S. Weiterbildungskurse für Mittelschullehrer ab und engagierte sich in den von der Univ. veranstalteten volkstüml. Hochschulkursen. S. war ab 1903 o. Mitgl. der Ges. zur Förderung dt. Wiss., Kunst und Literatur in Böhmen (später: Dt. Ges. der Wiss. und Künste für die Tschechoslowak. Republik), für die er bereits 1892–1902 als Geschäftsleiter tätig gewesen war (ab 1915 als Obmann der Abt. für Wiss. bzw. der Phil.-Hist. Kl. im Vorstand); 1921 k. M. der Akad. der Wiss. in Wien, 1924 k. M. der Ges. der Wiss. in Göttingen sowie o. Mitgl. des Österr. Archäolog. Inst. und k. M. des Dt. Archäolog. Inst. S. widmete sich in seinen Forschungen der griech. Geschichte, insbes. der Epigraphik, wobei er sich v. a. mit Staats- und Rechtsgeschichte beschäftigte. Als einer der ersten Forscher wandte er bei der Interpretation dieser Fragen Methoden der modernen Rechtswiss. an und pflegte diesbezügl. v. a. mit →Ludwig Mitteis einen fruchtbaren Austausch.

Weitere W.: s. Almanach.

L.: *Prager Tagbl., 15. 6. 1926 (m. B.); Almanach Wien 77, 1927, S. 339ff. (m. W.); 'Επιτύμβιον. H. S. dargebracht, 1927, bes. S. Vff. (m. B.); A. Rzach, in: Rechenschafts-Ber. über die Tätigkeit der Dt. Ges. der Wiss. und Künste für die Tschechoslowak. Republik im Jahre 1926 ..., 1927, S. 21ff.; A. Stein, in: Biograph. Jb. für Altertumskde. 48, 1928, S. 34ff. (m. W.); A. Rzach, in: Sudetendt. Lebensbilder 2, ed. E. Gierach, 1930, S. 273ff. (m. B.); W. Weber, Biograph. Lex. zur Geschichtswiss. in Dtld., Österr. und der Schweiz ..., 1984; M. Mader, 650 Jahre Prager Univ., phil. DA Wien, 1999, S. 97ff.; H. Krahnke, Die Mitgl. der Akad. der Wiss. zu Göttingen 1751–2001, 2001, S. 237, 310, 373; F. Fellner – D. A. Corradini, Österr. Geschichtswiss. im 20. Jh., 2006; P. Kolář, Geschichtswiss. in Zentraleuropa. Die Univ. Prag, Wien und Berlin um 1900, 1–2, 2008, s. Reg.; Archiv der ÖAW, AVA, UA, alle Wien; UA, Praha, CZ.*

(M. Pesditschek)

Swoboda Heinrich (Simon), Theologe, Kunsthistoriker und Archäologe. Geb. Wien, 28. 6. 1861; gest. ebd., 7. 5. 1923; röm.-kath. – Sohn eines Viktualienhändlers, Bruder des Orgelbaumeisters Franz Josef S. – Da ihm seine Eltern ein Stud. an einer Kunstakad. versagten, trat S. nach dem Besuch des Schottengymn. 1880 in das Wr. Priesterseminar ein. 1880–84 stud. er an der Univ. Wien Theol., 1884 Priesterweihe; 1884–85 Kooperator in Mariabrunn (Wien 14) und bis 1886 Kooperator in Penzing (Wien 14). 1886–88 stud. er in Rom Christl. Archäol. und Kirchl. Kunst bei Giovanni Battista de Rossi. Eine zusätzl. Ausbildung erhielt er am dortigen Collegium Germanicum et Hungaricum, 1888–89 stud. er wieder an der Univ. Wien, u. a. Paläographie bei →Engelbert Mühlbacher, Kunstgeschichte bei Franz Wickhoff, Klass. Archäol. bei →Friedrich Benndorf und Phil. bei Robert Zimmermann; 1889 Dr. phil. Anschließend war er Hausgeistlicher bei den Dienerinnen des Hl. Herzens Jesu in Wien-Landstraße, 1890 Habil. für Christl. Archäol., 1892–99 Hofkaplan und Vikar der Hof- und Burgpfarre. 1894 Dr. theol. mit der Diss. „De imperii et sacerdotii relatione ab anno 800 usque ad imperii Romani orientalis finem". Ab 1895 ao. Prof., ab 1899 o. Prof. für Pastoraltheol. an der Univ. Wien, 1898 Mitgl. des akadem. Senats, 1900–01, 1905–06 und 1919–20 Dekan der kath.-theol. Fak., ab 1902 Mitgl. des Kunstrates des Min. für Kultus und Unterricht, 1909–10 Rektor der Univ. Wien. In dieser Funktion führte er die sog. Univ.reisen ein und begründete den Wr. Univ.sport samt eigener Sportkomm. Als Pastoraltheologe widmete sich S. der kirchl. Seelsorge und Katechetik, wobei er sich für die Trennung der beiden Bereiche einsetzte. Als Förderer der Wr. katechet. Bewegung veranstaltete er gem. mit der österr. Leo-Ges. 1905 und 1908 pädagog.-katechet. Kurse in Wien, 1907 auch in München. 1911 leitete er einen Kurs zur Förderung der Homiletik, 1912 den Internationalen Katechet. Kongress in Wien. Als sein Hauptwerk gilt „Großstadtseelsorge. Eine pastoraltheologische Studie", 1. Aufl. 1909, 2. Aufl. 1911. Weitere Arbeitsgebiete von S. waren die sakrale Kunstgeschichte und christl. Archäol. Er setzte sich zudem für die Errichtung von Kirchen im Jugendstil ein und war Berater Otto Wagners hinsichtl. der Ausschmückung der 1907 errichteten Kirche Am Steinhof. 1905 war er zusammen mit Wilhelm Wilpert an den Ausgrabungen auf der Piazza della Corte in Grado unter der Leitung von Heinrich (Enrico) Maionica beteiligt. Gem. mit →Karl Gf. Lanckoroński-Brzezie führte er Ausgrabungen im nahe gelegenen Aquileia durch. Die Forschungsergebnisse wurden 1906 in dem mit Chromolithographien ausgestalteten Prachtband „Der Dom von Aquileia" veröff. S. war u. a. ab 1889 Vorstandsmitgl. des christl.-religiösen Kunstver. für NÖ, Mitgl. des Kuratoriums des Österr. Mus. für Kunst und Ind., w. M. des Österr. Archäolog. Inst.; 1892 war er Mitbegründer sowie Vorstandsmitgl. der Leo-Ges., in deren Rahmen er 1901 eine eigene Sektion für bildende Kunst einrichtete. Als deren Vizepräs. wurde er in den liturg. Beirat der 1908 begründeten Österr. Ges. für christl. Kunst entsandt. 1909 Mitgl. der Zentralkomm. für die Erforschung und Erhaltung der Kunst- und hist. Denkmale, war S. ferner Mitgl. des kirchl. Diözesan-Denkmalrats und Mitgl. der Christl. Archäolog. Ges. in Athen. Mit zahlreichen Orden ausgez., war er u. a. ab 1903 Ritter des Ordens der Eisernen Krone III. Kl.

Weitere W.: s. Inauguration Univ. Wien; Weißensteiner, 2003.

L.: *NFP, WZ, 7. 5. 1923; RP, 7., 9. 5. 1923; Die Neue Ztg., 8. 5. 1923; Bautz; Czeike; Enc. Catt.; Inauguration Univ. Wien, 1923 (m. W.); Kürschner, Gel.Kal., 1925; LThK; E. Kovács – G. Roth, A. Ricker und seine Pastoralpsychiatrie 1824–1902/03, 1973, s. Reg.; Die Kath.-Theol. Fak. der Univ. Wien 1884–1984, FS ..., ed. E. Ch. Suttner, 1984, s. Reg.; J. Weißensteiner, in: Seelsorge und Diakonie in Berlin, ed. K. Elm u. a., 1990, S. 117, 122; A. Palocsay, H. S. (1861–1923), phil. DA Wien, 2000 (m. L.); K. Klein, in: Geschichte der österr. Humanwiss. 3, ed. K. Acham, 2001, S. 272; F. Höllinger, ebd., S. 387; J. Weißensteiner, in: Faszinierende Gestalten der Kirche Österr. 9, ed. J. Mikrut, 2003, S. 383ff. (m. W. u. L.); L. Schwab, Hommage an eine ermordete Kn., 2010, passim; UA, WStLA, beide Wien.*

(M. Pesditschek)

Swoboda (Svoboda) Josef (Josef Václav, Josef Wilhelm), Ps. Nork, Schauspieler, Sänger und Theaterdirektor. Geb. Prag, Böhmen (Praha, CZ), 1806; gest. Berlin, Preußen (D), 7. 2. 1882. – Sohn eines Prager Bäckers; verheiratet mit der Sopranistin der Wr. Hofoper Angelika Rosalie S., geb. Peréchon (geb. Wien, 1816; gest. Frankfurt am Main, Freie Stadt/D, 1846), Vater des Schauspielers →Albin S. d. Ä., des Operettentenors und Charakterkomikers Karl S. (geb. um 1830; gest. Berlin, Preußen/D, 10. 4. 1905) und der Sängerinnen Angela Peréchon-Alsdorf (gest. 1881) und Mathilde Peréchon (1841–nach 1873). – Nach dem Gymn.besuch in Prag 1818–24 debüt. S. zunächst in tschech.-, dann in dt.sprachigen Vorstellungen am dortigen Ständetheater, an dem er bis 1829 blieb. Anschließend wechselte er an das Wr. Hofburgtheater und gastierte 1830 in Ofen (Budapest) sowie 1831 und 1833 in Prag. 1834 entschied er sich für eine Karriere als Opernsänger und debüt. noch im selben Jahr an der Wr. Hofoper. Es folgten Engagements am Theater in der Josefstadt (1834–35), in Neustrelitz und, gem. mit seiner Frau, in Leipzig, wo er an der Urauff. von Lortzings Oper „Zar und Zimmermann“ mitwirkte. 1837 war er Mitgl. der Opernges. Karl Friedrich Bethmanns (mit Auftritten in Meiningen, Rudolstadt, Halle an der Saale, Erfurt) und führte dann – erfolglos – eine eigene Opernges. in Meiningen, wobei er sich verschuldete und i. d. F. flüchten musste. 1838 wählte er offenbar aus diesem Grund das Ps. Nork, unter dem er, gem. mit seiner Frau, 1838–40 in Düsseldorf auftrat und 1838 in Breslau (Wrocław) gastierte. 1840–48 wirkte er am städt. Theater in Frankfurt (1841 Gastspiel an der Wr. Hofoper). Später kehrte S. nach Wien zurück, wo er zunächst am Carltheater, dann als Spieltenor an der Hofoper tätig war und tschech. Vorstellungen am Theater in der Josefstadt initiierte. 1851 erhielt er die Konzession zur Errichtung einer tschech. reisenden Ges., deren Leitung er bis zu ihrer Auflösung 1852 seinem Sohn Albin überließ. 1853/54 und 1855–62 war er am Theater an der Wien engag., dazwischen führte er am Theater in der Josefstadt Regie. Ab 1862 wirkte S. als Regisseur des tschech. und dt. Schauspiels am Prager Ständetheater und am Interimstheater. Nach vergebl. Bemühungen um die Stelle des Dir. des tschech. Interimstheaters und die eines Regisseurs an der Wr. Hofoper wechselte er an das Münchner Aktien-Volks-Theater, 1867 an die Oper des Hamburger Stadttheaters, 1868 an die dt. Oper in Rotterdam, dann wieder nach Wien, wo er 1865–76 am Thalia-Theater tschech.sprachige Vorstellungen veranstaltete. 1877/78 war er Theaterdir. in Pest (Budapest), 1878 i. R. Während S. in seiner Zeit als Schauspieler in Wien und Prag sowohl als Liebhaber (etwa als Jaromir in Grillparzers „Die Ahnfrau“) wie auch als Komiker oder Held (z. B. als Kosinsky in Schillers „Die Räuber“) Anerkennung fand, konnte er sein Ziel, ein hervorragender Operntenor zu werden, nie völlig verwirklichen.

Weitere Rollen: Jan Dolinský (E. Schikaneder, Jan Dolinský); Lorenzo (W. Shakespeare, Der Kaufmann von Venedig); Fra Diavolo (D. F. E. Auber, Fra Diavolo); Max (C. M. v. Weber, Der Freischütz); Raimbaud (G. Meyerbeer, Robert der Teufel); Almaviva (G. Rossini, Der Barbier von Sevilla); Dejan (V. Hálek, Král Vukašín); Manlius (V. Hálek, Catilina); Severin (J. K. Tyl, Jiříkovo vidění); etc.

L.: Alth, Burgtheater, s. Reg.bd.; Eisenberg, Bühne (s. u. Albin S.); Kosch, Theater-Lex.; Národní divadlo; Ulrich; Wurzbach (s. u. Wenzel Alois S.); J. K. Chmelenský, in: Časopis českého muz. 2, 1828, Bd. 3, S. 121, 125, 132; ders., ebd. 3, 1829, Bd. 1, S. 125, 127, 130; O. Teuber, Geschichte des Prager Theaters 3, 1888, S. 565, 876; F. Pokorný, Vzpomínky a upomínky, 1895, S. 32f.; R. Lothar – J. Stern, 50 Jahre Hoftheater, 1898, S. 14; Neuer Theater-Almanach 13, 1902, S. 149; J. Kádár, A budai és pesti színészet története 1812-ig, 1913, S. 255; V. Stein-Táborský, Dějiny venkovských divadelních společností, 1930, S. 49; J. Bartoš, Prozatímní divadlo a jeho činohra, 1937, S. 79; V. K. Blahník, J. K. Tyla had z ráje, 1950, S. 198, 212; J. Vondráček, Dějiny českého divadla ..., 1957, S. 35, 39; J. Knap, Umělcové na pouti, 1961, S. 16, 18.

(A. Scherl)

Swoboda Josefine, Malerin. Geb. Wien, 29. 1. 1861; gest. ebd., 27. 10. 1924; röm.-kath. – Enkelin des Lithographen Leopold Müller, Tochter von →Eduard S. und Josefine S., geb. Müller, Nichte von Rudolph S. d. Ä. (s. u. →Rudolf S. d. J.) und →Leopold Karl Müller, Schwester von →Rudolf S. d. J. – S. stud. 1878–86 als Hospitantin an der Wr. Kunstgewerbeschule u. a. bei →Ferdinand Laufberger und →Julius Victor Berger. Ab 1886 stellte sie ihre Arbeiten, vorrangig Porträts, regelmäßig im Wr. Künstlerhaus aus, weitere internationale Ausst.beteiligungen, u. a. 1887 in Hamburg, 1888 in München und Berlin sowie 1893 auf der Weltausst. in Chicago, folgten. 1888 reiste sie für Aufträge nach Hamburg und Kiel. Vermutl. auf Empfehlung ihres Bruders und →Heinrich v. Angelis erhielt sie 1890 eine Berufung als Hofmalerin an den Hof von Queen Victoria. S. nahm allerdings keinen festen Wohnsitz in England, sondern hielt sich bis 1899 (mit Unterbrechungen) nur in den Sommermonaten auf der Insel auf, um Mitgl. der kgl. Familie und Hofbedienstete zu porträtieren. Die Arbeiten befinden sich tw. in der Royal Library auf Schloss Windsor. S., die vom österr. K.haus sowie von Aristokraten aus dem In- und Ausland zahlreiche Aufträge erhielt, zählte zu den meistbeschäftigten Wr. Porträtistinnen und präsentierte ihre Arbeiten u. a. ab 1902 bei den Ausst. der „8 Künstlerinnen" im Salon Pisko. Tle. ihres Œuvres befinden sich im Wienmus. sowie in der Graph. Smlg. Albertina in Wien. S. war ab 1886 vorerst Amateur, später k. M. der Genossenschaft der bildenden Künstler Wiens (Künstlerhaus).

W.: s. Zemen.

L.: Neues Wr. Journal, 15. 11. 1924; Eisenberg 1; Thieme–Becker; Wurzbach; H. Fuchs, Die österr. Bildnisminiatur 2, 1982; D. Millar, The Victorian Watercolours and Drawings in the Collection of Her Majesty The Queen 2, London 1995, S. 838ff. (Kat.); Die Porträtmalerin J. S. 1861–1924, ed. H. Zemen, 2004 (m. B., W. u. L.).

(Ch. Gruber)

Swoboda Karl, Sportler und Gastwirt. Geb. Ottakring, NÖ (Wien), 20. 7. 1882; gest. Wien, 19. 4. 1933. – Sohn eines Gastwirtsehepaars. – S. wuchs in Inzersdorf (Wien) auf, wo seine Eltern ein Gasthaus führten, und arbeitete in jungen Jahren als Fleischhauergeselle. I. d. F. kam er mit der Schwerathletik in Kontakt und trat dem Favoritner Athletenklub Germania bei, wo er Gewichtheben betrieb, jene Sportart, die durch Weltklasseathleten wie Edmund Danzer, Josef Grafl, Berthold Tandler oder Wilhelm Türk in Wien popularisiert worden war und, angesiedelt zwischen Sport und Varieté, meist in Vorstadtgasthäusern ausgeübt wurde. S. führte später selbst eine Gaststätte in der Hubergasse in Wien-Ottakring, die ein Zentrum der Wr. Schwerathletik war. 1911 wurde S., der etwa 180 kg wog, in Berlin Weltmeister im Vierkampf mit einer Leistung von 464,0 kg Gesamtgewicht. Im selben Jahr gewann er in Wien erneut die Weltmeisterschaft mit 477,9 kg. Bes. im angloamerikan. Raum ist er noch heute ein Begriff, weil er Anfang Mai 1911 mit 183,7 kg als erster Mensch mehr als 400 pound (181,44 kg) im beidarmigen Stoßen zur Hochstrecke brachte. Anfang November 1911 gelang S. sein absoluter Rekord von 185,6 kg, der erst 1954 überboten wurde. Viele Bestleistungen erzielte er jedoch nicht bei offiziellen Wettkämpfen, sondern bei Schaukämpfen, häufig in seinem eigenen Gasthaus, weshalb sie nicht als offizielle Weltrekorde gelten. Bereits durch zwei Schlaganfälle beeinträchtigt, trat S. 1920 zum letzten Mal bei einer Weltmeisterschaft an, musste seine sportl. Karriere aber noch im selben Jahr beenden. Von mehreren weiteren Schlaganfällen schwer gezeichnet, starb S. nach langem Leiden im Krankenhaus Am Steinhof. Seine Popularität war bis zuletzt ungebrochen: 25.000 Trauergäste erwiesen ihm die letzte Ehre.

L.: Sport-Tagbl., 20. 4. (m. B.), 25. 4. 1933; Czeike; Ill. Österr. Sportbl. 7, 1911, Nr. 21, S. 9f. (m. B.), Nr. 29, S. 10; F. Opll, Liesing, 1982, S. 195; N. Adam, Österreichs Sportidole, 1984, S. 53; G. Schödl, The lost past, 1992, S. 65; Materialiensmlg. ÖBL (m. B.), Wien.

(B. Hachleitner)

Swoboda Rudolf d. J., Maler. Geb. Wien, 4. 10. 1859; gest. ebd., 24. 1. 1914; röm.-kath. – Sohn von →Eduard S. und Josefine S., geb. Müller, Neffe von →Leopold Karl Müller und Rudolph S. d. Ä. (s. u.), Bruder von →Josefine S. – Nach Besuch der Realschule lernte S. ab 1875 u. a. bei Ermenegildo Donadini und →Ferdinand Laufberger an der Kunstgewerbeschule und 1878–84 (mit Unterbrechungen) an der ABK bei seinem Onkel Leopold Karl Müller, mit dem er 1879 nach Kairo fuhr. 1879–80 absolv. er das Einjährig-Freiwilligen-Jahr; ab 1880 Lt. der Res., wurde er jedoch 1886 krankheitshalber außer Dienst gesetzt. Zwischen 1880 und 1891 unternahm er sechs weitere Reisen nach Ägypten, wo er oriental. Stud.köpfe, Porträts und Genreszenen schuf, die er u. a. 1883 im Wr. Künstlerhaus präsentierte. 1885 übersiedelte er nach London, richtete ein eigenes Atelier ein und wurde 1886 auf Vermittlung von →Heinrich v. Angeli Hofmaler bei Queen Victoria. Noch im selben Jahr absolv. er im Auftrag des engl. Hofes eine zweijährige Indienreise, die ihn u. a. nach Bombay (Mumbay), Agra, Rawalpindi, in den Punjab, nach Lahore (hier lernte er den jungen Rudyard Kipling kennen) und Jaipur, wo er mehrere Monate Gast des Maharadschas war, führte, um ind. Volkstypen und Charakterköpfe zu malen; die dabei entstandene Porträtserie befindet sich in der kgl. Smlg. 1888 kehrte S. nach London zurück und übernahm dort nun auch private Aufträge. 1892 übersiedelte er wieder nach Wien, besuchte aber bis 1900 wiederholt London, um Porträtaufträgen nachzukommen. In den Folgejahren war er als Porträtmaler der Wr. Ges. tätig und hielt sich 1904–05 anlässl. seiner letzten Orientreise in Damaskus auf. S. erwarb sich v. a. als Orientmaler einen

Ruf. Seine Arbeiten, themat. und maltechn. von Müller geprägt, wurden anlässl. der Gedächtnisausst. im Künstlerhaus 1916 präsentiert. S. war ab 1894 Mitgl. der Genossenschaft der bildenden Künstler Wiens (Künstlerhaus) und präsentierte seine Arbeiten regelmäßig in deren Jahresausst. (1905 erhielt er den Dumba-Preis für sein Bild „Bettler in Damaskus"). Teile seines Œuvres befinden sich im Wienmus., in der Graph. Smlg. Albertina und im Bildarchiv der Österr. Nationalbibl. (alle Wien). S.s Onkel, der Maler **Rudolph S. d. Ä.** (geb. Wien, 23. 1. 1819; gest. ebd., 24. 4. 1859; röm.-kath.), war der Bruder von →Eduard S. und ab 1850 mit →Josefine Schlögl, der Schwester von →Friedrich Schlögl, verheiratet. Rudolph S. stud. an der Wr. ABK bei →Josef Mössmer und Alexander Dallinger v. Dalling und stellte seine Arbeiten ab 1839 in der ABK, in Prag und Pest (Budapest) aus. 1844 reiste er nach München, weitere Stud.reisen nach Oberitalien, Frankreich und in die Schweiz folgten. I. d. F. spezialisierte er sich v. a. auf Landschaftsmalerei und Tierdarstellungen. S. zählte gem. mit Ferdinand Georg Waldmüller 1848 zu den Initiatoren des Österr. Kunstver. Ab 1848 Mitgl. der Wr. ABK, ab 1857 der Pensionsges. bildender Künstler in Wien.

Weitere W.: s. Der Orientmaler R. S. – Rudolph S. d. Ä.: s. Wurzbach.

L.: *NFP, 26., 28. 1. 1914; NWT, 26. 1. 1914; Eisenberg 1; Fuchs, 19. Jh.; Kosel 1; Thieme–Becker; Wurzbach (s. u. Wenzel Alois S.); Orient. Österr. Malerei zwischen 1848 und 1914, ed. E. Mayr-Oehring, Salzburg 1997, S. 232f. (Kat.); S. Mathur, An Indian Encounter: Portraits for Queen Victoria, London 2003 (Kat.); Die Porträtmalerin Josefine S. 1861–1924, ed. H. Zemen, 2004, s. Reg. (m. B.); Der Orientmaler R. S. 1859–1914, ed. ders., 2004 (m. B., W. u. L.); ABK, Wien. – Rudolph S. d. Ä.: ADB; Fuchs, 19. Jh.; Thieme–Becker; Wurzbach (m. W.); H. Schöny, Wr. Künstler-Ahnen 2, 1975, S. 255; Die Porträtmalerin Josefine S. 1861–1924, ed. H. Zemen, 2004, s. Reg. (m. B.); Der Orientmaler Rudolf S. 1859–1914, ed. ders., 2004, s. Reg. (m. B.).*

(Ch. Gruber)

Swoboda (Svoboda) Wenzel (Václav), Schauspieler, Sänger und Theaterdirektor. Geb. Prag, Böhmen (Praha, CZ), 27. 9. 1772; gest. Wien, 14. 9. 1822. – Sohn eines Dienstboten und Glöckners der Prager St. Valentinskirche, verheiratet mit Eleonore S., geb. v. Danner (gest. 1817). – S. war spätestens ab 1790 Mitgl. des utraquist. Vaterländ. Theaters in Prag, an dem er zunächst im Fach der 2. Liebhaber und Intriganten in tschech.sprachigen Vorstellungen auftrat. Bald zeigte sich sein außerordentl. Talent für kom. Rollen, die er dann auch in dt.sprachigen Vorstellungen übernahm. 1794 wurde er 1. Komiker und entwickelte sich zum ersten bedeutenden Vertreter dieses Rollenfachs in der Geschichte des tschech. Berufstheaters. Häufig verkörperte S. den Kasperl in Sing- und Lustspielen, die aus dem Repertoire des Wr. Theaters in der Leopoldstadt übernommen wurden, stand aber auch als Papageno in Mozarts „Zauberflöte" und als Metallio in Franz Xaver Süßmayers „Der Spiegel von Arkadien" auf der Bühne. Das Singspiel „Hanns Klachel von Przelautsch" von Karl Franz Guolfinger v. Steinsberg und František Vincenc Tuček und dessen Fortsetzungen gaben ihm Gelegenheit zur Schöpfung des Typs des dümml. tschech. Burschen vom Lande, den er später auch in Wien darstellte. 1799 gründete S. gem. mit Václav Tham eine dt. Schauspielerges., die in Reichenberg (Liberec) und Grottau (Hrádek nad Nisou) spielte, kehrte gegen Ende des Jahres an das Vaterländ. Theater zurück, wechselte aber bald zur Ges. J. F. Küblers, mit der er 1800 in Pilsen (Plzeň) und 1802 in Leitmeritz (Litoměřice) auftrat. 1802–04 war er in Brünn (Brno) bei J. Rothe engag., anschließend wurde er in Prag Regisseur am zunächst zweisprachigen, später fast ausschließl. dt.sprachigen Kleinseitner Theater, mit dessen Ensemble er in den Sommermonaten auch in Teplitz (Teplice) wirkte. Nach Auflösung des Theaters 1811 trat er kurzzeitig am Prager Ständetheater auf und wechselte 1812 gem. mit seiner Frau an das Theater in der Leopoldstadt, wo er 1814 Regisseur und 1821 Mitdirektor wurde. In Wien konnte sich S., der auch ein guter Sänger (Bass) war, neben Publikumslieblingen wie Johann Laroche u. a. deshalb behaupten, weil er seinen Prager Dialekt als kom. Mittel einzusetzen wusste. Die Wr. Kritik schätzte zudem sein Talent, die Komik mancher Figuren mit dem Rührseligen zu verbinden. Führend blieb S. in seinem Fach bis zum Auftreten →Ignaz Schusters (1813) und →(Josef) Karl Schikaneders (1817), danach fand er v. a. als Regisseur Anerkennung. Bis 1821 spielte er auch Charakterrollen, in denen sein Dialekt allerdings nicht immer geduldet wurde. S.s Spiel schöpfte aus den Traditionen der Stegreifkomödie und bestach durch komödiant. Verve, eine fast tänzer. Bravour der Bewegung und starke Übertreibung in Kostüm, Mimik und Gestik. Er war ein schlagfertiger Improvisator von Extempores und mim. Lazzi und wurde als Ausnahmeerscheinung in seinem Fach selbst von Johann Friedrich Reichardt, Goethe, Iffland und dem Weimarer Hg. Carl August bewundert.

Weitere Hauptrollen: Zumio (W. Müller, Die Zauberzither); Kasperl (ders., Die Teufelsmühle am Wienerberg); Pedrillo (W. A. Mozart, Die Entführung aus dem Serail); Hanns (J. F. Kringsteiner, Hanns in Wien); Jodel (E. Schikaneder – J. J. Haibel, Der Tyroler Wastl); Tischler Simon (L. Huber – W. Müller, Die unruhige Nachbarschaft); Seltenau (A. Bäuerle, Die Fremden in Wien). – Publ.: Rosalinde oder die Macht der Liebe, Urauff. 1813 (Singspiel, Musik: F. A. Hoffmeister).

L.: Národní listy, 3. 5. 1889; Lidová demokracie, 28. 10. 1962; Národní divadlo; Wurzbach (s. u. Wenzel Alois S.); Allg. dt. Theater-Anzeiger 3, 1811, S. 81; J. v. Menner, in: Theater-Ztg. 5, 1812, S. 30f., 39, 52; F. B. Mikovec, in: Bohemia 33, 1860, 2. Semester, S. 161; O. Teuber, Geschichte des Prager Theaters 2, 1885, S. 298f.; A. V. Kraus, Goethe a Čechy, 1896, S. 21f.; J. F. Reichardt, Vertraute Briefe ... 1808 und ... 1809, ed. G. Gugitz, 1–2, 1915, s. Reg.; Briefwechsel des Hg.-Großhg. Carl August mit Goethe, ed. H. Wahl, 1, 1915, S. 345f., 472, 2, 1915, S. 58, 344; H. Ankert, 100 Jahre Leitmeritzer Stadttheater, 1922, S. 2; J. Vondráček, Dějiny českého divadla 1, 1956, s. Reg.; R. Angermüller, W. Müller und „sein" Leopoldstädter Theater, 2009, s. Reg.

(A. Scherl)

Sychra (Sichra) Matěj Josef (Mathias Joseph), Schriftsteller und Geistlicher. Geb. Wildenschwert, Böhmen (Ústí nad Orlicí, CZ), 21. 12. 1776; gest. Schloss Saar, Mähren (Žďár nad Sázavou, CZ), 19. 3. 1830; röm.-kath. Sohn eines Stadtschreibers. – Früh verwaist, wurde S. 1789 Sängerknabe und Musiker in der Dreifaltigkeitskirche in Prag. Nach dem Besuch des Piaristengymn. in der Neustadt (1792–97) und der Absolv. der phil. Jgg. (1797–98) stud. S. an der Univ. Prag Theol.; 1801 Priesterweihe. S. wirkte zunächst als Kaplan in Sebranitz (Sebranice) bei Leitomischl, ab 1805 in Bistrau (Bystré) und wechselte noch im selben Jahr nach Dt. Biela (Bělá nad Svitavou). Ab 1808 Pfarrer in Ingrowitz (Jimramov), verf. er seine ersten literar. Texte auf Latein, die jedoch unveröff. blieben. Ab den 1810er-Jahren erschienen seine tschech. Ged., Übers. und Erz. u. a. in der Z. „Prvotiny pěkných umění". Häufige Klagen über seine freundschaftl. Kontakte zu den Protestanten sowie Auseinandersetzungen mit seinem Patronatsherrn veranlassten ihn, sich 1824 in den Wallfahrtsort Schloss Saar versetzen zu lassen, wo er sich um die Renovierung der Kirche verdient machte. S. zählte zu den ersten Autoren und Übers. ins Tschech. (u. a. von Christian Felix Weiße) der neutschech. Volks- und Aufklärungsliteratur im Sinne eines gemäßigten Josephinismus; bes. geschätzt wurden seine verständl. und adäquate Ausdrucksweise sowie sein humorvoller Ton. Seine Werke veröff. er auf eigene Kosten oder in literar. Z. (u. a. in „Povídatel", 1815–17, „Kratochvilník", 1819–20, und „Kratochvilná včelička", 1827). Er verf. auch Kinderliteratur und war Hrsg. des Buchs „Versuch einer böhmischen Phraseologie ..." (2 Bde., 1820–21), einer Smlg. dt. und tschech. Sprichwörter, Redewendungen und Phrasen. Zu Lebzeiten wurde er außerdem als Komponist von Kirchenmusik und Liedern geschätzt.

Weitere W. (s. auch LČL): Původní rozmlouvání a povídky k vysvětlení mravnýh českých přísloví, ku prospěchu mládeži škole odrostávající, 2 Bde., 1822–23; Vázaného pilné a mravné mládeži školní ..., 1824; Weleslawjn. Mrawoučná hospodářská kniha ..., ed. V. Štulc, 1847.

L.: Rozličnosti Pražských novin, 8. 4. 1830; LČL (m. W.); Masaryk; Otto; Rieger; Wurzbach; J. Ehrenberger, Upominky ze dnů M. J. S., 1876; A. Rybička, Přední křisitelé národa českého 1, 1883, S. 20 (m. B.); J. Nygrín, M. J. S., 1946; F. Tenčík – K. Palas, in: M. J. S., Povídky a jiné práce, 1961, S. 199ff.; Z. Vyhlídal, M. J. S., obrozenecký spisovatel, 2002; V. Brožová, in: J. Vyčichlo, Jeden jazyk naše heslo buď 3, 2005, S. 213ff.

(V. Petrbok)

Sychra Václav, Musiker und Tuchmacher. Geb. Wildenschwert, Böhmen (Ústí nad Orlicí, CZ), 24. 2. 1826; gest. ebd., 23. 12. 1894. – Sohn eines Handwerkers, Vater von Josef Cyril S., Großvater von Method Lumír S. (beide s. u.) sowie des Richters und Musikschriftstellers Cyril S. (geb. Altbunzlau, Böhmen / Brandýs nad Labem – Stará Boleslav, CZ, 14. 1. 1883; gest. ebd., 18. 1. 1957). – Die erste musikal. Ausbildung, insbes. im Violinspiel, erhielt S. bei Lehrern in seinem Geburtsort. 1840–42 war er Sopranist im Brünner Augustinerkloster, wo er auch zwei Jahre lang das Gymn. besuchte und das Oboe- und Klavierspiel erlernte. Mit 16 Jahren kehrte er nach Wildenschwert zurück und wurde Tuchmacher, später Tuchmachermeister. Er widmete sich intensiv der Musik in der Kirchengmd. 1874 gab er sein Handwerk auf und wurde Angestellter der Bürgerl. Sparkasse, der Občanská spořitelna. Gleichzeitig erfolgte seine Ernennung zum Regenschori der Maria-Himmelfahrt-Kirche. Als Mitgl. des Cäcilien-Musikver. machte er sich um die Musikpflege auf dem Land sehr verdient. 1891 musste S., fast erblindet, seine Aktivitäten einstellen. Sein Sohn **Josef Cyril S.** (geb. Wildenschwert, 12. 3. 1859; gest. Stará Boleslav, Tschechoslowakei/CZ, 21. 8. 1935), damals einer der besten Kirchenkomponisten Böhmens, erhielt seine musikal. Ausbildung 1875–78 an der Prager Orgelschule. Gleichzeitig war er Sänger und Organist in der Emmauskirche in Prag. Zuerst wirkte er in Altbunzlau, 1889–1923 in Jungbunzlau (Mladá Boleslav) als Musiklehrer am Gymn., an der Realschule und in seiner eigenen Musikschule, war Regenschori und Chormeister des dortigen Musikver. Schon 1879 hatte er seine ersten Klavierstücke publ. Seine etwa 450 Kompositionen umfassen größtenteils Kirchenmusik im Geist der Cäcilian. Reform (Lieder, Chöre, Kirchenkantaten, Messen und alle Gattungen liturg. Musik). Sie wurden häufig gespielt und in der kirchenmusikal. Fachliteratur hoch geschätzt (der Verlag Pazdírek widmete ihm eine eigene Editionsreihe). Für seine pädagog. Praxis publ. Josef Cyril S. u. a. das mehrfach aufgelegte Gesangslehrbuch „Cvičebnice zpěvu pro střední školy", 1896, und die Orgelschule „Populární škola na varhany", 1918. Dem tägl. Bedarf der Musikver. dienten auch seine weltl. Kompositionen (Liedbearb., Chöre). Seine nur z. Tl. publ. Autobiographie und die Erinnerungen an seinen Vater sind heute von musikhist. Interesse. 1930 wurde er vom Papst zum Ritter des Gregoriusordens ernannt. Sein Sohn **Method Lumír S.** (geb. Altbunzlau, 8. 3. 1884; gest. Praha, Tschechoslowakei/CZ, 27. 2. 1922) stud. Orgel am Prager Konservatorium und Musikwiss. an der Karlsuniv. in Prag; 1911 Dr. phil. 1915–20 war er Organist und Regenschori in der Prager St. Gallen-Kirche, ab 1919 Bibliothekar im Nationalmus. in Prag. Er wirkte als Musikkritiker, Schriftsteller und Konzertorganist. Seine Kompositionen wurden in der Z. „Česká hudba" publ. (Jg. 15, 17, 29), seine Diss. „K dějinám varhan a varhanní hry v Čechách" erschien 1912 im Druck.

Weitere W.: Josef Cyril S.: s. ČHS. – Nachlass: Národní knihovna (Musikabt.), Praha, Národní muz. / České muz. hudby, Praha, Městské muz., Ústí nad Orlicí, alle CZ.

L.: ČHS (auch für Josef Cyril, m. W., und Method Lumír S.); J. Zábrodský, Paměti Cecilské jednoty v Ústí nad Orlicí, 1904, s. Reg.; 50. výroční zpráva Občanské záložny v Ústí n. Orlici za rok 1917, o. J. (m. B.); Mitt. Jitka Menšlová, Ústí nad Orlicí, CZ. – Method Lumír S.: Cyril S., in: Česká hudba 13, 1950, S. 64ff.

(J. Ludvová)

Sykora Karl, Techniker und Beamter. Geb. Skočitz, Böhmen (Skočice, CZ), 2. 12. 1850; gest. Wien, 16. 6. 1924; röm.-kath. – Sohn des fürstl. Schwarzenberg'schen Oberverwalters von Neuschloß (Nový Hrad) Karl S. – S. besuchte die Oberrealschule in Leitmeritz (Litoměřice) und stud. 1867–72 am polytechn. Inst. in Wien. Er leistete 1870/71 sein Einjährig-Freiwilligen-Jahr bei der Genietruppe ab und trat 1873 als Bau-Eleve beim Wr. Stadtbauamt ein, wo er zunächst zu Arbeiten für die Wr. Weltausst., dann zu Kanalbauten in der durch die Donauregulierung neu entstandenen Donaustadt (Wien 2) herangezogen wurde. 1877 wechselte er in die Wasserleitungsabt., 1879 wurde er, nachdem er 1878 als Oberlt. in der Res. den Bosnien-Feldzug mitgemacht hatte, der Hochbauabt. zugewiesen, wo er mit dem Ausbau bestehender Schulen und mit Schulneubauten beschäftigt war. Anschließend wurden der Betrieb, die Erhaltung und der Ausbau der Wr. Hochquellenleitung S.s Tätigkeitsbereich, in dem er bis zum Ende seiner Dienstzeit verblieb. Hierunter fielen u. a. ein Projekt zur Einrichtung des elektr. Stollenvortriebs nahe der Saurüsselbrücke im Nasswald, eines Systems, das später beim Bau der 2. Hochquellenleitung in großem Maßstab Verwendung fand, sowie die Projektierung und der Bau einer Wasserleitung für die Stadtgmd. Neunkirchen, über die S. die Oberleitung hatte. Am bedeutendsten war aber seine Tätigkeit im Zusammenhang mit dem Bau der 2. Hochquellenleitung: S. leitete die Vorarbeiten zur Erforschung geeigneter Quellgebiete, untersuchte das Terrain hinsichtl. Höhenlagen, geolog. Verhältnisse und der Trassenführung nach und in Wien und erstellte die Vorschläge und Kostenberechnungen, auf deren Basis der Wr. Gmd.-rat den Beschluss zur Erbauung der neuen Leitung fasste. S. vertrat Stadtbaudir. →Franz Berger in der Oberleitung der Bauführung und übernahm nach dessen Ausscheiden 1908 die Leitung des Stadtbauamts sowie die Oberleitung über die Bereiche Hochbau, Wasserversorgung, Beleuchtung und Baupolizei; 1913 i. R. Daneben gehörte Oberbaurat S. dem Verw.R. der nö. Dampfkesseluntersuchungs- und Versicherungs-Ges. AG. an. Er wurde u. a. mit dem Off.kreuz des Franz Joseph-Ordens (1911) und dem Preuß. Kronenorden ausgez. Anlässl. der feierl. Eröffnung der 2. Hochquellenleitung 1910 erhielt er den Titel eines Stadtbaudir.

W.: Die neue Wasserleitung des Marktes Neunkirchen in NÖ, in: ZÖIAV 48, 1896; Die Wasserversorgung, in: Wien am Anfang des 20. Jh., red. P. Kortz, 1, 1905.

L.: Czeike; Gedenkbll. ... TH in Wien ..., 1903, S. 65; FS hrsg. anläßl. der Hundertjahrfeier des Wr. Stadtbauamtes, red. R. Tillmann, 1935, S. 47f. (m. B.); KA, TU, WStLA, alle Wien.

(E. Offenthaler)

Syllaba Ladislav, Mediziner und Politiker. Geb. Bystřitz bei Beneschau, Böhmen (Bystřice, CZ), 16. 6. 1868; gest. Praha, Tschechoslowakei (CZ), 30. 12. 1930. –

Sohn des Gastwirts und Bgm. von Bystřitz František S., Vater des Internisten, Diabetologen, aber auch Dichters und bildenden Künstlers Jiří S. (1902–1997). – S. besuchte ab 1878 das Gymn. in Beneschau (Benešov) nahe Prag und maturierte 1886 in Kolin (Kolín). Im Anschluss daran stud. er Med. an der dt. Univ. Prag; 1892 Dr. med. Zunächst im Prager AKH tätig, arbeitete er 1893 in der Abt. für innere Med. an der Prager Poliklinik beim Internisten Josef Thomayer. 1893–94 vervollkommnete er seine Ausbildung in Frankreich, Österr., Dtld. und in der Schweiz. Nach seiner Rückkehr wurde er Thomayers Ass. Neben seiner klin. Praxis widmete sich S. der Forschung und verf. eine zweiteilige Habil.-schrift über perniziöse Blutarmut (1900–01). Die darin publ. Entdeckung des Bilirubin und seine Erkenntnisse über dieses werden bis heute in der Untersuchung von Bluterkrankungen genutzt; 1901 Venia docendi für Pathol. und Therapie internist. Krankheiten. 1903 eröffnete er eine Privatpraxis, hielt aber weiterhin Vorlesungen an der Univ.; 1904 ao. Prof., 1919 o. Prof. Während des 1. Weltkriegs arbeitete S. zunächst als Vorstand von zwei Reservekrankenhäusern in Prag, später des Militärspitals in Theresienstadt (Terezín). Seine Erfahrungen in der Diagnostik fasste er in seiner bedeutendsten, auch international anerkannten Arbeit „Nauka o lékařském poklepu a poslechu“ (Tl. 1, 1918, Tl. 2, 1925) zusammen. Weiters befasste er sich mit Kardiol., Endokrinol. und schrieb u. a. über Krankheiten des Verdauungstrakts sowie der Lunge. 1919–30 Ordinarius und Vorstand der I. Med. Klinik in Prag, errichtete er dort mehrere neue Spezialabt. (u. a. Röntgenol., physikal. Therapie und eine Tuberkulose-Ordination), in denen eine Generation von weltweit bedeutenden Ärzten ausgebildet wurde. Er zählte →Karel Kramář und →Thomas Masaryk zu seinen Freunden und Patienten. Polit. interessiert, engagierte er sich bereits während seines Stud. in verschiedenen Ver. und war Mitgl. der Nationalen Freidenkerpartei. Im 1. Weltkrieg schloss er sich dem tschech. Widerstand an, arbeitete mit dem geheimen Maffiaausschuss zusammen und wirkte als Koordinator der Widerstandsaktivitäten unter den Ärzten und als Gesundheitsexperte des Tschechoslowak. Nationalkomitees. Ab 1918 Mitgl. der Revolutionären Nationalversmlg., fungierte er als tschechoslowak. Abg. für die Nationaldemokratie. Im Parlament war er bis 1920 tätig, dann widmete er sich wieder der Med. S. war Mitgl. zahlreicher tschech. und internationaler Fachorganisationen, u. a. 1919 ao., ab 1920 o. Mitgl. der Česká akad. věd a umění, des Slovanský ústav, der Société de neurologie, ab 1928 k. M. der Acad. de médecine in Paris, ab 1929 der Kgl. böhm. Ges. der Wiss. 1926–29 Vors. des Ver. tschech. Ärzte. Er wurde mit dem Orden der französ. Ehrenlegion und mit dem St.-Sava-Orden ausgez.

Weitere W.: s. Časopis lékařů českých 70.

L.: Masaryk; Otto; Otto, Erg.Bd.; Sborník prací na počest šedesátých narozenin Prof. Dra L. S. ..., ed. K. Henner u. a., 1928 (m. B.); Časopis lékařů českých 70, 1931, bes. S. 127ff. (m. B. u. W.), 77, 1938, S. 750f. (m. B.), 99, 1960, S. 1619f., 107, 1968, S. 953ff. (m. B.); Z deníku L. S., ed. Jiří S., 1933; Sborník vlastivědných prací Podblanicka 25, 1984, S. 237ff.; Biografický slovník pražské lékařské fak. 1348–1939, 2, 1993 (m. L.); Slovník prvního československého odboje 1914–18, 1993; J. Tomeš u. a., Český biografický slovník XX. století 3, 1999; UA, Praha, CZ.

(M. Makariusová)

Sylvester Hans, Politiker. Geb. Miklósfalu, Ungarn (Nickelsdorf, Bgld.), 10. 11. 1897; gest. KZ Dachau, Dt. Reich (D), 19. 1. 1939 (umgekommen). – Sohn eines Handschuhmachers, der auch eine kleine Landwirtschaft betrieb. – S. besuchte das Gymn. in Ung. Altenburg (Magyaróvár) und in Raab (Győr), wo er 1916 maturierte. Nachdem er 1916–18, u. a. als Lt. an der Isonzofront, seinen Kriegsdienst versehen hatte, inskribierte er an der BOKU in Wien und schloss sein Stud. 1923 als DI ab. Nach kurzer Tätigkeit als Gutsverwalter in NÖ 1924 erhielt S. eine Stelle in der Agrarabt. beim Amt der Bgld. Landesregierung, wurde jedoch schon 1926 Landesrat für Agrarangelegenheiten. Nach den Neuwahlen 1927 verlor er diese Position, zog aber in den bgld. LT ein. In diesem Jahr trat er auch in den Dienst der bgld. Landwirtschaftskammer, an deren Gründung er maßgebl. beteiligt war, und avancierte 1929 zum Kammeramtsdir. Nach einem kurzen Zwischenspiel als Abg. zum Nationalrat 1930–31 kehrte er als Landesrat in die Bgld. Landesregierung zurück. S. war ein Vertreter der sog. jungen Generation der CSP, die der Partei einen eindeutigeren Kurs nach rechts aufzwingen wollte. Bundeskanzler →Engelbert Dollfuß, mit dem ihn eine persönl. Freundschaft verband, ernannte S. im Oktober 1933 zum Landesleiter der Vaterländ. Front im Bgld., kurz darauf wurde S. auch Landesführer der Bgld. Landesschützen. Nach dem Ausscheiden der Sozialdemokraten aus dem bgld. LT als

Folge des Schutzbundaufstandes im Februar 1934 wurde S. LHptm., Mitgl. des Länderrats und 3. Vizepräs. des ständestaatl. Bundestags. S. wurde in der Nacht des „Anschlusses" von 11. auf 12. März 1938 durch die Nationalsozialisten von allen Ämtern abgesetzt, verhaftet und ins KZ Dachau verbracht.

L.: R. Berczeller – N. Leser, ... mit Österr. verbunden. Bgld.schicksal 1918–45, 1975, s. Reg.; G. Schlag, Bgld. Geschichte, Kultur und Wirtschaft in Biographien, 1991 (m. B.); G. Enderle-Burcel, Christl. – ständ. – autoritär. Mandatare im Ständestaat 1934–38, 1991 (m. B.); Der Weg zum Anschluss. Bgld.schicksal 1928–38, Eisenstadt 2008, S. 32, 74f. (Kat., m. B.).

(M. Hess)

Sylvester Julius, Politiker und Rechtsanwalt. Geb. Wien, 30. 6. 1854; gest. Baierham, Zeller Schlössel (Seekirchen am Wallersee, Sbg.), 13. 7. 1944. – Sohn des Seidenzeugfabrikanten Karl Alexander S. und von Franziska S., geb. Maurer; 1887 Heirat mit Theodora S., geb. Hörzinger (geb. Linz, OÖ, 1. 4. 1869; gest. Salzburg, Sbg., 13. 3. 1922). – S. besuchte bis 1867 das Stiftsgymn. in Kremsmünster und 1867–73 das Piaristengymn. in Krems an der Donau; 1873 Matura. Nach seinem Militärdienst als Einjährig-Freiwilliger 1873/74 stud. er 1874–77 Rechtswiss. an der Univ. Wien; 1880 Dr. jur. Nach Gerichtspraxis als Auskultant in Wien und Salzburg 1877–80 war er 1880–82 als Advokaturskonz. in Wien und 1882–85 in Linz tätig. Dort beteiligte sich S., der seit seiner Stud.zeit in der dt.nationalen Bewegung engagiert war, 1882 an der Ausarbeitung des „Linzer Programms" →Georg v. Schönerers, dessen Antisemitismus er teilte, während er sich ab 1893 zunehmend von Schönerers alldt. Ideen distanzierte. Ab 1885 wirkte er als Hof- und Gerichtsadvokat in Salzburg; 1894–98 Mitgl. des Gmd.rats, 1896–98 Vizebgm. der Stadt Salzburg. 1897–1918 gehörte er als Abg. der Dt. Volkspartei dem RR an, wo er sich u. a. gegen die Badenischen Sprachverordnungen wandte und als Obmann des Eisenbahnausschusses Verdienste beim Ausbau des Hafens von Triest erwarb. 1911–17 fungierte er als Präs. des Abg.hauses, 1918–19 war er Mitgl. der prov. Nationalversmlg. sowie Staatsnotar, in welcher Funktion er u. a. für die Verwaltung und Auflösung des Hofärars zuständig war und die ersten Gesetze der Republik (Dt.-)Österr. unterzeichnete. Nach seinem Rückzug ins Privatleben praktizierte S. weiterhin als Rechtsanwalt und engagierte sich bei den dt.nationalen Burschenschaften. 1917–19 war er Mitgl. des Reichsgerichts und 1919–30 des Verfassungsgerichtshofs. 1918 Geh. Rat. S. war 1915–22 Präs. der Internationalen Stiftung Mozarteum, 1922 deren Ehrenpräs.

W.: Die brennende Frage. Ein flüchtiges Gedankenbild, 1888; Prosit Blume!, 1892; Die Gmd.betriebe der Stadt Salzburg, in: Die Gmd.betriebe in Österr., ed. C. J. Fuchs, 1909; Salzburg nach dem Kriege, in: Österr. Rundschau 17, 1921, 1. und 2. Augusth.; Vom toten Parlament und seinen letzten Trägern, 1928; Erinnerungen eines alten Burschenschafters, in: Ein Volk, ein Reich. Die dt. Burschenschaft, 1932; Das geistige Bollwerk, in: Sbg. Wiss.-wochen 23. August bis 2. September 1939, 1939.

L.: Sbg. Tagbl., 12. 5. 1896; NFP, 21. 7. (A.), 3. 8. 1911, 30. 6. 1914; 100 Jahre Dt. Burschenschaft in Österr. 1859–1959 ..., bearb. G. Berka, 1959, s. Reg. (m. B.); E. M. Auer, in: Stud. zur Wr. Geschichte. Jb. des Ver. für Geschichte der Stadt Wien 37, 1981, S. 177ff., bes. S. 181ff. (m. B.); R. Eder, Dr. J. S., phil. Diss. Wien, 1993; L. Höbelt, FS für J. S., 1994 (m. B.); H. Dvorak, Biograph. Lex. der Dt. Burschenschaft I/5, 2002 (m. B.); R. Voithofer, Polit. Eliten in Sbg., 2007; ders., „... Dem K. Treue und Gehorsam ...". Ein biograf. Hdb. der polit. Eliten in Salzburg 1861 bis 1918, 2011; Parlamentsarchiv, Pfarre St. Josef zu Margareten, UA, alle Wien; Stadtgmd. Seekirchen am Wallersee, Sbg.

(G. Dohle – O. Dohle)

Sym Igo, Schauspieler und Theaterdirektor. Geb. Innsbruck (Tirol), 3. 7. 1896; gest. Warschau, Generalgouvernement (Warszawa, PL), 7. 3. 1941 (ermordet). – Hieß eigentl. Karl Julius, in Polen Julius Karol S. Aus einer poln.-österr. Familie stammend, Sohn des Forsting. Anton S. und seiner Frau Julia S., geb. Sepp, Bruder des Komponisten Alfred (Fred) S. (1899–1973). – S. besuchte Schulen in Lemberg (L'viv), Wien und Innsbruck. 1915–18 diente er in der österr., 1918–21 in der poln. Armee (zuletzt Oblt. der Res.) und war danach in der Filiale in Żywiec, später in der Warschauer Zentrale des Bankhauses Gospodarstwa Krajowego tätig. Nach einem Schauspielkurs am Filminst. von Wiktor Biegański gab er 1925 sein Filmdebüt als Rechtsanwalt im poln. Stummfilm „Wampiry Warszawy". Im Jahr darauf engag. ihn →Alexander (Sascha) Kolowrat-Krakowsky nach Wien, wo S. schon in seinem ersten Film, „Die Pratermizzi" (1926), eine Hauptrolle erhielt. Als Typ des jugendl. und Charakterliebhabers spielte er dann in zahlreichen Filmen wie „Café Elektric" (1927, mit Marlene Dietrich und Willi Forst), „Kaiserjäger" (1928), „Der Dieb im Schlafcoupé" (1929) und „Erzherzog Johann" (1929, Titelrolle). Er war Präs. der Wr. Kino-Gmd. und Vors. des Filmkünstlerverbands des Sascha-Filmstudios. Ende der 1920er-Jahre filmte S. in Dtld. u. a. mit Stars wie Lilian Harvey. Auf der Bühne stand er erstmals 1931 in der Operette „Majestät lässt bitten" während eines Gastspiels an der Wr. Komödie. Anfang der 1930er-Jahre ging S. nach Polen, wo er noch einige Filme drehte, sich aber v. a. auf das Kabarett, auf Revuen und Operetten konzentrierte und auch mit seiner Singenden Säge auftrat. Nach dem dt. Einmarsch 1939 wurde er als deklarierter „Volksdeutscher" Dir. des Theaters der Stadt Warschau, des früheren Teatr Polski, und führte auch das Komedia-Theater und das Helgoland-Kino. Für den nationalsozialist. Propagandafilm „Heimkehr" der Wien-Film (1941, mit Attila Hörbiger und Paula Wessely, Regie: Gustav Ucicky) rekrutierte er jüd. und poln. Darsteller. Als seine Kontakte zur Gestapo offenkundig wurden, wurde S. von einem Warschauer Untergrundgericht des ZWZ (Bund des Bewaffneten Kampfs) zum Tod verurteilt und von einer Kampftruppe der Abwehrabt. des ZWZ in seiner Wohnung erschossen. Dies hatte schwere Vergeltungsmaßnahmen zur Folge, v. a. die Festnahme und spätere Exekution zahlreicher poln. Geiseln und die Deportation poln. Schauspieler nach Auschwitz.

Weitere Rollen: s. Fritz. – Publ.: Gedanken sind zollfrei …!, in: Mein Film, Nr. 76 (1927); Drei Seelen wohnen ach …, ebd. Nr. 122 (1928); Der Tonfilm lockt!, ebd. Nr. 171 (1929); Neun Schicksale – in einem Jahr, ebd. Nr. 215 (1930, alle m. B.); etc.

L.: oeml (für Alfred S.); PSB (m. L.); Mein Film, Nr. 56 (1927), S. 3, Nr. 289 (1931), S. 5 (beide m. B.); Mein Film-Buch, ed. F. Porges, Ausg. 1932, 1931 (m. B.); W. Fritz, Die österr. Spielfilme der Stummfilmzeit (1907–30), 1967, s. Reg.; J. Maśnicki – K. Stepan, in: CineGraph Lfg. 23, 1994 (m. Filmographie); K. Weniger, Das große Personenlex. des Films 7, 2001 (m. Filmographie); L. Jockheck, in: Die poln. Heimatarmee, ed. B. Chiari, 2003, S. 449; R. Dziergwa, in: Information Warfare, ed. C. Glunz u. a., 2007, S. 403f., 406; Erster Internationaler Tonfilm-Almanach (ITA) 1930, o. J. (m. B.).

(E. Offenthaler)

Symerský Josef, Geistlicher und Religionswissenschaftler. Geb. Oberaujezd, Mähren (Horní Újezd, CZ), 9. 1. 1831; gest. Thein, Mähren (Týn nad Bečvou, CZ), 15. 9. 1896 (begraben: Olmütz/Olomouc); röm.-kath. – Sohn eines Bauern. – Nach Absolv. der Gymn. in Kremsier (Kroměříž) und Olmütz stud. S. Theol. an der Univ. Olmütz; 1860 Dr. theol. Bereits 1855 zum Priester geweiht, diente er 1855–57 als Kooperator in Żellechowitz (Želechovice nad Dřevnicí) bei Zlín, in Olmütz 1857–58 zu St. Michael und 1858–62 zu St. Moritz, wo er 1862–63 auch als Kaplan tätig war. 1863 wurde er Prof. für Kirchengeschichte an der Univ. Olmütz und hielt ab 1865 Vorlesungen über kanon. Recht. 1867 und 1878 war er Dekan, daneben u. a. Beisitzer des Erzbistumsgerichts in Olmütz, Konsistorialrat sowie Vors. des Erzdiözesanver. kath. Gesellen. 1881 verzichtete er auf seine Professur und wurde im selben Jahr zum Residenzialkanonikus des Olmützer Metropolitankapitels gewählt. Als Religionswiss. beschäftigte er sich hauptsächl. mit dem kath. Eherecht. Bes. hervorzuheben ist seine Publ. „Die Verehelichung der Stellungspflichtigen und der Militärpersonen", 1874. Seine Predigten in tschech. und in dt. Sprache wurden in diversen theol. Z. veröff. Im Sinne des Vorschlags der 1848 in Wien abgehaltenen Bischofskonferenz kämpfte S. jahrelang um die Zulassung von Priestern bürgerl. Herkunft im Olmützer Kapitel. Stark national eingestellt, war er um die Gleichberechtigung des tschech. Elements bemüht. So warf er 1875 u. a. dem Fürstbischof Friedrich v. Fürstenberg dessen Unkenntnis der tschech. Sprache vor. 1892 trug er maßgebl. zur Wahl von Erzbischof →Theodor Kohn bei. 1888 päpstl. Hausprälat.

Weitere W.: Vorgang des kath. Seelsorgers der Olmützer Erzdiöcese bei Religionsveränderungen und Misch-Ehen …, 1867; Necessitas, ut gregis sui linguam calleat pastor, 1875.

L.: Heller 3; Otto; F. Cinek, K národnímu probuzení moravského dorostu kněžského 1778–1870, 1934, S. 245; R. Zimprich, Die k. k. Theol. Fak. in Olmütz (1855–1918), 1975, S. 14; M. Kouřil, in: In omnibus caritas. Sborník Katolické teologické fak. Univ. Karlovy 4, ed. M. Mikulicová – P. Kubín, 2002, S. 340.

(M. Kouřil)

Syniewski Wiktor (Victor), Chemiker. Geb. Czernowitz, Bukowina (Černivci, UA), 5. 11. 1865; gest. Lwów, Polen (L'viv, UA), 19. 2. 1927. – Nach Besuch der Realschule stud. S. 1884–85 an der phil. Fak. der Univ. Czernowitz und 1885–87 Chemie an der TH Lemberg. 1889 erhielt er dort eine Ass.-stelle an dem von Julian Niedźwiecki (→Niedźwiedzki) geleiteten Lehrstuhl für Mineral. und Geol. Ab 1891 im österr. Staatsdienst, war S. 1894–1904 als Ass. am Lehrstuhl für chem. Technol. wieder an der TH Lemberg tätig. Daneben unterrichtete er ab 1897 an der landwirtschaftl. Hochschule in Dublany (Dubljany) bei Lemberg und erhielt ein staatl. Stipendium für Aufenthalte im Carlsberg-Forschungszentrum in Kopenhagen bei dem Botaniker Emil Christian Hansen sowie im Inst. Pasteur in Paris. Dabei galt sein Interesse v. a. der Mykol. 1901 habil. sich S. für chem. Technol. und wirkte bis 1903 als Doz. für mikrobiolog. und chem. Technol. an der TH Lemberg; 1904 ao. Prof. und Leiter des neu geschaffenen Lehrstuhls für chem. Technol. und techn. Mykol., 1907 o. Prof., 1907/08 Rektor, 1905–07 und 1919–22 Dekan der Fak. für chem. Technol. sowie 1923–24 nach der Umwandlung in eine Fak. für Chemie; 1925 Präs. der Diplom-Prüfungskomm. an der chem. Fak. S. galt als Spezialist für Enzyme und deren Abbau. 1902 gelang ihm die Isolierung von Dextrinose. Weiters befasste er sich mit der Konstitution und der Löslichkeit von Stärke und mit der Verdampfungswärme von Erdölen. 1894–1902 machte er sich als Hrsg. und Red. der WS „Gorzelnik" verdient, 1901 gründete er den Verlag Gorzelnictwo, der sich zunächst nicht etablieren konnte und erst 1908–13 als Presseorgan des Landwirtschaftl. Technikerver. diente. Erwähnenswert ist sein Lehrbuch „Mikrobiologja Fermentacyjna", 1900. S. war u. a. 1920 Gründungsmitgl. der Akad. der Techn. Wiss. (Akad. Nauk Technicznych) in Warschau sowie, ebenfalls 1920, der wiss. Ges. in Lwów (Towarzystwo Naukowe we Lwowie), Mitgl. der poln. Ges. der Naturforscher (Polskie Towarzystwo Pryzyrodników imienia Kopernika), der poln. chem. Ges. (Polskie Towarzystwo Chemiczne), der PAU, der Dt. Chem. Ges. sowie lange Zeit Präs. und Ehrenmitgl. der Galiz. Landwirtschaftl. Ges. 1926 wurde er mit dem Komturkreuz des Ordens Odrodzenia Polski ausgez.

Weitere W.: s. Poggendorff; Joszt.

L.: Poggendorff 4–6 (m. W.); PSB (m. L.); I. Lasser, in: Gorzelnik 4, 1927, S. 1ff. (m. B.); A. Joszt, in: Roczniki chemji ... 7, 1927, S. 380ff. (m. B. u. W.); Politechnika Lwowska, jej stan obecny i potrzeby, 1932, S. 130, 133, 137f.; Z. Popławski, Dzieje Politechniki Lwowskiej 1844–1945, 1992, s. Reg. (m. B.); Z. Popławski, Wykaz pracownikow naukowych Politechniki Lwowskiej w latach 1844–1945, 1994, S. 181.

(M. Nadraga – S. T. Sroka)

Syroczyński Leon, Ps. Lewko Czornyj, Lewko Honczarenko, Geologe. Geb. Jurkovcy, Russland (Jurkivci, UA), 12. 5. 1844; gest. Lwów, Polen (L'viv, UA), 16. 5. 1925. – Sohn des Arztes und Staatsmanns Seweryn Tadeusz Felicjan S. (1808–1863) und von Amelia S., geb. Janakowska (gest. 1863). – S. wurde zunächst mit seinen Geschwistern von dem Politiker Tadeusz Bobrowski privat unterrichtet und besuchte dann Gymn. in Nemirov (Nemyriv) und ab 1854 in Kiew. 1858–63 stud. er Med. an der Univ. Kiew und war u. a. ab 1861 Mitgl. der geheimen student. Organisation Związek Trojnicki. 1863–64 Mitgl. des Nationalen Zentralkomitees (Komitet Centralny Narodowy) und der interimist. Nationalen Regierung (Tymczasowy Rząd Narodowy), nahm S. 1863 aktiv am Januaraufstand gegen das russ. Zarenreich teil und wurde 1864 Leiter der poln. Aufstandspolizei in Warschau. Nach der Niederlage verhaftet und nach Österr. ausgewiesen, ging er von dort nach Belgien, wo er 1865–69 Bergbauwiss. an der École des Mines in Lüttich stud.; 1869 DI. 1869–71 arbeitete er in einer belg. Kohlengrube, 1871–73 fungierte er als Eisenbahninsp. in Belgien und Holland. 1873–77 wirkte er als Dir. der Kohlengrube im galiz. Grudna Dolna, wo er sich u. a. bei der Bekämpfung eines Grubenbrands mit Gasexplosion bes. verdient machte. 1878–97 war S. als Berging. in der Landessektion für Naphthabergbau und Tiefbohrkde. in Lemberg (L'viv) tätig. 1884 reiste er durch Transkaukasien, um die dortige Erdölförderung kennenzulernen. 1891–97 lehrte er auch an der TH Lemberg. Dort organisierte er das Bergbaumus. und präsentierte 1891 ein Projekt zur Gründung von Bergbaumus. in ganz Galizien. 1897 erhielt er als ao. Prof. den Lehrstuhl für Enz. des Bergbaus an der TH; 1901 o. Prof.; 1900–04 Dekan und 1907–08 Prodekan der Fak. für Maschinenbauwesen, 1904/05 Rektor, 1905/06 Prorektor der TH. 1912–14 gehörte er dem Organisationskomitee Studiów Górniczych an. Die von diesem bereits für 1914 geplante Eröffnung der Akad. Górniczo-Hutnicza (Berg- und Hüttenakad.) in Krakau (Kraków) konnte erst 1919 realisiert werden. 1915 i. R., lehrte er noch bis 1919 über Gewinnung von Erdöl durch Tiefbohrungen sowie über die Problematik der Ausbeutung von Erdölvorkommen und leitete das Bergbaumus. in Lemberg. S. war u. a. fachtechn. Mitgl. des Patentamts in Wien, Mitgl. der Polytechn. Ges. in Lemberg (1903–07 Präs.) und 1877 Mitbegründer der Ges. für den Schutz und die Entwicklung der Ölind. (Krajowe Towarzystwo Naftowe) ebendort. 1923 wurde er Dr. h. c. der Akad. Górniczo-Hutnicza und war Kurator der Bergbauschule in Borysław (Boryslav). Für seine Verdienste in der Erdölförderung erhielt er 1908 das Komturkreuz des Ordens der Krone von Rumänien, ferner das Ritterkreuz des Ordens Odrodzenia Polski und den belg. Leopolds-Orden.

W.: s. PSB.

L.: PSB (m. W. u. L.); J. B. Chołodecki, Księga pamiątkowa opracowana staraniem Komitetu Obywatelskiego ... 1863/64, 1904; Album inżynierów i techników w Polsce 1, 1932; J. Maliszewski, Powstanie styczniowe: notatki biograficzne uczestników: z oryginalnemi ilustracjami, 1932; S. Zieliński, Mały słownik pionierów polskich ko-

lonjalnych i morskich ..., 1933; S. Nicieja, Cmentarz lyczakowski we Lwowie w latach 1786–1986, 1989, S. 300, 368; Z. Popławski, Dzieje Politechniki Lwowskiej 1844–1945, 1992, s. Reg.; ders., Wykaz pracowników naukowych Politechniki Lwowskiej w latach 1844–1945, 1994, S. 182; Leks. historii Polski, ed. M. Czajka u. a., 1995.

(M. Nadraga)

Syrski Szymon Adam von, Zoologe. Geb. Łubno, Galizien (PL), 24. 10. 1829; gest. Lemberg, Galizien (L'viv, UA), 13. 1. 1882. – Nach seiner Schulausbildung in Jasło, Przemyśl und Krakau (Kraków) stud. S. mit Unterbrechungen Med. in Krakau (1853–58), London und Wien (ab 1859/60), u. a. bei →Karl Bernhard Brühl und →Josef Hyrtl; 1865 Dr. med., vervollkommnete er seine Ausbildung in Italien und in Paris, u. a. bei den Zoologen André Marie Constant Duméril und Henri Milne Edwards. 1866 lehrte er vergleichende Anatomie an der Univ. Warschau, wurde jedoch im selben Jahr zum Dir. des von ihm eingerichteten Naturhist. Mus. in Triest (Trieste) bestellt. Während seiner Tätigkeit als Konservator des Mus. befasste er sich u. a. mit der Adelsberger Grotte, der Landwirtschaft im Karstgebiet, der Austernkultur an der adriat. Küste sowie mit gallertartigen Algen. Sein bes. Interesse galt den Fortpflanzungsorganen von Aalen; dabei entdeckte er die männl. Keimdrüsen, Untersuchungen, die auch →Sigmund Freud beeinflussten. Daneben erforschte S. die Meeresfauna. Seine Ergebnisse publ. er v. a. in der „Triester Zeitung". 1868–70 nahm er an einer von der Regierung initiierten Expedition nach Ostasien teil und berichtete danach über die Landwirtschaft in China, die Seidenraupenzucht und den Stand der med. Wiss. in Japan. Darüber hinaus machte er Vorschläge zur Errichtung eines zoolog. Observatoriums in Triest. Bis 1874 fungierte er zudem als Präs. der dortigen Adriat. naturwiss. Ges. 1875–82 o. Prof. an der Univ. Lemberg, unterrichtete er dort als Erster in poln. Sprache. 1878–82 fungierte er auch als Dir. des zoolog. Mus. der Univ. Lemberg und lehrte im selben Zeitraum an der chem. Abt. der TH. Gleichzeitig betreute er das naturgeschichtl. Kabinett der Univ. und inventarisierte dessen Bestand. Seine Korallensmlg. vermachte er der Univ. S. war Mitgl. der Prüfungskomm. für Realschullehrer sowie ab 1880 für Gymn.lehrer. In diesem Jahr wurde er auch Mitgl. im Lemberger Stadtrat. Ab 1865 war er Mitgl. der Zoolog.-Botan. Ges. in Wien, ab 1877 k. M. der Akad. der Wiss. in Krakau und Mitgl. der poln. Naturwiss. Nikolaus Kopernikus Ges. 1873 wurde er für seine erfolgreiche Tätigkeit in der Ausst.komm. für das Küstenland bei der Wr. Weltausst. in den Adelsstand erhoben.

W. (s. auch Kośmiński): Beitrr. in Fachmänn. Berr. über die österr.-ung. Expedition nach Siam, China und Japan (1868–71), ed. K. v. Scherzer, 1872; Über die Reproductions-Organe der Aale, in: Sbb. Wien, math.-nat. Kl. 69, 1874, Abt. 1; Beitrr. in Kosmos; etc.

L.: Finkel–Starzyński; Hirsch; Otto; PSB; W. Enc. Powsz. PWN 11; Virchows Archiv 91, 1883, S. 378; S. Kośmiński, Słownik lekarzów polskich, 1888 (m. W.); S. Orgelbrand, Enc. Powszechna 14, 1903; S. Zieliński, Mały Słownik pionierów polskich, 1933; Słownik biologów polskich, 1987; S. Nicieja, Cmentarz Łyczakowski we Lwowie w latach 1786–1986, 1989, S. 369, 435; L. Simmons, Freud's Italian Journey, 1994, S. 75; Materialiensmlg. ÖBL, UA, beide Wien; Derzhavnyj archiv Lvivskoji oblasti, L'viv, UA.

(M. Nadraga)

Szablik István, SP, Physiker, Lehrer und Priester. Geb. Szegedin (Szeged, H), 8. 5. 1746; gest. Kalocsa (H), 12. 5. 1816. – 1762 trat S. in Priwitz (Prievidza) in den Piaristenorden ein. Nach dem Noviziat stud. er Phil. in Neutra (Nitra). Seine Berufslaufbahn begann er 1765 als Lehrer in Szegedin, ab 1768 unterrichtete er in Waitzen (Vác), 1771–72 in Neutra und 1774–75 in Veszprim (Veszprém). Danach lehrte er pragmat. Geschichte und Naturkde. in Großkanizsa (Nagykanizsa) und Totis (Tata). Nachdem er 1781–84 als Gymn.lehrer in Pest (Budapest) tätig gewesen war, fungierte er bis 1790 als Gymn.dir. in Szegedin. Dort weigerte sich S., die Schulordnung K. Josephs II. einzuführen, wehrte sich v. a. gegen die Germanisierungsbestrebungen und schaffte den Dt.unterricht in seinem Gymn. ab, worauf er von der Regierung entlassen wurde. Die Kom.verwaltung setzte ihn jedoch eigenmächtig wieder ein. Kurzzeitig in Makó tätig, wurde er auf behördl. Weisung nach Zeben (Sabinov) versetzt, übersiedelte von dort aber bald nach Nagykároly (Carei), wo er am Piaristengymn. pragmat. Geschichte und Naturkde. lehrte. 1796–1800 unterrichtete er die Ordensschüler in Waitzen in diesen Fächern. Nach 1800 wurde er zum stellv. Dir. in Totis und Máramarossziget (Sighetu Marmației) bestellt. Danach fungierte er als Dir. im Piaristengymn. Veszprim und in Großkanizsa, zuletzt wurde er nach Kalocsa versetzt. Bedeutung erlangte S. v. a. wegen seiner profunden Physikkenntnisse. Angeregt von den Versuchen der Gebrüder Montgolfier, konstruierte er 1783 auf eigene Kosten einen mit Wasserstoff gefüllten Heißluftballon – das erste ung. „Luftschiff" –, den er im August 1784 aus dem Innenhof des Piaristenklosters in Pest aufsteigen ließ und mit dem er großes Aufsehen erregte. 1785 ließ er seinen Ballon auch in Szegedin aufsteigen. Ferner gehörte er 1784 zu den Ersten in Ungarn, die einen Globus herstellten. Seine wichtigsten Hss. über physikal. Themen sind heute verschollen, seine physikal. Erfindungen und Instrumente sind in Vác aufbewahrt.

L.: Das geistige Ungarn; M. Életr. Lex.; Szinnyei (m. L.); A. Koltai, in: The European scientists: Symposium on the era and work of F. X. v. Zach ..., ed. L. G. Balász u. a., 2004, S. 31; Mitt. Andrea Ambrozy, Wien.

(D. Angetter)

Szablya-Frischauf Ernesztin, geb. Lohwag, Malerin. Geb. Wien, 9. 1. 1878; gest. Budapest (H), 18. 3. 1940. – Tochter von →Ernst Lohwag, Schwester der Malerin →Frieda Konstantin; ab 1905 verheiratet mit dem Maler Ferenc Szablya-Frischauf (1876–1962), der 1903–07 eine eigene Malerschule betrieb und ab 1912 an der Fak. für Innenarchitektur der Hochschule für bildende Kunst in Budapest unterrichtete. – S. begann ihre Ausbildung in Wien und setzte diese in der Privatschule von →Simon Hollósy in München – wo sie ihren späteren Mann kennenlernte – und nach Hollósys Übersiedlung nach Nagybánya (Baia Mare) dort fort. Zu Beginn des 20. Jh. malte sie naturalist. Pleinairbilder, in denen die harmon. Beziehung zwischen Landschaft und Mensch im Vordergrund stand, später entwickelte sich ihre Kunst in Richtung eines dekorativen Stils. Ab 1918 war sie schwer krank und an den Rollstuhl gefesselt, sodass in den Folgejahren Porträts und Miniaturbildnisse überwogen. S., deren Arbeiten bei der Aristokratie bes. beliebt waren und die aus diesen Kreisen zahlreiche Aufträge erhielt, schuf auch Plakate sowie Buchillustrationen. Das populäre Wochenbl. „Képes Vasárnap" veröff. in den 1930er-Jahren von ihr gemalte Bildnisse auf der Titelseite. Gem. mit ihrem Mann zählte sie 1907 zu den Gründungsmitgl. der Künstlervereinigung Kéve (von ihr stammen der Kat. und das Plakat der ersten Ausst. 1908), in deren Ausst. sie regelmäßig ihre Arbeiten präsentierte. Im Rahmen des Ver. leitete sie auch einige Jahre lang eine Malschule für Frauen in Budapest. Nach der Ausst. des Kéve im Künstlerbund Hagen in Wien (1910) wurde sie zum k. M. des Hagenbunds gewählt und 1924 für ihr Porträt der Frau von Miklós Horthy mit dem Esterházy-Preis ausgez.

Weitere W.: Mädchen auf der Wiese, 1901, Station in den Bergen, 1905, P. Bányai im Alter von fünf Jahren, 1913, Kinderbildnis, 1919, Männerbildnis mit dem Plattensee im Hintergrund, Mädchen mit Blumenstrauß (alle Magyar Nemzeti Galéria, Budapest); Russ. Kriegsgefangener, 1915; etc.

L.: Fuchs, 19. Jh.; M. Életr. Lex.; Művészeti Lex. II; Thieme–Becker; Vollmer; E. Plesznivy, in: Művészettörténeti Értesítő 31, 1982, S. 269ff.; dies., in: Zeit des Aufbruchs. Budapest und Wien zwischen Historismus und Avantgarde, Wien 2003, S. 442 (Kat.); E. Bajkay, ebd., S. 450f.; Új magyar életrajzi lex. 6, 2007.

(E. Plesznivy)

Szabó Alajos von, Ps. Dr. Negyedi, Tierarzt und Journalist. Geb. Negyed, Ungarn (Neded, SK), 14. 10. 1818; gest. Budapest (H), 13. 3. 1904. – Aus einer ung. Adelsfamilie stammend. – Nach Besuch der Gymn. in Tyrnau (Trnava) und Preßburg sowie der phil. Jgg. in Preßburg stud. S. ab 1836 Med. an der Univ. Pest; 1844 Dr. med. und chir., Mag. opthalm. und obstet. Zur Vervollkommnung seiner Ausbildung besuchte er ausländ. tierärztl. Institutionen. 1846 erhielt er eine Ass.stelle am Tierarznei-Inst. in Pest (Budapest) und arbeitete daneben bei dem Chemiker Ede Sangaletti. Vom Statthaltereirat erhielt S. ein Patent zur Abfüllung von Mineral- und Selterswasser in Rohitsch Sauerbrunn (Rogaška Slatina) und gründete eine Sodawasserfabrik. 1848 unterbrach er seine Univ.karriere und diente als Oberarzt im Jászkun-Honvéd-Baon., wo er zum Hptm. befördert wurde; 1849 prov. Prof. an der Univ. Pest, organisierte er mit Vilmos Zlamál einen feldtierärztl. Lehrgang und bildete Hufschmiede aus. 1851 kam er als erster o. Prof. an die neuerrichtete Lehrkanzel für Anatomie und Physiol. des Tierarznei-Inst. (1853–75 Dir.). Unter seiner Ägide erfuhr das Inst. eine rasche Vergrößerung, die Ausbildung wurde reformiert. Die Unterrichtssprache war fortan nur noch Ung. S. befasste sich v. a. mit der Eindämmung von Seuchen und Infektionskrankheiten. In den 1850er-Jahren war er als Mitgl. des Reichsärztl. Ausschusses für San.wesen der Ofener Statthalterei bei der Bekämpfung der Rinderseuche aktiv. Seine dazu verf. Schrift „A veszettségről vagy ebdühről", 1850 (1851–52 auch dt. „Die Tollwut oder Hundewut", rumän., slowak. und serb.), wurde gratis an die Bevölkerung verteilt. Weiters befasste sich S. mit Viehzucht und Geburtshilfe sowie Pathol., aber auch mit Tollwut und Lungenemphysemen bei Pferden. 1876 errichtete er in Rákospalota (Budapest 15) ein Erziehungs- und Lehrinst.; 1884 i. R. Seine Publ. über nützl. Säugetiere „A hasznos háziállatok életkórisméje" und „A hasznos emlősállatok bonc- és élettana" (beide 1852) zählen zu den Wegbereitern in der damaligen fachwiss. Literatur. Als Journalist gründete er 1856 das polit. Wochenbl. „Magyar Néplap", 1860–62 red. er das polit. Bl. „Pesti Hírnök". 1868 gab er mit →Georg Klapka und Móric Szentkirályi das polit. Bl. „Századunk" heraus, das 1869 mit dem „Pesti Napló" fusioniert wurde, und blieb 15 Jahre hindurch ein enger Mitarb. desselben. S. war Mitgl. mehrerer wiss. Ver. und Ges., darunter ständiges und aktives Mitgl. des zentralen Gremiums der Wanderversmlg. der Ges. ung. Ärzte und Naturforscher; 1869 Ritter des Franz Joseph-Ordens, 1884 kgl. Rat.

Weitere W.: s. M. Életr. Lex.

L.: *Hirsch; M. Életr. Lex. (m. W.); M. Irodalmi Lex. 1; Szinnyei; Wurzbach; 200 years of veterinary education in Hungary 1787–1987, ed. F. Holló, 1987, S. 20ff., 47, 106, 108; Magyar agrártörténeti életrajzok 3, ed. L. Für – J. Pintér, 1989; Materialiensmlg. ÖBL, Wien (m. B.).*

(K. Kapronczay)

Szabó Basilius (Vazul), Mediziner. Geb. Jánk (H), 13. 1. oder 4. 2. 1820; gest. Hermannstadt, Siebenbürgen (Sibiu, RO), 16. 7. 1910; griech.-kath. – Sohn eines Geistlichen. – Nach dem Schulbesuch in Großwardein (Oradea) und Pest (Budapest) begann S. seine akadem. Ausbildung in Klausenburg (Cluj-Napoca) und stud. nachweisl. ab 1842 Med. an der Univ. Wien; 1843 Dr. med., 1846 Dr. chir. Zunächst Sekundararzt im AKH Wien, erhielt er bald eine Anstellung als Prosektor im Rochusspital in Pest. 1848 meldete er sich zur Honvéd, fungierte als Oberarzt des freiwilligen Ärztekorps, daneben als Prosektor des Landes und war kommandierender Dir. des Militärlazaretts in Peterwardein (Petrovaradin). Im Mai 1849 suchte er zunächst erfolglos um seine Versetzung nach Pest an, diente dann im 5. Baon. und übernahm im Juni als Oberstabsarzt die Leitung des Militärsan.wesens in Südungarn. S. wurde von den k. Truppen gefangen genommen, in der Festung Arad inhaftiert und nach Norditalien strafversetzt. Zurückgekehrt, führte er ab 1851 eine Privatpraxis in Pest. Bewerbungen an das med.-chirurg. Inst. in Klausenburg 1852 und an den physiol. bzw. chirurg. Lehrstuhl der Univ. Pest blieben erfolglos. Ab 1854 praktizierte er in Hermannstadt. 1861 wurde S. zum Kom.arzt im Kom. Felső-Fehér ernannt, wo er neben den Aufgaben des Humanmediziners auch jene des Veterinärs übernahm. Ab 1872 bekleidete er zusätzl. die Stelle eines ung. Honvéd-Rgt.arztes. Bereits ab 1860 spielte er bei der Bekämpfung der Rinderseuche eine bedeutende Rolle. Sein vorrangiges Interesse aber galt der med. Verwendung der Heilwässer Siebenbürgens. S., der 1891 zu den Mitbegründern des ung. Balneolog. Ver. zählte, förderte den Ausbau von Kuranstalten – u. a. in Előpatak (Vâlcele) – und die Anwendung von Heilbädern in der med. Therapie. Seine Publ. über Homöopathie erschienen 1865 in der Z. „Hasonszervi Közlemények", ab 1866 in den Z. „Hasonszervi Lapok" und „Homeopatia". Weiters befasste er sich mit der Anatomie des Gaumens, mit dem Mechanismus der Blutzirkulation in Tierversuchen, mit med. und hygien. Bedingungen am Arbeitsplatz, mit Starerkrankungen und entwickelte erste Ideen zur Errichtung einer Landes-Augenheilanstalt.

Weitere W.: Figyelmeztetés a marhavész ügyében, 1869; Előpatak gyógyforrásainak ismertetése, 1875; Beitrr. in Orvosi Hetilap, Magyar Orvosok és Természetvizsgálók Munkálatai; etc.

L.: *Szinnyei; Wurzbach (s. u. Stephan I. S.); Ung. Illustrirte Ztg., 1872, Nr. 23, S. 180 (m. B.); L. Szögi, Magyarországi diákok a Habsburg Birodalom egyetemein, 1. 1790–1850, 1994, S. 135; UA, Wien; Mitt. Robert Offner, Bayreuth, D; László A. Magyar, Budapest, H.*

(K. Kapronczay – D. Angetter)

Szabó Dezső, Schriftsteller und Publizist. Geb. Klausenburg, Siebenbürgen (Cluj-Napoca, RO), 10. 6. 1879; gest. Budapest (H), 13. 1. 1945; evang. HB. – Nach der Matura am reformierten Kolleg in Klausenburg 1899 stud. S. 1900–04 ung. und französ. Philol. in Budapest (Lehramtsdiplom 1905) und war Mitgl. des Eötvös-József-Collegiums. Danach verbrachte er ein Jahr in Paris und unterrichtete nach seiner Rückkehr 1906–19 als Gymn.lehrer Französ. und Ung. Seine ersten Erz., Kritiken und Essays publ. er ab 1911 in den Z. „Nyugat" und „Huszadik Század". S. erwies sich als krit. Publizist, hochgebildeter Schriftsteller und Vermittler der wichtigsten geistigen und künstler. Strömungen der Epoche. Er war einer der Ersten, die in Ungarn auf die Avantgarde aufmerksam machten. Sein antiliberaler und antisemit. Aufsatz „Az individualizmus csődje", der in der Z. „Huszadik Század" 2, 1915, erschien, führte jedoch zum Bruch mit dem Nyugat-Kreis. Den ideolog. Kern seiner umstrittenen, indes äußerst einflussreichen Aufsätze und Essays wie auch seines Romans „Az elsodort falu" (1919, Neuaufl. 1989) bildete die romant.-utop. Ansicht, Bauern und Landadel stellten den wertvollsten, von den Ideologien des 20. Jh. noch unberührten Tl.

der ung. Nation dar. In ihnen sah S. die zukünftige herrschende Mittelkl., die vor fremdem Einfluss geschützt werden müsse. Daraus resultierte die ambivalente polit. Positionierung S.s, der von den jeweiligen Machthabern die Verwirklichung seiner Vorstellungen erhoffte und stets enttäuscht wurde. Während des 1. Weltkriegs nahm er eine pazifist. Haltung ein, 1918 begeisterte er sich für die bürgerl.-demokrat. Revolution sowie 1919 für die Räterepublik, wandte sich jedoch bald von ihr ab und wurde zum Anhänger der Konterrevolution, um sich schließl. – u. a. in seinen satir. Werken „Segítség!" (1925, Neuaufl. 1997) und „Feltámadás Makucskán" (1925) – als Kritiker des Horthy-Regimes zu zeigen. S.s volkstümler., Ungarn- und Bauern-zentriertes Weltbild erklärt auch, warum er Rassist und Antisemit, zugleich jedoch Gegner des Nationalsozialismus war. Er befand sich sowohl mit den liberal-progressiven als auch mit den reaktionären Kreisen in ständigem Konflikt und geriet zusehends in Isolation. Davon zeugte seine eigene Z. „Ludas Mátyás Füzetek" (1934–42), in der er u. a. 1935–42 Ausschnitte aus seiner Autobiographie „Életeim" veröff. S. gilt als bedeutender Schriftsteller der Zwischenkriegszeit. Seine in der romant. Tradition wurzelnde, mit den poet. Mitteln des Naturalismus und Expressionismus angereicherte Prosa zeichnet sich durch gewagte Bilder sowie Wortschöpfungen aus und stellt einen Höhepunkt des ung. literar. Expressionismus dar.

Weitere W. (s. auch S. D. bibliográfia): Mesék a kacagó emberről és három elbeszélés, 1919; Ölj! És egyéb elbeszélések, 1922; S. D. összegyűjtött munkái, 16 Bde., 1926–29; Karácsony Kolozsvárt, 1932; A kötél legendája, 1934; Az egész látóhatár, 1939 (erweiterte Neuausg. 1991); A bölcsőtől Budapestig, 1944; Életeim, ed. P. Nagy, 1965 (Neuausg., ed. S. Budai Balogh, 1996).

L.: Biograph. Lex. Südosteuropas; P. Nagy, S. D., 1964; G. Gombos, S. D., 1966; S. D. emlékkönyv, ed. Z. Szőcs, 1993; S. D. bibliográfia, ed. S. Budai Balogh – I. Hartyányi, 1996; Új magyar irodalmi lex. 3, 2. Aufl. 2000; Az elsodort író. In memoriam S. D., ed. G. Gróh, 2002 (m. B.); Lex. der Weltliteratur – Fremdsprachige Autoren 2, ed. G. v. Wilpert, 4. völlig neubearb. Aufl. 2004; Új magyar életrajzi lex. 6, 2007; Kindlers Literaturlex. 15, 3. völlig neu bearb. Aufl. 2009.

(Á. Z. Bernád)

Szabó Endre, Ps. Lantos Sebestyén, Pesti Pista, ifj. Kakas Márton, Mujkos Demeter és György etc., Schriftsteller, Übersetzer und Journalist. Geb. Nagytoronya (Veľká Tŕňa, SK), 3. 6. 1849; gest. Budapest (H), 4. 2. 1924. – Nach dem Besuch des Gymn. in Käsmark (Kežmarok) stud. S. 1868–72 Jus in Sárospatak, wo er sein Vorbild und seinen späteren Mentor →Miklós Szemere kennenlernte. Bereits zu dieser Zeit erregte er mit einigen gelungenen Satiren (z. B. über Mode) Aufmerksamkeit. Nach seinem Stud.abschluss (1872 Dr. jur.) absolv. er ein Praktikum in Gálszécs (Sečovce) und übersiedelte nach seinem Militärdienst als Einjährig-Freiwilliger in Kaschau (Košice) Ende 1874 nach Budapest. Nach ersten positiven Kritiken wandte sich S. gänzl. der Literatur zu, publ. Ged. in zahlreichen Z. (u. a. in „Vasárnapi Ujság", „Családi Kör", „Magyarország és Nagyvilág", „Budapesti Szemle", „Magyar Szalon", „Nyugat", „Nemzeti Hírlap") und war ab 1875 Red. der satir. Z. „Üstökös". 1881–82 schrieb er auch für die Rubrik Literatur, Kunst und Wiss. der Tagesztg. „Hon". Sein erster Ged.-bd. „Költeményei" war 1876 erschienen. 1878 gab er gem. mit György Szathmáry das „Hunyadi album" heraus. 1919 gehörte er zu den Hrsg. der Z. „Néplap". Außerdem verf. er 1893–97 für die erste ung. Enz. „A Pallas Nagy Lexikona" Beitrr. über russ. Literatur. In seinen letzten Lebensjahren weitgehend in Vergessenheit geraten, lebte er unter ärml. Verhältnissen in einem Vorort Budapests, trat jedoch durch die Veröff. seines Ged. „Elhagyatottság" in der renommierten Z. „Nyugat" (Jg. 14, 1921, H. 19) neuerl. als bemerkenswerter Lyriker hervor. Seine literaturgeschichtl. Bedeutung erwarb er sich hauptsächl. als Übers. russ. Literatur (u. a. Dostojewski, Puschkin, Tschechow, Tolstoi) sowie durch seine Lyrik. Er schrieb zahlreiche Liebesged. und satir., humorvolle Poesie, die von seinem sozialen Engagement und seiner polit. Gesinnung zeugt. S. steht in jener polit. links positionierten liedhaften Tradition, zu deren bekanntesten Vertretern u. a. Béranger, Heine und Petőfi zählen. Seine zeit- und gesellschaftskrit. Romane hingegen werden heute nur mehr wenig gelesen. S. war ab 1877 Mitgl. der Literaturges. Petőfi Irodalmi Társaság.

Weitere W.: Dalok (1875–91), 1892; Zápor (1890–1900), 1901; Derű-ború, 1908; Villámlások, 1919; Cigányvilág, 1920; Anekdoták és villámlások, ed. A. Kovács – A. Simor, 1990; etc.

L.: Das geistige Ungarn; M. Irodalmi Lex. I, II (m. B.); Szinnyei; M. Kadosa, in: Nyugat 17, 1924, S. 382ff.; A magyar irodalom története 4 (1849–1905), 1965, s. Reg.; A. Komlós, A magyar költészet Petőfitől Adyig, 1980, S. 149ff.; G. Buzinkay, in: Magyar élclapok és karikatúráik a XIX. század második felében, 1983, S. 72ff.; A magyar sajtó története 2/2, ed. D. Kosáry – G. B. Németh, 1985, s. Reg.; A. Simor, Az ismeretlen XIX. század, avagy Petőfi holdudvara, 1999, S. 94ff.; Új magyar irodalmi lex. 3, 2. Aufl. 2000; Új magyar életrajzi lex. 6, 2007.

(T. Harmat)

Szabó (Nagyatádi) István, Politiker. Geb. Csokonya (Csokonyavisonta, H), 17. 9. 1863; gest. ebd., 1. 11. 1924. – Aus einer armen Bauernfamilie stammend. – S. ging nur sechs Jahre lang zur Schule und bildete sich später autodidakt. fort. In seiner Jugend arbeitete er als Land- und Forstarbeiter, Tagelöhner und Fuhrmann. 1884–87 diente er in Budapest im IR 44. Nach seiner Heimkehr genoss er in seinem Dorf großes Ansehen als Aktivist kultureller und wirtschaftl. Ver., fungierte bereits mit 26 Jahren als Gmd.-richter und wurde 1904 Mitgl. des Verwaltungsausschusses des Kom. Somogy. Gem. mit anderen Bauernvertretern gründete er 1908 den Ver. der Kleinlandwirte des Kom. Somogy und übernahm dessen Vorsitz. Im selben Jahr als parteiloser Abg. in den ung. Reichstag gewählt, stand S. ab 1909 an der Spitze der neu gegr. 48er- und Unabhängigkeits-Landespartei der Landwirte, die er 1910–18 auch im Parlament vertrat und die für eine Enteignung und Aufteilung des Großgrundbesitzes sowie für die Einführung des allg. und geheimen Wahlrechts eintrat. 1918 sollte S. das Agrarressort in der noch Ende Oktober 1918 ernannten Regierung Hadik übernehmen, die jedoch aufgrund der Revolution nicht mehr amtieren konnte. Anfang 1919 war S. Mitbegründer der Nationalen Partei der Kleinen Landwirte und als Minister zuerst für die Bodenreform, danach für die Volkswirtschaft zuständig. Während der Räterepublik zog er sich in sein Dorf zurück, bekleidete aber nach deren Fall zwischen 1919 und 1924 in mehreren Regierungen verschiedene Ministerämter (Agrar-, Volksernährungs-, Kleinlandwirteminister). Die mit seinem Namen verbundene sog. Nagyatádi-Bodenreform von 1920 sollte eine gerechtere Aufteilung des Grundbesitzes bringen, betraf jedoch nur 7 % der gesamten bebauten Flächen, wodurch 400.000 Familien ledigl. ein bis zwei Joch Boden erhielten. Aufgrund dieses Misserfolgs verlor S. an polit. Einfluss, weshalb er Anfang 1922 dem von Ministerpräs. István Gf. Bethlen initiierten Zusammenschluss der Kleinlandwirtepartei zu einer neuen einheitl. Regierungspartei zustimmte und deren Parteivors. wurde. S. starb, kurz nachdem er sein Ministeramt 1924 wegen eines Korruptionsskandals, in den sein Sekr. verwickelt war, zurücklegen musste.

W.: A Függetlenségi 48-as Országos Gazdapárt bemutatkozása a parlamentben N. S. I. ... beszéde, 1910; Politikai rágalmak és cáfolatok, 1919; N. S. I. beszéde ... a párt miskolczi zászlóbontásán, 1922; N. S. I. beszéde Hódmezővásárhelyen, 1922; etc.

L.: M. Életr. Lex.; N. S. I., 1935; I. Király, N. S. I. és pártja az első világháború előtt, 1966; B. v. Krusenstjern, Die Ung. Kleinlandwirte-Partei (1909–22/29), 1981, s. Reg.; Parasztkérdés 1890–1930, ed. A. Juhász u. a., 1985; D. J. Toth, in: Annales Univ. Scientiarum Budapestiensis ..., Sectio Historica 25, 1987, S. 131ff., bes. S. 156ff.; N. S. I. emlékkönyv. 1863–1924, 1995; J. Sipos, in: Magyar agrárpolitikusok a XIX. és a XX. században, ed. L. Sipos, 2010; Materialiensmlg. ÖBL, Wien (m. B.).

(Z. Fónagy)

Szabó (Schneider) József, Theaterdirektor, Sänger, Schauspieler und Regisseur. Geb. Debreczin (Debrecen, H), 1816; gest. ebd., 1. 3. 1875. – S. war ursprüngl. Weinhändler, gab jedoch 1837 sein Geschäft auf und wandte sich dem Gesang und dem Theater zu. Er debüt. 1839 als Chorsänger am Nationaltheater in Pest (Budapest) und trat in den folgenden Jahren als Wanderschauspieler an zahlreichen Bühnen in Ungarn auf. Als Theaterdir. war S. zuerst in Kecskemét (1842–43) tätig. 1847 gründete er mit dem Schauspieler Mihály Havi ein Gesangs- und Tanzensemble, das 1847–48 in Preßburg, Berlin, Paris, Brüssel, Prag sowie an italien. Bühnen und an der Wr. Hofoper erfolgreiche Gastspiele absolv. 1850–64 (mit Unterbrechungen) leitete S. das Theater in Arad, das 1856 für drei Monate in Wien gastierte und während dieser Zeit am Theater in der Josefstadt, am Theater an der Wien und in Baden Possen und Volksstücke in ung. Sprache (u. a. von →Ede Szigligeti) sowie →Ferenc Erkels Oper „Hunyadi László" aufführte. 1857–58 stand S. auch dem dt.sprachigen Ensemble in Temeswar (Timişoara) vor, 1866–74 wirkte er als künstler. Leiter des Theaters in Debreczin. Als Dir. war S. stets Garant für ein niveauvolles Repertoire, sorgte für regelmäßige Opernauff. und trug in Ungarn maßgebl. zur Entfaltung des Theater- und Musiklebens außerhalb der Hauptstadt bei.

L.: Wr. Allg. Musik-Ztg., 22. 6., 13. 7. 1847; Die Presse, 17. 8. 1856; Wr. Allg. Theaterztg., Juni–Aug. 1856, passim; E. Szép, Magyar drámák a bécsi színpadokon, 1930, S. 33ff.; Magyar színművészeti lex. 4, 1931 (m. B.); O. Pilz, Das Theater in der Josefstadt ... 1850–70, phil. Diss. Wien, 1935, 1, S. 57, 2, s. Spielplan des Jahres 1856; V. Reisner, Magyar színészek Bécsben 1769–1892, 1938, S. 24ff.; B. Szilágyi, A debreceni színészet és színház története 1796–1880, 1939, S. 49ff.; Magyar színháztörténet 1, ed. Gy. Székely – F. Kerényi, 1990, s. Reg.; Magyar színházművészeti lex., 1994; K. Bene, in: Színháztudományi Szemle 30–31, 1996, S. 153ff.; S. Enyedi, Rivalda nélkül. A határon túli magyar színjátszás kislex., 1999, S. 239f.; Új magyar irodalmi lex. 3, 2. Aufl. 2000; Új magyar életrajzi lex. 6, 2007.

(Á. Z. Bernád)

Szabó József, Geologe und Mineraloge. Geb. Kalocsa (H), 14. 3. 1822; gest. Budapest (H), 10. 4. 1894; röm.-kath. – Nannte sich häufig Szabó von Szentmiklós. Sohn eines erzbischöfl. Kassiers, Vater von Dénes S. (s. u.). – Nach Besuch des Gymn. stud. S. ab 1837 zunächst Phil. und Jus an der Univ. Pest, 1842–46 an der Berg- und Forstakad. in Schemnitz (Baňská Štiavnica) und bildete sich daneben in Fremdsprachen weiter. 1849 im Min. für Bergbau tätig, erhielt er den Posten eines Salpeter-Insp. bei der Schießpulvererzeugung im Kom. Pest; 1851 Dr. phil., war er im selben Jahr Berichterstatter und Mitgl. der Ausst.komm. der Weltausst. in London. Danach als Bergbeamter im öff. Dienst in Zsarnócza (Žarnovica) und Felsőbánya (Baia Sprie) tätig, unterrichtete er ab 1855 als Prof. an der staatl. Oberrealschule in Ofen (Budapest) und ab 1858 an der Handelsakad. in Pest (Budapest). Für seine 1858 erschienene geolog. Karte und seine geognost. Beschreibung von Pest und Ofen wurde er mit einem Preis der MTA ausgez. Schon früh befasste sich S. auch mit der Wasserversorgung von Pest-Buda. 1859 Volontär an der Geolog. Reichsanstalt in Wien, beteiligte er sich an den Aufnahmearbeiten auf ung. Gebiet. So entstand u. a. seine geolog. Übersichtskarte des südl. Kom. Neograd, wo er die ersten geolog.-agronom. Aufnahmen durchführte. 1862 o. Prof. für Mineral. und Geol. an der Univ. Pest, 1883/84 Rektor. S.s Hauptarbeitsgebiet lag ab 1873 im Stud. der vulkan. Tertiärformationen in Ungarn und in der Darstellung des Trachytsystems. Insbes. analysierte er den Anteil der Feldspäte in trachyt. Gesteinen. Ferner reformierte er die Nomenklatur der Gesteinslehre. Seine Forschungen über die geolog. Verhältnisse der ung. Tiefebene sind von bahnbrechender Bedeutung, indem er als Erster die Spuren bedeutender Bewegungen an deren Beckenfundament erkannte. Darüber hinaus bildete er zahlreiche hervorragende Geologen und Mineralogen heran, und die Errichtung des Inst. für Mineral- und Gesteinskde. der Univ. Budapest ist eng mit seinem Namen verbunden. Zudem ist die Muschel Cucullaea (Trigonoarca) Szabói nach ihm benannt. S. verf. auch vielbeachtete, teils mehrfach aufgelegte Lehrbücher, u. a. „Az ásványtan alapvonalai …“ (1861, 3. Aufl. 1875) und „Geológia“ (1883) für Studenten sowie naturwiss. Schulbücher. 1860–61 red. er die Mitt. der ung. naturwiss. Ges. „A magyar természet tudományi társulat közlönye“, ebenso die Jbb. der Ges. sowie 1861–63 die Arbeiten der Ung. Geolog. Ges. „A magyarhoni földtani társulat munkálatai“. S. war Sekr. und Präs. des ung. geolog. Ver., wurde 1858 k. M., 1867 o. Mitgl. und 1888 Dion.mitgl. der MTA, Korrespondent der Geolog. Reichsanstalt in Wien sowie Mitgl. der Acad. nationale agricole, manufacturière et commerciale in Paris; 1863 Ritter des Franz Joseph-Ordens. Sein Sohn, der Gynäkologe **Dénes (Dionys) S.** (geb. Pest, 4. 5. 1856; gest. Klausenburg, Siebenbürgen / Cluj-Napoca, RO, 14. 8. 1918), nannte sich wie sein Vater auch Szabó von Szentmiklós. Er stud. Med. an den Univ. Straßburg und Pest; 1879 Dr. med., erweiterte er 1880 seine Kenntnisse auf einer Stud.reise nach Wien, Dresden, Berlin, Edinburg sowie London und erhielt 1881 eine Ass.stelle an der Gynäkolog. Klinik in Budapest. 1889 Priv.-Doz., 1892 o. Prof. für Geburtshilfe und Gynäkol. an der Univ. Klausenburg, unterstützte er v. a. während seiner Amtszeit als Dekan (1902) und Rektor (1904) den Zugang von Frauen zum Univ.stud. Seine bedeutende fachliterar. Tätigkeit umfasste neben gynäkolog. Themen Med.geschichte, Univ.geschichte, gesundheitl. Aufklärung und Gesundheitserziehung. 1903 HR, war er während des 1. Weltkriegs Oberstabsarzt und wurde 1916 Ritter des Franz Joseph-Ordens.

Weitere W. (s. auch Szinnyei; Slovenský biograficky slovník): Selmecz környékének geológiai leirása, 1891; Beitrr. in den Verhh. der k. k. geolog. Reichsanstalt und im Jb. der geolog. Reichsanstalt; etc. – Dénes S.: s. Szinnyei.

L.: Das geistige Ungarn; Enc. Slovenska; M. Életr. Lex.; Pallas; Révai; Szinnyei (m. W. u. L.); Wurzbach; F. Ritter v. Hauer, in: Annalen des k. k. naturhist. Hofmus. 3, 1888, S. 23, 118, 121, 126; F. Schafarzik, in: Földtani Közlöny 22, 1892, S. 188ff.; B. v. Inkey, ebd., S. 190ff.; J. Pethő, ebd., S. 196ff.; Verhh. der k. k. geolog. Reichsanstalt, 1894, S. 183f.; Bányászati és Kohászati Lapok 27, 1894, S. 129f.; The Enc. Britannica 26, 1911; Slovenský biografický slovník 5, 1992 (m. W. u. L.); Advances in Austrian-Hungarian Joint Geological Research, ed. E. Dudich – H. Lobitzer, 1997, S. 23, 28ff. (m. B.); E. Jungwirth, in: GPZ Bulletin 12, 2008, S. 6f. (m. B.); Materialiensmlg. ÖBL, Wien (m. B.); Mitt. Balázs Schuller, Sopron, H. – Dénes S.: Das geistige Ungarn; M. Életr. Lex.; Szinnyei (m. W.); A. Vöckel, Die Anfänge der physiolog. Chemie: E. F. I. Hoppe-Seyler, phil. Diss. Berlin, 2003, S. 236.

(K. Kapronczay)

Szabó Károly, Historiker und Lehrer. Geb. Köröstarcsa (H), 14. 12. 1824; gest. Klausenburg, Siebenbürgen (Cluj-Napoca, RO), 31. 8. 1890. – S. besuchte 1833–42 das reformierte Kollegium in Debreczin (Debrecen) und 1842–43 das evang. Kollegium in Käsmark (Kežmarok). 1845 absolv. er eine Ausbildung zum öff. bzw. Wechselanwalt; im folgenden Jahr begann er den Seelehrgang in Fiume (Rijeka), brach diesen aber aus Krankheitsgründen ab. 1844–45 wirkte er als Schriftführer der Distrikttafel in Preßburg. 1847–48 arbeitete er unter der Leitung von Ferenc Toldy an dem nicht veröff. Lex. „Magyar Tudósok Tára“ mit. Während der Revolution 1848–49 war S. Oblt. der Nationalgarde. Danach trat er als Archivar des Familienarchivs in den Dienst von Joseph Gf. Teleki v. Szék, den er auch bei der Hrsg. seines Werks über die Herrschaft der Hunyadi, „A Hunyadiak kora Magyarországon“, Bd. 1–4 und 10, 1852–56, unterstützte. Nach dem Tod Telekis ed. er 1863 die Bde. 5–6 und 11–12 (die übrigen Bde. wurden 1890–1913 von →Dezső Csánki hrsg.). 1855–59 unterrichtete S. Griech. am reformierten Gymn. in Nagykőrös. Ab 1859 arbeitete er als Bibliothekar des Siebenbürg. Mus.ver. sowie als Lehrer am reformierten Gymn. in Klausenburg. 1872 wurde er o. Prof. für ung. Geschichte und hist. Hilfswiss. an der Univ. Klausenburg; 1881/82 Dekan der phil. Fak., 1882/83 Rektor. S. arbeitete v. a. über die ung. Geschichte des frühen und hohen Mittelalters. Für die Frühzeit überarbeitete und ergänzte er 1865 die „Histoire d’Attila et des ses successeurs …“, 1856, des französ. Historikers Amadé Thierry und übers. mehrere seiner Bücher ins Ung.; weiters verf. er zahlreiche Aufsätze über die Anführer der ung. Landnahme. In seinen Arbeiten über das 9. und 10. Jh. wertete er als erster ung. Historiker byzantin. Quellen aus. Außerdem betrieb er Forschungen zur Geschichte der Szekler und erschloss diese betreffende Quellen. Daneben übers. er mehrere latein. Chroniken aus dem 11.–13. Jh., u. a. die „Gesta Hungarorum“ eines namentl. nicht bekannten Autors, die von Michael Kritobulos verf. Lebensgeschichte Sultan Mehmeds II. sowie griech. Dramen (Euripides, Sophokles) ins Ung. Schließl. erstellte er eine noch heute verwendete Bibliographie des ung. Buchwesens des 16. und 17. Jh. In den 1840er-Jahren sammelte er Volkslieder, Sagen und hist. Lieder. S. war ab 1858 k. M. und ab 1871 o. Mitgl. der MTA. Ab 1889 fungierte er als Ausschussmitgl. der Ges. für ung. protestant. Literatur (Magyar Protestáns Irodalom Társásag).

Weitere W.: s. Markó.

L.: Das geistige Ungarn; Wurzbach; L. Szádeczky, S. K. emlékezete, 1894; S. Szilágyi, Emlékbeszéd S. K. r. tag felett, 1896; Á. R. Várkonyi, A pozitivista történetszemlélet a magyar történetírásban 2. A pozitivizmus gyökerei és kibontakozása Magyarországon 1830–60, 1973, s. Reg.; L. Markó u. a., A MTA tagjai 1825–2002, 3, 2003 (m. B. u. W.).

(I. Soós)

Szabóky Adolph (Adolf), OSchP, Ps. Ludvay, Geistlicher und Lehrer. Geb. Ofen (Budapest, H), 9. 9. 1821; gest. Pest (Budapest), 22. 7. 1880; röm.-kath. – Hieß bis 1837 Schneider. Sohn einer Kürschnerfamilie. – S. besuchte die Ordensschule der Piaristen in Ofen und trat 1837 in den Piaristenorden ein. 1839/40 begann er in Nagykanizsa Religion zu lehren und war daneben publizist. tätig. Er red. den Kanizsaer Kal. „Nagykanizsai Naptár“ und schrieb Essays für die Z. „Hirnök“ und „Századunk“. Ab 1840 stud. S. Phil. in Waitzen (Vác), danach Theol. in Neutra (Nitra) und St. Georgen (Svätý Jur); 1845 Dr. phil. an der Univ. Pest; 1846 Priesterweihe. Ab 1845 Mitarb. des ung. Kirchenbl. „Religio“, war er auch in Szegedin (Szeged) und Klausenburg (Cluj-Napoca) als Lehrer tätig. 1849 wurde er Lehrer an der Pester Obergrundschule, ab 1855 unterrichtete er Religion, ung. Sprache und Mathematik an der städt. Realschule. Angeregt durch sein Interesse für Handel und Gewerbe, gab er i. d. F. Lehrbücher heraus, die an Realschulen und gewerbl. Lehrlingsschulen verwendet wurden. Neben der Vermittlung einer religiösen Grundhaltung wollte S. mit seinen Mathematiklehrbüchern jungen Handwerkern gleichwertige Bildungschancen sichern. Er veranlasste auch die Übers. mehrerer Lehrbücher →Franz v. Močniks vom Dt. ins Ung., u. a. dessen 1851 hrsg. Methodik des Kopfrechnens für Elementarschulen „A fejszámolás módszertana“. Bemerkenswert sind S.s Bemühungen um die latein. Sprache und bei der Hrsg. geograph. Atlanten. Mehrfach aufgelegt wurde der Handatlas für den Schul- und Privatgebrauch „Földrajzi kézi atlasz tanodai és magán használatra“, 2. Aufl. 1857, 8. Aufl. 1869, ebenso das Lateinlesebuch „Latin olvasó-könyv“, 1. Aufl. 1853, 14. Aufl. 1905. Daneben war S. langjähriger Sekr. des kirchl. Buchverlags der St. Stephan-Ges. Musikal. begabt, komponierte er religiöse Volkslieder, schrieb dazu dt. und ung. Texte und fungierte als Übers. von heute noch gebräuchl. Kirchenliedern. Durch den mit ihm befreundeten Adolf Kolping angeregt, gründete er 1856 gem. mit →Michael Haas den ersten kath. Gesellenver. in Ungarn, dem er vorstand (1856–59 Vizepräses, 1859–80 Präses). Durch den Ver. gelang 1858 die Eröffnung eines Gesellenhospizes in Pest nach dem Vorbild Kolpings. Während der Wr. Weltausst. (1873) erwarb er sich zusätzl. Anerkennung als Mitgl. des Pester Ind.-Ver. S. wurde u. a. 1870 Ritter des Franz Joseph-Ordens, 1873 erhielt er den Orden der Eisernen Krone III. Kl.

Weitere W.: s. Katolikus Lex.; Szinnyei. – Nachlass: Piarista Rend Magyar Tartománya Központi Levéltára, Budapest, H.

L.: *Katolikus Lex. (m. B., W. u. L.); M. Életr. Lex.; Pallas; Szinnyei (m. W.); Wurzbach; E. Fekete, S. A. életrajza, 1882; J. Mátrai, Dr. S. A. a Katolikus Legényegylet alapítója 120 éves évfordulójára, 1941; Magyar piaristák a XIX. és XX. században, ed. G. Balanyi, 1942, S. 193ff.; S. Léh – A. Koltai, Cat. religiosorum Provinciae Hungariae Ordinis Scholarum 21, 1998, S. 359ff.; Archiv der Erzdiözese Wien, Materialiensmlg. ÖBL, beide Wien.*

(A. Koltai – M. Petz-Grabenbauer)

Szabolcsi Max (Miksa), Ps. Ibri Anoki, Journalist. Geb. Tura (Nyírtura, H), 27. 8. 1857; gest. Balatonfüred (H), 17. 6. 1915 (begraben: Budapest); mos. – Hieß bis 1886 Max Weinstein. Sohn eines Bauern, Vater des Journalisten Ludwig (Lajos) S. (geb. Budapest, 17. 10. 1889; gest. ebd., 11. 11. 1943); ab 1884 mit Malvina Boskovitz, der Tochter eines Druckers, verehel. – S. besuchte die Yeshiva-Schulen in Kemecse, Újfehértó, Érmihályfalva (Valea lui Mihai), Püspökladány sowie in Waitzen (Vác), verdiente seinen Lebensunterhalt als Hauslehrer und begann 1877 in Budapest die Ausbildung zum Rabb., die er jedoch bald abbrach. Bereits 1878 wandte er sich der Journalistik zu. Anlässl. der Tiszaeszlár-Ritualmordaffäre im Frühjahr 1882 recherchierte er akrib. die Tatumstände sowie die Versuche, im Verlauf des Verfahrens Fakten zu vertuschen bzw. zu verfälschen, und berichtete darüber – großteils unter dem Ps. Szabolcsi – in zahlreichen Artikeln, die zunächst nur im lokalen Bl. „Debreczeni Ellenőr", später aber auch im „Pester Lloyd", in der „Neuen Freien Presse", in →Simon Szántós und →Leopold Komperts Wr. Z. „Die Neuzeit" und anderen Ztg. erschienen und von vielen europ. Bll. nachgedruckt wurden. Aufgrund seiner krit. Berichterstattung wurde er mehrfach bedroht und erhielt ein Aufenthaltsverbot für Nyíregyháza, wo das Gerichtsverfahren zwischen Juni und August 1883 stattfand. 1884 übernahm S. die Red. der „Jüdischen Pester Zeitung", 1886 erwarb er das jüd.-soziale Wochenbl. „Egyenlőség", für das er bedeutende Mitarb., unter ihnen Hugo Ignotus oder →József Kiss, gewinnen konnte und das i. d. F. zum führenden Organ des ung. Judentums avancierte. Eine ab 1889 gem. mit Vilmos Vászonyi geführte Kampagne zur völligen Gleichstellung der jüd. Religion führte 1895 zu einer gesetzl. Regelung. S., ein Gegner des Zionismus, befürwortete eine möglichst weitgehende Integration der ung. Juden in die Ges., die Magyarisierung der Namen und die Abhaltung der Predigten in ung. Sprache. Diese Assimilations- und Magyarisierungsgedanken vertrat er auch vehement in seinem Bl. Während seiner langen Karriere als Journalist verf. S. zahlreiche Artikel und Essays sowie etwa 20 größere Arbeiten über liberale Politik und Kirchenfragen. Er war außerdem 1894 Mitinitiator der literar. Ges. Izraelita Magyar Irodalmi Társulat und 1910 des Kulturver. Országos Magyar Izraelita Közművelődési Egyesület. 1913 gründete er einen ung. Zweig der von Israel Zangwill initiierten Jüd.-Territorialist. Organisation, die sich der Idee einer jüd. Kolonisation auch außerhalb Palästinas verschrieben hatte. Nach S.s Tod führte sein Sohn Ludwig S. die Z. weiter.

W.: Magyar Szánhedrin, 1898; Gyöngyszemek a Talmudból és a Midrásból, 1899–1912; Utazás a Szentföldön, 1905; etc. – Übers.: H. Graetz, Geschichte der Juden ... 1–6, 1906–08.

L.: *Pester Lloyd, 18. 6. 1915; Das geistige Ungarn; Enc. Jud.; Hdb. jüd. AutorInnen; Jew. Enc.; Jüd. Lex.; M. Életr. Lex.; M. Zsidó Lex.; Szinnyei; Universal Jew. Enc.; Wininger; Dr. Bloch's Oesterr. WS 32, 1915, S. 481f.; S. Hegedűs, in: Szabolcs-Szatmári Szemle, 1984, Nr. 1, S. 74ff.; R. Fischer, Entwicklungsstufen des Antisemitismus in Ungarn 1867–1939, 1988, S. 42ff.; R. Patai, The Jews of Hungary ..., 1996, s. Reg. (m. B.); B. Szabolcsi, Zsidó kultúra és zenetörténet ..., 1999, s. Reg.; P. Haber, Die Anfänge des Zionismus in Ungarn (1897–1904), 2001, S. 92ff.; Új magyar irodalmi lex. 3, 2. Aufl. 2000; G. D. Hundert, The Yivo Enc. of Jews in Eastern Europe 2, 2008.*

(Th. Venus)

Szabolcska Mihály (Michael), Schriftsteller und Geistlicher. Geb. Tiszakürt (H), 30. 9. 1861; gest. Temeswar, Ungarn (Timişoara, RO), 31. 10. 1930 (begraben: Budapest); evang. HB. – Vater des Literaturhistorikers László S. (geb. Marosfelfalu, Siebenbürgen / Suseni, RO, 12. 11. 1897; gest. Budapest, H, 22. 11. 1957). – Nach dem Besuch des evang. Gymn. in Kecskemét (1874–78) stud. S. an der Evang. Akad. in Debreczin (Debrecen) und 1890–92 Theol. sowie Literaturgeschichte in Paris und Genf (Genève). 1886–90 als Pastor in Debreczin tätig, wurde er 1892 Vikar, wechselte jedoch noch im selben Jahr als Pastor nach Marosfelfalu und wirkte 1899–1928 in Temeswar. 1928 übersiedelte er nach Budapest. Als Dichter fand er erstmals mit vier Ged. große Beachtung, die 1892 in der Ztg. „Fővárosi Lapok" erschienen. S., der bald zu den prominenten Vertretern der Schule der sog. Petőfi-Epigonen, einer volkstüml.-nationalen Strömung der post-revolutionären Ära, zählte, wandte sich v. a. ländl.-folklorist. Themen wie der Heimat (z. B. in „A Grand Caféban", 1894 veröff. im Ged.bd. „Hangulatok"), der Natur sowie der Liebe und der christl. Religion zu. Er veröff. zahlreiche Lyrikbde.; einige seiner Ged. wurden u. a. ins Engl., Dt., Französ., Italien. und Russ. übers. Zu seinen bekanntesten Werken zählen Lieder wie „Dal a betűről" und Genrebilder (z. B. „A Tiszánál", veröff. 1900 in „Vasárnapi Ujság" 47, Nr. 7). 1904–07 red. er gem. mit Jenő Szentkláray die Z. „Szépirodalmi és szépműtani közlemények". S. verdankte seine Bekanntheit seiner schlichten Sprache und der Themenwahl. I. d. F. gelang es ihm allerdings nicht, mit den epochalen Umbrüchen des Fin de Siècle Schritt zu halten: Sein Konservatismus verstärkte die Distanz zu neu auftretenden Dichtern, wie Endre Ady (→Andreas Ady), und S.s Dichtung verlor bald an Beachtung. Schließl. endete 1909 seine Fehde mit Ady für S. erniedrigend: Auf seine Parodie Adys, „Káprázatok tornyából" in „Új idők", konterte dieser mit dem berühmten Ged. „Üzenet Költőcske Mihálynak" in der Ztg. „Független Magyarország", das S. in weiten Kreisen lächerl. machte. Eine weitere Parodie von Frigyes Karinthy („Egyszerűség" im Bd. „Így írtok ti", 1912) ist heute weitaus bekannter, als S. je als Dichter war. 1908 k. M., 1926 o. Mitgl. der MTA. 1899 o. Mitgl. sowie 1929–30 Sekr. der Kisfaludy-Ges., Mitgl. der Petőfi-Ges., Vorstandsmitgl. der Literaturges. Magyar Protestáns Irodalmi Társaság, 1909 Vors. der Arany-János-Ges.; ab 1906 Mitgl. der Losonczy-Freimaurerloge in Temeswar sowie Mitbegründer und Vizepräs. der Ung. Landespartei (Országos Magyar Párt) in Siebenbürgen (1922–24). 1921 erhielt er den Preis der Petőfi-Ges., 1924 den Marczibányi-Anerkennungspreis der MTA und 1930 den Corvinus-Kranz (Corvin-Koszorú).

Weitere W. (s. auch Markó): Költemények, 1891; Hangulatok, 1894; Újabb versek, 1898; Versek, 1898; Szabad órák, 1901; Áhitat és szeretet, 1903; Csendes Dalok, 1904; A magam ösvényén, 1907; Dalok hazulról és egyéb versek, 1911; Szívem szerint, 1916; Eszmények, álmok, 1921; Válogatott versek könyve, 1922; Isten közelében, 1928; Őseim nyomán, 1928.

L.: Magyar Szó, 17. 6. 1904; Das geistige Ungarn; M. Életr. Lex. (m. B.); M. Irodalmi Lex. 1 (m. B.), II; Szinnyei; E. Császár, S. M. emlékezete, 1934; G. Kristóf, S. M. Erdélyben, 1934; M. Törőné Korpássy, Piroska dalai – regény S. M. Életéből, 1942; L. Szabolcska – L. Ravasz, S. M., 1943; J. Gárdonyi, S., 1943; A. Komlós, A magyar költészet Petőfitől Adyig, 1959 (Neuausg. 1980); Új magyar irodalmi lex. 3, 2. Aufl. 2000; L. Markó u. a., A MTA tagjai 1825–2002, 3, 2003 (m. B., W. u. L.); Új magyar életrajzi lex. 6, 2007.

(T. Harmat)

Szacsvay (Szatsvai, Szatcsvai, Szatsvay) Sándor, Journalist. Geb. Wetsch, Siebenbürgen (Brâncoveneşti, RO), 1752; gest. Klausenburg, Siebenbürgen (Cluj-Napoca, RO), 15. 5. 1815. – S. begann seine Ausbildung in Klausenburg, wechselte dann in das reformierte Kollegium nach Debrecen und unternahm Stud.reisen nach Dtld. und später auch nach Frankreich. 1780–81 hielt er sich in Preßburg auf und absolv. danach bis 1784 die jurid. Stud. in Wien. 1784–86 fungierte er als Red. der ersten ung.sprachigen Ztg. „Magyar Hírmondó" (1780 begründet, 1788 aufgrund von Auseinandersetzungen mit der Zensurbehörde eingestellt) in Preßburg. In diesem Bl. erschienen wiss., gesellschaftl. und wirtschaftl. Nachrichten aus dem In- und Ausland sowie ung. Literaturbeitrr. Anschließend wechselte S. nach Wien, wo er die ung.sprachige Ztg. „Magyar Kurír" sowie deren Beibl. „Magyar Musa" gründete und herausgab. Zielgruppe dieser Bll. waren die im Ausland lebenden Ungarn; die Ztg. stand dem Josephinismus nahe und kritisierte den Widerstand des Adels gegenüber dieser Politik. Mit diesem liberalen, zweimal wöchentl. erscheinenden Bl. wurde S. zu einem der Bahnbrecher der ung. Journalistik seiner Zeit. Daneben übers. er aus dem Dt. sowie dem Italien. und veröff. satir. Flugschriften und Ged. Wegen seiner liberalen polit. Ansichten und angebl. versuchter Hintergehung der Zensur musste S. allerdings unter →Franz II. (I.) im März 1793 die Hrsg.-schaft der Ztg. an Sámuel Decsy übergeben und übersiedelte nach Klausenburg, wo er weiter die Ideen der Aufklärung verbreitete und auch immer wieder Schmähschriften verf.

W.: Az „Izé" purgatóriumhoz való utazása, 1786; Hazafiak tüköre. Magyarok!, 1790; etc.

L.: Das geistige Ungarn; M. Életr. Lex.; M. Irodalmi Lex. 1, II; Szinnyei; W. Raichle, Das ung. Ztg.wesen ..., 1939, S. 9ff.; Gy. Kókay, A magyar hírlap-és folyóiratirodalom kezdetei (1780–95), 1970, S. 218ff., 252ff., 296ff., 324ff., 378ff., 454ff.; Armarium. Stud. ex historia scripturae, librorum et ephemeridum, ed. P. Dezsényi Szemző – L. Mezey, 1976, S. 207f.; Gy. Kókay u. a., A magyar sajtó története 1, 1979, S. 123ff., 140ff., 155ff., 208ff., 231ff.; H. Reinalter u. a., Biograph. Lex. zur Geschichte der demokrat. und liberalen Bewegungen in Mitteleuropa 1, 1992, S. 188; Gy. M. Vajda, Wien und die Literaturen in der Donaumonarchie, 1994, S. 64f.; Új magyar irodalmi lex. 3, 2. Aufl. 2000; Jurist. Z. in Europa, ed. M. Stolleis – Th. Simon, 2006, S. 245f.

(M. Rózsa)

Szacsvay de Esztelnek Imre, Schauspieler. Geb. Irsa (Albertirsa, H), 10. 10. 1854; gest. Budapest (H), 23. 5. 1939 (Ehrengrab:

Fiumei úti Nemzeti Sírkert). – Kurze Zeit mit der Schauspielerin Emma Boér (1850–1938) verheiratet. – S., dessen Bühnentalent sich schon früh zeigte, stud. 1871–74 an der Budapester Landesschauspielakad. und wirkte dann in verschiedenen Prov.städten Ungarns, am längsten in Klausenburg (Cluj-Napoca). Dort red. er 1882 ein halbes Jahr lang auch die WS „Magyar Thália". 1884 engag. ihn →Ede Paulay an das Budapester Nationaltheater, an dem S. als Darsteller trag. Rollen, etwa als König Lear, Othello oder Brutus, eine außerordentl. Popularität erlangte und 1908 zum „ewigen" Ehrenmitgl. gewählt wurde. Der als wichtigster Vertreter der klass. ung. Schauspielkunst geltende S. spielte um die Jh.wende in fast allen Shakespeareauff. und überzeugte auch in den trag. Rollen ung. Dramen, etwa als Miklós Bercsényi in →Ede Szigligetis „Rákóczi fogsága" (Rákóczis Gefangenschaft). Seiner Karriere setzte erst die Verbreitung der naturalist. Spielweise ein Ende. 1915 wurde S. pensioniert, wirkte aber noch bis 1923 als Lehrer an der Schauspielakad. Seine interessanten Memoiren „Életem és emlékeim" (Mein Leben und meine Erinnerungen, red. und mit einem Nachwort von Imre Balassa, 1940) fanden aufgrund des Kriegsausbruchs wenig Beachtung.

Weitere Rollen: Claudius (W. Shakespeare, Hamlet); Theseus (ders., Ein Sommernachtstraum); Prospero (ders., Der Sturm); Antonio (ders., Der Kaufmann von Venedig); Leontes (ders., Ein Wintermärchen); Der Alte (Sophokles, Elektra); Borkman (H. Ibsen, John Gabriel Borkman); Banus Petur (J. Katona, Banus Bank).

L.: Das geistige Ungarn; M. Életr. Lex.; T. Rédey, A magyar beszéd színpadi művészei, 1920; Magyar színművészeti lex., 1931 (m. B.); I. Balassa, in: I. Szacsvay, Életem és emlékeim, 1940 (Nachwort); Magyar színházművészeti lex., 1994 (m. B.).

(A. F. Balogh)

Szádeczky-Kardoss (Szádecsnei és Kardosfalvai) Gyula, Geologe, Mineraloge und Lehrer. Geb. Pusztafalu (H), 27. 12. 1860; gest. Cluj (Cluj-Napoca, RO), 7. 11. 1935; evang. HB. – Sohn des reformierten Pfarrers und Gutsbesitzers Samuel S., Bruder von →Lajos S.-K., Großvater des Vermessungsing. Dr. Gyula S.-K. (geb. Szeged, H, 7. 4. 1928); ab 1861 verheiratet mit Jolán S.-K., geb. Molnár. – Nach Besuch des reformierten Kollegiums in Sárospatak und des Staatsgymn. in Zipser Neudorf (Spišská Nová Ves) stud. S. 1878–82 Naturwiss. und Chemie an der Univ. Budapest bei →József Szabó; 1883 Lehramtsprüfung. Danach Einjährig-Freiwilliger, wirkte er 1884–90 zunächst als Praktikant, dann als Ass. am Mineralog.-Petrograph. Inst. der Univ. Budapest; 1887 Dr. phil. 1889–90 arbeitete S. am Collège de France in Paris bei Ferdinand André Fouqué und bereiste zu geolog. Stud. ganz Mitteleuropa. Längere Zeit verblieb er in den Alpen und in Südfrankreich. Damals entstanden erste Verbindungen zu internationalen Fachleuten, darunter Antoine François Alfred Lacroix und Pierre-Marie Termier, später unterhielt er ausgez. Beziehungen u. a. zu Gheorghe Munteanu-Murgoci und Ludovic Mrazec. Nach seiner Rückkehr unterrichtete S. Naturwiss. am reformierten Obergymn. in Budapest, 1891 wurde er Priv.Doz. für Petrographie an der phil. Fak. der Univ. 1896 reiste er zu Stud.-zwecken nach Ägypten, wo er sich insbes. für Mineralien interessierte, und erhielt noch im selben Jahr den Ruf als o. Prof. für Mineral. und Petrographie an die Univ. Klausenburg; 1899/1900, 1907/08, 1913/14 Dekan, 1911/12 Rektor. Sein Interesse galt der Ausbildung von Gymn.lehrern, für die er den theoret. und prakt. Unterrichtsstoff didakt. aufbereitete. 1896–1919 war S. auch Dir. des mineralog. Mus. des Siebenbürg. Mus.-Ver. (Erdélyi Múz.-Egyesület – EME), dem er eine wertvolle Edelsteinsmlg. verschaffte. Ab 1911 erschien eine eigene zweisprachige – ung. und dt. – Fachz. des Mus., deren Red. S. übernahm. 1919 emer., wurde er 1921 Obergeologe des rumän. Geolog. Inst. 1929 trat er i. d. R., arbeitete aber noch bis zu seinem Tod weiter. Seinen wiss. Ruf begründete S. mit Untersuchungen und Arbeiten über das Eperies-Tokajer Gebirge, wobei seine 1897 erschienene Publ. „A zempléni szigethegység geológiai és kőzettani tekintetben" von der Ung. Naturwiss. Ges. prämiert wurde. Danach forschte er in Siebenbürgen: Sein geolog. Hauptarbeitsgebiet war bis 1910 das Bihargebirge, daneben galt sein Interesse den Kristallin-Schiefern des Gyaluer Gebirges und dem Bergbaurevier von Verespatak (Roşia Montană). 1910–19 konzentrierte er sich auf Untersuchungen des Siebenbürg. Beckens, danach befasste er sich mit dem vulkan. Gebiet des Hargita- und des Kelemengebirges. S. war u. a. 1890–91 Sekr. der Ung. Geolog. Ges., Präs. des Siebenbürg. Karpaten-Ver. und Obersekr. des EME.

Weitere W. (s. auch Balogh): Adatok az Erdélyi-medence tektonikájához, 1913; Tufatanulmányok Erdélyben 1–3, 1914–17; Beitrr. in Földtani Közlöny; etc.

L.: M. Életr. Lex.; E. Balogh, in: Erdélyi tudományos füzetek, ed. L. György, 1936 (m. B. u. W.); Who's Who in Central and East-Europe 1935/36, ed. St. Taylor, 2. Aufl.

1937; Emlékkönyv Dr. S.-K.s G. emlékezetére, ed. E. Balogh, 1938 (m. B. u. W.); Geologists and the history of geology, ed. W. A. S. Sarjeant, 3, 1980 (m. L.); Magyar tudóslex. A-tól Zs-ig, ed. F. Nagy, 1997; Mitt. Gyula Szádeczky, Sopron, H.

(B. Schuller)

Szádeczky-Kardoss (Szádecsnei és Kardosfalvai) Lajos, Historiker. Geb. Pusztafalu (H), 5. 4. 1859; gest. Budapest (H), 29. 12. 1935; evang. HB. – Sohn des reformierten Pfarrers und Gutsbesitzers Samuel S., Bruder von →Gyula S.-K. – S. besuchte das Gymn. in Sárospatak und die oberen Kl. in Zipser Neudorf/Szepesigló (Spišská Nová Ves). Anschließend stud. er 1876–79 Phil. an der Univ. Budapest; 1879–81 Lehrgang des Inst. für Österr. Geschichtsforschung in Wien, 1881 Lehrerdiplom, 1882 Dr. phil. an der Univ. Budapest. 1882–91 wirkte er dort als Bibliothekar und ab 1883 zusätzl. als Priv.Doz. für ung. Geschichte. In diesem Jahr zählte S. auch zu den Organisatoren der Rücksiedlung der Bukowinaer Csangós, einer ung.sprachigen Minderheit, nach Ungarn. 1891 wurde er o. Prof. für ung. Geschichte an der Univ. Klausenburg; 1895/96 und 1906/07 war er Dekan, 1910/11 Rektor. 1893 arbeitete er als Red. bei der Z. „Erdélyi Múzeum". 1895 nahm S. an der nach Mittelasien und in den Kaukasus geführten Zichy-Expedition teil. 1900 organisierte er die siebenbürg. Sektion der Pariser Weltausst. Während des 1. Weltkriegs war er als „Fronthistoriker" für verschiedene Ztg. tätig. Nach dem Anschluss Siebenbürgens an das Kg.reich Rumänien 1918 verweigerte S. den Treueid und wurde deshalb ausgewiesen. Ab 1919 war er Prof. an der nach Szeged verlegten Univ. Klausenburg; 1920–22 christl.sozialer Abg. des ung. Parlaments. Ab 1885 war S. Vorstandsmitgl. des Ung. Hist. Ver. und 1889 dessen 2. Sekr. 1888 wurde er k. M., 1909 o. Mitgl. der MTA. S. bearb. unter Hinzuziehung archival. Quellen die Geschichte Siebenbürgens im 16. und 17. Jh., die poln.-ung. Beziehungen im 16. Jh. sowie die Geschichte der Szekler. Seine Quellened. und Monographien zu diesen Themen sind nach wie vor von grundlegender Bedeutung.

W.: s. Szinnyei; Márko.

L.: M. Életr. Lex. (m. B.); Pallas; Szinnyei (m. W.); L. T. Boros, Magyar politikai lex. (magyar politikusok) 1914–29, (1929); Századok 70, 1935, S. 125f.; M. Stoy, in: Das Institutionserbe der Monarchie. Das Fortleben der gem. Vergangenheit in den Archiven, 1998, S. 55; Magyar Nagylex. 16, 2003; L. Markó u. a., A MTA tagjai 1825–2002, 3, 2003 (m. B. u. W.); UA, Wien; UA, Budapest, H; UA, Cluj-Napoca, RO.

(I. Fazekas)

Szajbély (Sajbéli) Henrik, Theologe. Geb. Modern, Ungarn (Modra, SK), 20. 7. 1804; gest. Gran (Esztergom, H), 9. 8. 1886; röm.-kath. – Sohn des Rechtsanwalts Adalbert S. und von Karolína S., geb. Voglová. – S., der aus religiösem Elternhaus stammte, besuchte ab 1815 das Benediktinergymn. in Komorn (Komárno). Danach wurde er zur weiteren Ausbildung in das Seminar des Hl. Em(m)erich in Preßburg aufgenommen, 1822–23 absolv. er die phil. Jgg. in Tyrnau (Trnava). Ab 1823 Alumne im Pazmaneum in Wien, hörte er bis 1827 Theol.vorlesungen an der Univ. Wien; 1828 wurde er zum Priester geweiht. Anschließend war er Kaplan in Drégelypalánk, Deménd (Demandice) und Altofen (Budapest). 1832 setzte er sein Theol.stud. an der Univ. Wien fort; 1835 Dr. theol. 1832–40 war S. Stud.präfekt und ab 1840 Vize-Rektor des Pazmaneums; 1846 Dekan der Wr. theol. Fak. und 1848–49 Prokurator der Ung. Nation. Ab 1852 war er Ehrenkanoniker der Erzdiözese Gran, 1858 Dir. des Seminars in Pest und Kanoniker des Kapitels Preßburg (Bratislava). Ab 1861 wirkte er als Erzdiakon des Neograder Gebiets und als Gen.vikar in Tyrnau. 1864 zum Tit.-Bischof ernannt, trat er neben seinen Verpflichtungen als Priester bes. durch sein kulturelles Engagement hervor. So trat er dem Ver. der slowak. Sprach- und Literaturfreunde Spolok milovníkov reči a literatúry slovenskej bei. Insbes. veranlasste ihn sein philolog. Interesse zur regelmäßigen Zusammenarbeit mit dem Kultur- und Sprachwiss. Martin Hamuljak. 1863 war er gem. mit dem kath. Bischof →Štefan Moyzes und dem evang. Bischof →Karol Kuzmány einer der Mitbegründer der Matica slovenská. Gleichzeitig war er einer der Initiatoren (1870–76 der erste Vors.) des Ver. des Hl. Adalbert Spolok svätého Vojtecha, der die prakt.-religiöse Ausbildung förderte.

W.: Spolok sw. Wojtecha, založený a do žiwota uwedený dňa 14. septembra r. P. 1870, 1872.

L.: Enc. Slovenska; Katolikus Lex. (m. L.); Rizner; A. Maťovčik, M. Hamuljak (1789–1859), 1971, s. Reg.; Slovenský biografický slovník 5, 1992 (m. L.); V. Strelka, Panteón dejateľov Spolku svätého Martina, 1995, S. 79; Materialiensmlg. ÖBL, UA, beide Wien; Mitt. Helmuth Grössing, Wien.

(A. Šourková)

Szajnocha Karol (Scheynoha de Wtellensky, Szejnoha de Wtellensky), Schriftsteller und Historiker. Geb. Komarno, Galizien (Komarno, UA), 20. 11. 1818; gest. Lemberg, Galizien (L'viv, UA), 10. 1. 1868; röm.-kath. – Sohn des Militärarztes Wenzel

Scheinoha-Wtellensky (gest. 1836) und von Maria Łozińska (gest. 1854), Vater von →Władysław S.; ab 1855 mit Joanna Bilińska (1835–1883) verheiratet. – Bereits als Schüler des Gymn. der Dominikaner in Lemberg (1830–35) gründete S. 1834 die Geheimges. Towarzystwo Starozytnosci Halicyjskich. Ab 1835 Student an der phil. Fak. der Univ. Lemberg, wurde er 1836 wegen Verbreitung regierungsfeindl. Ged. verhaftet. Nach einer zweijährigen schweren Haftstrafe durfte er sein Stud. nicht fortsetzen und bildete sich autodidakt. weiter. 1838 schloss er sich der illegalen Organisation Młodej Sarmacji an, konnte aber nicht aktiv werden, da er mit staatl. Überwachung rechnen musste. S., ein Freund des Schriftstellers Kornel Ujejski, veröff. ab 1839 seine ersten literar. Werke (vorwiegend Ged. sowie hist. Aufsätze) und zählte zu den Mitarb. von Z. wie „Dziennik Mód Paryskich Lwowianin“, „Rozmaitosci“ und „Gazeta Lwowska“ und ab 1846 der Z. der Ossolinski-Nationalbibl. „Czasopismo biblijoteki Ossolińskich“. Ab 1848 Mitgl. im Volksrat von Lemberg, gründete er gem. mit Jan Dobrzanski die liberal-demokrat. WS „Rada Narodowa“, die noch im selben Jahr in „Gazeta Narodowa“ umbenannt wurde. Dort veröff. S. sein „Manifest dla Rusinów“ (in: Rada Narodowa 1, 1848, Nr. 16) und sein „Projekt ustawy dla Przygotowawczego Tow. Naukowej Pomocy dla Ludu“ (in: Gazeta Narodowa 1, 1848, Nr. 42–43), in dem er gleiche Rechte für Polen und Ukrainer forderte. Bes. Popularität erreichte er mit seinen hist. Werken wie der Skizze „Pierwsze odrozenie sie Polski 1279–1333“ (1849) oder der vierbändigen Darstellung „Jadwiga i Jagiełło 1374–1413“ (1855, Neuaufl. 2010). Ab 1851 arbeitete S. am Nachlass von Juliusz Słowacki. 1852 gründete er, der junge Schriftsteller wie →Mieczysław Romanowski und →Walery Łoziński förderte, die Literaturz. „Dziennik Literacki“. 1853 wurde er Kustos an der Ossolinski-Nationalbibl., musste diese Tätigkeit allerdings 1858 wegen zunehmender Erblindung aufgeben. 1857 Mitgl. der wiss. Ges. Towarzystwo Naukowe Krakowskie, ab 1862 Ehrenmitgl. der Poznańskie Towarzystwo Przyjaciół Nauk. 1868 wurde die S.-Stiftung zur Förderung junger Schriftsteller gegr.

Weitere W. (s. auch PSB): Bolesław Chrobry, 1849; Szkice historyczne, 4 Bde., 1854–69; Dwa lata dziejów naszych. 1646. 1648, 2 Bde., 1865–69; Dziela K. S., 10 Bde., 1876–78; etc.

L.: PSB (m. W. u. L.); Wurzbach; L. Finkel, K. S. bibliotekarzem, 1928; Enc. powszechna ultima Thule 10, red. S. Michalskiego, 1938; Wielka ilustrowana enc. Powszechna 16, 1938 (m. B.); Enc. Ukrajinoznavstva 10, ed. V. Kubijovych, 2. Aufl. 1984; S. Nicieja, Cmentarz Łyczakowski we Lwowie w latach 1786–1986, 1989, s. Reg.; Slownik historyków polskich, ed. M. Prosińska-Jackl, 1994; Lex. historii Polski, ed. M. Czajka u. a., 1995; Słownik badaczy literatury polskiej 9, ed. J. Starnawski, 2007; V. Julkowska, Historia dla wyobraźni recepcja i interpretacja pisarstwa historycznego K. S., 2010.

(M. Nadraga)

Szajnocha Władysław (Ladislaus), Geologe und Paläontologe. Geb. Lemberg, Galizien (L'viv, UA), 21. 6. 1857; gest. Jaworze (PL), 1. 8. 1928 (begraben: L'viv). – Sohn von →Karol S., ab 1890 verheiratet mit Helena v. Schenk (geb. 1864). – Nach Absolv. des Gymn. in Lemberg 1876 übersiedelte S. nach Wien, wo er Geol. bei →Eduard Sueß und Paläontol. bei →Melchior Neumayr stud.; 1881 Dr. phil. Ab 1879 Volontär an der Geolog. Reichsanstalt in Wien, betrafen seine ersten geolog. Arbeiten und Karten (1880–82) Galizien (Gorlice, Jasło und Krosno). 1882 wurde er Mitgl. der physiograph. Komm. der Akad. Umiejętności in Krakau (Kraków) und habil. sich an der Univ. Krakau für Geol. und Paläontol. 1885 ao. Prof. für Geol. und Paläontol., gründete er 1886 das geolog. Inst., dessen Leitung er auch übernahm; 1889 o. Prof., 1916/17 Rektor, 1917/18 Prorektor. 1919 gehörte S. zu den Gründern des poln. geolog. Staatsdienstes (Państwowy Inst. Geologiczny). Obwohl Krakau sein Lebensmittelpunkt war, pflegte er intensive Kontakte zur Wr. Geologenschaft: 1888 wurde er Korrespondent der Geolog. Reichsanstalt, für Galizien übernahm er das Referat des Erdbebendienstes der k. Akad. der Wiss. in Wien. Im Zuge des 9. Internationalen Geologenkongresses 1903 in Wien leitete er drei Exkursionen nach Krakau, in die Umgebung von Czortków (Čortkiv) und in das Pruttal. Sein geolog. Forschungsschwerpunkt lag in Galizien, dessen Salz-, Kohle-, Eisenerzvorkommen und Mineralwasserquellen er beschrieb. Insbes. in den Ostkarpaten leistete er diesbezügl. Pionierarbeiten. Ebenso interessierte er sich für die Tatra. 1888 war er Mitbegründer des Tatra-Mus. in Zakopane. Darüber hinaus widmete er sich paläontolog. sowie paläobotan. Fragen und der Hydrogeol. Von Bedeutung sind seine Arbeiten über Erdöl- und Erdwachsvorkommen in Galizien, u. a. „Die Petroleumindustrie Galiziens“, 1897 (2. Aufl. 1905). Wesentl. Anteil hatte er an der Fertigstellung des Geolog. Atlasses von Galizien „Atlas geologiczny Galicyi“ (1:75.000; 1888–1910). Erwähnenswert sind zudem seine Lehrbücher „Zasady geologii i petrografii", 1898, und „Geologia ogólna", 1905. 1908–11 gab er gem. mit Władysław Jan Kulczyński die Z. „Pamiętnik Towarzystwa Tatrzańskiego" heraus. Zahlreiche Fossilien sind nach ihm benannt. S., der zu den prägenden Persönlichkeiten der poln. Geol. und der Geol. der Karpaten gehörte, war Mitgl. in zahlreichen nationalen und internationalen Fachges., teils in führender Position. U. a. wurde er 1885 Mitgl. der Akad. der Wiss. in Krakau, zählte zu den Mitbegründern der Poln. Geolog. Ges. (1921–24 Vors.), war (vermutl. ab 1909) Mitgl. der Geolog. Ges. in Wien sowie Ehrenmitgl. der poln. Balneolog. Ges. (1906) und der poln. Ges. der Bergbau- und Hüttening. (1925). Ab 1904 Mitgl. der Tatra-Ges. (1906–12 Vizevorstand, 1912–22 Vorstand, ab 1922 Ehrenmitgl.), setzte er sich vehement für deren Umweltschutzprogramm ein.

Weitere W. (s. auch PSB): Die Brachiopoden-Fauna der Oolithe von Balin bei Krakau, in: Denkschriften Wien, math.-nat. Kl. 41, 1879, Abt. II; Przyszłość polskiego górnictwa, 1916; Czterdziestolecie Gabinetu Geologicznego Uniw. Jagiellońskiego (1886–1925), 1926; Beitrr. in 9. internationaler Geologen-Kongress. Führer für die Exkursionen, 1903, Sbb. Wien, math.-nat. Kl.; etc.

L.: PSB (m. W. u. L.); Chemiker-Ztg. 9, 1885, S. 126; Jb. der Geolog. Reichsanstalt 38, 1889, S. VII; Verhh. der Geolog. Bundesanstalt, 1929, S. 3; J. Seidl – F. Pertlik, in: Berr. der Geolog. Bundesanstalt 69, 2006, S. 59; UA, Wien; Mitt. Marta und Oleksandr Nadraga, L'viv, UA.

(Th. Hofmann – I. Lipiarska)

Szalai (Szalay) István, Lehrer, Pfarrer und Publizist. Geb. Visonta (Csokonyavisonta, H), 9. 6. 1816; gest. Szentes (H), 6. 3. 1878; evang. HB. – Aus einer reformierten Pastorenfamilie stammend. – Nach Schulbesuch in Csurgó und Losonc (Lučenec) stud. S. bis 1841 am reformierten Kollegium in Debreczin (Debrecen), wo er anschließend vier Jahre unterrichtete und 1845 zum Dir. ernannt wurde. Während einer Fortbildungsreise besuchte er diverse Vorlesungen an den Univ. Wien, Leipzig, Halle und Berlin. Ab 1846 als Pastor tätig, wirkte er in diesem Jahr an der Großkirche zu Debreczin, ein Jahr später in Szikszó und ab 1852 in Szentmihály (Tiszavasvári). 1859 übernahm er das Pastorenamt in Szentes, wo er auch die Funktionen des Schuldir. sowie des Notars des reformierten Kirchendistrikts ausübte; ab 1876 Propst. S. machte sich v. a. als Publizist einen Namen: Er befasste sich mit Fragen zur Kirchengeschichte, Moralethik, Phil. und Psychol., insbes. aus pädagog. Sicht. Als Lehrer waren ihm die Verbreitung und Umsetzung moderner Erziehungsmethoden sowohl im Unterricht als auch im Elternhaus ein großes Anliegen. Er betonte die Wichtigkeit der Volksschule als Basis für den weiteren Bildungsweg und war ein Verfechter des mündl. Unterrichts sowie der rhetor. Schulung. Seine Schrift über die moral. Grundlagen des Familienlebens „A családi élet erkölcsi alapja a belőle folyó kötelességekkel együtt", 1870, wurde von der MTA preisgekrönt. Seine wiss. Beitrr., in denen er sich u. a. krit. mit der hegelschen Phil. auseinandersetzte, den Freiheitsbegriff behandelte oder sich mit den Ursachen und Therapien von psych. Erkrankungen befasste, erschienen v. a. in den Z. „Új Magyar Múzeum", „Sárospataki Füzetek" und „Evangélikus Protestáns Lap". Bekanntheit erreichte S. insbes. durch seine psycholog. Publ., wovon „Tapasztalati lélektan", 1858, und „Lélektani elmélete a boldogságnak", 1871, hervorzuheben sind. 1858 k. M. der MTA.

Weitere W.: Adalék a modern nevelési ügyhöz, in: Magyar Protestáns Egyházi és Iskolai Figyelmező, 1870, Nr. 10–11; Megjegyzések az elemi iskolák tanrendszerére, ebd., 1873, Nr. 5; A figyelmezésnek és az élőszóval való tanításnak fontossága az iskolákban, ebd., 1874, Nr. 7; Az ellentétesség nagy törvényéről, ebd., 1875, Nr. 5–6; A meggyőződés elmélete, ebd., 1876, Nr. 10; etc.

L.: Szentesi Élet, 16. 6. 2006; Das geistige Ungarn; M. Életr. Lex.; M. Irodalmi Lex. I; Szinnyei; K. Kiss u. a., Új magyar Athenás ..., 1882–87 (Reprint 2000); J. Zoványi, Magyarországi protestáns egyháztörténeti lex., ed. A. Ladányi, 3. verb. Ausg. 1977; L. Markó u. a., A MTA tagjai 1825–2002, 3, 2003 (m. B.); Materialiensmlg. ÖBL, Wien.

(K. Kapronczay)

Szalárdi (Szalárdy) (von Rakosfalva) Mór, Mediziner. Geb. Pest (Budapest, H), 13. 4. 1851; gest. ebd., 18. 10. 1914; mos. – Nach seiner Schulausbildung stud. S. Med. an den Univ. London, Paris und Wien; 1874 Dr. med. in Wien (nicht nachweisbar). 1875–79 Ass. am Rochusspital in Budapest, erhielt er 1881 als Erster die Priv.dozentur für med. Statistik an der Univ. Budapest, womit er diese Disziplin in Ungarn einführte. S. gilt als Reformer des ung. Waisenwesens. Sein Verdienst liegt v. a. in der institutionellen Organisation des Kinderasyl- und Findelwesens. Bereits ab den späten 1870er-Jahren war er bestrebt, die soziale und med. Versorgung, aber auch die rechtl. Stellung von Waisen und unehel. Kindern zu verbessern. 1885 gründete er das Findelhaus des Weißen Kreuzes in Budapest, das in kurzer Zeit zahlreiche Zweigstellen in Ungarn eröffnete. 1898 wurde das Findelhaus vom Staat übernommen und S. erhielt die Stelle des Primararztes im staatl. Budapester Kinderasyl; 1909 i. R. S., der zu den bedeutendsten Persönlichkeiten in der Geschichte der ung. Pädiatrie zählt, befasste sich in seinen wiss. Arbeiten v. a. mit der Bekämpfung der Säuglings- und Kindersterblichkeit, mit Fragen zur Prostitution sowie mit Geschlechtskrankheiten, insbes. mit Syphilis. Hervorzuheben sind seine Arbeiten über die künstl. Ernährung von Säuglingen. Neben zahlreichen Monographien publ. er Fachbeitrr. im „Pester Lloyd".

W.: A közárvaház és a gyermekhalandóság Magyarországon, 1879; Der gegenwärtige Stand des Findelwesens in Europa, 1896; Halandóság a csecsemőkorházakban, 1898; Les enfants abandonnés, 1900; A lelencügy, 1902; Intézeti gyermekápolás, 1903; etc.

L.: *Das geistige Ungarn; Hdb. jüd. AutorInnen; M. Életr. Lex.; M. Zsidó Lex.; Szinnyei; A. Emed, in: Orvosi Hetilap 145, 2004, S. 1868f.; H. Morgenstern, Jüd. Biograph. Lex., 2. Aufl. 2011.*

(K. Kapronczay)

Szalay Fruz(s)ina, Schriftstellerin. Geb. Kaposvár (H), 10. 9. 1864; gest. ebd., 10. 7. 1926. – Tochter der Schriftstellerin Atala Kisfaludy (geb. Köttse/Kötcse, H, 1836; gest. Kaposvár, 18. 2. 1911) und des Anwalts Károly S. (geb. Dég, H, 3. 6. 1813; gest. Budapest, H, 6. 9. 1906); verheiratet mit dem Rechtsanwalt Károly Obetkó. – S., die privat unterrichtet wurde, führte ein sehr zurückgezogenes Leben in Kaposvár. 1889 unternahm sie eine Reise zur Weltausst. nach Paris, auf der sie einem Komitee von Schriftstellern und Künstlern angehörte, das →Lajos Kossuth v. Udvard u. Kossut in seinem Turiner Exil besuchte. Ab 1890 war sie ständige Mitarb. der Literaturz. „A hét" und veröff. mehrere Ged. sowie Übers. (u. a. von Charles Leconte de Lisle und Sully Prudhomme) in diversen Z. („Koszorú", „Fővárosi Lapok" etc.). 1892 erhielt sie für ihre Verserz. „Madame Réale" (aus dem Ged.bd. „Versek", 1894) den Preis der Preßburger Toldy-Ges. Über ihre Reise 1897 nach Paris, wo sie eine Ausst. ung. Maler (u. a. →József Rippl-Rónai und →László Mednyánszky v. Mednye u. Medgyes) und die Künstler privat besuchte, berichtete sie in einer Reportage in „A hét" (Jg. 8, 1897, H. 23). S., die wegen einer schweren Lungenerkrankung ihre Wohnung ab 1920 kaum mehr verlassen konnte, zählt neben Minka Czóbel zu den ersten bedeutenden Vertreterinnen der ung. Frauenliteratur, die primär für sich selbst und ohne äußere Ziele dichteten. S.s Lebensführung prägte ihre Lyrik, in der sie neuromant. Empfindsamkeit im Stile →Gyula Reviczkys mit feinfühligen Schilderungen meteorolog. und phys. Phänomene verbindet. Ihre Poesie zeichnet sich durch eine charakterist. Melancholie und Düsternis aus, mit der sie reale Gegebenheiten ästhetisiert (z. B. in „Út az égbe" aus dem Ged.bd. „Versek", 1894). Naturerscheinungen werden – tw. iron. gebrochen – als Metapher psych. Vorgänge dargestellt (z. B. „Köd", in: „A hét" 1, 1890, H. 47, S. 323). S. gilt als eine bedeutende impressionist. Lyrikerin sowie als Vorläuferin des ung. Fin de Siècle, v. a. als Wegbereiterin Endre Adys (→Andreas Ady).

Weitere W.: Egy marék virág, 1897; Bébi és Micóka, 1906; etc.

L.: *M. Életr. Lex. I, II (m. B.); Szinnyei; F. Biczó, S. F. – irodalomtörténeti értekezés, 1933; A magyar irodalom története 4 (1849–1905), 1965, s. Reg.; P. Pór, in: Irodalomtörténeti közlemények 71, 1967, H. 1, S. 61ff.; A. Fábri, „A szép, tiltott táj felé ..." – a magyar írónők története két századforduló között, 1996, S. 159ff.; Új magyar irodalmi lex. 3, 2. Aufl. 2000; Új magyar életrajzi lex. 6, 2007.*

(T. Harmat)

Szalay Imre d. Ä., Mediziner. Geb. Arad, Ungarn (RO), 4. 11. 1759; gest. Steinamanger (Szombathely, H), 6. 11. 1823. – Vater von Imre S. d. J. (s. u.). – Nach dem Schulbesuch stud. S. Med. an den Univ. Pest und Wien; 1784 Dr. med. in Pest. Im Anschluss an sein Stud. praktizierte er in Steinamanger, 1791 wurde er zum Eisenburger Kom.-oberarzt ernannt und zählte zu den ersten amtierenden Oberärzten, die für eine flächendeckende Immunisierung der Bevölkerung gegen die Pockenerkrankung eintraten. 1805 verordnete S. die obligator. Impfung aller Neugeborenen. Ohne Nachweis einer gültigen Pockenimpfung durfte sich niemand im Kom. ansiedeln. Im Zuge einer Pestepidemie 1805 erwarb er sich durch Anordnung strenger hygien. Maßnahmen große Verdienste in der Bekämpfung dieser Seuche. 1809 organisierte er die Betreuung der verwundeten französ. Soldaten und errichtete für diese ein eigenes Feldlazarett. S., der sich vehement für die Bekämpfung epidem. Erkrankungen einsetzte, fand mit Ausnahme seines Sohnes wenig ärztl. Unterstützung für seine prophylakt. Maßnahmen. 1820 übergab er daher die Agenden des Kom.oberarztes seinem Sohn. Er selbst wurde zum Kom.tafelrichter gewählt. Sein Sohn, der Mediziner **Imre S. d. J.** (geb. Steinamanger, 16. 6. 1791; gest. Ödenburg/Sopron, H, 3. 8. 1860), stud. nach dem Schulbesuch Med. an der Univ. Wien; 1818 Dr. med. Ab 1820 Oberarzt des Eisenburger Kom. Mit seinem Namen sind Maßnahmen gegen die Verbreitung der Syphilis verbunden. Insbes. ordnete er die strikte Untersuchung aller Ammen, die Meldepflicht der an Syphilis Erkrankten, die alleinige Behandlung durch akadem. ausgebildete Ärzte sowie die Bestrafung von Kurpfuscherei an. Ebenso trat er für die Errichtung einer eigenen Krankenanstalt für Syphilispatienten ein. Ab 1827 als Sekundär-Oberarzt in Ödenburg, ab 1847 als Kom.oberarzt wirkte er maßgebl. an der Reorganisation der Gesundheitsverwaltung des Kom. bzw. an der Trennung von Krankenpflege-Institutionen und Armenhäusern mit.

W.: Diss. inauguralis medica de gutta rosacea, Diss. Budae, 1784. – Imre S. d. J.: Diss. inauguralis medica sistens synopsin morborum cutis secundum formas externas dispositorum, Diss. Wien, 1818.

L.: *Szinnyei; Az orvostudományi kar története 1770–1935, ed. T. Győry, 1936, S. 221f. (für Imre S. d. Ä.); UA, Wien; Semmelweis Egyetem, Budapest, H.*

(K. Kapronczay)

Szalay Péter von, Fernmeldetechniker, Postfachmann und Beamter. Geb. Ofen (Budapest, H), 6. 10. 1846; gest. Budapest (H), 9. 11. 1908. – Sohn des Beamten Stefan v. S. – S. stud. an der Univ. Pest, wo er 1867 das Rechtsanwaltsdiplom erwarb, beschäftigte sich aber i. d. F. mit der Entwicklung des Telegraphen- und Telefonwesens in Ungarn. 1867–95 arbeitete er in der Postabt. des ung. Handelsmin. (1882 Sektionsrat), 1896 wurde er Präs. und Dir. der Post- und Telegraphen-Gen.dion., in der er bis 1908 tätig war. Seine Amtszeit fiel in die Periode der raschen techn. Entwicklung der Telekommunikation. S. ließ ein Landestelefonnetz für Ungarn errichten und an das österr. Netz anschließen. 1897 eröffnete er eine 1.000 km lange direkte Telefonlinie zwischen Budapest und Berlin. Weitere Fernlinien führten nach Bukarest, Agram (Zagreb), Fiume (Rijeka) etc. Mit den direkten Telegraphenverbindungen Budapest–London und Budapest–Konstantinopel machte S. Ungarn zum Vermittler zwischen West- und Osteuropa. Er nahm als Repräsentant Ungarns an Internationalen Post- und Telegraphenkonferenzen in Washington D.C., Rom, London und Lissabon teil und organisierte 1896 als Präs. der Veranstaltung in Budapest eine erfolgreiche Postkonferenz. S. interessierte sich auch für die damals neue drahtlose Telegraphie und nahm am Radiokongress in Berlin teil. Er leitete die Verstaatlichung und danach die Modernisierung des Telefondienstes in Budapest. Das veraltete Telefonnetz mit Einzeldrähten und Erdrückleitung musste infolge der durch den wachsenden Straßenbahnverkehr verursachten massiven elektr. Störungen zu einem Doppelleitersystem umgebaut werden. Die Freileitungen wurden durch ein Kabelnetz ersetzt. 1904 wurde eine moderne Fernsprechzentrale für 20.000 Teilnehmer in Betrieb genommen. Nach der Verstaatlichung konnte S. gegen den Protest der Abonnenten durchsetzen, dass die Telefonistinnen die Verbindungen nicht mehr nach Namen, sondern nach Rufnummern herstellten. S. genoss sowohl unter Fachleuten als auch seitens der Regierung und des Monarchen große Wertschätzung. Er erhielt u. a. 1896 das Komturkreuz des Franz Joseph-Ordens, 1906 den Orden der Eisernen Krone II. Kl. und 1905 den Titel und Charakter eines Staatssekr.

L.: *Pester Lloyd, 10. 11. 1908; Szinnyei; Vasárnapi Ujság 44, 1897, S. 593, 55, 1908, S. 936; Elektrotechnik und Maschinenbau 26, 1908, S. 1035.*

(S. Jeszenszky)

Szalay von Kéménd Imre Frh., Museumsdirektor. Geb. Wien, 8. 11. 1846; gest. Gainfarn (NÖ), 24. 7. 1917; röm.-kath. – Sohn des Beamten der ung. Hofkanzlei Ágoston S. v. K. (geb. Ofen/Budapest, H, 24. 10. 1811; gest. Budapest, 5. 5. 1877) und von Karolina S. v. K., geb. Türck, Neffe von →László S. v. K.; ab 1877 verheiratet mit Margit S. v. K., geb. Trefort. – S. stud. 1864–68 Rechtswiss. an der Univ. Pest; 1868 Richterprüfung, 1870 Befähigung zum öff. und Wechseladvokaten. Ab 1869 war er Referent für Musealangelegenheiten im Min. für Kultus und Unterricht, wo er sich u. a. der Förderung des Kunstgewerbes und der Errichtung eines technolog. Mus. in Pest widmete. Daneben beschäftigte er sich mit der Geschichte der Goldschmiedekunst. 1894–1916 war S. Dir. des Ung. Nationalmus.; unter den während seiner Amtszeit betreuten Großveranstaltungen sind v. a. die ung. Millenniums-Ausst. 1896 („Die historischen Denkmäler Ungarns in der 1896-er Milleniums-Landesausstellung“, 2 Bde., 1897–1903, gem. mit Béla Czobor; ung. 1902–03) und die Pariser Weltausst. 1900 hervorzuheben. Weiters ließ er die techn. Laboratorien des Mus. ausbauen und die Ethnograph. Abt. wesentl. erweitern. 1907 errichtete er in der kgl. Burg von Ofen ein Kgn.-Elisabeth-Gedächtnis-Mus. Die dafür verf. Publ. „Az Erzsébet Királyné emlékmúzeum“ (1907, 4. Aufl. 1913) erschien in den folgenden Jahren auch in Dt. (1908, 4. Aufl. 1914),

Engl. (1908, 2. Aufl. 1909) und Französ. (1908, 3. Aufl. 1912). 1897 war er stellv. Landesoberinsp. der ung. Mus. und Bibl. und ab 1898 Vors. der Ung. Ethnograph. Ges. Er erhielt 1896 das Ritterkreuz des Leopold-Ordens, 1902 das Kleinkreuz des kgl. ung. St. Stephan-Ordens und 1908 das Komturkreuz mit Stern des Franz Joseph-Ordens. 1912 wurde er in den Frh.stand erhoben.

Weitere W.: s. Szinnyei.

L.: Das geistige Ungarn; Szinnyei (m. W.); L. Kósa, A Magyar Néprajzi Társaság százéves története 1889–1989, 1989, S. 34ff.; Magyar múz. arcképcsarnok, ed. L. Elesztős, 2002; Z. Fejős, in: Vándorutak – múz. örökség. FS Bodó S., ed. G. Viga u. a., 2003, S. 565ff.; Pfarre Gainfarn, NÖ; UA, Budapest, H.

(I. Ress)

Szalay von Kéménd László, Jurist, Historiker und Publizist. Geb. Ofen (Budapest, H), 18. 4. 1813; gest. Salzburg (Sbg.), 17. 7. 1864. – Aus einer Beamtenfamilie, Bruder des Beamten der ung. Hofkanzlei Ágoston S. v. K., Onkel von →Imre S. Frh. v. K. – S. stud. ab ca. 1826 Phil. und Rechtswiss. an der Univ. Pest, wo er Freundschaft mit →Joseph Baron Eötvös schloss. Bereits während des Stud. veröff. er mehrere literaturkrit. Arbeiten, Ged. und Novellen. 1831–32 war er Praktikant in der Kanzlei von →Ferenc Kölcsey; 1833 Anwaltsdiplom. I. d. F. stud. er anlässl. mehrerer Reisen nach Westeuropa die dortige jurist. Praxis. 1837–39 war er Hrsg. der rechtswiss. Z. „Themis“ und 1840–41 gem. mit Eötvös und →Móric Lukács Red. der Z. „Budapesti Szemle“. 1841–43 gehörte er als Schriftführer des Unterausschusses für Strafverfahren der vom Reichstag delegierten Komm. zur Modernisierung des Strafrechts an („Entwurf eines Strafgesetzbuches für das Königreich Ungarn und die damit verbundenen Theile …“, 1843). In dieser Funktion war er wesentl. an der Erarbeitung moderner verfahrensrechtl. Elemente wie der Einführung des Schwurgerichts, Anhörung beider Parteien sowie der Öffentlichkeit und Mündlichkeit des Verfahrens beteiligt. 1844 wurde er Red. des „Pesti Hírlap“. Zwar legte er diese Tätigkeit bereits ein Jahr später wieder zurück, verf. für das Bl. aber weiterhin Leitartikel und Beitrr. über das Ges.recht. Auf dem Reichstag von 1843/44 war S. Abg. der kgl. Freistadt Karpfen (Krupina). 1848 wurde er Leiter der Kodifikationsabt. im Justizmin., wo er sich um die Festlegung der theoret. Grundlagen der neuen ung. Legislative verdient machte. Ab Mai dieses Jahres war er Repräsentant der ung. Regierung bei der dt. Nationalversmlg. in Frankfurt am Main und von Herbst 1848 bis April 1849 Regierungsvertreter in London, Paris und Brüssel. Nach der ung. Unabhängigkeitserklärung vom April 1849 lebte S. als Emigrant in Zürich, wo er „Diplomatische Aktenstücke zur Beleuchtung der ungarischen Gesandtschaft in Deutschland …“, 1849, sowie ein Flugbl. veröff., in dem er die Verfassungsmäßigkeit der ung. Revolution von 1848 betonte. Außerdem begann er eine Geschichte Ungarns („Magyarország története“ 1–6, 1852–59; nicht vollendet), in der er die Zukunft des Landes und die Bewahrung der Errungenschaften der Revolution in einem Übereinkommen mit den Habsburgern sah. Nach seiner Rückkehr nach Ungarn 1855 wurde er 1861 Abg. zum ung. Reichstag. In seinen letzten Lebensjahren sammelte und veröff. er ung. hist. Quellen des 16. und 17. Jh. S. zählte innerhalb der Reformopposition zu den herausragenden Persönlichkeiten der sog. Zentralisten. Seine publizist. Tätigkeit trug wesentl. zur Verbreitung und Vertiefung liberaler Reformideen bei. In seinen rechtstheoret. Abhh. setzte er sich für eine grundlegende Reform der ung. Rechtsprechung ein. In seinen rechtsphil. Schriften vertrat er hegelian. Gedankengut. 1836 k. M., 1838 o. Mitgl. der MTA (1861–64 Sekr.); 1837 Mitgl. der Kisfaludy-Ges.

Weitere W. (s. auch Markó): Publicistikai dologozatok, 2 Bde., 1847; Galántai gróf Eszterházy M., Magyarország nádora, 3 Bde., 1863–70; etc.

L.: Biograph. Lex. Südosteuropas; Wurzbach; A. Csengery, in: Magyar szónokok és státusférfiak, 1851, S. 513ff.; S. Flegler, S. L. és munkái, 1878; G. Beksics u. a., A magyar doktrinairek, 1882; D. Angyal, S. L. emlékezete, 1913; Á. R. Várkonyi, A pozitivista történetszemlélet a magyar történetírásban 1–2, 1973, s. Reg.; A. Martinkó, in: Irodalomtörténeti Közlemények 77, 1973, S. 195ff.; K. Nehring, in: Südostforschungen 36, 1977, S. 35ff.; G. Antalffy, S. L. a reformkor politikai-jogi gondolkodója, 1983; L. Markó u. a., A MTA tagjai 1825–2002, 3, 2003 (m. B., W. u. L.); K. Gönczi, Die europ. Fundamente der ung. Rechtskultur, 2008, s. Reg.; Stadtarchiv, Salzburg, Sbg.; UA, Budapest, H.

(I. Soós)

Szále (Szály) István (Stephan) von, Maler. Geb. Losoncz, Ungarn (Lučenec, SK), 29. 12. 1818; gest. Wien, 16. 7. 1863; evang. – Nach seiner Ausbildung in Losoncz und Preßburg stud. S. ab 1839 an der Wr. ABK Zeichnung nach der Antike und Historienmalerei u. a. bei →Leopold Kupelwieser. Anschließend kehrte er nach Ungarn zurück und lebte 1844–45 in Eperies (Prešov), danach zog er nach Pest. 1846 malte er eine Allegorie zu Ehren des 50-Jahr-Jubiläums von Palatin →Erzhg. Joseph. Diese Arbeit erregte große Aufmerksamkeit und wurde – im Rahmen eines gem. Unternehmens mit seinem Bruder Lajos S. – als Tl. eines großen temporären Monuments ausgest. und als Kupferstich vervielfältigt. Aus finanziellen Gründen übersiedelte S. im April 1848 nach Wien, wo er seine Ausbildung an der Privatschule von →Karl Rahl fortsetzte und gleichzeitig auch selbst Schüler unterrichtete. Im Oktober 1853 wurde er aus unbekannten Gründen verhaftet und in Pest eingekerkert, im Juni 1854 aber wieder freigelassen. 1860 zog er mit seiner Familie von Wien nach Preßburg, 1862 wieder nach Wien. S., der an einer Geisteskrankheit litt, die sich nach dem Tod seines 14-jährigen Sohns rapide verschlechterte, verstarb nach einem kurzen Aufenthalt in einer Nervenheilanstalt. Zu seinem Œuvre zählen Genrebilder (Interessante Lektüre, 1853), religiöse Kompositionen und Historienbilder (Zrínyi, der Dichter, um 1845; Rákóczi, 1853; Titusz Dugonics bei der Belagerung von Nándorfehérvár, 1856), die er in den 1840er-Jahren im Stil des Biedermeiers, in den 1850ern unter dem Einfluss von Rahl in einem reicheren Kolorit malte. Einige seiner Arbeiten befinden sich im Magyar Nemzeti Múz. und in der Magyar Nemzeti Galéria in Budapest. Letztere verwahrt auch mehrere seiner Briefe, die interessante Dokumente des Künstlerlebens in Pest und Wien darstellen. S. wurde früher oft mit →János v. Szále verwechselt; dieser Irrtum wurde erst in den 1950er-Jahren von András Uzsoki korrigiert.

Weitere W.: s. Szvoboda.

L.: A. Uzsoki, in: Győr-Sopron-megyei Hírlap, 30. 10. 1955; Művészeti Lex. I, II; Thieme–Becker; Wurzbach; Gy. Szentiványi, in: Műbarát 1, 1921, S. 117, 193; K. Lyka, Magyar művészet 1800–50. A táblabíró világ művészete, (1922), s. Reg.; Gy. Fleischer, Magyarok a bécsi képzőművészeti akadémián, 1935, S. 88; A. Uzsoki, in: Arrabona 2, 1960, S. 99ff.; G. Szvoboda, in: Ars Hungarica 10, 1982, S. 85ff. (m. W. u. L.); ABK, WStLA, beide Wien; Magyar Nemzeti Galéria, Budapest, H.

(N. Veszprémi)

Szále János (Johann) von, Maler. Geb. Ung. Altenburg (Mosonmagyaróvár, H), 14. 4. 1810; gest. ebd., 13. 4. 1870; röm.-kath. – S. stud. vier Jahre lang bei den Piaristen in Ung. Altenburg, danach bei den Benediktinern in Raab (Győr). 1828 wurde er Kom.schreiber, 1831–48 diente er beim ung. Leibgardergt. in Wien. Daneben besuchte er nach 1834 die Klasse für Landschaftsmalerei an der ABK in Wien. 1849 kehrte er nach Ungarn zurück und arbeitete bis 1859 als Kom.-Sekr. bzw. -Koär. Nach seiner Pensionierung lebte er zurückgezogen im Stiftshaus der Piaristen in Ung. Altenburg. S. zeigte seine von den Kritikern sehr gelobten Arbeiten, die sich durch eine präzise Ausarbeitung auszeichnen, 1840–48 in Ausst. der Akad. in Wien sowie 1840–44 in denen des Pester Kunstver. (Pesti Műegylet). Zu seinen Themen zählten u. a. Landschaften aus dem Salzkammergut und Tirol sowie aus der Gegend um Ung. Altenburg, wobei sein Stil dem von →Edmund Mahlknecht, →Anton Hansch oder →Eduard Swoboda, mit dem er befreundet war, ähnelt. Vor seinem Tod schenkte er seine Bilder den Piaristen. Seit 1950 befinden sich diese Werke im Hansági Múz. in Mosonmagyaróvár sowie in der Magyar Nemzeti Galéria in Budapest. S. wurde oft mit →István v. Szále verwechselt; ein Irrtum, der in den 1950er-Jahren von András Uzsoki aufgeklärt wurde.

W.: s. Szvoboda.

L.: A. Uzsoki, in: Győr-Sopron-megyei Hírlap, 30. 10. 1955; Művészeti Lex. I, II; Thieme–Becker; Wurzbach; Gy. Szentiványi, in: Műbarát 1, 1921, S. 117, 193; K. Lyka, Magyar művészet 1800–50. A táblabíró világ művészete, (1922), s. Reg.; Mosonvármegye Emlékkönyve, ed. A. Ruff, 1928, S. 142; Magyaróvár, ed. J. Székely – G. Thirring, 1932, S. 13; A. Uzsoki, in: Arrabona 2, 1960, S. 99ff. (m. B.); G. Szvoboda, in: Ars Hungarica 9, 1981, S. 261ff. (m. W. u. L.); ABK, Wien.

(N. Veszprémi)

Szály István von, s. **Szále** István von

Szám Géza, Mechaniker und Automobilkonstrukteur. Geb. Pest (Budapest, H), 20. 1. 1866; gest. Budapest (H), 10. 10. 1948. – S. erlernte das Uhrmacherhandwerk in Ungarn, richtete seine Aufmerksamkeit aber nach einer Stud.reise durch Frankreich auf den damals noch jungen Automobilbau. Er wurde nach János Csonka und Nándor Hóra der dritte Automobilkonstrukteur Ungarns. 1898 errichtete er eine eigene Werkstatt für Fahrrad- und Motorradbau und stellte ab 1900 auch Autos nach eigener Konstruktion her. 1900 nahm er mit seinem Automobil am ersten Autorennen in Ungarn teil und erhielt den zweiten Preis. 1902 und 1904 bewarb er sich erfolgreich bei den Ausschreibungen der Ung. Post für Automobile, konnte jedoch keine Serienproduktion verwirklichen. 1902 konstruierte S. ein Postauto zur Brief- und Paketbeförderung, das sich für den Transport von 250–350 kg eignete. Es verfügte über einen 3,25-PS-

Zweizylinder-Viertaktmotor nach dem Prinzip des De Dion-Bouton-Motors mit elektr. Niederspannungs-Magnetzünder. Der Wagen konnte die Pakete auf den steilen Straßen der Ofener Berge ohne Schwierigkeiten befördern. S. stellte v. a. Nutzfahrzeuge her. Nach 1910, als Automobile auch in Ungarn schon in Großbetrieben erzeugt wurden, war seine kleine Werkstatt nicht wettbewerbsfähig und produzierte keine Autos mehr, blieb jedoch als Reparaturwerkstatt in Betrieb.

L.: *M. Életr. Lex.; S. Bálint, Autógyártás Magyarországon (nur online, Zugriff 3. 11. 2011).*

(S. Jeszenszky)

Szamossy Elek, Maler. Geb. Diemrich, Siebenbürgen (Deva, RO), 28. 6. 1826; gest. Budapest (H), 21. 4. 1888; röm.-kath. – Vater von László (Ladislaus) S. (s. u.). – S. stud. 1850–51 bei →Karl Rahl in Wien, 1852 arbeitete er in Arad, danach lebte er wieder in Wien, wo er zahlreiche Porträts schuf. 1855–59 hielt er sich in Venedig auf und kopierte dort die Werke alter Meister, 1862 kehrte er endgültig nach Hause zurück und arbeitete in den Folgejahren im Min. für Landesverteidigung. Künstler. war er u. a. in Gyula, in verschiedenen Schlössern in Südungarn, in Großwardein (Oradea) und Budapest tätig, wobei er sich auf Restaurierungen und das Malen von Altarbildern und Porträts (u. a. von →Franz v. Deák) spezialisierte. S. wurde jedoch in erster Linie als Förderer des jungen →Mihály v. Munkácsy, als dieser noch Tischlergeselle war, bekannt. Er erkannte dessen Talent und überredete den strengen Vormund, den Jungen unterrichten zu lassen. 1861–63 nahm S. Munkácsy, der mit ihm auch noch später in Verbindung stand, in diverse Schlösser mit und lehrte ihn die Grundzüge der Malerei. S.s Werke können zur klassizisierenden Romantik, einige formschöne Porträts zum Biedermeier gezählt werden. Tle. seines Œuvres befinden sich in der Magyar Nemzeti Galéria und im Magyar Nemzeti Múz. in Budapest sowie in Temeswar (Timişoara). S.s Sohn **László (Ladislaus) S.** (geb. Pest/Budapest, H, 26. 4. 1866; gest. Wien, 2. 1. 1909; röm.-kath.) begann seine künstler. Ausbildung bei seinem Vater und absolv. aufgrund seiner musikal. Begabung auch das Konservatorium. 1886 setzte er seine Stud. in München, später in Paris fort, wo er in engen Kontakt mit Munkácsy trat. 1899 kehrte er nach Ungarn zurück, übersiedelte aber bald nach Rom, wo er von →Wilhelm Fraknói unterstützt wurde, in dessen Hause er lebte und arbeitete. Dort kopierte László S. Werke alter Meister, erhielt zahlreiche Porträtaufträge (u. a. für Bilder von Kardinal Vincenzo Vannutelli und Fraknói) und fand Eingang in die vornehme Ges. Daneben schuf er Altarbilder, z. B. für die Zisterzienserabtei in Zirc. 1908 kehrte er nach Ungarn zurück.

L. *(tw. auch für László S.): Békésmegyei Közlöny, 11. 10. 1874; Das geistige Ungarn; M. Életr. Lex.; Művészeti Lex. I, II; Thieme–Becker; Vasárnapi Ujság 13, 1866, S. 268, 47, 1900, S. 294; Művészet 8, 1909, S. 52f. (m. B., für László S.); I. Genthon u. a., Magyar Művészet 1800–1945, 1958, S. 222ff.; K. Lyka, Nemzeti romantika, 2. Aufl. 1982, s. Reg.*

(Zs. Bakó)

Szana Tamás, Schriftsteller und Publizist. Geb. Tiszafüred, Ungarn (H), 1. 1. 1844; gest. Budapest (H), 11. 2. 1908. – Sohn eines Vizegespans. – S. erhielt Privatunterricht, bevor er ab 1862 in Debrecen Jus stud.; 1866 Staatsprüfung in Kaschau (Košice), 1867 Anwaltsdiplom in Pest (Budapest). S. übte allerdings den Beruf eines Juristen nicht aus, sondern war für mehrere Z. publizist. tätig, z. B. 1867 für die WS „Hortobágy“, danach für regionale Kulturztg. und Z. (u. a. „Leipziger dramaturgische Wochenschrift“, „Revue Internationale“), in den 1880er-Jahren für „Magyar Szalon“, „Pesti Hírlap“, „Pesti Napló“ und in den 1890er-Jahren für „Vasárnapi Ujság“ sowie „Fővárosi Lapok“. Ab den 1870er-Jahren red. er mehrere Literaturz., u. a. „Figyelő“, „Koszorú“ und „Otthon“. S. zählte 1876 zu den Gründungsmitgl. der Petőfi-Ges., die sich in Opposition zur offiziellen Kulturpolitik der Förderung der ung. Nationalliteratur und dem Gedenken →Sándor Petőfis widmete. Er war bis 1906 deren Gen.sekr. und red. 1877–78 das Ver.bl. „Petőfi Társaság Lapja“, 1879 das Jb. und 1898 das „Petőfi-album“ gem. mit Lajos Bartók und Sándor Endrődi. 1901 wurde er auch zum Mitgl. des konservativen Schriftstellerver. Kisfaludy-Ges. gewählt. Ende der 1890er-Jahre war er als Dir. der Budapester Urania tätig. S.s Bedeutung liegt v. a. im Bereich der Literatur- und Kunstkritik sowie der Kulturvermittlung. Er verfügte über breite Kenntnisse der Weltliteratur, übers. Hippolyte Taine (1878) sowie Ovid (1883) ins Ung. und verf. Biographien ung. Dichter verschiedener Epochen (u. a. „Csokonai életrajza“, 1869; „A két Kisfaludy“, 1876; „Tóth Kálmán életrajza“, 1884; „Magyar költők szerelmei“, 1887; „Petőfiné Szendrey Júlia“, 1891). Zwei seiner Essaybde., „Nagy szellemek“ (1870) und „Vázlatok“

(1875), beschäftigen sich mit der damaligen Gegenwartsliteratur, u. a. von Robert Burns, Giacomo Leopardi, Nikolaus Lenau (→Nikolaus Franz Niembsch), Walter Scott, Heinrich Heine und Walt Whitman. Als Kunstkritiker förderte S. in den 1870–80er-Jahren auch die zeitgenöss. ung. Malerei (Sandór Bihari, →Géza Mészöly, →Mihály v. Munkácsy), widmete sich ihrer Darstellung („A magyar művészet századunkban", 1890; „Száz év a magyar művészet történetéből 1800–1900", 1901) und schrieb Monographien über ung. Bildhauer (u. a. →Miklós Izsó, 1897; János Jankó, 1899) und den Maler →Károly Markó (1898). Mit seinen subjektiven Italien-Reiseberr. („Olasz földről", 1896; „Városról városra. Olaszországi képek", 1904) schuf er ein neues Genre innerhalb der ung. Reiseliteratur.

Weitere W. (s. auch Szinnyei): Moliere élete és művei, 1870; Magyar művészek, 2 Bde., 1887–88; Örök emlékek, 1891; Újabb elbeszélők, 1899.

L.: NFP, 12. 2. 1908; Das geistige Ungarn; M. Életr. Lex. (m. B.); M. Irodalmi Lex. I, II (m. B.); Szinnyei (m. W.); Wurzbach; Művészet 2, 1908, S. 119ff. (m. B.); Magyar Könyvszemle, Uj folyam XVI, 1, 1908, S. 93f.; I. Magyar, S. T., 1934; L. Ferenczi, in: Irodalomtörténeti Közlemények 5–6, 1998, S. 705ff.; Új magyar irodalmi lex. 3, 2. Aufl. 2000.

(Zs. Bognár)

Szanto (Szántó) Emil, Epigraphiker und Althistoriker. Geb. Wien, 22. 11. 1857; gest. ebd., 14. 12. 1904; mos. – Sohn von →Simon Szántó. – S. besuchte die Privatschule seines Vaters, danach das Akadem. Gymn. in Wien, wo er 1875 die Matura ablegte. Ab Herbst 1875 betrieb S. Sprachstud., bes. der klass. Sprachen, an der Univ. Wien und trat im Herbst 1876 in das neu gegr. archäolog.-epigraph. Seminar ein, um sich als Schüler von →Otto Hirschfeld, →Theodor Gomperz, →Friedrich August Otto Benndorf, →Alexander Conze und →Wilhelm v. Hartel v. a. den griech. Altertumswiss. zu widmen; 1880 Dr. phil. mit einer Arbeit über das attische Bürgerrecht. Nach seiner Habil. für Alte Geschichte 1887 absolv. S. mit Hilfe eines Staatsstipendiums eine einjährige Stud.reise nach Griechenland und Kleinasien. Er lehrte danach als Priv.Doz. an der Univ. Wien und war ab 1890 Mitarb. der neu gegr. Kleinasiat. Komm. der k. Akad. der Wiss. in Wien. Gem. mit →Wilhelm Kubitschek übernahm er den Aufbau des Schedenapparats, mit dem die griech. und latein. Inschriften Kleinasiens erfasst wurden. Aufgrund seines 1892 erschienenen Hauptwerks, „Das griechische Bürgerrecht", wurde er 1893 ao. Prof. für griech. Geschichte und Altertumskde. an der Univ. Wien. 1894 reiste S. im Auftrag der Akad. nach Karien in Kleinasien, um Inschriftenmaterial aufzunehmen; 1901–04 o. Prof. für klass. Altertumswiss. im archäolog.-epigraph. Seminar. S. widmete sich der griech. Epigraphik und Geschichte, bes. Problemen des Staatsrechts, des Gerichtswesens und des Privatrechts des griech. Kulturkreises, verf. aber neben altertumswiss. Publ. auch Schriften über die Beziehung Goethes zur hellen. Kultur.

Weitere W.: s. Löwy, 1906.

L.: NFP, 15. 12. 1904 (auch A.); Almanach Wien 47, 1897, S. 275; Inauguration Univ. Wien 1905/06, 1905, S. 27ff.; Revai; Wininger; E. Löwy, in: Ausgewählte Abhh. von E. S., ed. H. Swoboda, 1906, S. XIff. (m. B. u. W.); Th. Gomperz, ed. R. A. Kann, 1974, S. 73, 233, 245, 390; A. Betz, in: Österr. Hochschulztg. 29, 1977, Nr. 1/2, S. 20; G. Dobesch, in: Hundert Jahre Inst. für Alte Geschichte, Archäol. und Epigraphik der Univ. Wien 1876–1976, 1977, S. 18; W. Weber, Biograph. Lex. zur Geschichtswiss. in Dtld., Österr. und der Schweiz, 1984; H. Chantraine, in: Juden in der dt. Wiss., 1986, S. 139; Hundert Jahre Kleinasiat. Komm. – Rückblick und Ausblick, ed. G. Dobesch – G. Rehrenböck, 1993, S. 13ff.; M. Pesditschek, Die Prof. der Alten Geschichte an der Univ. Wien, phil. DA Wien, 1996, S. 51ff.; H. Wolf, in: E. Löwy. Ein vergessener Pionier, ed. F. Brein, Wien 1998, S. 47 (Kat.); M. Pesditschek, in: Chronicalia Indoeuropaea (= Die Sprache 39,3, Sonderh., 1997), 2002, S. 8f.; F. Fellner – D. A. Corradini, Österr. Geschichtswiss. im 20. Jh., 2006; UA, WStLA, beide Wien.

(M. Pesditschek)

Szántó Menyhért, Beamter und Journalist. Geb. Kalocsa (H), 1. 11. 1860; gest. Budapest (H), 10. 2. 1945. – Hieß bis 1877 Stern. – S. absolv. die Landwirtschaftsakad. in Ung. Altenburg (Mosonmagyaróvár) und stud. Jus an der Univ. Budapest. Ab 1883 arbeitete er bei der Kronherrschaft in Gödöllő, danach als Beamter im Agrarmin. 1906 war S. Gründer und Dir. des Sozial- (ab 1927 Volksgesundheits-)Mus., das in erster Linie als Informationszentrum diente und in Abt. für Hygiene, Mutter- und Säuglingsschutz, Infektionskrankheiten, Sozialversicherung und Volksfürsorge unterteilt war. 1927 trat er mit dem Titel eines stellv. Staatssekr. i. d. R. S. befasste sich hauptsächl. mit den Lebensumständen der Agrarbevölkerung sowie mit Fragen des Arbeitsschutzes, der Sozialversicherung und der Volksgesundheit und war damit einer der Pioniere der sanitären Aufklärung und der Forschungen zum Arbeitsschutz in Ungarn. 1900 war er Mitbegründer der Z. „Huszadik Század" und gehörte zur Gesellschaftswiss. Ges. um den Soziologen und späteren Politiker Oszkár Jászi, der eine radikale Erneuerung der ung. Ges.

forderte. S. war ab 1925 verantwortl. Red. der Z. „Élet és Egészség" und Red. der Reihe „Népegészségügyi és Munkásvédelmi Szöv. Kiadványai", die von der Genossenschaft für Volksgesundheit und Arbeiterschutz hrsg. wurde.

W.: A szövetkezetek alapelvei, 1891; Állatbiztosítás, 1894; Szövetkezés, 1900; Az állam és társadalom feladata a munkásvédelem terén, 1901; Köztárházak, 1903; Küzdelem a népbetegségek ellen, 1915; Fertőző betegségek, 1920; Az állambiztosítás rövid ismertetése, tekintettel az újabb viszonyokra, 1927; Az ipari munkával járó egészségügyi ártalmak, 1929; A munkabírás védelme, 1931; Munkásjóléti intézmények, 1935; Tisztaság, 1935; etc.

L.: *M. Életr. Lex.; Szinnyei; Magyar Politikai Lex. 1, 1929; A magyar társadalom lex., 1930.*

(Z. Fónagy)

Szántó Simon, Ps. Dr. Unbefangen, S. Pflüger, Jair ben Serach Ibn Karmi, Journalist und Lehrer. Geb. Großkanizsa (Nagykanizsa, H), 23. 8. 1819; gest. Wien, 17. 1. 1882; mos. – Sohn des Rabb. Meir S. (gest. 1831) und von Therese S., geb. Engel, Vater von →Emil Szanto; ab 1852 mit Katharina S., geb. Schlesinger (geb. Preßburg, Ungarn / Bratislava, SK, 27. 11. 1829; gest. Wien, 8. 6. 1909), verehel. – S., der aus einer alten ung. Rabb.familie stammte, genoss eine streng religiöse Erziehung, besuchte zunächst die Talmudschule in Lakompak (Lackenbach) und danach jene von →Aron Kornfeld in Goltsch-Jenikau (Golčův Jeníkov). Früh verwaist, konnte er nur unter großen persönl. Anstrengungen die Unterstufe des Gymn. in Prag besuchen und wechselte danach an das evang. Lyzeum in Preßburg. 1839–40 stud. er Phil. an der Univ. Prag, u. a. bei →Franz Serafin Exner, und absolv. theol. Stud. bei →Salomon Rapoport. 1844 erhielt er die Rabb.-Autorisation, 1845 übersiedelte er nach Wien, wo er 1846–48 einen Kommentar zum Pentateuch erarbeitete. Bereits vor der Revolution von 1848, in der er sich aktiv engagierte, hatte er vereinzelt in „Ost und West", der „Bohemia" und im „Jahrbuch für Israeliten" publ., seine Artikelser. „Sturmpetition eines Pädagogen" oder das Ged. „Des Juden Vaterland" (1848) erschienen u. a. auch im „Oesterreichischen Central-Organ" und in der „Wiener Zeitung". Unter dem pressefeindl. neoabsolutist. Regime wandte er sich vorübergehend von der Journalistik ab und der Pädagogik zu. Gem. mit seinem Bruder Josef S. gründete er 1849 in der Leopoldstadt (Wien 2) die erste jüd. Haupt- und Unterrealschule, die später in eine Knaben- und Mädchenschule geteilt wurde. Die Leitung der Letzteren übernahm sein Bruder, während S., der auch Religionsunterricht erteilte, gem. mit seinem Schwager Adolf Josef Pick bis 1869 das Knabeninst. führte; 1861 erhielt er für die Einrichtung als erster jüd. Pädagoge das Öffentlichkeitsrecht. Weiters hielt S. ab 1866 Vorlesungen über den Talmud und über jüd. Literatur an der von →Adolf Jellinek eingerichteten Lehranstalt Beth-Hamidrasch. An dessen Seite trat er entschieden für Ideen zu einer innerjüd. Reform ein und kam dadurch wiederholt in Konflikt mit orthodoxen Ansichten. 1861 gründete er gem. mit →Leopold Kompert die Z. „Die Neuzeit", die er nach dessen Ausscheiden mehr als zwei Jahrzehnte allein weiterführte und red. Dieses Bl. setzte sich für die jüd. Interessen ein und trat vehement gegen den religiösen Antisemitismus auf. 1865–68 fungierte er auch als Hrsg. des „Jahrbuchs für Israeliten". S. gehörte 1869 bzw. 1871 der österr. Delegation zur Leipziger bzw. Augsburger Reformsynode an. Seine Arbeiten und Feuilletons zu verschiedenen jüd., phil., psycholog. und populärwiss. Themen erschienen, oft unter Chiffren oder Ps., u. a. in der „Tages-Presse", der „Neuen Freien Presse", der „Presse" und im „Neuen Wiener Tagblatt". Viele seiner in der „Neuzeit" veröff. Beitrr., bes. über religiöse, kirchenpolit. und kulturhist. Themen, fanden großen Anklang und wurden z. Tl. mehrmals abgedruckt. Ab 1871 war er Mitgl. des Journalisten- und Schriftsteller-Ver. „Concordia".

Weitere W. (s. auch Wurzbach; Lippe): Musterungen zur Charakteristik der Erzieherwelt, in: Jb. für Israeliten, NF 4, 1857/58; Fahrende Juden, ebd., NF 7, 1860/61; Enthüllungen und Streiflichter, ebd., NF 8, 1861/62; Staat und Synagoge in Österr., ebd., NF 9, 1862/63; etc. – Hrsg.: Wr. Kal., 1866–68.

L.: *NFP, 17. 1. 1882; Die Presse, 21. 1. 1882; Allg. Ztg. es Judentums, 7. 2. 1882; Enc. Jud.; Hdb. jüd. AutorInnen; Jew. Enc.; M. Zsidó Lex.; Universal Jew. Enc.; Wininger; Wurzbach (m. tw. W.); Ch. D. Lippe's bibliograph. Lex. der gesammten jüd. Literatur ..., 1881 (m. tw. W.); Die Neuzeit 22, 1882, S. 25ff.; J. Toury, Die Jüd. Presse im Österr. Kaiserreich, 1983, s. Reg.; R. S. Wistrich, The Jews of Vienna in the Age of Franz Joseph, 1989, S. 120f., 239; P. Landesmann, Rabb. aus Wien, 1997, s. Reg.; H. Tietze, Die Juden Wiens, 2. Aufl. 2008, s. Reg.; IKG, Wien.*

(Th. Venus)

Szántó Theodor (Tivadar), Pianist und Komponist. Geb. Fünfhaus, NÖ (Wien), 3. 6. 1877; gest. Budapest (H), 7. 1. 1934. – Hieß bis ca. 1892 Smulowitz. Sohn des Raaber Oberkantors Adolf Szántó (Smulowitz). – S. besuchte die Realschule in Raab (Győr) und begann 1889 ein Musikstud. am KdM in Wien (Hauptfach Klavier bei Wilhelm

Rauch und →Josef Dachs), das er 1893–97 an der Budapester Musikakad. bei →Hans Koessler und Kálmán Chován fortsetzte. 1898–1901 war er Schüler Ferruccio Busonis in Berlin. Anschließend unternahm er bis 1905 Konzertreisen durch Dtld. und England und begründete in dieser Zeit seinen Ruhm als Virtuose und ausgez. Interpret romant. und zeitgenöss. Werke. 1905–13 lebte S. in Paris, wo er ständiger Solist des Orchestre Lamoureux und des Orchestre Colonne war, sowie 1914–21 in der Schweiz. 1922 zog er nach Budapest, ging in den späten 1920er-Jahren aber wieder nach Westeuropa und kehrte erst gegen Ende seines Lebens, nachdem er während einer Skandinavientournee einen Schlaganfall erlitten hatte, nach Budapest zurück. S.s Repertoire umfasste neben eigenen Klavierwerken Kompositionen von Béla Bartók, Zoltán Kodály, Claude Debussy, Maurice Ravel und Frederick Delius, der ihm ein Klavierkonzert widmete, das S. 1907 in London uraufführte. Auf sein eigenes kompositor. Schaffen übten die ung. Volksmusik und die japan. Musik großen Einfluss aus. Dies belegen etwa seine „Tizenhét variáció egy magyar népdalra", 17 Variationen nach einem ung. Volkslied (1915), die „Essays in Japanese Harmonics" für Klavier (1919), die 1924 in Mannheim uraufgef. Oper „Taifun" (nach Menyhért Lengyel) oder seine japan. Suite „Japán szvit" für Orchester (1926). Nach dem 1. Weltkrieg wurde S. als erster Ungar zum Ritter der französ. Ehrenlegion ernannt.

Weitere W.: Számum (Oper nach H. R. Lenormand), 1933; Gróf Rómeó (Operette), 1931; Land und Meer (Sinfonie mit Chor), 1909; Orchestersuiten; Magyarország (Konzertsonate für Violine und Klavier); Klavierwerke, darunter A halál bölcsődala (Wiegenlied des Todes), 1910, Contrastes, 1911, Keleti etüdök (Oriental. Etüden); Klavierbearb. von Werken J. S. Bachs, Delius' und Strawinskys; etc.

L.: NFP, Pester Lloyd (A.), 8. 1. 1938; M. Zsidó Lex.; MGG I; Riemann, 11. und 12. Aufl.; Universal Jew. Enc.; Zenei Lex. II; Dtld., Österr.-Ungarns und der Schweiz Musiker in Wort und Bild, 1909 (m. B.); Spemanns goldenes Buch der Musik, 1912 (m. B.); Z. Kodály, in: ders. – F. Bónis, Visszatekintés 2, 1974, S. 387f.; Ges. der Musikfreunde in Wien.

(G. Loch)

Szapáry von Szapár, Muraszombat und Szécsisziget Franz (Ferencz) Gf., Magnetiseur und Agronom. Geb. Pest (Budapest, H), 13. 1. 1804; gest. Nagyabony, Ungarn (Veľké Blahovo, SK), 11. 1. 1875; röm.-kath. – Sohn von Joseph Gf. S. v. S., M. u. S. (geb. 1754; gest. Preßburg, Ungarn / Bratislava, SK, 22. 4. 1822) und Johanna Gfn. v. Gatterburg (geb. Retz, NÖ, 4. 7. 1779; gest. Preßburg, 25. 4. 1812), Vater von →Ladislaus Gf. S. v. S., M. u. S., Onkel von →Gyula Gf. S. v. S., M. u. S.; 1825 Heirat mit Rosalie Almasy v. Zsadany und Török Szent-Miklos (geb. Pest, 17. 6. 1806; gest. Budapest, 10. 5. 1887). – Über seine Kindheit und Ausbildung ist nichts bekannt. S. widmete sich zunächst der Bewirtschaftung seiner ung. Güter, setzte sich daneben aber mit med. Fragen auseinander. So befasste er sich mit den Ursachen und der Bekämpfung epidem. auftretender Krankheiten, allen voran der Cholera, und verbreitete seine Erkenntnisse mittels Flugschriften. Sein Hauptinteresse galt jedoch dem Mesmerismus und der Magnetotherapie, worüber er sich autodidakt. Wissen aneignete. In den 1840er-Jahren betrieb S. die Magnet. Heilanstalt in Dresden, in der er v. a. Patienten mit Somnambulie behandelte. Später übersiedelte er nach Paris, wo er sich als Vertreter der Pariser Dt.-Magnet. Schule bezeichnete. Seine Erfahrungen auf dem Gebiet der Magnetismusforschung veröff. er 1845 als „Katechismus des Vital-Magnetismus zur leichteren Direction der Laien-Magnetiseurs". Darin vertrat er die Auffassung, dass man Krankheiten des Nervensystems bzw. Schmerzen durch animal. Magnetismus heilen könne, und berief sich dabei v. a. auf die Theorien des Chirurgen Carl Kluge. Zudem vertrat er die Ansicht, dass jeder Mensch magnet. Heilfähigkeiten habe. Seine Werke „Magnetismus von anno 1850", 1850, und „Handbuch der Magnetotherapie", 1854, waren international bekannt, wie überhaupt seine Werke auch in engl. und französ. Sprache erschienen. In seiner Publ. „Magnétisme et magnéto-thérapie", 1853, stellte er Theorien und Techniken für die Heilpraxis vor. Darüber hinaus befasste sich S. – allerdings sehr unkrit. – mit Traumdeutung und Tischrücken. Erwähnenswert ist dennoch seine zweibändige Arbeit „Table-Moving", 1854.

Weitere W.: s. Szinnyei.

L.: Szinnyei (m. W.); Wurzbach (s. u. Julius Gf. S.); A. C. P. Callisen, Med. Schriftsteller-Lex. der jetzt lebenden Verfasser 32, 1844; P. Mulacz, History of Parapsychology in Austria, 2000 (nur online, Zugriff 18. 1. 2012); D. Sawicki, Leben mit den Toten: Geisterglauben und die Entstehung des Spiritismus in Dtld. 1770–1900, 2002, s. Reg.

(D. Angetter)

Szapáry von Szapár, Muraszombat und Szécsisziget Gyula Gf., Politiker. Geb. Pest (Budapest, H), 1. 11. 1832; gest. Abbazia, Istrien (Opatija, HR), 20. 1. 1905; röm.-

kath. – Sohn von József Gf. S. v. S., M. u. S. (geb. 3. 11. 1799; gest. 8. 9. 1871) und Anna Gfn. S. v. S., M. u. S., geb. Freiin Orczy (geb. 30. 7. 1810; gest. 18. 3. 1879), Neffe von →Franz Gf. S. v. S., M. u. S.; ab 1864 verheiratet mit Karoline Gfn. S. v. S., M. u. S., geb. Gfn. Festetics v. Tolna (geb. Pest, 12. 7. 1838). – Nach Absolv. des Gymn. stud. S. ab ca. 1849 Rechtswiss. an der Univ. Pest. 1861–94 gehörte er als Abg. dem ung. Reichstag an. 1866–67 war er Mitgl. des Ausschusses zur Vorbereitung des Ausgleichs. 1860–61 fungierte er als Vizegespan des Doppelkom. Heves und Külső-Szolnok. 1867–69 war er dort Stellv. des Obergespans und 1868–69 kgl. Koär. 1869 wurde er Min.rat im Innenmin., 1870–71 war er Staatssekr. im Min. für Verkehr und Öff. Arbeiten. 1873–75 bekleidete er das Amt des Innenministers in den Regierungen von →József Szlávy v. Érkenéz u. Okány und István Bittó. 1878–87 wirkte S. als Finanzminister im Kabinett von Kálmán Tisza, im April 1880 verwaltete er auch interimist. das Verkehrsmin. In seiner Amtszeit erreichte er die parlamentar. Unterstützung für die Konsolidierung der zerrütteten ung. Staatsfinanzen. Es gelang ihm – u. a. durch die Einführung einer neuen Verzehrssteuer sowie durch Investitionen zur Steigerung der allg. Steuerkraft – die Staatsschulden zu verringern. Diese Maßnahmen beschrieb er in der 1879 veröff. Schrift „Államköltségvetési tanulmányok“. 1889 übernahm S. das neu gegr. Landwirtschaftsmin. 1890 folgte er Tisza als Ministerpräs. und Innenminister nach. Seine Regierung erreichte den Ausgleich des Staatshaushalts sowie in Übereinstimmung mit der cisleithan. Regierung die Einführung der Gold- anstelle der bisherigen Silberwährung, die bereits durch den Ausgleich von 1867 festgelegt wurde. Weiters wurden Sozialgesetze zur sonntägl. Arbeitsruhe und zur Unfallversicherungspflicht für Arbeiter verabschiedet. Weniger erfolgreich war S. bei der Verstaatlichung der Verwaltung, die durch den Widerstand der oppositionellen Unabhängigkeitspartei vereitelt wurde, sowie in Fragen der Kirchenpolitik, da er die Einführung der obligator. Zivilehe und die Führung der Zivilmatrikel ablehnte. Aufgrund des daraus entstehenden Konflikts sowie des fehlgeschlagenen Versuchs, anlässl. der Enthüllung des Honvéd-Denkmals eine nachträgl. Versöhnung zwischen den Revolutionären von 1848/49 und der Dynastie zustande zu bringen, sah er sich 1892 zum Rücktritt gezwungen. Zwei Jahre später trat er gem. mit anderen Abg. aus Protest gegen die Liberalisierung der Kirchenpolitik aus der Regierungspartei aus und gehörte nur noch der Magnatentafel an. S. war 1857 Gründer und Vors. des Landwirtschaftsver. des Kom. Külső-Szolnok, 1876–89 Präs. des Ung. Wirtschafts-Landesver., 1897 Präs. des 2. Kath. Landes-Autonomie-Kongresses und 1904 Präs. der Ung. Allg. Kreditbank. Er erhielt 1875 den Orden der Eisernen Krone I. Kl. und wurde zum Geh. Rat ernannt; 1881 Ritter des Ordens vom Goldenen Vlies, 1892 Großkreuz des kgl. ung. St. Stephan-Ordens, 1900 kgl. Schatzmeister.

Weitere W.: s. Szinnyei.

L.: *RP, 22. 1. 1905; Biograph. Lex. Südosteuropas; Szinnyei (m. W.); Wurzbach; Spoudchios (E. György), A helyzet és a S.-kormány, 1892; M. Csáky, Der Kulturkampf in Ungarn. Die kirchenpolit. Gesetzgebung der Jahre 1894–95, 1967, s. Reg.; A S.- és a Wekerle-kormány minisztertanácsi jegyzőkönyvei 1890. március 16. – 1895. január 13., 1–2, ed. J. Lakos, 1999, passim; C. A. Donadello u. a., A muraszombati, szécsiszigeti és szapári S. család története, 2007; A. Vári, Herren und Landwirte. Ung. Aristokraten und Agrarier auf dem Weg in die Moderne 1821–1910, 2008, s. Reg.; UA, Budapest, H.*

(I. Ress)

Szapáry von Szapár, Muraszombat und Szécsisziget Ladislaus Gf., Offizier. Geb. Pest (Budapest, H), 22. 11. 1831; gest. Preßburg, Ungarn (Bratislava, SK), 28. 9. 1883; röm.-kath. – Sohn von →Franz S. v. S., M. u. S.; verehel. mit Marianne Gfn. v. Grünne (1835–1906), der Tochter von →Karl Gf. Grünne. – S. trat im April 1848 – kurz nach Ausbruch der Revolution – als Unterlt. in das Husarenrgt. 7 ein, nahm 1848/49 an den Feldzügen in Italien, u. a. an den Schlachten von Custozza, Mortara und Novara, teil, wurde 1856 Flügeladj. des K., jedoch schon Ende 1857 als Mjr. zur Truppe zurückversetzt. In dieser Eigenschaft kämpfte er 1859 im Verband des Ulanenrgt. 1 in den Schlachten von Palestro, Magenta sowie Solferino und wurde im August 1861 erneut Flügeladj. K. →Franz Josephs I. Im April 1862 übernahm er das Kmdo. des Husarenrgt. 13. 1866 focht S., nunmehr Obst., wieder in Italien und hatte die Po-Linie zu überwachen. 1868 Kmdt. einer Kav.brig., 1869 GM, 1873 Kmdt. der 20. Inf.truppendiv. in Esseg (Osijek), 1874 FML. Zu Beginn des Okkupationsfeldzugs überschritt er mit seinen Truppen Ende Juli 1878 bei Šamac (Slavonski Šamac) die Save, kam aber wegen des schlechten Wetters nur langsam vorwärts, verlor im August ein Gefecht bei Dolnja Tuzla (Tuzla) und zog sich nach Doboj zurück, wo sich seine Einheit bis

Anfang September behaupten konnte. Ab September mit dem Kmdo. des 3. Armeekorps betraut, ging er i. d. F. in die Offensive, besetzte ab Mitte September Gračanica, Dolnja Tuzla und Zvornik; dafür und für die Verteidigung von Doboj wurde ihm 1879 das Ritterkreuz des MMTO verliehen. Im Oktober 1878 wurde S. Militärkmdt. in Temeswar (Timişoara), im November in Kaschau (Košice). Ab November 1881 beurlaubt, erhielt er 1882 noch den Charakter eines Gen. der Kav., aber keine weitere Verwendung. Neben zahlreichen in- und ausländ. Ausz. wurden S. 1876 der Orden der Eisernen Krone II. Kl. für seinen Einsatz bei den Überschwemmungen von Budapest 1875/76 sowie 1878 das Kommandeurkreuz des Leopold-Ordens verliehen, 1881 Geh. Rat sowie Ende 1882 2. Inhaber des IR 46.

L.: WZ, 29. 9. 1883; Lukeš (m. B.); Wurzbach; V. Silberer, Die Gen. der k. k. Armee, 1877, S. 215ff. (m. B.); KA, Wien.

(A. Schmidt-Brentano)

Szaraniewicz (Szaranewycz, Šaranevyč) Izydor (Isydor, Sydor), Lehrer, Historiker und Archäologe. Geb. Cerkowna, Galizien (Cerkovna, UA), 16. 2. 1829; gest. Lemberg, Galizien (L'viv, UA), 3. 12. 1901; griech.-kath. – Sohn des griech.-kath. Pfarrers Iwan S. (1803–1876). – Nach eigenen Angaben in Kozara (Kozari) geboren und getauft. Er absolv. das Gymn. in Brzeżany (Berežany) und stud. ab 1845 Phil. an der Univ. Lemberg, ab 1847/48 Theol. an der Univ. Wien, 1851–54 Theol. und 1852–55 Geschichte wieder in Lemberg; 1855 Lehrbefähigung für Realschullehrer aus Geschichte und Geographie, 1864 Dr. phil. 1855–56 unterrichtete S. Geschichte und Geographie am Gymn. in Przemyśl, 1856–71 am Akadem. Gymn. in Lemberg. 1871 Habil. an der dortigen Univ., lehrte er bis 1873 österr. Geschichte und war bis 1876 Dir. des Hist. Seminars. 1873 o. Prof., hatte er bis 1899 den Lehrstuhl für österr. Geschichte inne; 1881/82 und 1897/98 Dekan der phil. Fak. S. gehörte 1873–99 der Prüfungskomm. für Gymn.- und 1875–99 jener für Realschullehrer an. Daneben wirkte er als Priv.Doz. für Archäol. sowie Handelsgeschichte an der TH in Lemberg. Insbes. interessierte er sich für Archäol. in Galizien und machte sich um die Erforschung und Erhaltung von Kunst- und hist. Denkmalen in zahlreichen Städten, u. a. in Brody, Zvenyhorod und Berežany, verdient (1877 Konservator). Darüber hinaus zählte S. zu den Begründern des Nationalmus. in Lemberg; seine private Smlg. wurde Grundlage des von ihm 1899 gegr. archäolog. Kabinetts an der Univ. 1857 o. Mitgl., ab 1863 Vorstandsmitgl. des Stauropegion Inst., einer bedeutenden Kultur- und Bildungseinrichtung in Lemberg, leitete er 1889–1901 auch dessen archäolog. Mus. S.' wiss. Werke, die sich mit der Geschichte von Galizien-Wolhynien und der Rus, mit der kath. Kirche, mit hist. Geographie und Landeskde. sowie mittelalterl. Geschichte befassen, erschienen in dt., ukrain. und poln. Sprache. Erwähnenswert sind u. a. seine Habil.schrift „Kritische Blicke in die Geschichte der Karpathenvölker im Alterthume und im Mittelalter" (1871) und „Die Hypatios-Chronik als Quellen-Beitrag zur oesterreichischen Geschichte" (1872). In seinem Bestreben gegen die Latinisierung der ukrain. griech.-kath. Kirche übergab er 1885 als Leiter einer ukrain. Delegation in Wien K. →Franz Joseph I. ein diesbezügl. Memorandum. 1891 war er der einzige weltl. Teilnehmer an der Synode der griech.-kath. Kirche in Lemberg. Mitgl. im Stadtrat von Lemberg, gehörte S. auch zu den Mitbegründern der Bank Dnister. S. war u. a. 1868–81 Mitgl. der pädagog. Ges. (Towarzystwo Pedagogiczne) in Lemberg, ab 1868 der sozialpädagog. Organisation Prosvita (ab 1871 Ehrenmitgl.), ab 1872 der PAU, ab 1876 der Archäolog. Ges. (1882–99 im Vorstand), ab 1886 der Hist. Ges., ab 1881 Korrespondent für Galizien bei der Zentralkomm. für Erforschung und Erhaltung der Kunst- und hist. Denkmale in Wien, 1898–1900 Vizepräs. der Kultur- und Bildungsorganisation Matyca Hałycko-Ruska. 1889 wurde er mit dem päpstl. Orden Pro Ecclesia et Pontifice ausgez. Er erhielt den Goldenen Ehrenring mit dem Wappen der phil. Fak. der Univ. Lemberg, 1884 Dr. h. c. der Univ. Kiew.

Weitere W.: s. Finkel–Starzyński; PSB; Śródka.

L.: Finkel–Starzyński (m. W.); PSB (m. W. u. L.); Wurzbach; Biogramy uczonych polskich 1/3, ed. A. Śródki – P. Szczawińskiego, 1985; S. Nicieja, Cmentarz Łyczakowski we Lwowie w latach 1786–1986, 1989, S. 26; Słownik historyków polskich, 1994; M. Czajka u. a., Leks. historii Polski, 1995; A. Śródka, Uczeni polscy XIX–XX stulecia 4, 1995 (m. W.); Th. Brückler – U. Nimeth, Personenlex. zur österr. Denkmalpflege, 2001; UA, Wien.

(M. Nadraga)

Szárnovszky Ferenc, Bildhauer und Medailleur. Geb. Pest (Budapest, H), 23. 12. 1863; gest. ebd., 29. 4. 1903 (Selbstmord); röm.-kath. – Sohn eines Schneiders. – S. stud. 1885 als Gast, 1886, finanziert durch ein ung. Stipendium, als o. Schüler an der Allg. Bildhauerschule von →Edmund v. Hellmer an der Wr. ABK. 1887–90 und 1894 setzte er seine Ausbildung in Paris an der Acad. Julian u. a. bei Henri Chapu fort, besuchte die École des beaux-arts und bildete sich in den Ateliers von Alexandre Falguière, Louis-Ernest Barrias und Denys Puech in Paris sowie um 1890 in London bei →Josef Edgar Böhm und in Neapel weiter, wobei er sich zunehmend auch der Medailleurskunst zuwandte. Zu seinen frühesten Arbeiten zählte Ende der 1880er-Jahre die Petőfi-Gedenkmedaille, die den Einfluss von Hubert Ponscarme erkennen lässt. 1892 gewann S. mit der Medaille des Hl. Ladislaus den Preis des Budapester Kunstgewerbever.; im selben Jahr modellierte er auch die große Medaille anlässl. des 25. Krönungsjubiläums K. →Franz Josephs I. zum ung. Kg. Sein erfolgreichstes Werk ist die große staatl. Medaille des Kunstgewerbemus. Budapest (1896). Ab Mitte der 1890er-Jahre wandte er sich der Bildhauerkunst zu. Weiters lieferte er für das Budapester Parlamentsgebäude um 1894 die Entwürfe für die Bauskulpturen der Kg. Stephan IV., Ladislaus III. und Béla III. (ausgeführt von József Haraszti, Lajos Lantay und István Tóth). Zur selben Zeit begann er mit der Studie für sein Hauptwerk, die Skulptur des Dichters →János v. Garay (enthüllt 1898 in Szekszárd). Aufgrund dieser Arbeit wurde er mit dem Entwurf für die Figur von János Gf. Pálffy beauftragt, konnte dieses Werk aber aufgrund eines schweren Nervenleidens nicht vollenden. Sein Œuvre, das tw. in der Magyar Nemzeti Galéria verwahrt wird und auf zahlreichen Ausst. präsentiert wurde, umfasst weiters Porträtmedaillen sowie -büsten.

Weitere W.: Medaillen: M. v. Munkácsy, um 1890; Gy. Benczúr, 1895; J. Hubay, 1898; M. Ybl, 1899; J. Katona, um 1900; I. Széchényi, um 1900; etc. – Skulpturen: G. Baross, 1896; L. Kossuth, 1896 (Studie); K. Franz Joseph, um 1900; etc.

L.: *Pester Lloyd, 30. 4. 1903 (A.); Das geistige Ungarn; M. Életr. Lex.; Művészeti Lex. I, II; Thieme–Becker; A. Elek, in: Művészet 7, 1908, S. 172ff.; B. Fónagy, in: Magyar Művészet 5, 1929, S. 27; L. Huszár – B. Procopius, Medaillen- und Plakettenkunst in Ungarn, 1933, S. 389ff.; L. Fülep, A művészet forradalmától a nagy forradalomig, 1974, S. 69; K. Lyka, Szobrászatunk a századfordulón. Magyar művészet 1896–1914, 2. Aufl. 1983, S. 64, 88; V. L. Kovásznay, Fejezetek a magyar éremművészet történetéből, 1999, S. 24ff.; ABK, Materialiensmlg. ÖBL, beide Wien; Művészettörténeti Kutatóintézet (MTA), Budapest, H.*

(G. Gy. Papp)

Szarvas Gábor, Ps. Pap(p) Rika, Sprachwissenschaftler und Lehrer. Geb. Ada, Ungarn (SRB), 22. 3. 1832; gest. Budapest (H), 12. 10. 1895. – S. absolv. sechs Kl. Volksschule in Baja und trat 1848 auf Wunsch seiner Eltern in das Benediktinerkloster in Pannonhalma ein, brach jedoch 1852 die Priesterausbildung ab, um in Pest (Budapest) Jus zu stud. Eine schwere Erkrankung verhinderte den Abschluss. S. unterrichtete ab 1858 klass. Sprachen an einem Gymn. in Eger, 1860 in Baja, 1861–69 in Preßburg und danach in Pest. Ab 1879 litt er an einer schweren Augenkrankheit, die schließl. zur Erblindung führte; 1881 vorzeitig i. R. 1848 wurde er Mitarb. bei dem Lokalbl. „Bajai Közlöny“, in dem er auch Humoresken veröff.; in Preßburg red. er 1865 die kurzlebige Z. „Pozsonyi Lapok“ und schrieb mehrere Theaterstücke. Im Zuge seines Engagements gegen Sprachverunreinigung und Neologismus beschäftigte er sich mit der Geschichte der ung. Sprache. 1867 publ. er in den Mitt. des Preßburger Gymn. den Aufsatz „Magyartalanságok“ über unkorrekte Wortbildung und falsche Tempussetzung im Ung., der landesweit großes Aufsehen erregte. Für ein Preisausschreiben der MTA verf. er die prämierte sprachwiss. Studie „A magyar igeidők“ über die Zeitformen im Ung., die 1872 hrsg. wurde. In Anerkennung seiner linguist. Arbeit wurde S. 1871 zum k. M. und 1884 zum o. Mitgl. gewählt. Im Auftrag der Akad. gründete er 1872 die Z. „Magyar Nyelvőr“, in der er sich der Sprachpflege und der Entwicklung einer ung. Wiss.sprache widmete und für die er die bedeutendsten ung. Linguisten wie →Bernát Munkácsi, →Zsigmond Simonyi und →József Szinnyei d. Ä. als Mitarb. gewann. 1874–75 red. er mit József Budenz (→Josef Budenz) und Áron Szilády drei Bde. der ung. Sprachdenkmäler „Magyar códexek és nyomtatványok“. In seinen beiden letzten Lebensjahrzehnten arbeitete er gem. mit Simonyi an einem ung. Wörterbuch, „Magyar Nyelvtörténeti Szótár“ (3 Bde., 1890–93), dem er den Wortschatz alter ung. Dichtungen zugrunde legte. S. war Mitgl. der Finn.-Ugr. Ges. in Helsinki. 1993 Gründung des Linguist. Ver. für die ung. Sprache (S. G. Nyelvművelő Egyesület) in Ada.

Weitere W.: s. Szinnyei; Markó.

L.: *Das geistige Ungarn; M. Életr. Lex.; M. Irodalmi Lex. I, II (m. B.); Szinnyei (m. W.); I. Halász, in: Erdélyi Múz. 9, 1895, S. 506ff.; Vasárnapi Ujság 42, 1895, S. 685f. (m. B.); Z. Simonyi, in: Magyar Nyelvőr 25, 1897, H. 11, S. 481ff.; ders., in: A MTA elhunyt tagjai fölött tartott emlékbeszédek 15, 1912; ders., in: Magyar Nyelv 28, 1932, H. 1–2, S. 1ff.; M. Rubinyi, in: Magyar Nyelvőr 76, 1952, H. 3, S. 160ff.; ders., Emlékezések és tanulmányok, 1962, S. 35ff.; Új magyar irodalmi lex. 3, 2. Aufl. 2000;*

L. Markó u. a., A MTA tagjai 1825–2002, 3, 2003 (m. B. u. W.); Website des Linguist. Ver. für die ung. Sprache (Zugriff 17. 5. 2011).

(Zs. Bognár)

Szarvassy (Szarvassi) Arthur, Physiker. Geb. Wien, 17. 11. 1873; gest. ebd., 1. 9. 1919. – Aus ärml. Verhältnissen stammend. – Nach Besuch der Volksschule in Großkanischa (Nagykanizsa) und Wien sowie des Maximiliansgymn. (später Wasagymn.) stud. S. ab 1893 Mathematik, Physik und Meteorol. an der Univ. Wien, u. a. bei →Franz Exner; 1898 Dr. phil. Seine Diss. „Über die Drehung der Polarisationsebene des gebeugten Lichtes" blieb die einzige experimentelle Arbeit des theoret. Physikers, die sich jedoch durch genaue Messungen auszeichnete. I. d. F. Ass. an der ao. Lehrkanzel für theoret. Physik bei →Gustav Jäger, wechselte S. 1901 zu →Gustav Jaumann an die dt. TH Brünn und wurde dort 1903 Adjunkt am Physikal. Inst. 1905 habil. sich S. für theoret. Physik und hielt Vorlesungen über Meteorol. und Klimatol. 1906–17 führte er selbst meteorolog. Beobachtungen durch, deren Ergebnisse er auch publ. Ao. Prof. an der TH Brünn, konnte er seine Ernennung zum Ordinarius nicht mehr erleben. S. arbeitete in jungen Jahren zu Problemen der Elektrizität, u. a. zur magnet. Wirkung einer elektrisierten rotierenden Kugel und zur unipolaren Induktion, wandte sich aber bald den damals diskutierten Problemen der relativist. Elektrodynamik zu, mit der er anfangs als überzeugter Schüler →Ernst Machs Schwierigkeiten hatte. Zu seinen Privatschülerinnen zählte 1899 Lise Meitner, die S. in jungen Jahren mit seinem v. a. praxisbezogenen Unterricht beeinflusste.

Weitere W.: Über die magnet. Wirkungen einer elektrisierten rotierenden Kugel, in: Sbb. math.-nat. Kl. 111, 1902, Abt. IIa; Das Prinzip der Erhaltung der Energie und die Theorie der elektromagnet. Erscheinungen in bewegten Körpern, ebd. 119, 1910, 2. Tl., ebd. 120, 1911; Über die Grundlagen der statist. Mechanik, in: Denkschriften math.-nat. Kl. 95, 1918; Über einen für die Quantentheorie wichtigen Satz der analyt. Mechanik, in: Annalen der Physik 60, 1919; Beitrr. in Physikal. Z.; etc.

L.: Physikal. Z. 20, 1919, S. 480; L. Meitner, in: Bulletin of the Atomic Scientists, November 1964, S. 2; B. Karlik – E. Schmid, F. S. Exner und sein Kreis, 1982, S. 102, 149f. (m. B.); L. Boltzmann – his later life and phil. 1900–06, 2, ed. J. Blackmore, 1995, S. 216, 219; W. Höflechner, Materialien zur Entwicklung der Physik und ihrer „Randfächer" Astronomie und Meteorol. an den österr. Univ. 1752–1938, 2, 2002; Verdrängter Humanismus – verzögerte Aufklärung. Phil. in Österr. ..., ed. M. Benedikt u. a., 2005, S. 814; Materialiensmlg. ÖBL (m. B.), UA, beide Wien.

(D. Angetter)

Szaster Antoni, Mediziner und Pharmakologe. Geb. Krakau, Kg.reich Polen (Kraków, PL), 1759; gest. Krakau, Freie Stadt (Kraków, PL), 10. 9. 1839. – Sohn eines Arztes, Bruder von Wincenty S. (s. u.); ab 1793 verheiratet mit Anna S., geb. Andrzej, Erbin der Apotheke Pod Słońcem. – Nach Besuch des Collegium Nowodworskie stud. S. 1774–77 an der Univ. Krakau; 1777 Dr. phil. Kurzzeitig arbeitete er als Lehrer am Collegium Nowodworskie, danach wirkte er bis 1782 in der Szkoła Mariacka in Krakau und ließ sich nebenbei vermutl. privat in Med. bei Andrzej Badurski ausbilden. 1785–89 stud. S. Med. an den Univ. Wien (nicht nachweisbar) und Bologna; 1789 Dr. med. in Bologna. Stud.reisen führten ihn 1791 nach London und Edinburg, wo er im Auftrag des Erzbischofs Michał Jerzy Poniatowski u. a. die heilsame Wirkung der Angosturarinde als Ersatz für Chinin untersuchte, danach nach Paris, wo er sich in Geburtshilfe und Augenheilkde. fortbildete. Nach Krakau zurückgekehrt, wurde S. Prof. für Pharmazie und Pharmakol. an der med. Fak. Während des Kościuszko-Aufstands war er Mitgl. der 1794 ins Leben gerufenen Ordnungskomm. der Woiwodschaft Krakau und organisierte die med. Versorgung der Verwundeten im Kriegslazarett des ehemaligen Jesuitenkollegiums des Hl. Peter. Nach dem Einmarsch der Österreicher in Krakau 1796 führte S. u. a. gem. mit Franciszek Scheidt die Verhh. über die Zukunft der Univ. Krakau und hatte bis in die 1820er-Jahre Anteil an der Reorganisation sowie an den Reformbestrebungen der Univ. Ende 1796 emer., übernahm S. 1807 die Leitung der neu gegr. med. Fak. und fungierte 1808 ein halbes Jahr als stellv. Rektor der Univ. 1810 initiierte er u. a. gem. mit seinem Bruder die Ausbildung von Militärsan.personal und Polizeiärzten. Darüber hinaus befasste er sich mit Naturheilkde., wobei seine diesbezügl. zweiteilige Arbeit „Rozprawa o terapii natury czyli o siłach natury leczącej" (1818) erwähnenswert ist. Nach dem Rücktritt seines Bruders übernahm S. 1815 dessen Platz im Regierungssenat der Freien Stadt Krakau als Senator auf Zeit, wo er u. a. in der Verwaltungsabt. des Senats (1815), als Vertreter der Gmd. Kościelniki (1818, 1822 und 1823) und des 5. Bez. in Krakau (1821) sowie als Vertreter der Univ. in der Repräsentantenkammer (1827) tätig war. 1821 war er auch Mitgl. des Komitees zur Errichtung von Studentenheimen. S. gehörte der Wiss. Ges. in Krakau (heute PAU) an. Seine Familienbibl. mit mehr als 2.000 Bde. aus den Fachgebieten Med.,